Spielen in der Grundschule

Beiräge zur Reform der Grundschule – Band 106
Herausgeber: Der Vorstand des Grundschulverbandes
– Arbeitskreis Grundschule e. V.
Verantwortlich für diesen Band: Renate Valtin

Hanns Petillon / Renate Valtin (Hrsg.)

Spielen in der Grundschule

Grundlagen – Anregungen – Beispiele

Grundschulverband – Arbeitskreis Grundschule e.V.
Frankfurt am Main

Satz und Gestaltung: novuprint · Agentur für Mediendesign, Werbung, Publikationen GmbH, 30161 Hannover
Bildrechte liegen bei den Autorinnen und Autoren.
Druck und Bindung: Druckhaus BELTZ, 69502 Hemsbach
ISBN 3-930024-72-1

Inhalt

Vorwort

Innerhalb des Bildungswesens hat die Grundschule eine eigenständige Funktion und Ausprägung. Als *Schule für Kinder* ist sie in besonderer Weise zur Wahrung kindlicher Ansprüche auf Geborgenheit, Stetigkeit, Verlässlichkeit, aber auch auf kindgemäße Aktivitäten wie Spiel und Bewegung verpflichtet. Angesichts der gewandelten gesellschaftlichen Verhältnisse hat der Grundschulverband bereits im Frankfurter Manifest zum Bundesgrundschulkongress 1989 u. a. folgende Forderungen an die Grundschule gestellt:

- ➢ in stärkerem Maße als bisher die Aufgabe zu erfüllen, Stätte sozialer Begegnung und gemeinsamer Grunderfahrungen zu sein;
- ➢ stärker als bisher Raum und Zeit zu spontanen selbstgeplanten Aktivitäten zu lassen, damit Kinder ihre eigenen Schwerpunkte setzen können;
- ➢ stärker als bisher die Kinder aus der Rolle der vorwiegend Aufnehmenden in Situationen zu bringen, in denen sie schöpferisch tätig sein und Werte, die für sie Bedeutung haben, herstellen können.

Vor diesem Hintergrund erhält das Spielen in der Grundschule eine besondere Bedeutung. In mehreren Veröffentlichungen der Reihe »Beiträge zur Reform der Grundschule« hat der Grundschulverband bislang auf das Thema *Spielen* Bezug genommen, indem für verschiedene Lernbereiche Spiele dargestellt und Spielmöglichkeiten beschrieben wurden.

Ein eigener Band zum Spielen in der Grundschule liegt bisher nicht vor. Wir versuchen diese Lücke zu schließen und setzen dabei an die Stelle einer sehr polemisch geführten Diskussion um »Spiel- und Spaßschulen« eine differenziertere Betrachtung des Spiels in seinen vielfältigen organischen Verflechtungen mit einem erfahrungsintensiven Schulalltag. Aus dieser Aufgabenstellung heraus wurde eine Gliederung in vier Bereiche vorgenommen:

1. Grundlagen
Spielen in der Grundschule wird von zwei Seiten kritisiert: von *Spielpädagog(inn)en*, die eine didaktische und pädagogische »Verzweckung« des Spiels befürchten und von *Schulpädagog(inn)en*, die die Effektivität des Unterrichtes und die Leistungsbereitschaft der Kinder gefährdet sehen. Aus der Klärung des Gegenstandes »Spiel« und des Ortes für das Spielen wird eine vermittelnde Position entwickelt, die aus historischer, bildungstheoretischer, empirischer und sozialisationstheoretischer Sicht fundiert wird.

2. Erfahrungsvielfalt durch das Spiel

An den in der Schulpraxis erprobten Beispielen kann anschaulich verdeutlicht werden, dass Spielen in der Schule weit mehr ist als Spielerei oder eine entbehrliche Zugabe. Spiele eröffnen Wege zum entspannteren Umgang mit emotionalen Problemen und Konflikten; sie können dazu anregen, in der Schülergruppe miteinander und voneinander handlungsbezogen zu lernen; sie eröffnen Freiräume, um neue Wege auszuprobieren, mit originellen Ideen zu experimentieren und Phantasie zu wagen. Nicht zuletzt tragen sie dazu bei, das bei vielen Kindern verloren gegangene intensive, selbstbestimmte Spielen neu zu entdecken.

3. Lernen durch Spielen: Bereicherung des Unterrichts

Die Sorge, das Spielen im Unterricht führe die Kinder von Leistungswillen und anstrengendem Tun weg, zerstreut sich bei der Betrachtung der Beispiele aus der Spielepraxis in den unterschiedlichen Lernbereichen. Vielmehr erfüllt das Spielen unterschiedliche »Begleitfunktionen«, indem es Grundlagen schafft, intensives Üben fördert und selbstständiges Sich-Einlassen auf Lerngegenstände bis zum völligen Aufgehen in einer Tätigkeit ermöglicht. Dabei gilt es, das Spielen jeweils in einem curricularen Gesamtzusammenhang zu sehen und ihm um seiner Eigenwertigkeit willen eine entsprechende Pflege und Aufmerksamkeit zukommen zu lassen.

4. Hinweise zur Gestaltung einer spielfreundlichen Grundschule

Spielen kann seine Qualitäten nur in einer Umgebung entfalten, die offene Bedingungen für das eigenständige Lernen des Kindes und die Förderung einer umfassenden Persönlichkeitsentwicklung bereitstellt. In den Beispielen aus der Praxis werden dabei die Rolle der Lehrerin, der sorgsame Umgang mit der Zeit, die Gestaltung von »Spielräumen« und eine themenbezogene Elternarbeit in den Mittelpunkt der Betrachtung gerückt. Nicht zuletzt wird auf Probleme eingegangen, die Kinder mit dem Spielen haben und die wir als Spielstörungen erleben.

Dieser Band möge dazu anregen, das Neue aus Theorie und Praxis einer kritischen Prüfung zu unterziehen und sich auf das Erlebnis »Spielen« in der Schule noch intensiver einzulassen. Dies bedeutet nicht, noch mehr Aufgaben in die Grundschule aufzunehmen, sondern neue Lernmöglichkeiten in das Schulleben hineinzuflechten: dem Lernen eine spielerische Komponente zuzubilligen.

Landau und Berlin im Juni 1999

Hanns Petillon, Renate Valtin

Ein Spiel zum Anfang[1]

Spielen in meiner Kindheit

Als »Tor« zu diesem Buch kann uns ein Spiel dienen. In Form eines Gedanken- und Erinnerungsspiels können wir unsere eigenen Spielerfahrungen noch einmal ins Gedächtnis rufen und auf der Grundlage unserer subjektiven Perspektive einen persönlichen Zugang zu den weiteren Themen finden. Versuchen Sie, auf alle Fragen eine möglichst konkrete Antwort zu finden. Vielleicht gibt es noch Fotos oder Spielsachen aus Ihrer Kindheit, die Ihnen weiterhelfen.

Variation

Dieses Spiel ist für kleinere Gruppen (z. B. in Spielseminaren oder Fortbildungsveranstaltungen) gut geeignet, um in das Thema einzusteigen und die anderen Teilnehmer besser kennenzulernen. Die Gruppe kann sich zum Ende dieses Spiels auf ein Kinderspiel einigen, das sie den anderen im Seminar pantomimisch vorstellt, die anderen müssen das Spiel erraten!

Die Spiele sind Herzblätter des ganzen künftigen Lebens, denn nur der ganze Mensch entwickelt sich und zeigt sich in denselben in seinen feinsten Anlagen, in seinem inneren Sinn. Das künftige Leben des Menschen bis dahin, wo er seinen Fuß wieder aus demselben setzt, hat in diesem Lebenszeitraum seine Quelle. — FRIEDRICH FRÖBEL

Spielen in meiner Kindheit

Versuche noch einmal in das eigene Kindsein zurückzukehren und dir dein damaliges Spielen zu vergegenwärtigen. Gehe die Stationen 1 bis 10 durch.

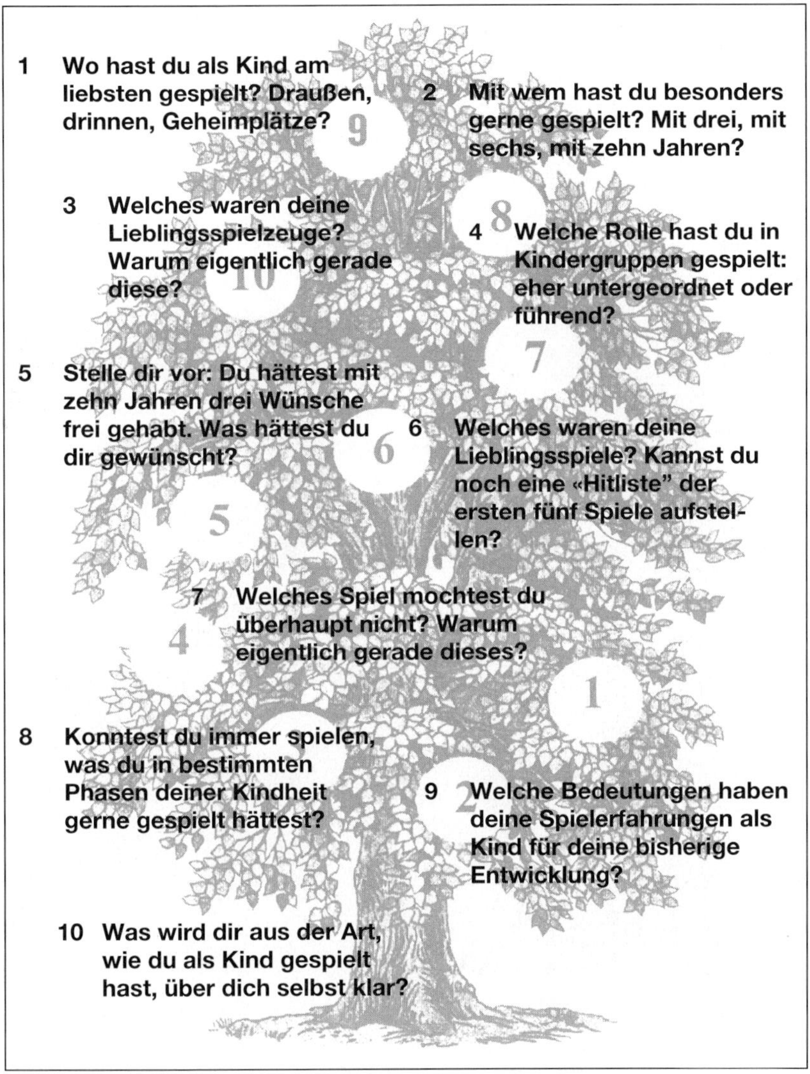

1 Wo hast du als Kind am liebsten gespielt? Draußen, drinnen, Geheimplätze?

2 Mit wem hast du besonders gerne gespielt? Mit drei, mit sechs, mit zehn Jahren?

3 Welches waren deine Lieblingsspielzeuge? Warum eigentlich gerade diese?

4 Welche Rolle hast du in Kindergruppen gespielt: eher untergeordnet oder führend?

5 Stelle dir vor: Du hättest mit zehn Jahren drei Wünsche frei gehabt. Was hättest du dir gewünscht?

6 Welches waren deine Lieblingsspiele? Kannst du noch eine «Hitliste" der ersten fünf Spiele aufstellen?

7 Welches Spiel mochtest du überhaupt nicht? Warum eigentlich gerade dieses?

8 Konntest du immer spielen, was du in bestimmten Phasen deiner Kindheit gerne gespielt hättest?

9 Welche Bedeutungen haben deine Spielerfahrungen als Kind für deine bisherige Entwicklung?

10 Was wird dir aus der Art, wie du als Kind gespielt hast, über dich selbst klar?

[1] Dieses Spiel ist entnommen aus: PETILLON, H.: Von Adlerauge bis Zauberbaum. 1000 Spiele für die Grundschule. Landau 1997.

1

Grundlagen

Hanns Petillon

Spielen in der Grundschule – Versuch einer Gegenstands- und Ortsbestimmung

Schule und Spiel zusammenzuführen ist kein leichtes Unterfangen. Das Freiheitsbedürfnis des Spiels und ein institutionell geregeltes Leben und Lernen erscheinen zunächst als widersprüchlich. Eine Integration schulpädagogischer und spielpädagogischer Perspektiven wird auch dadurch erschwert, dass von Seiten der Schule das Spiel und von Seiten der Spielpädagogik die Schule häufig aus so großer Distanz betrachtet werden, dass eine gegenstandsnahe, erfahrungsbezogene Auseinandersetzung ausbleibt. Dadurch öffnet sich großer Freiraum für einseitige, pauschale Einschätzungen und Abwertungen.

Um eine Zusammenführung von Spiel und Schule angemessen zu bewerkstelligen, gilt es drei Fragestellungen zu bearbeiten:

- Was ist ein Spiel?
- Welches ist der Ort in der Grundschule, an dem sich das Spiel entfalten kann?
- Wie kann das Spiel in seinen vielfältigen Möglichkeiten in der Grundschule gepflegt werden?

Leider ist der Raum für dieses Kapitel so begrenzt, dass es sozusagen als »Trockenkurs« weitgehend ohne Spielbeispiele auskommen muss. Das fällt einem Autor nicht leicht, der über vier Jahre den Modellversuch »Lern- und Spielschule« praxisnah begleiten konnte. Den Leser(inne)n bleiben zwei Möglichkeiten: entweder geduldig den theoretischen Ausführungen zu folgen und sich in den praktischen Teil hineinführen zu lassen oder zweitens gleich zu der Spielepraxis überzugehen, um dann, wenn Muße und Interesse vorhanden sind, noch einmal an den Anfang des Buchs zurückzukehren.

Was ist ein Spiel?

Das Phänomen »Spiel« durchdringt unseren Alltag und taucht in seiner bildhaften Verwendung in den unterschiedlichsten Zusammenhängen auf. So sprechen wir beispielsweise vom Spiel der Wellen, des Lichtes und des Windes in den Blättern, vom Sandkastenspiel der Kinder, vom

Glücksspiel, vom Liebesspiel. In vielen Fällen gibt der Sprachgebrauch bereits einiges über das Wesen des Phänomens Spiel preis: *Risikofreude*: Spiel mit dem Feuer, etwas aufs Spiel setzen; *Spannung*: es steht etwas auf dem Spiel; *Scheinhaftigkeit*: jemand spielt Theater oder den lieben Jungen; *expressives Verhalten*: den wilden Mann spielen, verrückt spielen; *Phantasie*: seine Gedanken spielen lassen; *Zweckfreiheit*: etwas spielt keine Rolle; *ohne Anstrengung*: etwas spielend bewältigen ...

Auch wenn wir unsere weiteren Überlegungen auf das Spiel von Kindern im Grundschulalter eingrenzen, treffen wir auf eine große Variationsbreite unterschiedlichster Spielaktivitäten. Am Tagesablauf eines Kindes wird diese Vielfalt besonders deutlich: Hierzu zählen das morgendliche Ritual des Aufstehens und die spielerische Gestaltung der Rollen als Kind, Schüler, Freund oder Mitglied einer Bande, Bewegungsspiele auf dem Schulweg und Schulhof, ausdauerndes Einüben von Bewegungsabläufen für Rollerblades oder Ballspiele, Phantasiespiele mit Barbie oder Luke Skywalker sowie Konstruktionsspiele mit Lego. Ebenso dazu gehören hochkomplexe Rollenspiele im sozialen Miteinander der Gleichaltrigen, die sich ein Lager einrichten oder eine Radtour unternehmen oder der Eintritt in die faszinierende Computerwelt von Zelda in Zoras Reich oder in die Zitadelle der Zeit. Der Tag endet spielerisch mit abendlichen Ritualen des Zeitverzögerns und der phantasievollen Gestaltung der Einschlafphase. Das Spektrum der Tätigkeiten, die wir als »Spielen« bezeichnen und die einen spezifischen Umgang des Kindes mit sich selbst, mit anderen, mit den unerklärlichen und erklärbaren Dingen der Welt kennzeichnen, ist von großer Breite und dementsprechend sehr schwer definitorisch zu klären.

Explizieren statt Definieren

Trotz der Schwierigkeit, die komplexe Erscheinung »Spiel« sprachlich präzise zu umreißen und von andern Verhaltensformen abzugrenzen, finden sich zahlreiche Versuche, die verschiedenen Merkmale in einer Definition zusammenzuführen. Ein häufig zitiertes Beispiel ist die Definition von Huizinga (1956):

Spiel ist eine freiwillige Handlung oder Beschäftigung, die innerhalb gewisser festgesetzter Grenzen von Zeit und Raum nach freiwillig angenommenen, aber unbedingt bindenden Regeln verrichtet wird, ihr Ziel in sich selbst hat und begleitet wird von einem Gefühl der Spannung und Freude und einem Bewusstsein des ›Andersseins‹ als das ›gewöhnliche Leben‹« (zit. nach Kreuzer 1983, S. 8).

Wie bei allen anderen allgemeinen Definitionen wird deutlich, dass Merkmale additiv aneinandergereiht werden, die im Einzelfall eines bestimmten Spiels nicht mehr alle nachweisbar sind und damit eine Vielzahl von Spielen ausschließen, auch wenn unter Umständen die anderen Merkmale sehr intensiv ausgeprägt sind (EINSIEDLER 1999). Für die Bestimmung des Phänomens Spiel mit seinen fluktuierenden Erscheinungsformen und seinen fließenden Übergängen erscheint das *Explizieren* als eher angemessen. Dabei genügt es, zutreffende Merkmale, die nicht streng abgrenzen, sondern nur akzentuierende Hinweise zur Unterscheidung von anderen Sachverhalten geben, zu benennen. Wenn in einem konkreten Fall ein einzelnes Merkmal nicht vorhanden ist, wird bei deutlicher Existenz der anderen Merkmale trotzdem von Spiel gesprochen. »Spiel kann nach diesem Verständnis mehr oder weniger Merkmale haben und somit auch mehr oder weniger intensiv ausgeprägt sein« (EINSIEDLER 1999, S. 12).

Als besonders geeignet für den konkreten pädagogischen Umgang mit dem Kinderspiel erscheinen folgende Bestimmungsstücke von EINSIEDLER (1999, S. 17):

Wir verstehen unter Kinderspiel eine Handlung oder eine Geschehniskette oder eine Empfindung,
(1) die intrinsisch motiviert ist / durch freie Wahl zustande kommt,
(2) die stärker auf den Spielprozess als auf ein Spielergebnis gerichtet ist (Mittel-vor-Zweck),
(3) die von positiven Emotionen begleitet ist und
(4) die im Sinne eines So-tun-als-ob von realen Lebensvollzügen abgesetzt ist.

Bei näherer Betrachtung dieser allgemeinen Merkmale wird das weite Spektrum an Entfaltungs- und Gestaltungsmöglichkeiten im Spiel sichtbar. Im Vorgriff auf die Frage nach der »Verortung« des Spiels in der Schule wird mit der folgenden Aufschlüsselung das große Lernpotential des Kinderspiels auch aus einer didaktisch-pädagogischen Perspektive angedeutet.

»Im Spiel sind die Kinder die Bestimmer, ob es was wird oder nicht, das ist unsere Sache«
(Schülerin, 4. Klasse, auf die Frage, was ein Spiel ist).

(1) Intrinsische Motivation/freie Wahl/Selbststeuerung

Die *Motivation*, in hoher Intensität und nur der Bewältigung der Sache wegen zu handeln, liegt im Wesen des Spiels:

- In vielen Fällen spricht es die Neugierde an, bietet Überraschungen sowie Momente von Ungewissheit und Risiko.
- Viele Spiele bieten eine gut zu bewältigende Binnenspannung, indem ein Gleichgewicht zwischen Unsicherheit und Sicherheit gegeben ist und der Spielende seine Entfernung von Vertrautem und die Rückkehr zu Bekanntem weitgehend kontrollieren kann.
- Das Spiel eröffnet einen gewissen Schonraum: Misserfolge erlauben selbtwertförderliche Zuschreibungen (»Es war ja nur ein Spiel«); das Improvisierte, Unfertige, Unvollkommene ist beim Spielen eher zugestanden; die Kontrolle erfolgt durch die Spielenden selbst.
- Spiele erfüllen sich in der Gegenwart! Die nicht unbeträchtlichen »Lern- und Anstrengungskosten«, die das Spiel abfordert, sind durch den direkten Nutzen (Erleben eines lustvollen Spiels) für das Kind unmittelbar einsichtig. Spielbezogene Lerneffekte sind im Hinblick auf ihre Anwendung als eindeutig und direkt erlebbar.
- Viele Spiele leben vom Wettbewerb und vom Reiz des sozialen Vergleichens.

Das Kriterium der *Freiwilligkeit* ist aus Sicht der Spielpädagogik von zentraler Bedeutung. In der Regel entscheidet das Kind selbst, ein bestimmtes Spiel zu beginnen, seinen Verlauf zu variieren oder es abzubrechen. Die Intensität des Spielverhaltens resultiert in hohem Maße aus den Möglichkeiten der Kinder, das Spielgeschehen handlungs- und erlebnisbezogen *selbst zu gestalten.* Das Spiel als Möglichkeit »autodidaktischer Weltaneignung« fordert die selbstbestimmte Auseinandersetzung und die Verantwortung des Spielenden für das Gelingen. Kinder können dabei die Erfahrung machen, Verursacher und Gestalter der eigenen Entwicklung zu sein. Sie können Schwierigkeiten bzw. Konflikte für sich selbst durchspielen, eigene Grenzen ausloten und in der Vorwegnahme einer Wunscherfüllung *Selbstwirksamkeit* erleben.

> *»Wir haben heute das Vierer-Einmaleins gelernt, bloß habe ich es nicht gemerkt, wir haben nämlich gespielt«* (Aussage einer Grundschülerin).

(2) Mittel-vor-Zweck

In vielen Fällen verfolgen Kinder mit dem Spiel keinen außerhalb des Spiels liegenden Zweck, selbst wenn sie innerhalb des Spiels an strenge Regeln gebunden sind (Scheuerl 1990, S. 67). Dabei ist der Verlauf häufig wichtiger als das Ergebnis. Viele Kinder erleben eine völlige Spielversunkenheit, die ausschließlich dem Fortgang des Spielgeschehens gewidmet ist. Das Erleben des Spiels in der Gegenwart mit seinen spielinternen Anforderungen (z. B. etwas richtig zu machen oder zu gewinnen) zählt, weniger das Ergebnis oder die Zukunft. Häufig wird in diesem Zusammenhang der einschränkende Begriff der *Zweckunbewusstheit* verwendet, d.h. die Spielenden sind sich der Interessen der Personen, die außerhalb des Spielgeschehens stehen (z. B. die Lehrerin) nicht bewusst.

> *»Das Spiel war leicht und schwer; schwer, weil ich mich unheimlich anstrengen musste, leicht, weil es ein Spiel war«* (Schülerin, 4. Schuljahr).

(3) Positive Emotionen

Spielen ist in den meisten Fällen mit Freude verbunden. Dabei ist weniger an ein vordergründiges und damit eher passives Spaß-Haben (action und fun) gedacht. Viele Spiele zielen mehr auf freudige Anstrengung als auf unterhaltsamen, passiven Spaß. Es geht zum einen um Gefühle des Angeregtseins, der Leichtigkeit und Fröhlichkeit, zum anderen um die Befriedigung, die aus dem intensiven Sich-Einlassen in Verbindung mit Anstrengung, Geduld, Einfühlungsvermögen und einem anspruchsvollen Spielverlauf resultiert. Spieler werden zu einem Tun angetrieben, das sie Anstrengung und Mühe kostet, gleichwohl nicht als Last empfunden wird.

Spiele sind allerdings auch ein Ort, an dem negative Emotionen und destruktives Verhalten ausgelebt werden können. Wiederkehrende Enttäuschungen, Angst- und Wutausbrüche, die Ohnmacht des Verlierers, Angst vor dem Ausschluss, die Bereitschaft, andere zu verletzen, kennzeichnen viele Kinderspiele. Oft wird dies in der Spielpädagogik zu Gunsten einer eher idealisierenden Sicht übersehen (vgl. den Beitrag von PORTMANN in diesem Band). Viele Erwachsene neigen dazu, in der verklärenden Betrachtung ihrer eigenen Kindheit das Spiel als Teil einer heilen und harmonischen Kinderwelt zu sehen.

(4) So-tun-als-ob

Für die Entwicklung der Kinder sind Phantasie- und Rollenspiele von zentraler Bedeutung. Dabei steht das *Probehandeln* mit unterschiedlichen Objekten, Rollen und Situationen im Vordergrund. Kinder als »Meister des Konjunktivs« können Spielgegenstände oder Spielregeln umdeuten und sich in einer selbst gestalteten Welt phantasievoll bewegen, in der sie im Sinne eines *So-tun-als-ob* in Distanz zur Wirklichkeit treten können. Durch die Umdeutung von Gegenständen und Rollen kann das

Gewohnte verlassen werden. Ein Legostein wird zu einem Auto, man schlüpft in die Rolle einer anderen Person oder definiert Situationen um. Erfahrungen, die das Kind in seiner Umgebung berühren, können im Spiel »verflüssigt« und neu bearbeitet werden. Durch diese Ausweitung der Handlungsmöglichkeiten überwindet das Spiel die »Folgenschwere« sonstiger Entscheidungen und behält doch seine Ernsthaftigkeit.

Die Möglichkeit, sich versuchend und probierend, tastend und entdeckend in immer neuen, selbst geschaffenen Annäherungen ein Thema alleine oder gemeinsam mit anderen in seinem Aspektenreichtum zu erschließen, ist für den Erwerb folgender Handlungskompetenzen bedeutsam:

- *Dekontextualisierung*: die Fähigkeit, Handlungen und Objekte unabhängig von konkreten Kontextmerkmalen intern zu repräsentieren (z. B. in einem fiktiven Kaufladen, mit fiktiven Personen und fiktiven Waren). Dabei entsteht auch die Grundlage für den Erwerb von Symbolisierungsfähigkeit im Rahmen der Sprach- und Phantasieentwicklung.
- Möglichkeiten zur *Perspektivenübernahme*: Durch das Spielen mit Rollen lernt das Kind, eine bestimmte Sache vom Standpunkt einer anderen Person aus zu betrachten und darüber hinaus verschiedene Blickwinkel zueinander in Beziehung zu setzen und miteinander zu koordinieren.
- *Metakommunikation*: Immer wieder entstehen Spielsituationen, in denen die Art und Weise, wie die Kinder das Spiel ausgestalten, zum Gegenstand von Beratungen gemacht wird und differenzierte Gespräche auf der »Metaebene« geführt werden.

Das Spiel eröffnet dem Kind die Chance, bewusst oder unbewusst neue Verhaltensweisen zu erproben, ohne dass es von seiner Umgebung für vermeintlich irrationales oder unrealistisches »Fehlverhalten« zur Rechenschaft gezogen werden kann (Kluge 1984). Spiele haben häufig auch etwas Subversives und damit Entlastendes. Als »Gegensystem« gegen die oft wenig zu beeinflussende Erwachsenenwelt kann mit dem Mittel der Parodie und Verulkung die Ordnung der Realität für eine Weile außer Kraft gesetzt, die Logik der Erwachsenen gebrochen, das Unbekannte, Unvorhersagbare gesucht werden.

Kriterien zur differenzierten Betrachtung und Auswahl eines Spiels

Während bisher durch eine Beschreibung von einzelnen Bestimmungsstücken eine allgemeine Abgrenzung des Spiels von anderen Handlungsformen im Vordergrund stand, rückt jetzt das einzelne Spiel in den Mittelpunkt. Dabei geht es um die Perspektive der Lehrerin, die ein Spiel auszuwählen hat oder sich um das Verstehen kindlicher Spielhandlungen bemüht.

Bei Kluge (1984) findet sich ein Kriterienkatalog, der zu einer umfassenden, kritischen Analyse eines Spieles beitragen kann. Welche Anforderungen stellt das Spiel an das einzelne Kind? Wie ist der Spielverlauf einzuschätzen? Welche Spielmaterialien sind vorgegeben? Welche Folgen wird das Spiel für die Beteiligten haben? Solchen und ähnlichen Fragen kann mit dem folgenden Kriterienkatalog nachgegangen werden.

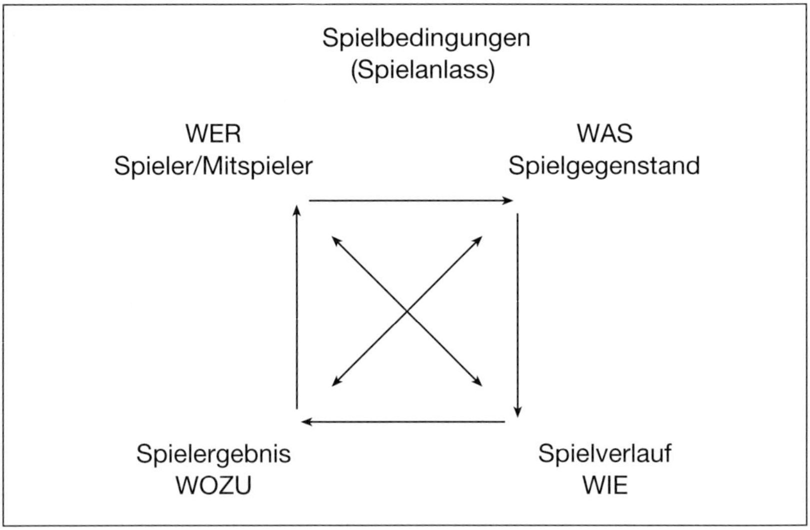

Abb. 1: Hauptkategorien des Spiels (Kluge 1984)

Im Folgenden wird in aller Kürze auf die einzelnen in Abb. 1 aufgeführten Spielkategorien eingegangen. Dabei werden zur Erläuterung lediglich einige Aspekte beispielhaft genannt, die bei der Auswahl eines Spiels von Bedeutung sein könnten.

Spieler/Mitspieler

Zunächst können wir das Spiel aus der Perspektive der spielenden Kinder betrachten. Dabei reichen unsere Spielerfahrungen als »Kinder von gestern« keineswegs aus, die Spielwirklichkeit der Kinder heute so zu sehen wie sie selbst. Darüber hinaus ist zu bedenken, dass jedes Kind seine eigene Spielbiographie mitbringt und außerhalb der Schule in einer eigenen Spielumgebung lebt. Durch genaue Beobachtungen und in Gesprächen bei Nachbereitungen lässt sich in vorläufigen Annäherungen erfahren, wie die einzelnen Kinder das Spielgeschehen wahrnehmen, subjektiv verarbeiten und in befriedigendes Handeln umzusetzen versuchen.

Bei der Auswahl eines Spiels können dann einzelne Fragen konkreter beantwortet werden:

- *Freiwilligkeit, Selbstgestaltung*: In welchem Ausmaß ist die Teilnahme freiwillig? Kann das Kind dem Spiel andere Bedeutungen zusprechen? Können Spielregeln in gemeinsamer Absprache umgedeutet werden?
- *Zweckunbewusstheit*: Genügt das Spiel aus der Sicht des Spielenden sich selbst und verfolgt es keine außerhalb des Spielgeschehens liegenden Zwecke?
- *Positive Emotionen*: Macht das Spiel den Kindern Freude? Welche Misserfolgserlebnisse sind für einzelne Kinder denkbar?
- *Probehandeln*: Gibt es Spielräume für das Erproben neuer Verhaltensweisen, ungewöhnlicher Lösungswege und sanktionsfreie Lösungen? In welcher Beziehung stehen fiktive Momente und die Alltagsrealität der Kinder? Welches Potential an Deutungs- und Interpretationsmöglichkeiten sind in dem Spiel enthalten?

Spielgegenstand
Welche Spiele gibt es?

Zahlreiche Spieltheoretiker haben versucht, die Fülle an Spielen zu ordnen und zu systematisieren, um einen Überblick über die Erscheinungsformen des Spiels zu geben und eine Zuordnung möglichst aller Spiele vornehmen zu können. Ein einheitliches Einteilungssystem konnte sich jedoch aufgrund der Komplexität des Spiels noch nicht durchsetzen. So sind einzelne Systeme »bestenfalls brauchbare Wegweiser, um die Menge der Erscheinungen aufzufinden« (SCHEUERL 1990, S. 128), einen Anspruch auf eine vollständige Erfassung dürfen sie nicht erheben.

Für unser Thema erscheint eine begrenzte Klassifikation, die speziell die Grundschule als Ort des Spielens berücksichtigt, besonders geeignet. Dementsprechend stehen bei dem folgenden Systematisierungsversuch die Spielfunktion (Zielstruktur) und der Spieleffekt (Wirkungserwartung) als Hinweis auf Fördermöglichkeiten im Vordergrund. Dabei greifen wir in vielen Fällen auf die Überlegungen von WALTER (1993) zurück.

PLAY
spielerischer Umgang mit Alltagssituationen

GAMES
vorstrukturierte Spiele

Spieltyp 1	**Spieltyp 2**	**Spieltyp 3**
Spiele zur Förderung des Problemlösungsverhaltens	*Spiele zur Förderung von Übungsverhalten*	*Spiele zur Förderung von Selbstkonzept und Sozialverhalten*
Objektspiele Ratespiele Planspiele	Übungsspiele zum Festigen von Wissen und Fertigkeiten;	Interaktionsspiele Kooperative Spiele Rollenspiele
Strategiespiele	Differenzierung	darstellendes Spiel

Abb. 2: Spielklassifikation zu Spielen in der Grundschule

Eine erste grobe Unterscheidung lässt sich nach dem Ausmaß der Vorstrukturierung im Sinne von Regeln und Spielmaterialien vornehmen: Es ist zu unterscheiden zwischen *play* und *game*.

Play
Spielerischer Umgang mit Alltagssituationen
Im Unterricht ergeben sich Freiräume, in denen bestimmte Situationen von den Kindern spielerisch aufgegriffen und weiterentwickelt werden. Dabei geht es um »Spielen in *allen* geeigneten Räumen und *allen* geeigneten Situationen« (vgl. POLZIN in diesem Band). Gespräche im Morgenkreis, Lernaktivitäten in einzelnen Fächern oder besondere Ereignisse können experimentierend, phantasierend neu interpretiert und in eine Spielhandlung übergeführt werden, die in vielen Fällen alle oben genannten Spielmerkmale in ausgeprägter Form enthält. Umgekehrt können Spielaktivitäten wieder in klassische schulische Lernsituationen einmünden, sodass sich organische Verknüpfungen von spielpädagogischen und schulpädagogischen Ansätzen entwickeln können. Bei WALLRABENSTEIN (1993) findet sich ein gutes Beispiel für diese Form des Spielens:

Ein Kind fragt seine Lehrerin, ob es während der freien Arbeit mit dem Tageslichtprojektor spielen kann. Da die Pflichtaufgaben erledigt sind, darf Svenja in einer Nische damit beginnen, Gegenstände auf den Projektionstisch zu legen und mit den Schatten an der Wand zu experimentieren. »Eine Wäscheklammer wird zu einem Krokodil, der Schlüssel ist ein Riese«. Sie macht immer weitere Entdeckungen. Andere Kinder werden aufmerksam; Svenja erklärt, macht vor und wird zur Expertin für Schatten. Später beschließen die Kinder, ein Bilderbuch in ein Schattenspiel umzusetzen. Das dort bearbeitete Problem eines Außenseiters wird in einem »Menschenschattenspiel« weitergeführt. Hinter einem Bettlaken erproben die Kinder, wie ein Außenseiter versucht, in eine Gruppe hineinzukommen und wie ein »Clown« oder ein »Held« zu wirken….
»Aus dem zufälligen Rückzug in die Nische haben die Kinder über das Experimentieren mit Gegenständen einen Spielraum für Schattenspiele entwickelt, der dann gemeinsam zum Freiraum für das spielerische Erproben grundlegender sozialer Beziehungen wurde« (WALLRABENSTEIN 1993, S. 40).

Die zentralen Kriterien des Spiels, Freiwilligkeit, intrinsische Motivation, Zweckunbewusstheit und positive Emotionen aus einem intensiven Erleben, sind in diesem Beispiel erfüllt. In vielen Unterrichtssituationen ergeben sich solche »natürlichen« Verknüpfungen von Unterricht und Spiel, die oft weniger spektakulär das Lernen lebendiger und vielfältiger werden lassen.

Games

Vorstrukturierte Spiele

Hier handelt es sich um ein Spielgeschehen, das weitgehend durch Vorgaben zum Spielgegenstand und Spielablauf bestimmt ist. Dabei strukturieren Hinweise zum Spielverlauf, Spielregeln und einzelne Materialien das spielerische Handeln in hohem Maße vor. WALTER (1993) unterscheidet drei Gruppen:

- Spieltyp 1: Spiele zur Förderung des Problemlösungsverhaltens

  Darunter werden Spielformen verstanden, welche die kognitiven Fähigkeiten besonders ansprechen und somit der Entwicklung von Problemlösungsstrategien dienen.

  Objektspiele: Dieser Gruppe werden alle Spiele zugeordnet, die von Objekten bzw. Materialien ausgehen. Die Materialerprobung für explorative Handlungen oder Bauwerke steht im Mittelpunkt. Materialien zum Explorieren, Bauen und Konstruieren (z. B. Sand, Bauklötze, Steine) und die daraus hergestellten Werke sind die zugehörigen Spielobjekte.

  Ratespiele: Bei diesen Spielen wird dem Kind eine Spielaufgabe in Form eines Rätsels gestellt, das es durch Nachdenken, Analysieren, Wahrnehmen und Kreativität beim Finden von Ideen lösen soll. Es gibt verschiedene Arten von Ratespielen: z. B. logische Rätsel, Zahlenrätsel, Bilderrätsel, Worträtsel, Scherzfragen und Rätselwitze, Kim-Spiele, Geheimsprachen, Quiz, Kreuzworträtsel.

  Planspiele: Synonyme Begriffe für Planspiel sind Entscheidungsspiel und Simulationsspiel. Bei dieser sehr komplexen (und für Grundschulkinder schwierigen) Spielform wird die Spielgruppe in eine vorgegebene Situation mit gewissen Handlungsvorgaben (u.a. bedingt durch Rollenvorschriften) gestellt (vgl. FLOR/PETILLON in diesem Band).

  Strategiespiele: Hier handelt es sich um klassische Gesellschaftsspiele mit strategischen Anforderungen: z. B. Hase und Igel, Scotland Yard, verrücktes Labyrinth.

- Spieltyp 2: Spiele zur Förderung von Übungsverhalten

  Im Unterschied zu Spielen mit Problemstellungen haben die Schülerinnen und Schüler die zur Lösung der Spielaufgabe erforderlichen Informationen bereits erfahren und müssen diese jetzt mehr reproduktiv als produktiv anwenden. Hier handelt es sich in vielen Fällen um klassische *Lernspiele*, die dazu dienen, das eher »trockene« Üben und Festigen von Wissen und Fertigkeiten abwechslungsreicher zu gestalten. Außerdem eröffnen sie Möglichkeiten zur inneren Differenzierung und Individualisierung. Übungsspiele sind meist nach dem

Vorbild bekannter Gesellschaftsspiele (Quartett-, Memory-, Domino- und Lottospiele) gestaltet und können auch leicht selbst hergestellt werden.

➢ Spieltyp 3: Spiele zur Förderung von Selbstkonzept und Sozialverhalten
In diesen Spielen sollen potentielle Fähigkeiten zur Erkennung, Reflexion und Lösung von Problemen im Umgang mit der eigenen Person und im zwischenmenschlichen Bereich entwickelt und gefördert werden.
Interaktionsspiele: Zu dieser Gruppe zählen alle Spiele, die von mehreren Personen nach bestimmten Regeln gespielt werden; dabei stehen die unmittelbaren sozialen Erfahrungen »am eigenen Leibe« im Mittelpunkt (vgl. GUDJONS in diesem Band).
Kooperative Spiele: Der Grundgedanke besteht bei diesen Spielen darin, dass die Kinder lernen sollen, erfolgreich zusammenzuarbeiten. Regeln und Aufbau dieser Spiele erfordern gegenseitiges Helfen, damit ein gemeinsames Ziel erreicht werden kann.
Rollenspiele: Bei dieser Spielform werden im Spiel fremde Rollen übernommen und je nach Erfahrungen des Spielers ausgefüllt. Beim *spontanen* Rollenspiel, das seinen festen Platz im freien Spiel des Kindes hat, bestimmt der Spieler den Spielinhalt und die Spieldauer selbst. Beim *gelenkten* Rollenspiel wird der Spielinhalt vom Spielleiter vorgeschlagen. Die Kinder sollen auf der Spielebene alternative Lösungsmöglichkeiten und Verhaltensweisen entwickeln und erproben.
Darstellendes und mediales Spiel: Diese Spielform weist ähnliche Strukturen wie das Rollenspiel auf (vgl. WINTER in diesem Band). Folgende Arten von darstellendem Spiel können unterschieden werden: Stegreifspiel und selbsterarbeitetes Spiel, Pantomime und Scharade, ein improvisiertes Ratespiel, Maskenspiel, Puppen- und Marionettenspiel, Fingerspiel, Schattenspiel, Musik-, Tanz-, Singspiel, Hörspiel, Theaterspiel.

Spielverlauf
Perspektive der Kinder

Bei der Beobachtung des Spielverlaufs, d.h. der Art und Weise, wie Kinder spielen, ist besonders zu bedenken, dass wir uns bei der Beantwortung der Frage, wie das Spielgeschehen beim Kind »ankommt«, häufig ohne Rückversicherung bei den Betroffenen von unseren »erwachsenen« Vorstellungen leiten lassen.

Wann wird beispielweise ein Handlungsgeschehen aus der Sicht von Kindern als ein Spiel empfunden? Bei KRAMPE/MITTELMANN (1987) finden sich hierzu einige Hinweise:

Kinder sprechen in vielen Fällen dann von einem Spiel,

- wenn sie einen Freiraum für eigene Entscheidungen haben und damit auch die Offenheit für neue Möglichkeiten gegeben ist;
- wenn der Handlungsverlauf vom Standardrepertoire des Unterrichts abweicht und die Anforderungen dem Spielvermögen der Kinder angepasst sind;
- wenn die Regeln eindeutig sind und die Kinder zumindest teilweise die Kontrolle und Zeiteinteilung selbst übernehmen können;
- wenn das Geschehen als ein stetes Pendel zwischen Spannungssuche und Entspannung erlebt und damit als besonders lustvoll und anregend empfunden wird;
- wenn die Tätigkeit einerseits ein überschaubares Risiko aufweist, andererseits das Risiko vom einzelnen Kind aufhebbar ist, wenn die Situation zu belastend wird.

Spielergebnis

Zunächst ist davon auszugehen, dass das Ergebnis eines Spiels nur auf den Spielgegenstand und Spielverlauf bezogen ist; danach kann nach Spieleffekten gefragt werden, die über das Spielgeschehen hinausgehen und die Entwicklung des Kindes allgemein betreffen.

Erlebnisqualität: Resultiert aus dem Spiel höhere Spielbereitschaft durch intensives Erleben (Spannung, Vergnügen, Identifikation, Überraschung)?

Wiederholungstendenz: Regt das Spiel dazu an, vermittelte Erfahrungen zu wiederholen oder ähnlich gestaltete Situationen aufzusuchen?

Transfer: Können Spielergebnisse auf »Ernstsituationen« übertragen werden (z. B. beim Rollenspiel)?

In Spieltheorien finden sich sehr allgemeine Annahmen, wie Spielen auf Kinder wirkt. In einigen Sätzen soll auf theoretische Grundannahmen eingegangen werden.

Die neueren spieltheoretischen Arbeiten im 20. Jahrhundert sehen zwar davon ab, das Spiel ausschließlich von einem Grundgedanken aus zu verstehen, versuchen aber dennoch, die reichen Erscheinungen des Spiels unter leitende Prinzipien zu stellen und »mit einem theoretischen Wurf« die Wirkungen des Spiels zu erfassen und von diesem Punkt her zu erklären und zu ordnen (FLITNER 1992).

Die *entwicklungspsychologische* Spieldeutung geht davon aus, dass ein enger Zusammenhang zwischen der kindlichen Entwicklung und dem Spiel besteht. Das Spiel als Medium der Entwicklung bildet den Rahmen des Sich-Übens, des Sich-Erprobens, des Sich-Vervollkommnens, auch des Riskierens, des In-andere-Rollen-Schlüpfens, des Mächtig-Seins, des eigenen »Wunscherfüllens« (WALTER 1993, S. 78). Dabei kann ein Spiel im Sinne eines »Türöffners« schon die Plattform für ein Entwicklungsniveau schaffen, welches das Kind als nächstes erreichen wird.

Nach PIAGET (1969) übt das Kind *kognitive Prozesse* durch wiederholende Betätigungen und erreicht so im Sinne von *Akkomodation* eine Stabilisierung erworbener Schemata. Das Spiel (vor allem das Phantasiespiel) ermöglicht ihm darüber hinaus, die Wirklichkeit symbolisch so zu verändern, dass es sie erfassen kann, d.h. in »Als-ob-Handlungen« kann das Kind im Sinne von Assimilation seine Umwelt so umformen, dass sie mit seinen gegenwärtigen Denkschemata kompatibel wird (vgl. KRAPPMANN in diesem Band).

Bei EINSIEDLER (1999) finden sich *empirische* Untersuchungsergebnisse, die auf die Bedeutung des Spiels für die kognitive, soziale, emotionale und kreative Entwicklung verweisen. Dabei ist vor allem die »Übungs- und Entwicklungsfunktion des Kinderspiels von der Forschung her gut abgesichert« (S. 7).

Die *Motivationspsychologie* geht bei ihrer Betrachtung des Phänomens »Spiel« vom Neugier- und Explorationsbegriff aus. Der motivationspsychologischen Spieltheorie zufolge sind spielerische Aktionen frei von außer ihnen liegenden Zwecken und dadurch auch in hohem Maße intrinsisch motiviert. Das Spielgeschehen »oszilliert« als ein stetes Pendel zwischen lustbetonter Spannungssuche und dem Bedürfnis nach Entspannung. Die Entdeckung von Unvertrautem und die daraus resultierende Neugier lassen das Kind spielerisch aktiv werden und nach Lösungen und Bewältigung suchen, wenn der Neuigkeitsgehalt eine mittlere Ausprägung hat.

Die *soziologische Betrachtung* des Spiels erfolgt vor allem unter dem Aspekt der Ausgestaltung der eigenen Rolle. Im Spiel, insbesondere im Rollenspiel und in Interaktionsspielen, können Formen der Selbstbehauptung und der Auseinandersetzung mit Rollenerwartungen erprobt werden (KRAPPMANN 1975).

Spielbedingungen

Bei der Betrachtung des Spiels sind die sozialen, materiellen, räumlichen und zeitlichen Faktoren (z. B. verwendetes Spielzeug, Verfügbarkeit von

Materialien, Spielzeit, Spielraum, Mitspieler) besonders zu berücksichtigen. Dabei wirkt das Umfeld auch indirekt auf das Spielen der Kinder ein (z. B. Spielzeugmarkt, Computerspiele, Erziehung in der Familie, ökologische Faktoren). Auf die Frage nach spielfördernden Bedingungen in der Grundschule wird im dritten Teil unserer Ausführungen näher eingegangen.

Ort des Spielens in der Grundschule Unterschiedliche Perspektiven: Ein Rollenspiel

In dem Beitrag von KLUGE (in diesem Band) wird die wechselvolle Geschichte des Spiels in seinem Verhältnis zur Schule dargestellt. Dieser Bezug ist bis heute konfliktreich geblieben und nicht immer waren und sind es pädagogisch gut begründete Argumente, die dem Spiel den Eingang in die Schule verwehrt haben. Ein intensiver Austausch mit dem Ziel, nach einer konträren Diskussion einen Konsens anzustreben, scheitert vor allem auch daran, dass sich die kritischen Spielpädagog(inn)en nur wenig um den »Spielort Grundschule« und die dort gegebenen Möglichkeiten kümmern, während die kritischen Schulpädagog(inn)en das Spiel und sein pädagogisches Potential in vielen Fällen nur so eingeschränkt zur Kenntnis nehmen, dass ihre ablehnende Haltung nicht gefährdet werden kann.

Der Diskurs um die Passung des Spiels in die Grundschule lässt sich in einem Rollenspiel anschaulicher darstellen. Die Vertreter unterschiedlicher Positionen können dabei ihre Standpunkte pointiert vorbringen, um danach an einem »runden Tisch« eine verträgliche, die Argumente der anderen berücksichtigende Lösung anzustreben. Zur Vereinfachung werden lediglich vier Rollen vergeben: Zunächst für die *skeptischen Spielpädagogen*, die das Spiel keinesfalls dem schulischen Zugriff preisgeben möchten, und den *skeptischen Schulpädagogen*, der in der Hereinnahme des Spiels nur zeitraubende Spielerei sieht. Danach sollen zwei in der Konsensfindung vermittelnde Rollen eingeführt werden: der *offene Spielpädagoge*, der etwas von dem Glanz des Spiels auch in die Schule hineintragen möchte, und die *offene Schulpraktikerin*, die die vielfältigen Möglichkeiten des Spiels kennt und »große Momente« des Spielens erlebt hat.

Die skeptische Spielpädagogin:
In der Schule gerät das Spiel in den Rang eines pädagogischen Mittels, mit dem das Lernen effektiver gestaltet werden soll. Dabei vollzieht sich eine grundsätzliche Umwertung des Spiels. Ein seinen Zweck in sich tra-

gendes menschliches Grundphänomen wird didaktischen und pädagogischen Absichten dienstbar gemacht, instrumentalisiert und geradezu in sein Gegenteil verkehrt. Mit der »Verzweckung des Spiels« droht das Moment verloren zu gehen, um deretwillen Kinder überhaupt spielen: »die Freiheit bei der Gestaltung der Wirklichkeit zu nutzen und fortzuentwickeln, sich in dieser Wirklichkeit mit ihren Wünschen, Gefühlen und Handlungsabsichten zu erleben« (FRITZ 1991, S. 130). Spiel darf nicht als »Sondernummer aus der pädagogischen Trickkiste« (CALLIESS 1979, S. 324) missbraucht werden. Nicht zu unterschätzen ist die Gefahr der Manipulation: Kinder lernen das zu wollen, was sie sollen, weil Spiel Spaß macht. Wo sich Spielen und Schulpraxis miteinander verbinden, kann sich Spiel im eigentlichen Sinne nicht mehr entfalten. Der Eigenwert des Spiels mit seinen zentralen Bestimmungsstücken der Freiwilligkeit, des Selbstzweckcharakters und des unbeschwerten Probehandelns lässt sich in einer auf Lernen und Leistung ausgerichteten Institution nicht erhalten. Die Schule erscheint nicht als der geeignete Ort, das Spiel und seine ihm innewohnenden Qualitäten zur Entfaltung zu bringen.

Der skeptische Schulpädagoge:

Spielen in der Schule begrenzt die Effektivität des Unterrichts und lenkt von seinen eigentlichen Aufgaben ab. Es kommt zu einer Verwässerung und Hedonisierung schulisch geregelten Lebens und Lernens: Alles muss Spaß machen, Lust bereiten, leicht, locker und lässig sein. »Die Bildungsszene tendiert zum Erlebnispark mit diskreten Lernansprüchen« (GEISSLER 1998, S. 29). Schule soll nicht in erster Linie einer anforderungsarmen »Spaßpädagogik« folgen, sondern klar strukturiert unter der Leitung der lenkenden Lehrerin schulische Lerninhalte vermitteln. In der Geradlinigkeit schulischer Lernsequenzen ist kein Raum für die schweifende Spontaneität kindlichen Spielens. Lernen bedeutet harte Arbeit mit hoher Anstrengung, Unlustgefühlen und ausdauerndem Üben. Darüber hinaus lenken Spiele vom eigentlichen Lerngegenstand ab, das Interesse des Kindes gilt mehr dem Domino oder Quartett als der dort eingebundenen Übungsaufgabe. Was viele Schulen als Spielkonzept anbieten, erweist sich bei näherem Hinsehen als Spielerei, die eine optimale schulische Förderung verhindert. In vielen Fällen fehlt dabei die curriculare Einbindung und Reflexion. Die »Pulswärmerqualitäten« von Spielen (Geissler 1998, S. 29) führen dazu, dass den Kindern in der Schule alle Steine aus dem Weg geräumt werden. Damit werden sie auch im späteren Leben weder leistungsfähig noch leistungsbereit sein. Spielendes Lernen betrügt die Kinder um die Freude an bewusstem und wirklichem Lernen. Die Schule ist von ihrer gesellschaftlichen Bestimmung ein Ort des Lernens und Arbeitens und von daher kein Spielraum für Kinder.

Der offene Spielpädagoge:

Das Spiel sollte der Schule keinesfalls vorenthalten werden. Es kommt den Bedürfnissen des Kindes entgegen und bietet als spezifische Form des Lernens vor allem subjektive Momente wie Entscheidungsfreiheit, Freude, Spannung und Möglichkeiten des intensiven Erprobens. Keine sonstige Lernform enthält so viele aktivierende Momente wie das Spiel! Wer die Vielfalt der Spiele kennt, kann sich einer Öffnung der Schule für neue Möglichkeiten der intensiven Auseinandersetzung mit den unterschiedlichsten Unterrichtsgegenständen nicht verschließen. Ob die Schule zum geeigneten Ort wird, an dem sich das Spiel und seine ihm innewohnenden Qualitäten entfalten können, hängt wesentlich davon ab, in welchem Maße wir »den spielerischen Aktivitäten Eigenwert und den verschiedenen Spielformen Eigengewicht im Unterricht zugestehen« (Kluge 1981). Die traditionelle Lernschule erfährt durch die Hereinnahme des Spiels eine bedeutsame Ergänzung, die keineswegs den Leistungswillen der Kinder untergräbt oder von den Lerngegenständen wegführt. Vielmehr bietet das Spiel geradezu ideale Voraussetzungen zur Verwirklichung von Selbstorganisation und sozialem Lernen. Allerdings darf Spielen nicht zur Spielerei werden, sondern muss der Ernsthaftigkeit gerecht werden, die Kinder in das Spiel einbringen können.

Die offene Schulpraktikerin:

Spiele gehören zum Alltag eines kind- und sachgerechten Unterrichts. Wir müssen allerdings sorgfältig abwägen, auf welche Weise wir das Spiel im zeitlichen und inhaltlichen Rahmen der Schule unterbringen können. Dabei ist es notwendig, Möglichkeiten und Grenzen des Spiels in der Schule zu reflektieren und Bedingungen zu analysieren, unter denen es gedeihen kann. Spielen und Arbeiten ergänzen sich! In der Überwindung einer Lernmonokultur kann das Spiel in einer vernünftigen Synthese von freiem Spiel und geplantem Unterricht, von spielerischer Offenheit und didaktischer Vorplanung eine Bereicherung an Lernzugängen sowie an Bewährungs- und Gestaltungsmöglichkeiten für die Kinder darstellen. Oft hängt der »Korb Spielen« im Hinblick auf die spiel- und schulpädagogischen Ansprüche zu hoch, als dass »er für pädagogische

Normalverbraucher ohne außerordentliche Mühe zu erreichen wäre« (HIELSCHER 1981, S. 22). Hier gilt es im Rahmen der institutionellen Bedingungen das Spiel mit einer gewissen Bescheidenheit in der möglichen Breite zur Entfaltung zu bringen. Dabei können Spiele auch bei reduzierten Ansprüchen an ihre Vollständigkeit einen wesentlichen Beitrag zur Förderung sozialer, kreativer und intellektueller Kompetenzen leisten.

Der runde Tisch: Zusammenführung der unterschiedlichen Perspektiven

THESE 1: SPIELEN *ODER* LERNEN IST EINE FALSCHE ALTERNATIVE

Viele Spielpädagog(inn)en meiden den Lernbegriff oder stellen Spielen und Lernen *nebeneinander*: »Spielen ist neben dem Lernen die pädagogisch bedeutsamste Tätigkeit des Menschen« (KREUZER 1983, S. 3). Zugleich finden wir, wie bei vielen Schulpädagogen auch, einen sehr *engen* Lernbegriff, der für das Spielen wenig Raum lässt. Erst wenn wir das Phänomen »Lernen« in einer umfassenderen Bedeutung verstehen, lässt sich der Bezug von Spiel und Schule besser verdeutlichen (vgl. auch KRAPPMANN in diesem Band).

Zunächst kann von einem sehr allgemeinen Lernbegriff ausgegangen werden: *Lernen ist die relativ dauerhafte Veränderung des Verhaltens durch Erfahrung*. Die Klärung der Schlüsselbegriffe »Erfahrung« und »Veränderung« schließt den Lernbegriff weiter auf. *Erfahrung* besitzt eine passive und aktive Seite: Wer Erfahrungen macht, ist mit Situationen (*Lernbedingungen*) konfrontiert und kann sich mit diesen aktiv, erkundend, deutend und wertend auseinandersetzen (*Lernprozesse*). Dabei *können* dauerhafte Veränderungen eintreten, die die gesamte Persönlichkeit des Lernenden betreffen (*Lernergebnis*).

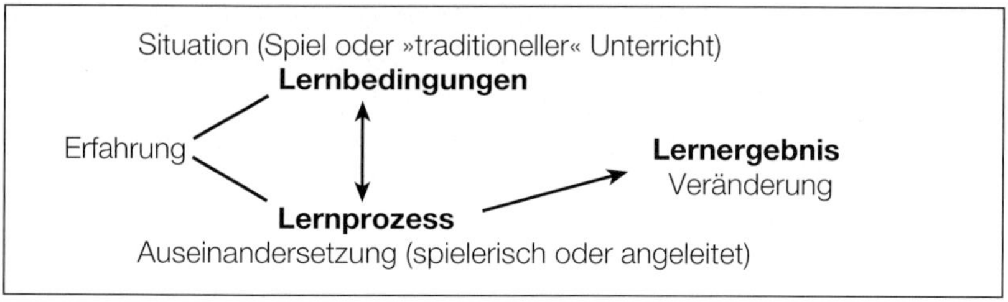

Abb. 3: Elemente des Lernbegriffs

Diese drei Bestimmungsstücke (Bedingungen, Prozess, Ergebnis) sind für jede Form des Lernens konstitutiv, unabhängig davon, ob dies in einer zielorientierten Lehr-Lern-Situation (Unterricht) oder im Spiel geschieht. Sie erfahren ihre spezifische Ausprägung durch die jeweilige auslösende Situation. Ebenso wie im schulischen Unterricht oder einer außerschulischen Alltagssituation kann unter der »Lernbedingung Spiel« (play oder game) in »spielerischer Auseinandersetzung« (im Sinne der genannten Spielkriterien) eine dauerhafte Veränderung des Verhaltens eintreten, die nur den Spielverlauf betrifft oder auch weit über diesen hinausreicht.

Der traditionelle, enge Lernbegriff dagegen geht weitgehend von einem auf Vermittlung hin organisierten Unterrichtsplan (*Lernbedingungen*) aus, er definiert als *Lernergebnis* einen eher festen, geschlossenen Wissens- und Fähigkeitskanon und reduziert *Lernprozesse* in vielen Fällen auf ein »rigides, einseitig kognitiv ausgerichtetes und mittels spezifischer Techniken beeinflusstes Aneignen von (Buch)wissen« (Fried 1999, S. 181). In einer auf diesem Lernverständnis basierenden Schule wäre für das Spiel kein angemessener Ort zu finden.

Ein innovativer, breiter angelegter Lernbegriff geht von offeneren Lernbedingungen aus, räumt den Kindern einen größeren Freiraum für eigenständige Gestaltung ein und zielt darauf ab, die Persönlichkeitsentwicklung umfassend zu fördern. Wenn für das Lernen Probierverhalten, selbständiges Sich-Einlassen auf Lerngegenstände, Selbstkontrolle und völliges Aufgehen in einer Tätigkeit grundlegend sind, dann kann das Spielen zum organisierten, angeleiteten Lernen hinzutreten, es ergänzen und vertiefen (vgl. Polzin in diesem Band).

Spielen in einem offenen Lernkonzept

Lernbedingungen: Im Sinne von Methodenvielfalt finden unterschiedliche Lernzugänge ihre Anwendung. Man traut den Kindern eine aktive Rolle bei der Steuerung ihres Lernens und der Gestaltung ihrer Lernbedingungen zu. Die Schule öffnet sich dem Alltag der Kinder. Das Soziale (z. B. bei der gemeinsamen Vereinbarung von Regeln) wird gefördert. Die Kinder sollen erfahren, dass im Verweilen eine Möglichkeit intensiven Lernens und Erlebens liegt (Entschleunigung).
Lernprozess: Die »Intensität der selbst geleisteten Begegnung, Erkundung und Gestaltung steht im Mittelpunkt, nicht die Menge des Stoffs« (Meier 1997, S. 43). Lernen wird als schöpferischer Akt begriffen: »Das, was man vorfindet, wird nicht bloß aufgegriffen und wahrgenommen, sondern untersucht und gedeutet, erkundet und abgetastet,

verglichen und bewertet. Auf diese Weise entsteht ein Spiel mit Perspektiven und Standpunkten, ein Abwägen von Wesentlichem und Unwichtigem, ein Finden von Originellem und Übertragbarem (DUNCKER 1995, S. 71). Fehler und Irrtümer werden als Lernchance gesehen. Die »sinnlich-leibliche Erkenntnis und Weltaneignung« sind neben der »logisch-rationalen Weltaneignung« als gleichwertige Erkenntnisformen anerkannt (vgl. POLZIN in diesem Band).
Lernergebnis: Veränderungen beziehen sich auf eine umfassende Persönlichkeitsentwicklung, d.h. auf kognitive, affektive, soziale und psychomotorische Aspekte. Dabei eröffnen sich Möglichkeiten gemeinsamen Erfahrens, selbsttätigen Handelns und intensiven Erlebens.

Unter den genannten Bedingungen offenen Lernens könnten Spielpädagogen »ihr« Spiel guten Gewissens der Grundschule anvertrauen; Schulpädagogen sollten angesichts des breiten Spektrums an Spielmöglichkeiten und den erweiterten Möglichkeiten intensiven Lernens die Grundschule für das Spielen öffnen.

THESE 2: DEM SPIEL IST SEIN EIGENWERT ZU BELASSEN

Das generelle Ziel des Spielens ist in erster Linie das gelungene Spiel. Ihm muss um seiner Eigenwertigkeit willen in der Schule eine entsprechende Pflege und Aufmerksamkeit zukommen; Nutzbarmachungen und Zweckbestimmungen sollten dabei sekundär bleiben (SCHEUERL 1990). Spielangebote sollten echte Spielvollzüge in Gang setzen, d.h. Handlungen, die auf »echtem« Spielerleben basieren (VOGELSANG 1994, S. 185). »Wenn Lernintentionen das Spiel nicht verhindern, zerstören oder dem Schüler verleiden sollen, dürfen sie ihm nicht zum erklärten Ziel seines Tuns werden, sondern nur als Nebeneffekt in Erscheinung treten« (KLUGE 1981, S. 54). Dabei erscheint es in vielen Fällen zweckmäßig, dem Spielwillen die lustvolle Betätigung zu garantieren und alle weiteren Motive zu Nebenabsichten zu erklären (KLUGE 1980, S. 7).

Es geht nicht nur um den Nachweis der Lerneffektivität und didaktischen Verwendbarkeit, sondern vor allem um Erweiterung der Spielfähigkeit und das im Spiel erfahrene intensive Erleben. In vielen Fällen wirkt das Spiel im Hinblick auf schulische Ziele eher *indirekt*: »Das Spiel fördert, indem es fordert« (SCHEUERL 1990, S. 215). Man lernt durch das Lernspiel, indem man für es lernt.

These 3: Die Grenzen zwischen Arbeit und Spiel sind fliessend

Die Sorge, das Spielen führe die Kinder vom Leistungswillen und anstrengenden Tun weg, zerstreut sich bei der Beobachtung intensiv spielender Kinder. Anstrengung kennzeichnet Spiel und Arbeit gleichermaßen. Das Entweder-Oder von Zweckfreiheit/Spaß/Kreativität auf der einen, Anstrengung/Arbeit/Leistung auf der anderen Seite trifft für viele Spiele nicht zu (Gudjons 1998, S. 8). Der Gegensatz ist nicht Arbeit und Spiel, eher Spielerei und ernsthaftes Spiel. Es lässt sich gut beobachten, dass ein Spiel, dem der »nötige Ernst« fehlt, sehr schnell erlahmt. Im Spiel geforderte Kompetenzen, wie z. B. Wartenkönnen, Verlierenkönnen, Sich-Einfühlen-Können, Regeln verstehen, sind Tugenden, die auch für das Arbeiten von großer Bedeutung sind. Ohne dass die Unterschiede zwischen Arbeit und Spiel aufgehoben werden sollten, gilt es zu erkennen, dass die Grenzen zwischen diesen beiden Tätigkeitsformen im offenen Unterricht fließend sind. In der Vielfalt der Spiele finden sich Verknüpfungs-, Ergänzungs- und Distanzierungsmöglichkeiten.

These 4: Das Spiel ist in didaktische und pädagogische Zusammenhänge einzubinden

Das Spielen in der Grundschule erfordert eine genaue Balance zwischen spielerischer Eigendynamik und pädagogischem Arrangement. Es sollte jeweils in einem curricularen Gesamtzusammenhang gesehen und in seiner Position zu didaktischen und pädagogischen Zielen bestimmt werden. Zum Spiel, auch zum freien Spiel, gehört eine bestimmte Art von Regie, deren Ziel in vielen Fällen allerdings darin liegt, den Erwachsenen so wenig wie möglich bemerkbar und somit entbehrlich zu machen. Bei einer situationsbezogenen Auswahl von Spielen und der entsprechenden Anleitung sind die Kompetenzen und Motivationen der Spielenden besonders zu berücksichtigen. Allerdings sollte sich das planvoll begonnene Spiel danach möglichst selbst erhalten (Krappmann 1975, S. 72). Dabei wäre ein ausgewogenes Verhältnis von zweckfreiem und zweckgebundenem Spiel anzustreben. Statt einer »additiven Anlagerung« (Wegener-Spöhring 1978, S. 223) können vielfältige organische Verflechtungen mit dem Unterrichtsalltag gefunden und erprobt werden.

Weit über eine »Dessertfunktion« hinaus könnte das Spiel in der Schule wichtige Funktionen erfüllen:

- *Eigenfunktion*: Hier steht das Spielen um des Spielens willen im Vordergrund. In einer entspannten Atmosphäre sollten die Kinder das intensive, »selbstvergessene« Spielen genießen und als hohe Lebensqualität erleben können.

- *Vermittlungsfunktion*: Zum Schulanfang kann das vertraute Spielen aus dem Kindergarten zwischen der alten und der neuen Institution vermitteln (Brückenfunktion). Dies gilt auch für die Hereinnahme außerschulischer Spielwelten und den Transfer schulischer Spielpraxis in den Freizeitbereich.

- *Begleitfunktion in unterschiedlichen Lernbereichen*: Wie bereits in vielen Grundschulen praktiziert, kann das Spiel als Medium der Vermittlung von Unterrichtsstoffen und als Teilaspekt offenen Unterrichts eingesetzt werden. Im Lernspiel können dabei Grundlagen geschaffen, Fertigkeiten produktiv geübt, neue Aspekte entdeckt und Fähigkeiten erprobt werden (vgl. BELKE, ZENKER-SCHWEINSTETTER, WALTER in diesem Band).

- *Begleitfunktion in unterschiedlichen Erziehungsbereichen*: Interaktionsspiele, das breite Spektrum des darstellenden Spiels, Spiele in der Stilleerziehung, in der Fremdsprachenarbeit (vgl. HEGELE/BRANDT in diesem Band) und im interkulturellen Lernen (vgl. GLUMPLER in diesem Band), wie sie in diesem Band konkret vorgestellt werden, unterstützen die Schule in der Erfüllung von Erziehungsaufgaben.

- *Sonderfunktion im Bereich des Diagnostizierens, Förderns und Differenzierens*: Viele Spiele eröffnen der Lehrerin differenzierte Beobachtungen zur Persönlichkeitsentwicklung der Kinder. Darüber hinaus bewähren sich einzelne Spiele besonders im Bereich der individuellen Förderung und tragen dazu bei, Differenzierungsmaßnahmen kindgerecht und sozial verträglich zu gestalten (vgl. GÜNTHER in diesem Band).

- *Ausgleichs- und Erholungsfunktion*: Als Ausgleich zu einem angespannten, auf kognitive Verarbeitung angelegten Unterricht bedarf es der Ergänzung durch spielerische Phasen mit lustvollen, entspannenden Tätigkeiten. Dabei sollte dem Verlangen nach Muße ebenso Rechnung getragen werden wie dem Bewegungsbedürfnis, das in einem ständigen »Sitzunterricht« häufig vernachlässigt wird (vgl. MÜLLER/PETZOLD in diesem Band).

These 5: In der Schule sollten spielfördernde Bedingungen geschaffen werden

Das Spielen braucht zunächst *Räume*, in denen sich Kinder wohlfühlen und sich die verschiedensten Spielformen entfalten können (vgl. HALFMANN/GEIB in diesem Band). Dabei ist neben den Klassenzimmern vor allem an die Gestaltung der Flure und des Schulgeländes zu denken, die Rückzugsmöglichkeiten, Anregungen und Offenheit für spielerische Eigentätigkeit bieten können. Das Klassenzimmer sollte im Rahmen seiner begrenzten Möglichkeiten auch »Bühne«, »Bewegungsraum« und »Begegnungsstätte« sein. Hier ist besonders an die Ausgestaltung von Spielecken und an eine »reiche« Ausstattung mit vielseitigem Spielmaterial zu denken.

Spiel und *Zeit* sind eng miteinander verbunden. Das gelungene Spiel resultiert aus selbstbestimmter Zeit und kann aus der Sicht der Spielenden zur erfüllten Zeit werden (vgl. MANSEL-BALLIER in diesem Band). Kinder sind außerhalb der Schule in vielen Fällen in Zeitorganisationen eingebunden, die ihnen ein intensives Gegenwartserleben und das »Einwurzeln« in ein Spiel erschweren. Spielqualität entsteht durch Verweilen. Spiele als Reservate zugelassener Langsamkeit und eigenständiger Zeitplanung können dazu beitragen, die Zeit zu »entschleunigen« und die Produktivität der Langsamkeit fühlbar zu machen. Je mehr die Kinder durch das Spiel lernen können, die Gegenwart zu erleben und bewusst zu gestalten, desto weniger werden sie in einen Zeitrahmen eingespannt sein, der sie in ein ständiges Vorwärtseilen zwingt.

Eine wichtige Voraussetzung für das Spielen sind Vereinbarungen und Absprachen, die das *Miteinander in der Gruppe* regeln. Die gemeinsam entwickelten Regeln sind die Grundlage für eine produktive Spielatmosphäre in der Schülergruppe. In einem positiven Sozialklima können auch ängstliche und wenig spielfreudige Kinder zum Spielen animiert werden.

Kinder brauchen bei vielen Spielen Anregung, Anleitung und auch Hilfe (vgl. TRAUTMANN in diesem Band). Dabei sollte die *Lehrerin* über ein möglichst großes Repertoire an Spielen verfügen, um flexibel auf Interessen der Kinder und situative Bedingungen eingehen zu können. Oft brauchen Kinder eine »zündende Idee« oder sie müssen über die erste »Unlustschwelle« gehoben werden, um ihnen das Tor zu lustvollem, intensivem sinnerfülltem Tun zu öffnen. Das Einwirken auf den Verlauf des Kinderspiels verlangt von Erwachsenen hohe Sensibilität. Oft kommt es zu Missverständnissen, weil es uns schwer fällt, ein Spielgeschehen richtig zu »lesen«. Allerdings ist es in bestimmten Fällen notwendig,

situationsbezogen und gestaltend mitzuwirken. Wenn ein Rollenspiel in ständigen Wiederholungen »hängenbleibt«, wenn bei bestimmten Spielen der Durchbruch zu einer neuen Spielebene nur noch eines kleinen Schrittes bedarf oder wenn ein darstellendes Spiel nicht über die Nachahmung von Medieninhalten hinauskommen, kann die Lehrerin hilfreiche Instruktionen geben.

Der Elternarbeit, die die Familien in die Gestaltung spielpädagogischer Konzepte einbezieht, kommt im Hinblick auf Akzeptanz und Transfer in den Freizeitbereich der Kinder hohe Bedeutung zu (vgl. FORSTER in diesem Band).

Fazit
Ein Plädoyer für das Spielen in der Grundschule

Bezogen auf die praktische Arbeit in der Grundschule lassen sich zehn Argumentationslinien herausfiltern, die für die Pflege und Förderung des Spiels zentral sind und uns helfen, das Spiel gegenüber Kritikern zu »verteidigen«.

(1) *Kinder erschließen sich ihre Welt spielerisch und sind dabei sehr erfolgreich.*
Bis zum Alter von etwa sieben Jahren spielt ein Kind mehr als 15 000 Stunden. Es erwirbt ohne die Anleitung von Erwachsenen durch spie-

lerischen Umgang mit sich und seiner Umgebung zentrale Fähigkeiten, z. B. in den Bereichen der Feinmotorik, Sprache und kognitiven Entwicklung. In Funktions-, Phantasie- und Rollenspielen entsteht die Grunderfahrung, etwas *selbst* zu können. Die daraus resultierende Motivation ist die Grundlage für aktives und lustvolles, eroberndes und entdeckendes, verweilendes und konzentriertes Tun. Die Schule sollte an dieses Motiv anknüpfen und diese vom Kind bevorzugte und beherrschte Tätigkeitsform als ein bereicherndes Element schulischen Lernens fördern.

(2) *Mit dem »ernsthaften« Spielen wächst die Einsicht, dass Zwang und äußere Anreize nicht notwendig sind, um Lust auf Mitmachen und Bereitschaft zu engagiertem Handeln zu entwickeln.*
»Die im Spiel feststellbare Schaffenskraft und Leistungserfahrung« (EINSIEDLER 1989, S. 291) sollte stärker als bisher für die Schule nutzbar gemacht werden. Besonders Kinder mit Versagenserlebnissen, Schulunlust oder Schulangst bedürfen veränderter Schulerfahrungen, um negative Einstellungen zum Lernen abzubauen. Auf dem »Umweg« des Spielens können sie ermutigende und motivierende Situationen erleben und auf diesem Weg zu schulischem Lernen zurückfinden. Die »Lernkosten«, die das Spiel abfordert, sind durch direkten Nutzen (Erleben eines lustvollen Spiels, anwendbare Könnenserfahrungen u.a.) für das Kind leichter nachvollziehbar. Das Erlebnis, ohne äußere Anreize selbst etwas geschaffen zu haben, führt dabei auch zur Einsicht in die Sinnhaftigkeit und Folgenhaftigkeit des eigenen Tuns und bietet damit gute Voraussetzungen für das Lernen und Leisten im Unterricht.

(3) *Viele Kinder spielen außerhalb der Schule wenig und einseitig und können sich den Wert des Spielens nicht mehr erschließen.*
In der Lebenswelt vieler Kinder tritt das spontane, freie Spielen aus unterschiedlichen Gründen gegenüber Tätigkeiten in vorstrukturierten, anregungsarmen Situationen zurück. Beispielsweise fehlt vielen Kindern die Möglichkeit, in »kontrollarmen« Räumen und altersgemischten Gruppen zu spielen; im Umgang mit Spielzeug tritt in vielen Fällen an Stelle des spielerischen Gestaltens das »Handeln auf vorgegebenen Wegen«; es ist festzustellen, dass Kinder, die viel fernsehen, beim Spiel weniger einfallsreich und phantasievoll sind (vgl. LAUX/MAIER in diesem Band). Vielen Kindern fehlt eine grundlegende Spielfähigkeit und Spielbereitschaft, so dass das Spielen in der Schule elementar gelernt werden muss. Die Schule als «Arche Noah« übernimmt dabei die Aufgabe, das freie Spiel zu bewahren und in die

jeweilige Lebenswelt zurückzuführen. Erst wenn Kinder »richtig« spielen lernen, kann das Spiel die Fülle seiner Möglichkeiten und Wirkungen entfalten. Oft sind passive Arbeitshaltung und geringe Lernintensität auch als Folge mangelnder Spielerfahrungen, zu geringer Spielintensität und zu niedrigen Anspruchsniveaus beim bisherigen Spielen zu sehen.

(4) *Das Spiel fördert einen gleitenden Übergang vom Kindergarten in die Grundschule.*
Zum Schulanfang erleichtern Spiele den Übergang in eine neue Lernwelt. Sie tragen dazu bei, an das vertraute Spielen im Kindergarten anzuknüpfen und im Sinne eines »gleitenden Übergangs« in die neuen Anforderungen hineinzuwachsen. Wie Untersuchungen zeigen, können durch eine intensive Spielpraxis Übergangsprobleme vermieden werden. Dabei kann auf die Bedürfnisse der Kinder nach Erfolgserfahrungen, nach Zugehörigkeit in die Klassengruppe, nach Anerkennung und Geborgenheit durch freies Spielen (vgl. LORENZEN in diesem Band), durch Interaktionsspiele (vgl. GUDJONS in diesem Band) und durch unterschiedliche Lernspiele eingegangen werden.

(5) *Bestimmte Spiele bieten den Freiraum, neue Wege auszuprobieren, mit originellen Lösungen zu experimentieren und Phantasie zu wagen.*
In dem im Spiel gegebenen Freiraum können »Ideen ohne Zensur« produziert werden; geduldiges Verweilen, Umwege zu gehen und seiner Individualität zu vertrauen fördern die Qualität des Spielens. Anstelle der »fertigen Lösungen« tritt die eigentätige Auseinandersetzung mit der Wirklichkeit. Dies gilt besonders für die ästhetische Erziehung (vgl. POLZIN in diesem Band) und die Integration von Spiel, Bewegung und Lied (vgl. VAHLE in diesem Band). Kinder können sich von einer Situationsgebundenheit lösen und Herausforderungen mit offenem Ausgang bearbeiten. Damit erfahren die verschiedensten Unterrichtsfelder eine große Bereicherung. Vor allem Plan- und Rollenspiele, aber auch der spielerische Umgang mit alltäglichen Unterrichtssituationen fördern die Bereitschaft, sich auf Neues, Unvertrautes einzulassen, Individualität zu wagen und eigene Wege zum Problemlösen zu finden.

(6) *Bestimmte Spiele eröffnen Wege zum entspannteren Umgang mit emotionalen Problemen und sozialen Konflikten.*
Der Umgang mit Konflikten und emotionalen Problemen kann häufig besser in spielerischer Form gelernt werden (vgl. PFISTER in diesem Band). Die Aufarbeitung von Konflikten im Gesprächskreis bleibt oft

folgenlos und führt zu endlosen, unergiebigen Diskussionen, wer den Streit ausgelöst hat. Im Rollenspiel ist es möglich, unterschiedliche Perspektiven (z. B. Täter oder Opfer) einzunehmen; konstruktive Lösungen können durchgespielt und auf ihre Praxistauglichkeit überprüft werden. Ängstliche und gehemmte Kinder kann das Spiel zum Handeln ermutigen. Es ermöglicht dem Kind, nur Ausschnitte von Realität zuzulassen und das Handeln gegen reale unliebsame Konsequenzen weitgehend abzuschirmen. Dabei kann das Kind es wagen, aktiv zu werden, neue Dinge zu planen, ohne Angst vor Misserfolgen und Spott; es kann gewagt handeln, sich weit »aus dem Fenster hinauslehnen«; bei Misslingen war es »nur ein Spiel«; wenn es gelingt, war es ein Erfolg, der weit über das Spiel hinausgeht. Für die Lehrerin bietet die Beobachtung dieser Spiele differenzierte diagnostische Einblicke in Probleme und Bewältigungsstrategien ihrer Schülerinnen und Schüler.

(7) *Interaktionsspiele tragen dazu bei, miteinander und voneinander handlungsbezogen zu lernen.*
In den verschiedensten Formen des Spiels wird soziales Lernen in seiner ganzen Breite angesprochen (vgl. GUDJONS in diesem Band). Interaktionsspiele fordern dazu auf, soziale Kontakte aufzunehmen (Überwindung sozialer Angst), sich auf die Perspektive des anderen einzulassen, sprachliche und nichtsprachliche Verständigung differenziert zu erproben, Selbstbehauptung zu üben und den Umgang mit sozialen Regeln zu lernen. Dabei tragen die Spielenden gemeinsam die Verantwortung für das Gelingen des Spiels. Es bietet die Möglichkeit, die üblichen Muster des Sozialverhaltens gefahrlos für eine Weile zu suspendieren und neue Formen angstfrei zu erproben (WEGENER-SPÖHRING 1978). Auch der Umgang mit Macht und Hierarchie kann in Spielen zum Thema werden. Dabei können einzelne festgefahrene Rollen (z. B. »Bosse und ihre Gefolgschaft«) neu verhandelt werden, insbesondere wenn einzelne mächtige Kinder im »Drehbuch« des Spiels keine passende Rolle finden.

(8) *Spiele fördern Erfahrungen mit konzentriertem Handeln und verweilendem Tun.*
Bestimmte Spiele fördern die Konzentrationsfähigkeit des Kindes besser als die üblichen schulischen Aktivitäten. Dabei reicht das Spektrum von Reaktionsspielen (»Alle Vögel fliegen hoch«) über Geschicklichkeitsspiele (z. B. Balancieren) und Bewegungsspiele bis hin zu Gedächtnisspielen (Memory) und Spielen, die aus dem jeweiligen Unterrichtsinhalt erwachsen. Im Spiel gelingt es dem Kind oft leich-

ter, seine Aufmerksamkeit auf sehr wenige Reize zu »konzentrieren«, einen Großteil der Störreize auszublenden und zielgerichtet über einen längeren Zeitraum tätig zu sein. Gerade weil das Spiel ohne Zwang auskommt, ist es besonders geeignet, die visuelle, auditive und motorische Aufmerksamkeit zu fördern (vgl. WALLASCHEK in diesem Band). Da sich Konzentration nicht erzwingen lässt, werden aufmerksames und verweilendes Tun erst im Spiel grundgelegt und können danach auch auf schulische Arbeitssituationen übertragen werden. Dabei sollten die Spiele klar strukturiert, dem Leistungsstand angepasst sein und Aufforderungscharakter haben.

(9) *Das notwendige Üben und Vertiefen kann durch Spiele differenziert und wesentlich motivierender gestaltet werden.*
Übungsphasen können in spielerischer Form in vielen Fällen besonders intensiv und wirkungsvoll gestaltet werden (vgl. EINSIEDLER in diesem Band). Berthold Otto spricht dabei von Lernspielen, »in denen die Kinder mit Heiterkeit das lernen, was sie bisher mit Qualen und Seufzern im Zwangsunterricht lernen sollen« (zit. nach KLUGE in diesem Band). Übungsspiele bieten gute Möglichkeiten der Selbstkontrolle und der Berücksichtigung des individuellen Arbeitstempos. Als Medium gezielter Differenzierung eröffnet spielerisches Üben gute Gelegenheiten zu individueller Förderung (vgl. GÜNTHER in diesem Band). Lernspiele sind dann als besonders gelungen zu bezeichnen, wenn motivierendes Spielerleben und das Anliegen der Stoffsicherung eine organische Verbindung eingehen.

(10) *Viele Spiele bieten gute Bewegungsanreize und helfen, Anspannungen abzubauen und den »Sitzunterricht« aufzulösen.*
Als Teil einer umfassenden Bewegungserziehung, die von täglichen Bewegungszeiten und der Aufhebung des Sitzunterrichts bis zu bewegungsaktiven Pausen und dem Sportunterricht reicht, sind Spiele besonders geeignet, selbstgesteuert, experimentierend und mit hoher Motivation intensive Bewegungserfahrungen zu ermöglichen (vgl. MÜLLER/PETZOLD in diesem Band).

Literatur

CALLIESS, E.: Spielen und Schule. In: Die Grundschule, 11, 1979, S. 324-326
CARR, H.A.: The survival values of play. Colorado 1902
DUNCKER, L.: Spiel und Phantasie. In: Friedrich Jahresheft 13, 1995, S. 4-5
EINSIEDLER, W.: Zum Verhältnis von Lernen im Spiel und intentionalen Lehr-Lern-Prozessen. In: Unterrichtswissenschaft, 17, 1989, S. 291-308

EINSIEDLER, W.: Das Spiel der Kinder. Zur Pädagogik und Psychologie des Kinderspiels. Bad Heilbrunn 1999, 3. Aufl.
FLITNER, A.: Spielen – Lernen. Praxis und Deutung des Kinderspiels. München 1992, 9. Aufl.
FRIED, L.: Spielen – Lernen – Leisten. In: PREUSS, U./ITZE, U./ULONSKA, H. (Hrsg.): Lernen und Leisten in der Grundschule. Bad Heilbrunn 1999, S. 179-209
FRITZ, J.: Theorie und Pädagogik des Spiels. München 1991
GEISSLER, K.A.: Alles nur ein Spiel. In: Pädagogik, 50, 1998, S. 29-30
GROSS, K.: Die Spiele der Menschen. Jena 1899
GUDJONS, H.: Ernste Spiele. In: Pädagogik, 50, 1998, S. 6-11
HIELSCHER, H.: Spielen macht Schule. Heidelberg 1981
KLUGE, N. (Hrsg.): Spielpädagogik. Bad Heilbrunn 1980
KLUGE, N.: Spielen und Erfahren. Der Zusammenhang von Spielerlebnis und Lernprozeß. Bad Heilbrunn 1981
KLUGE, N.: Entwicklung eines Kriterienkatalogs für spielzentriertes Erzieherverhalten. In: MEYER, E. (Hrsg.): Spiel und Medien im Unterricht. Wassenberg 1984, S. 384-401
KRAMPE, J./MITTELMANN, R.: Spielen im Mathematikunterricht. Heinsberg 1987
KRAPPMANN, L.: Kommunikation und Interaktion im Spiel. In: DEUTSCHER BILDUNGSRAT (Hrsg.): Spielen und Gestalten. Stuttgart 1975, S. 45-75
KREUZER, K.J. (Hrsg.): Handbuch der Spielpädagogik. Band 1. Düsseldorf 1983
LAZARUS, M.: Über die Reize des Spiels. Berlin 1883
MEIER, R.: Sachunterricht wohin? In: MEIER, R./UNGLAUBE, H./FAUST-SIEHL, G. (Hrsg.): Sachunterricht in der Grundschule. Frankfurt 1997, S. 27-44
PIAGET, J.: Nachahmung, Spiel und Traum. Stuttgart 1969
SCHEUERL, H.: Das Spiel. Band 1: Untersuchungen über sein Wesen, seine pädagogischen Möglichkeiten und Grenzen. Weinheim 1990, 11. Aufl.
SPENCER, H.: Die Prinzipien der Psychologie. Band 2. Stuttgart 1886
VOGELSANG, H.: Spielpädagogik. Aspekte und Probleme des Spielens. Baltmannsweiler 1994
WALLRABENSTEIN, W.: Offene Schule – Offener Unterricht. Reinbek 1993
WALTER, G.: Spiel und Spielpraxis in der Grundschule. Donauwörth 1993
WEGENER-SPÖHRING, G.: Soziales Lernen im Spiel. Kiel 1978

Norbert Kluge

Spiel und Schule
Zur Geschichte einer konfliktreichen Beziehung

Das Spielzimmer. Radierung von J.M. Voltz (1823)

Nicht selten werden Spielen und Lernen als zwei sich ausschließende Tätigkeitsformen verstanden. Wer spielt, sollte sein Tun nicht Fremdzwecken unterordnen müssen. Und wer vorhat, in einen organisierten Lernprozess einzutreten, sollte sich keineswegs von einzelnen Spielphasen ablenken lassen. Oder es wird pauschal behauptet: Schulisches Lernen sei mit dem zweckfreien Charakter des Spiels nicht vereinbar, und Spielvorgänge schlössen automatisch für den Unterricht geplante Lernprozesse aus.

In Wirklichkeit involvieren Spieltätigkeiten auch immer Lernsequenzen. Lernaufgaben können ebenso aus spielpädagogischer Sicht Spielphasen effektiv einbeziehen. Allerdings sollten hierbei spielpädagogische Leitlinien beachtet werden.

Im folgenden wird auf die unterschiedliche Wertschätzung des Spiels seit der Antike eingegangen; die Hintergründe hierfür werden kurz angesprochen. Auf die Darstellung der anthropologischen Sichtweisen der spielenden Betätigung wird verzichtet (vgl. hierzu PETILLON, in diesem Band).

Es sei darauf verwiesen, dass einzelne Merkmale des menschlichen Spiels wie Zweckunbewusstheit, Prozessbedeutsamkeit, Freiwilligkeit, Gestaltungsmöglichkeit, Bedeutungsvariabilität, Probehandeln, Transfer (vgl. zu den genannten und weiteren Spielkriterien KLUGE 1984, 1985, 1987) nicht zu allen Zeiten von Spielforschern und -praktikern erkannt und bei ihren spielpädagogischen Grundüberlegungen berücksichtigt worden sind. Sie wurden überhaupt nicht in dieser Ausführlichkeit und in der Übertragung auf die unterschiedlichen Spielformen beschrieben, und es wurden keine entsprechenden Konsequenzen aus den Ergebnissen gezogen. Meistens wurde nicht einmal zwischen dem Spiel als Urphänomen unseres Daseins, den verschiedenen Spielformen und dem jeweiligen konkreten Spiel, wie es zumindest im wissenschaftlichen Kontext notwendig erscheint, unterschieden. So fallen schließlich die Beurteilungen der schulpädagogisch relevanten Spielformen in den vergangenen Epochen der Geschichte der Pädagogik häufig kontrovers aus.

Die unterschiedliche Wertschätzung von Spiel und Spielformen in der Geschichte der Pädagogik

Wie Pädagogen und Pädagogiker das Spiel als Erziehungs- und Unterrichtsmittel beurteilen, das hängt weitgehend vom jeweiligen Menschenbild, dem daraus abgeleiteten Erziehungsverständnis und nicht zuletzt von der impliziten Ideologie des pädagogischen Ansatzes ab.

Wenn man sich nun einen groben Überblick über Spielzeug und überlieferte Spielformen beispielsweise in der klassischen Antike (vgl. FITTA 1998, MARROU 1957, S. 210, BRAUN 1974, S. 169) verschafft, so wussten die großen pädagogischen Denker sehr wohl, womit sie es beim Spiel als Erziehungsmittel zu tun hatten. Aber im alten Griechenland galt das Spiel in der Gesellschaft nicht viel, weil es mit dem Kindsein und der Kindheit in Zusammenhang gebracht und demzufolge auf dieses Lebensalter eingeengt wurde. Zugleich nahm man eine künstliche Trennung von nicht ernstzunehmendem Tun und dem Ernst des Lebens vor. Schon der Sprachgebrauch macht auf eine solche Denkweise aufmerksam, wenn das Substantiv »paidi« sowohl negativ Kinderei als auch Spiel bedeutet. Von dieser Auffassung wohltuend abweichend spricht sich einer der größten Denker des Altertums, PLATON (427-347), für das Spiel als Unterrichtsmittel aus, wenn er feststellt: »Du darfst ... die Knaben nicht zwangsweise in den Wissenschaften unterrichten, sondern spielend sollen sie lernen: so kannst auch du besser erkennen, wofür ein jeder von Natur bestimmt ist (PLATON 1961, VII: 537a)«. Oder in seinem Spätwerk »Gesetze« erblickt der berühmteste Sokrates-Schüler in der spielenden Betätigung der jungen Leute eine ausgezeichnete Hinführung zum Berufsleben oder sogar zum wissenschaftlichen Arbeiten (vgl. PLATON 1991, VI: 793e, VIII: 819b, c).

Marionettenpüppchen (359-325 v. Chr.)

Der Platon-Schüler ARISTOTELES (348-322) sieht die pädagogische Bedeutung des Spiels nicht für alle Lebensalter gegeben, wenn er es nur für die ersten fünf Lebensjahre vorsieht. Die auszuwählenden Spiele haben jedoch einige Kriterien zu erfüllen, bevor sie pädagogische Verwendung finden: Sie sollen »weder eines freien Menschen unwürdig, noch anstrengend, noch zügellos sein« (ARISTOTELES 1974, VII: 17). Spiele sollten im übrigen immer ein Abbild dessen sein, womit sich die jungen Menschen später im Leben beschäftigen. Spiel kann jedoch nicht das eigentliche Lebensziel und daher auch nicht ein Lehrziel der Erziehung sein. Spielen dient insbesondere der Erholung. Da Arbeit der Erholung bedarf, gewinnt die Spieltätigkeit als Alternative erneut an Bedeutung. Arbeiten ist stets mit Mühen und Anstrengungen verbunden. So stehen sich Spiel und Arbeit begrifflich diametral gegenüber und ergänzen sich immer wieder (vgl. ARISTOTELES 1974, VIII: 3). Zweifellos wird die Arbeit im pädagogischen Sinne höher eingeschätzt.

Diese einschränkende Sicht des Spiels im erziehungstheoretischen Kontext setzt sich unter Berufung auf ARISTOTELES bis zur Neuzeit fort. Beispiel: LUDOVICUS VIVES (1492-1540). Wie schon der Kirchenlehrer AUGUSTINUS hat er sich Gedanken über die Erziehung des weiblichen

Geschlechts im christlich-katholischen Verständnis gemacht: Da die »Zucht« schon von klein auf eine beachtliche Rolle in der Aufzucht und Bildung zu spielen hat, werden Spiele nur unter bestimmten Auflagen zugelassen. Es sind nur solche auszuwählen, die den Mädchen später »nützlich« sein werden. Wie die Auswahl von Spielmitteln vorzunehmen ist, das erläutert der humanistische Philosoph und empirisch denkende Pädagogiker an einem Beispiel: »Man nehme ihnen (den Mädchen, d. Verf.) die Puppen weg. Diese sind eine Art Götzendienst und fördern und vergrößern die Putzsucht. Dagegen halte ich die kleinen zinnernen und bleiernen Küchengeräte für ein empfehlenswertes Spielzeug« (VIVES, aus: BALLAUFF 1969, S. 605).

Als einer der wenigen Pädagogen hat sich der Pietist AUGUST HERMANN FRANCKE (1663-1727) leidenschaftlich gegen jegliches Spiel als Erziehungsmittel ausgesprochen. Auf der Grundlage seiner Glaubenslehre ist gerade nicht von den natürlichen Kräften des Zu-Erziehenden auszugehen. Vielmehr muss alles Menschliche dem übergeordneten Willen Gottes geopfert werden. So ist es primäre Aufgabe der Erziehung, den Willen des Kindes zu brechen. Was zählt, ist allein der absolute Wille Gottes. Zwischen beiden Willensbezügen gibt es keine Verbindung. In der Erziehungsauffassung dieses Pietisten walten vornehmlich die Beeinflussung durch die Worte des Allmächtigen und die Strenge des begnadeten Erziehers. Auch die allgegenwärtige Norm der Nützlichkeit ist nur dann in der Pädagogik anwendbar, wenn sie mit göttlichen Anweisungen übereinstimmt. So ist in der Pädagogik FRANCKES kein Platz für die natürlichen Interessen und Erwartungen des Kindes. Die ideologische Befangenheit verhindert es also, dass das Spiel – was damals bereits zur Grundeinsicht pädagogischer Theoriebildung gehörte – als eine selbstverständliche Tätigkeitsform des Kindes angesehen wurde (vgl. FRANCKE 1964; BALLAUFF/SCHALLER 1970, S. 318 ff.; MÄRZ 1988, S. 200).

JOHN LOCKE (1632-1704), der als Vertreter des englischen Empirismus die Reformpädagogen des 18. Jahrhunderts nachhaltig beeinflusste, setzte sich eingehend mit den erzieherischen Möglichkeiten des spielenden Tuns auseinander. So spricht er von konkreten Spielaufgaben und den Spielsachen, die man am besten selbst anfertigen sollte (vgl. LOCKE 1897, S. 207 f.).

Ebenso wie die Philanthropen, die als deutsche Reformpädagogen des 18. Jahrhunderts (z. B. J. B. BASEDOW, J. C. F. GUTSMUTHS) wieder über die »Natur« des Kindes zu einer positiven Einschätzung des kindlichen Spiels gelangten, sah auch IMMANUEL KANT (1724-1804) das Spielen des

Kindes als wichtige Voraussetzung für das Erlernen von Grundfertigkeiten und das spontane Auffinden von Grundeinsichten. Pädagogisch wertvolle Spiele hatten dem Zögling nützlich zu sein. Dem spielenden Tun sollte jedoch die Arbeit folgen, wie nach dieser Tätigkeit erneut dem Spielen eine Chance gegeben werden sollte. Spiele sind zweckfrei und für den Spielenden stets angenehm, die Arbeit hingegen ist zweckorientiert und häufig unangenehm. Die Schule hat die ihr zustehende Aufgabe, beide Tätigkeitsformen im Wechsel unterrichtlich zu nutzen (vgl. KANT 1803, S. 67 ff.).

Dass der Entdecker und Verkünder einer naturgemäßen Erziehung, JEAN-JACQUES ROUSSEAU (1712-1778), der Spieltätigkeit des jungen Menschen einen hohen Stellenwert einräumt, erscheint selbstverständlich. Wenn in seinem Hauptwerk, dem Erziehungsroman »Emile« (1762), die »Natur« als die größte Lehrmeisterin gefeiert wird, ist das Spiel als indirekte Erziehungsmethode ein ausgezeichnetes Instrument erziehlicher Beeinflussung. Und wenn der imaginäre Zögling, Emile, naturgemäß erzogen worden ist, so sind nach ROUSSEAU Spiel und Beschäftigung (Arbeit) eins. Denn »ob er spielt oder sich beschäftigt, beides ist ihm gleich: sein Spiel ist ihm Beschäftigung. Er kennt keinen Unterschied. Alles tut er mit einem Interesse, das zum Lächeln reizt, und mit einer Freiheit, die gefällt« (ROUSSEAU 1971, S. 153).

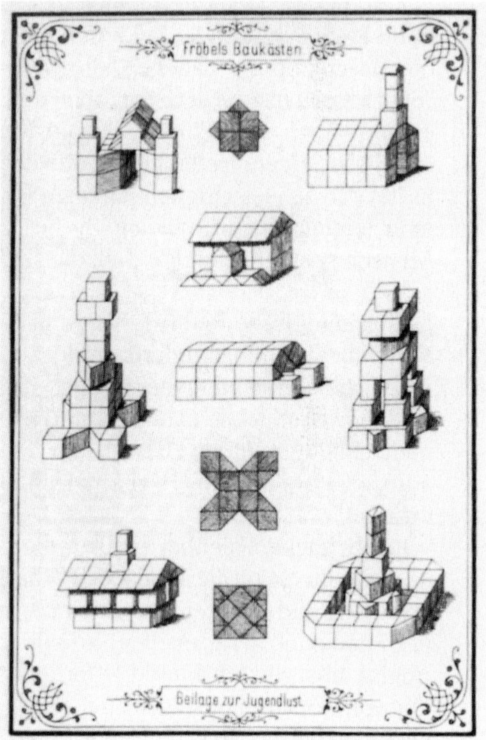

Bau- und Spielmöglichkeiten mit FRÖBELS Baukästen (aus: Zeitschrift »Jugendlust«, 1981)

In der geistigen Nachfolge ROUSSEAUS ergründen und erfinden die Vertreter der deutschen Romantik, JEAN PAUL und FRIEDRICH FRÖBEL, vieles, was auch nach ihnen für Kindergarten und Schule von Bedeutung geworden ist. Im Mittelpunkt der Spielpädagogik FRÖBELS (1782-1852) stehen das freie Spiel des Kindes und eine eigene Theorie des kindlichen Spiels für die Pädagogik der frühen Kindheit (vgl. J. PAUL 1861; FRÖBEL 1962, 1965).

In ihren unterschiedlichen Denkmodellen vollenden und überwinden zugleich J.-J. ROUSSEAU und FRIEDRICH DANIEL ERNST SCHLEIERMACHER (1768-1834) das nüchterne, ja manchmal allzu gängelnde Erziehungsdenken des 18. Jahrhunderts. Kommt in ROUSSEAUS pädagogischem Werk im Gefolge der Kulturkritik das Herz und damit die Gefühlswelt des Menschen zum Tragen, so bahnt sich SCHLEIERMACHER vor dem Hintergrund seines dialektischen Theorieansatzes den Weg für ein im Grunde dynamisches Erziehungskonzept. Ein zentraler Grundgedanke SCHLEIERMACHERS war, dass pädagogisches Handeln nicht nur die Zukunft des Kindes im Blick haben müsse, sondern auch dessen Gegenwart. Zur Befriedigung der Grundbedürfnisse in der Gegenwart tragen insbesondere Spiel und Übung bei. »Was in dem Leben des Kindes Befriedigung des Moments ohne Rücksicht auf die Zukunft ist, nennen wir Spiel im weitesten Sinn; die Beschäftigung dagegen, die sich auf die Zukunft bezieht, Übung« (SCHLEIERMACHER 1964, S. 86). Spiel und Übung sind im Leben des Kindes anfangs noch eine Einheit. Sobald Kinder für die Übung ein spezielles Interesse zeigen, treten beide Aktivitätsformen auseinander und bleiben in ihrer Wechselseitigkeit aufeinander angewiesen. Beide Tätigkeitsformen verlieren ihre pädagogische Bedeutsamkeit, wenn der junge Mensch sein individuelles Ziel, die sittliche Mündigkeit, erreicht hat.

Die pädagogische Reformbewegung des ausgehenden 19. und im ersten Drittel des 20. Jahrhunderts entdeckt in ihren vielfältigen Ausprägungen (z. B. Kunsterziehungsbewegung, Pädagogik vom Kinde aus, Arbeitsschulbewegung) die natürlichen Kräfte, das Menschliche und Zwischenmenschliche neu, als Antwort auf die Negativerscheinungen des Industriezeitalters und des Herbartianismus im Bereich der Unterrichtsorganisation.

Leicht nachvollziehbar ist, dass die Vertreter der »Pädagogik vom Kinde aus« im Spiel die kindspezifische Ausdrucks- und Betätigungsform erblicken und auch einzelne Spielformen als reformpädagogisch besonders geeignet herausstellen. So spricht sich ELLEN KEY (1849-1926) zu Beginn unseres Jahrhunderts für das »freie Spiel« aus und grenzt es damit vom Zusammenspielen mit den Erwachsenen ab, in dem »Kinder, nachdem sie das Spiel gelernt haben, sich selbst überlassen sind. Beständig vom Lehrer geleitete Spiele machen das Spiel zur Parodie« (KEY 1905, S. 282 f.). BERTHOLD OTTO (1859-1933) betont hierzu ergänzend die spielpädagogische Funktion der kindlichen Spielpartner, die »einen Teil des Unterrichts« übernehmen. Oder derselbe Reformpädagoge rät für den Mathematikunterricht, selbst Spiele zu erfinden und anzufertigen. Bei solch erfundenen Spielen, »in denen die Kinder mit Heiterkeit das lernen, was sie bisher unter Qualen und Seufzen im Zwangsunterricht lernen sollen, aber tatsächlich vielfach nicht lernen« (OTTO 1912, S. 198), können die Lernaufgaben am besten befördert werden. Im Geiste der OTTOschen Reformpädagogik entwickelte JOHANNES KRETSCHMANN für seinen so genannten »natürlichen Unterricht« Lernspiele, die Kenntnisse einprägen und Fertigkeiten einüben sollten. Damit wurde jedoch eine Spielform schulfähig, die später oftmals von Schulpädagogen kritisiert wurde. Bei MARIA MONTESSORI (1870-1952) stoßen wir auf eine weitere herausragende Vertreterin dieser Hauptströmung, die jedoch – und das überrascht – dem kindlichen Spielen nichts Positives abgewinnen konnte und daher gezwungen war, den Arbeitsbegriff inhaltlich derart aufzublasen, dass kindliches Arbeiten von ihr eigenwillig zur alleinigen Tätigkeitsform deklariert werden kann. Das Spiel im Leben des Kindes, auch des Kleinkindes, wird aus ideologischen Gründen abgelehnt, weil es vor allem der realistischen Weltsicht der italienischen Ärztin und Pädagogin im Wege steht. Spielen wird kurzerhand als etwas »Untergeordnetes« eingestuft und als »müßige Tändelei« (MONTESSORI 1964, S. 170) aus dem pädagogischen Zusammenhang hinauskatapultiert.

Dagegen sind die bekanntesten Vertreter der Arbeitsschulbewegung, GEORG KERSCHENSTEINER (1854-1932) und HUGO GAUDIG (1860-1923), der Auffassung, dass neben der Arbeit, der freilich ihr Hauptaugenmerk galt, auch dem Spiel ein angemessener Platz im Unterricht zukomme. KERSCHENSTEINER (1926, S. 449) sieht in Spiel, Sport, Beschäftigung und Arbeit die klassischen Formen der Selbstbetätigung. Und GAUDIG erkennt im Spiel »eine bedeutsame Wertsteigerung des Schullebens« (GAUDIG 1922, S. 35), das auch im Mittelpunkt der freien geistigen Schularbeit zu stehen hat. Denn man muss einsehen, »dass zum ganzen Menschen, zum Vollmenschen, auch das Spiel gehört« (GAUDIG 1921, S. 251).

Diesen hohen Eigenwert messen dem Spiel im Unterricht aber nicht alle Pädagogen dieser Epoche bei. Nach 1945 wurde es sogar üblich – ohne terminologische Bedenken – das Lernspiel als eine Sonderform des Arbeitsmittels anzusehen. Da diese Spielform nur als Motivationshilfe für unterrichtliche Arbeitsaufgaben missbraucht wurde, war der Zusammenprall verschiedener Interessen vonseiten der Unterrichtsplaner und Schüler vorprogrammiert. Dieser didaktischen Grundauffassung entspricht dann die Aussage: Der Spieleffekt muss stets dem Lerneffekt untergeordnet werden (vgl. BÜHNEMANN 1938, 1949; APELT 1951).

Die Instrumentalisierung drohte dem pädagogischen Spielgedanken noch von einer anderen Seite zum Verhängnis zu werden, aus der Sicht der dialektisch-materialistischen Spieltheorie. So wurde Anfang der siebziger Jahre mit deutlichem Bezug auf K. MARX der Arbeit gegenüber dem Spiel der Vorzug gegeben. Denn – es wurde behauptet – das Spiel habe sich schließlich aus der umfassenderen Tätigkeitsform, der Arbeit, entwickelt. WOLFGANG HECKMANN entwirft die Grundzüge einer materialistischen Spieltheorie am Beispiel des Rollenspiels. Ausgehend von der These, »Spieltätigkeit ist ... inhaltlich bestimmt als Reproduktion der praktischen gesellschaftlichen Tätigkeit« (HECKMANN 1975, S. 265), wird nun das Rollenspiel zu einem geeigneten »Produktionsspiel« bzw. »Kollektivspiel«, weil es angeblich sowohl kollektive Einstellungen als auch kollektive Praxis in sich vereinigt.

Wie dieses Kapitel zeigen konnte, fällt es Spieltheoretikern und Pädagogen mitunter schwer, das Spiel in seinen typischen Merkmalen anzuerkennen und es demgemäß als Unterrichtsmittel einzusetzen. Immer wieder begegnen wir dem Versuch, dem spielenden Tun einen handfesten pädagogischen Zweck zu unterstellen und dadurch zu verhindern, dass es als das betrachtet und im Unterricht eingesetzt wird, wie es von seinem Eigencharakter her nötig wäre. Nach wie vor ist man auf der Suche, Spielen und Spiel zweckrational, d. h. unter vorwiegend utilitaristischen Gesichtspunkten, zu legitimieren. Ein ermutigender Versuch, der das Verhältnis von Spielen und Lernen, Arbeiten und Spielen unter lernpsychologischen, spielpädagogischen und didaktisch-methodischen Gesichtspunkten unterrichtspraktisch in einem vierjährigen Modellversuch erprobt hat, zeigt, dass wenigstens die moderne Grundschulpädagogik auf dem Wege ist, jenseits von ideologischer Blockierung dem Spiel in der Schule einen ihm angemessenen Platz einzuräumen (vgl. PETILLON 1997a, 1997b).

Rückblick und spielpädagogische Konsequenzen

Trotz der hinreichend bekannten Erkenntnis, dass das Spiel in Schule und Unterricht eine positive Wirkung sowohl auf die Entwicklung der Schülerinnen und Schüler als auch auf die Atmosphäre in Lernsituationen auszuüben vermag, war festzustellen: Ideologische Grundeinstellungen verstellen häufig den Blick für die Wesensmerkmale des Spiels und seinen spezifischen Einsatz als Tätigkeitsform und Unterrichtsmittel. Wenn den aktuellen Forschungsergebnissen Rechnung getragen werden soll, so ist den einzelnen Spielformen und deren effektiven Einsatz in Erziehung und Unterricht nur dadurch gerecht zu werden, dass aus den Merkmalen der spielerischen Tätigkeit endlich die längst aufgewiesenen Folgerungen gezogen werden (vgl. KLUGE 1981, 1987). Sie werden hier knapp zusammengefasst.

- *Spiel ist eine eigenständige und die erste Betätigungsform des Säuglings und Kleinkindes.*
- *Aus dieser noch undifferenzierten, in jedem Fall lustbetonten und gern wiederholten Tätigkeit entwickeln sich im Kindergarten- und Grundschulalter zwei weitere selbstständige Tätigkeitsformen: Beschäftigung und Arbeit, die fortan miteinander konkurrieren, aber dennoch wegen ihrer ergänzenden Funktion aufeinander angewiesen bleiben.*
- *Während Spielen Selbstzweckcharakter hat, meistens auf den Vorgang konzentriert bleibt, aus eigenem Antrieb erfolgt und deshalb lustvoll betrieben wird, zeichnet die Beschäftigung aus, dass ihr zwar auch Lustbetontheit und Prozesscharakter eigen sind, aber mit ihr darüber hinaus ebenso Fremdzwecke verfolgt werden. Bei der Arbeit steht nicht sosehr der Prozess, sondern das Endergebnis im Zentrum des Tuns. Dem Arbeitenden sind die gestellten Aufgaben als Fremdzwecke voll bewusst. Ein Arbeitsvorgang steht und fällt mit der Vollendung eines Werkes in ideeller oder materieller Hinsicht. Damit sind häufig Anstrengungen und Mühen verbunden.*
- *Schulpädagogisch zweckmäßig ist es daher, zwischen den drei seit längerem bekannten Tätigkeitsformen zu unterscheiden. Dadurch wird unberechtigten Forderungen, unangemessenen Erwartungen und nicht zuletzt Enttäuschungen bei Lehrkräften sowie Schülerinnen und Schülern vorgebeugt.*
- *Spiel braucht seine pädagogische Bedeutsamkeit nicht dadurch nachzuweisen, dass man es von der Erfüllung bestimmter Fremdzwecke abhängig macht und dadurch eines seiner wichtigsten Merkmale beraubt: der Zweckunbewusstheit der Spielenden. Spielen und Spielformen sind vielmehr als eigenständige Handlungsvorgänge zu betrachten, von denen stets irgendwelche Lernwirkungen ausgehen. Der Lerneffekt folgt erst dem Spieleffekt. Er ist dem Spielgeschehen – spielpädagogisch betrachtet – stets unterzuordnen.*

Wenn Schule und Unterricht die anfangs aufgezeigten Spielmerkmale respektieren und die Verantwortlichen zu entsprechenden didaktisch-methodischen Konsequenzen bereit sind, besteht die Chance, dass sowohl dem Recht des Kindes, sich auf seine ihm gemäße Weise auszudrücken, als auch der Verpflichtung der Schule, ihren Erziehungs- und Bildungsauftrag zu erfüllen, Rechnung getragen werden kann.

Literatur

APELT, E.: Arbeitsmittel und ihre Verwendung in der neuzeitlichen Erziehung, München 1951

ARISTOTELES: Aristoteles und die Paideia, bes. v. BRAUN, E., Paderborn 1974

BALLAUFF, T.: Pädagogik. Eine Geschichte der Bildung und Erziehung, Bd. 1, Freiburg 1969

BALLAUFF, T./SCHALLER, K.: Pädagogik, Bd. 2, Freiburg 1970

BRAUN, E.: Anmerkungen. In: ARISTOTELES: Aristoteles und die Paideia, Paderborn 1974, S. 107-195

BÜHNEMANN, H.: Die Selbstbildung des Schulkindes, Langensalza 1938

BÜHNEMANN, H.: Die Selbstbildungsmittel der neuen Schule, Lübeck 1949

EINSIEDLER, W.: Das Spiel der Kinder, Bad Heilbrunn 1991

FITTA, M.: Spiel und Spielzeug in der Antike, Darmstadt 1998

FLITNER, A. (Hrsg.): Das Kinderspiel, 4. Aufl., München 1978

FRANCKE, A. H.: Pädagogische Schriften, bes. v. LORENZEN, H., 2. Aufl., Paderborn 1964

FRÖBEL, F.: Ausgewählte Schriften, hrsg. v. HOFFMANN, E., Bd. 2, Berlin 1951

FRÖBEL, F.: Fröbels Theorie des Spiels I, hrsg. v. BLOCHMANN, E., 3. Aufl., Weinheim 1963

FRÖBEL, F.: Fröbels Theorie des Spiels II, hrsg. v. KLOSTERMANN, H.L., 2. Aufl., Weinheim 1962

FRÖBEL, F.: Fröbels Theorie des Spiels III, eingel. v. HOFFMANN, E., 3. Aufl., Weinheim 1962

FRÖBEL, F.: Ausgewählte pädagogische Schriften, bes. v. SCHEVELING, J., Paderborn 1965

GAUDIG, H.: Didaktische Präludien, Leipzig 1921

GAUDIG, H.: Das Grundprinzip der freien geistigen Arbeit. In: GAUDIG, H. (Hrsg.): Freie geistige Schularbeit in Theorie und Praxis, Breslau 1922, S. 31-36

GLASS, T. (Hrsg.): »Pädagogik vom Kinde aus«. Aufsätze Hamburger Lehrer, Weinheim 1961

HECKMANN, W.: Grundfragen einer materialistischen Theorie des Kinderspiels. In: BAUMGARTNER, A./GEULEN, D. (Hrsg.): Vorschulische Erziehung, Bd. 2, Weinheim 1975, S. 244-280

JEAN PAUL: Levana oder Erziehungslehre, 4. Aufl., Stuttgart 1861

KANT, I.: Über Pädagogik, hrsg. v. RINK, D. F. T., Königsberg 1803

KERSCHENSTEINER, G.: Theorie der Bildung, Leipzig 1926

KEY, E.: Das Jahrhundert des Kindes, 7. Aufl., Berlin 1905

KLUGE, N.: Das Unterrichtsspiel. Entwurf einer Grundlegung, München 1968

KLUGE, N. (Hrsg.): Spielpädagogik. Neuere Beiträge zur Spielforschung und Spielerziehung, Bad Heilbrunn 1980

KLUGE, N.: Spielen und Erfahren. Der Zusammenhang von Spielerlebnis und Lernprozess, Bad Heilbrunn 1981

KLUGE, N.: Einführung in die Systematische Pädagogik, Darmstadt 1983
KLUGE, N.: Entwicklung eines Kriterienkatalogs für spielzentriertes Erzieherverhalten. In: MEYER, E. (Hrsg.): Spiel und Medien in Familie, Kindergarten und Schule, Wassenberg 1984, S. 384-401
KLUGE, N.: Spielkriterien als Ausgangspunkt spielpädagogischen Handelns. In: Erziehungswissenschaft-Erziehungspraxis, 1. Jg., H. 3/1985, S. 19-23
KLUGE, N.: Die Wiederentdeckung des kindlichen Spiels in der neueren Spielpädagogik. In: KLUGE, N./FRIED, L. (Hrsg.): Spielen und Lernen mit jungen Kindern. Neuere Ergebnisse frühpädagogischer Forschung, Frankfurt/M., Bern 1987, S. 109-136
KLUGE, N.: Kants Beitrag zu einer Theorie der Erziehung. In: YALDAI, S. et al. (Hrsg.): Menschen im Sport, Köln 1997, S. 196-211
KREUZER, K.J. (Hrsg.): Handbuch der Spielpädagogik, Bd. 1 u. 2, Düsseldorf 1983
LOCKE, J.: Gedanken über Erziehung, 2. Aufl., Langensalza 1897
MÄRZ, F.: Klassiker christlicher Erziehung, München 1988
MARROU, H.-I.: Geschichte der Erziehung im klassischen Altertum, Freiburg 1957
MONTESSORI, M.: Kinder sind anders, 7. Aufl., Stuttgart 1964
OTTO, B.: Der Lehrgang der Zukunftsschule, Berlin 1912
PETILLON, H.: Von Adlerauge bis Zauberbaum. 1000 Spiele für die Grundschule, Landau 1997 (1997a)
PETILLON, H.: Die Lern- und Spielschule in Rheinland-Pfalz. In: Grundschule, 29. Jg., H. 12/1997, S. 8-10 (1997b)
PLATON: Der Staat, 8. Aufl., Hamburg 1961
PLATON: Gesetze, Frankfurt/M. 1991
RETTER, H.: Spielzeug. Handbuch zur Geschichte und Pädagogik der Spielmittel, Weinheim 1979
ROUSSEAU, J.-J.: Emil oder Über die Erziehung, bes. v. SCHMIDTS, L., 3. Aufl., Paderborn 1971
SCHEUERL, H.: Das Spiel. Untersuchungen über sein Wesen, seine pädagogischen Möglichkeiten und Grenzen, 2. Aufl., Weinheim 1959
SCHEUERL, H. (Hrsg.): Beiträge zur Theorie des Spiels, Weinheim o.J.
SCHLEIERMACHER, F. D. E.: Ausgewählte pädagogische Schriften, bes. v. LICHTENSTEIN, E., 2. Aufl., Paderborn 1964
SCHMITT, R.: Kinder und Ausländer. Einstellungsänderung durch Rollenspiel – eine empirische Untersuchung, Braunschweig 1979
WEBER, E.: Spiel, Beschäftigung, Arbeit. In: Schule und Psychologie, 3. Jg., H. 9/1956, S. 174-179
WEBER, E.: Pädagogik, Bd. 1, Teil 1, 8. Aufl., Donauwörth 1995

Lothar Krappmann

Spielen, Lernen und Bildung

Vor wenigen Wochen saß ich im Unterricht der Ochanomizu Elementary School in Tokyo, einer mit einer Universität verbundenen Privatschule, die Eltern für ihre Kinder wählen, damit sie anschließend den Übergang auf eine der leistungsstarken Sekundarschulen schaffen. Viele Eltern bewerben sich Jahr für Jahr, so dass die Schule streng auslesen muss. »Wie machen Sie das?«, war unsere Frage. »Wir beobachten die Kinder einen Tag lang beim gemeinsamen Spiel«, war die Antwort des Schulleiters dieser Schule, die auf ihren Ruf, Schülerinnen und Schülern zu einer erfolgreichen Schulkarriere zu verhelfen, wahrhaftig bedacht war.

Gänzlich fremd ist uns diese Auskunft hierzulande nicht, denn auch in Deutschland fließt in die Ermittlung der Schulreife neben anderen Beurteilungen des Entwicklungsstandes eines Kindes oft mit ein, ob es konzentriert spielen und sich in eine Spielgruppe einfügen kann. Immer wieder gibt es jedoch Streit darüber, ob Spiel und Formen spielerischen Lernens auch in der Grundschule noch Platz haben. Auch wenn dieser elterliche Wunsch berücksichtigt wird oder Lehrerinnen und Lehrer selber Kindern noch Spielmöglichkeiten anbieten wollen, geschieht dies oft mit dem Unterton eines Zugeständnisses: Die Kinder sollen allmählich in die Ordnung der Schule und die Systematik des Lernens hineinfinden können. Dieser Haltung entspricht auch die Auffassung, dass immer mehr Kinder auf die Anforderungen von Unterricht und Klassenleben ungenügend vorbereitet in die Schule kommen und dass fehlende Fähigkeiten am besten bei solchen Tätigkeiten entwickelt werden können, die Kindern Vergnügen bereiten, also beim Spiel. Erst danach soll dann das richtige Lernen beginnen.

Diese Überlegungen sind sicherlich richtig und kommen den Kindern und ihrer Entwicklung zugute. Dennoch gehen sie von einer Gegensätzlichkeit von Spielen und Lernen aus, die zwar nicht zu leugnen ist, die aber nicht vergessen lassen sollte, dass auch große Ähnlichkeiten zwischen diesen beiden Weisen der menschlichen Auseinandersetzung mit der Welt, in der wir leben, bestehen. Von der Verwandtschaft von Lernen und Spielen soll dieser Aufsatz handeln.

Um die Gegensätzlichkeit zu begründen, beruft sich mancher auf den Entwicklungspsychologen Jean Piaget (1975). Er unterscheidet zwei einander gegenüberstehende Weisen der Auseinandersetzung eines Menschen mit seiner Umwelt: Akkomodation und Assimilation. Wenn ein

Mensch lernt, dann passt er sich dem bereits erarbeiteten Wissen, den tradierten Weltbildern und überkommenen Lebensformen an, er »akkomodiert« sich an das Vorgegebene. Wenn ein Mensch spielt, dann unterwirft er dagegen dieses Vorgegebene seinen Absichten, Vorstellungen und Phantasien, er »assimiliert« es. Spielende Kinder verwandeln Steine in Brote; Blätter werden ihnen zu Tellern, um »Essen« zu spielen, wie HANS AEBLI in der Einführung zu PIAGETS Buch schreibt. Wehe, diese Kinder würden im Unterricht den Zahlen noch ein paar schöne runde Nullen hinzufügen oder mitten in den Bodensee eine Insel mit Urwald und Elefanten zeichnen. Bis auf besondere Situationen gilt im Unterricht nur, was als zutreffend festgestellt wurde oder den Regeln entspricht. Daher sind die meisten Menschen davon überzeugt, dass man beim Spielen gelegentlich etwas Nützliches lernen mag, aber dass ernsthaftes Lernen zumeist weit von allem Spielerischen entfernt ist.

Nun sagt allerdings PIAGET (1981, Kap. II), Akkomodation, also die Anpassung an das Vorgegebene, gebe es nicht ohne Assimilation, also ohne Unterwerfung des Vorgegebenen unter die eigenen Denk- und Handlungsmöglichkeiten, und ebenso gebe es Assimilation, Unterwerfung, nicht ohne Akkomodation, also die Anpassung an das schon Vorhandene und Überlieferte. Bedeutet diese Aussage PIAGETS, dass auch Lernen – ein gutes Beispiel für Akkomodation – auf Spiel angewiesen ist, und umgekehrt Spiel – ein Musterbeispiel für Assimilation – auch auf Lernen? PIAGET weist in seiner Darstellung darauf hin, dass das Verhältnis von Akkomodation und Assimilation, von Sich-Anpassen und Unterwerfung eines anderen unter eigene Vorstellungen, variieren kann. Assimilation überwiegt in den Symbolspielen der jüngeren Kinder, in denen sie Beliebiges nutzen, ihre Phantasien, Ängste und Sehnsüchte auszuleben. Akkomodation überwiegt, wenn Kinder Personen, Handlungen oder Gefühlslagen nachahmen oder wenn sie sich in Konstruktionsspielen die Objektwelt nachbauen. Aber immer sind beide Aspekte gegenwärtig, wenn sich Kinder mit anderen und anderem auseinandersetzen.

Um zu verdeutlichen, wie nah sich Spielen und Lernen sind, soll im Folgenden ein Spiel einmal nicht im Hinblick auf Phantasie und Vergnügen beschrieben werden, sondern unter der Rücksicht auf die in ihm von den Kindern verlangten Schritte der Anpassung an Vorgegebenes. Es zeigt sich, dass dieses Spiel Gelerntes und zu Lernendes zugleich herausfordert. Das danach berichtete Beispiel eines Lernschritts soll belegen, dass Kinder das ihnen Vermittelte nur aufnehmen können, wenn sie es sich unterwerfen, es selbst gestalten, so wie sie es im Spiel mit ihren Objekten und Tätigkeiten tun. Beide Handlungsbereiche, Spiel und Lernen, sollen folglich gegen die übliche, zwar keineswegs falsche, aber dennoch einseitige Art, sie zu betrachten, ausgedeutet werden: das Spiel dieses Mal nicht als Ort der freien Gestaltung, sondern als einer der Anpassung an das Vorgegebene und das Lernen nicht als Ort der Übernahme, sondern als einer der selbst gestalteten Unterwerfung des Vermittelten unter eigentätig entwickelte Vorstellungen. Die jeweils vergessene Seite im Zusammenwirken von Assimilation und Akkomodation in Spiel und Lernen soll folglich im Mittelpunkt stehen.

Spiel als Anpassung

Kinder einer 5. Schulklasse spielen in einem Klassenzimmer »Kammerjäger«, ein Spiel, das dem Spiel »Blinde Kuh« verwandt ist. Dem Kammerjäger werden die Augen verbunden. Er muss die Flöhe, die anderen Kinder, fangen, die sich in einem markierten Spielfeld befinden und dem

Kammerjäger auszuweichen versuchen, wenn er durch den Raum wandert und in alle Richtungen mit den Armen greift, ohne zu sehen, wer sich wo befindet. Allerdings haben die Flöhe nur fünf Schritte, um sich zu retten. Sind die Schritte verbraucht, können sie sich nicht mehr von ihrem Platz bewegen (DAUBLEBSKY et al. 1977).

Wer das auf Film aufgenommene Spiel betrachtet, merkt sehr schnell, dass dieses einfach erscheinende Spiel den Kindern komplizierte Überlegungen abverlangt. So denken viele Kinder intensiv darüber nach, welche Plätze im Spielfeld sicher erscheinen (z. B. nicht die Wände, denn an ihnen tastet sich der blinde Jäger gern entlang), von welchen Orten aus man fliehen kann (z. B. kaum aus den Ecken, die der Kammerjäger breitarmig versperren kann) oder wie man sein Schrittkonto einteilt (indem man z. B. den Jäger nah herankommen lässt, bevor man einen gut berechneten Schritt tut, da man dann die Suchbewegung des Jägers am besten einschätzen kann). Kinder, die das Spiel zum ersten Mal spielen, machen viele »Fehler«, ein Begriff, der eigentlich mehr auf einen Unterrichts- und Lernkontext verweist. Sie stehen falsch, verbrauchen Schritte voreilig oder können sich nicht leise genug fortbewegen, wenn der Fänger schon sehr nah ist. Manche probieren auch Tricks aus, gegen welche die Mitspieler protestieren, weil sie als unfair gelten, etwa wenn einer sich auf die Grenze des Spielfelds legt, weil er pfiffig überlegt, dass der Fänger annimmt, die Flöhe ständen im Feld, und daher wohl den Boden nicht untersuchen wird.

Erfolgreiche Spielstrategien kann der Beobachter einerseits den Kindern zurechnen, nämlich ihrer Geschicklichkeit, ihrer Risikofreude und ihrer Chancenabwägung. Andererseits spiegeln sich im Verhalten der Kinder massiv die objektiven Gegebenheiten wider. Nur solche Strategien taugen etwas, die vorgegebene Handlungsbedingungen angemessen berücksichtigen. Das erfolgreichste Verhalten ist somit das wohlangepasste, das »akkomodierende« Verhalten. Alle ideenreichen Einfälle, das Spiel erfolgreich zu meistern, setzen als erstes voraus, die räumlichen Gegebenheiten, die Regeln sowie die Handlungsmittel, die dem Fänger und den Flöhen zur Verfügung stehen, zu berücksichtigen. Erst danach und immer im Verhältnis zu den vorgegebenen Bedingungen des Handelns kann sich Kreativität, Souveränität und Spielfreude entfalten.

Bei aller Assimilation, der phantasievollen Unterwerfung der Welt im Spiel, die dem Spiel zugeschrieben wird, darf nicht übersehen werden, dass das Spiel, auch das selbstbezogenste Phantasiespiel, im Regelfall keine autistische, also die sozialen, materialen und intelligiblen Strukturen der Umwelt außer Acht lassende Tätigkeit ist. Anders wäre nicht zu erklären, dass sich grundlegende Kompetenzen und vielerlei Fertigkeiten der Kinder im Spiel entwickeln.

Lernen als eigentätige Gestaltung

Die Behauptung, dass auch das Lernen keineswegs nur eine passive Übernahme, sondern ein eigentätiger Prozess ist, der kreative Leistungen des Lernenden erfordert, soll nicht, wie einem vielleicht als erstes in den Sinn kommt, mit einem Beispiel aus einem Unterricht belegt werden, der ganz besonders offene Situationen und eigenes Entdecken fördert. Vielmehr soll eine besonders »asymmetrische« Lernsituation geschildert werden, also ein Lernprozess, in dem ganz klar ist, dass ein Kind etwas noch nicht kann, was ihm vermittelt werden soll, und daher von Hilfe abhängig ist. Es scheint daher auf den ersten Blick nur um Übernahme, um Akkomodation zu gehen.

Eine Lehrerin bemüht sich, einem Mädchen der ersten Klasse zum Lesen zu verhelfen. Sie widmet sich diesem Mädchen allein in einem Nebenraum des Klassenzimmers. Das Mädchen buchstabiert mit Mühe an dem Wort »fangen« herum, denn es gelingt ihr nicht, die Einzelbuchstaben zu diesem Wort zu verschmelzen, obwohl es sie einzeln richtig benennen kann. Die Lehrerin spricht ihr geduldig ein ums andere Mal das Wort vor und zieht dabei überdeutlich die einzelnen Laute zusammen. Aus dem Mund des Mädchens kommen dennoch nur Töne, die kein Wort ergeben. Dabei ist sie willig und schaut auf den Mund ihrer Lehrerin, dessen Bewegungen sie grimassierend nachahmt. Verzweifelt kämpft sie mit den Buchstaben. Sie widersteht der leichten Lösung, ihrer Lehrerin das Wort einfach nachzusprechen, sondern will es selber formen. Immer wieder neu setzt sie mit dem »f« an. Beiden ist die Anstrengung ins Gesicht geschrieben. Schließlich schafft es das Mädchen: »Fangen«. Sie spricht das Wort in einer Weise aus, als habe sie es noch nie zuvor gehört, obwohl die Lehrerin es ihr viele Male vorgesprochen hatte. Noch einmal wiederholt sie: »Fangen«. Jetzt gehört das Wort ihr.

Es ist überaus klar, dass dieses Mädchen nicht ohne die Lehrerin lernen will, sondern sie braucht. Durch ihre freundliche Geduld hilft die Lehrerin dem Kind, an der Aufgabe zu bleiben, und bahnt die Lösung vor. Und doch leistet das Mädchen den eigentlichen Schritt zum Lesen-Können selbst. Sie nimmt immer wieder Anläufe, versucht, eine Klanggestalt zu formen, die sie aus ihrem eigenen Vermögen entwirft – so original, dass sie erst entdecken muss, ein Wort aus den Buchstaben herausgeholt zu haben, das es schon gibt und das sie kennt: Fangen. Das Mädchen eignet sich eine überall um sie herum vorhandene Kulturtechnik an und erfindet sie dennoch für sich neu, obwohl sie sich in einer ganz und gar lehrerkontrollierten Lernsituation befindet.

Das unterscheidet dieses Beispiel von den meisten, die in der didaktischen Literatur zu kreativen Aspekten des Lernens angeboten werden.

Gewöhnlich sieht man sie vor allem in offenen, diskussionsintensiven und auf Entdeckung ausgerichteten Unterrichtsformen. Geschildert wird die Arbeit von Schülergruppen, die zu ergründen versuchen, warum ein Eisenschiff schwimmt (WAGENSCHEIN/BANHOLZER/THIEL 1972), wodurch Form und Farbspiel einer Kerzenflamme entstehen (BUCK 1990), oder welches Gesetz den Bogen des Wasserstrahls aus einem Gartenschlauch bestimmt (KLEIN 1990). In diesen Kooperativen Lerngruppen müssen die Schülerinnen und Schüler ihr Vorgehen selber organisieren, gemeinsam Ideen entwickeln und das Für und Wider vorgeschlagener Lösungen prüfen. In diesen Fällen ist fast unvermeidlich, dass Lernende »kreativ« werden, denn die Lehrkräfte treten zurück, beobachten und hören zu, stellen vielleicht »sokratisch« voreilige Lösungen in Frage und lenken die Aufmerksamkeit auf weiterführende Argumente, die in der Auseinandersetzung unterzugehen drohen. Diese Unterrichts- und Lernformen sollen in ihrer Bedeutung nicht relativiert werden. Es ist jedoch wichtig zu begreifen, dass die Lernenden auch in Situationen, die von Lehrkräften strukturiert und kontrolliert werden, also auch im vielgescholtenen »frontalen Unterricht« sich einen eigenen Handlungs- und Verstehensraum erhalten müssen, um von sich aus zu vollziehen, was Lehrer und Unterricht von ihnen verlangen.

In manchen Fällen macht gerade die frontale Situation, die intensive Unterrichtung besonders deutlich, dass es ein Element im Lernen gibt, über das nur die Lernenden selber verfügen: Ihr bisheriges Wissen, ihre Denkgewohnheiten, ihre Vorannahmen werden berührt, leisten Widerstand und begrenzen die Bereitschaft, Neues anzunehmen. PIAGET (1981, S. 103 ff.) erwähnt, dass ein Kind bei seiner Einschätzung der Menge einer vor seinen Augen verformten Knetmasse auf der Orientierung an einer Dimension beharrt, wie eindringlich auch immer ein Erwachsener versucht, es auf eine andere Dimension, etwa die Dicke der Tonwurst im Gegensatz zur Länge, aufmerksam zu machen. Erst wenn dem Kind selber etwas merkwürdig vorkommt, hat der Erwachsene eine Chance, Nachdenklichkeit, über die das Kind allein verfügt, anzustoßen.

Wie sehr auf Seiten der Lernenden Offenheiten oder Sperren einen Lernvorgang mitbestimmen, wird auch erkennbar, wenn Kinder oder auch Erwachsene kaum fassen können, womit sie konfrontiert werden. RUMPF (1990) spricht vom »kostbaren Befremden«, das Kinder und Erwachsene angesichts verblüffender physikalischer Phänomene überfällt. In anderen Fällen wirkt die angebotene Einsicht, und mag sie noch so unwiderlegbar sein, geradezu wie eine Kränkung, die nicht leicht verarbeitet werden kann, wie KUTSCHMANN (1999) am inneren Widerstand gegen naturwissenschaftliche Erkenntnisse, die menschliche Selbsteinschätzungen relativieren, demonstriert.

Derartige Erfahrungen weisen darauf hin, dass es beim Lernen nicht nur darum geht, etwas Vermitteltes in sich aufzunehmen, sondern auch, sich selber aufzuschließen und das Angebotene sich anzuverwandeln. Wir stoßen wie bei den obigen Überlegungen zum Spiel auch hier bei der Untersuchung des Lernens wieder auf das Verhältnis von Assimilation und Akkomodation. Gewöhnlich sehen wir im Lernen nur die Akkomodation, so wie wir im Spiel zumeist nur die Assimilation wahrnehmen. Aber so wie zu zeigen versucht wurde, dass Spiel auch Anpassung verlangt, so belegt die Schilderung des Lesenlernens, dass Lernen auch Assimilation herausfordert. Die Eigentätigkeit, die zum Lernen trotz aller Akkomodation dazugehört, bezieht sich sowohl auf die Aufbereitung des bisherigen Wissens und Könnens für den neuen Lernschritt als auch auf die Aufnahme des Neuen in das Potential der Person, die erlebte und problematische Welt zu verstehen und zu bewältigen.

Nur wenn Lernende das von ihnen Mitgebrachte in Frage stellen können, wenn sie es in einen neuen Zusammenhang bringen oder es aus einer veränderten Perspektive betrachten können, kann es gelingen, ihnen eine neue Einsicht oder eine erweiterte Fähigkeit nahezubringen. Ergreifen müssen sie die neue Einsicht und die erweiterte Fähigkeit dann selber und sie sich tauglich machen. Dafür müssen sie mit dem Neuen und dem Alten gleichsam »spielen« können, um es revidieren, transformieren und sich anverwandeln zu können. Das Wort »spielen« wird an dieser Stelle bewusst eingeführt, weil eine gewisse Lockerheit, die Bereitschaft, sich etwas Ungewohntem auszusetzen, eine lustvolle Spannung, was dieses Neue wohl bringen mag, und Freude am Ausprobieren, die wir gewöhnlich eher mit dem Spiel verbinden, auch erfolgreiches Lernen auszeichnen.

Spiel und Lernen in der Entwicklung des Kindes

Über die Jahre der kindlichen Entwicklung hinweg wandeln sich die Formen des Spiels und die Muster des Lernens und damit zugleich auch das Verhältnis von Spiel und Lernen. Viele Spielforscher haben das in bestimmten Altersjahren zunächst wachsende und später wieder abflauende Interesse der Kinder an bestimmten Spielen untersucht. Sensumotorische und Funktionsspiele, Explorations- und Konstruktionsspiele, Symbol- und Phantasiespiele sowie Regelspiele, um gebräuchliche Spielformen der Kinder aufzugreifen, stehen so lange im Vordergrund, wie sie den Kindern Aufgaben stellen, an denen sie sich abarbeiten. Die jeweils bevorzugte Art des Spielens verschwindet wieder, wenn in ihr keine Herausforderung an Fähigkeiten der Auseinandersetzung mit der sachlichen, sozialen und symbolischen Realität, mit bewegenden Emotionen oder mit zu sichernden Selbst-Bildern mehr steckt (umfassend dazu OERTER 1993).

Auch im Lernen stehen aufeinander folgend verschiedene Aufgaben für einige Zeit im Vordergrund, bis sie von anderen abgelöst werden. PIAGETS (1972) Vorstellung der kognitiven Entwicklung hat Konsequenzen für die Art, wie Kinder in den jeweiligen Entwicklungsphasen lernen. Auch nach GAGNÉ (1969) gibt es eine Abfolge im Lernvermögen, in der nachfolgende Lernformen von den vorangegangenen ausgehen und sie weiterführen. AEBLI (1980) spricht von Aufbau- und Differenzierungsprozessen des Denkens, in denen Schritt für Schritt Strukturen entstehen, die zunächst geübt und gefestigt werden, bis der Übergang auf eine differenziertere Struktur erfolgen kann. Somit charakterisiert es auch das sich über die Jahre des Heranwachsens der Kinder und Jugendlichen ausbildende Lernvermögen, dass es in einem Spannungsfeld zwischen bereits erworbenem Können und neuer Herausforderung steht. Normalerweise lockt die Aufgabe, die ein Stück weit jenseits dessen liegt, was ein Kind bislang zu lösen geschafft hat, und die es noch einmal und noch einmal bearbeitet, um routiniert, locker und sicher mit ihr umgehen zu können, die aber nach einiger Zeit Langeweile zu erzeugen beginnt, wenn keine über das nunmehr Beherrschte hinausreichende Anforderung sichtbar wird.

Angesichts dieses Wechselspiels von Herausforderung und Entspannung und neuer Herausforderung kann nicht verwundern, dass Aussagen über Bedingungen, die Freude am Spiel, und über Bedingungen, die Interesse am Lernen wecken sollen, ganz ähnlich klingen. So heißt es immer wieder, Lernen werde durch »wohldosierte« Herausforderungen angeregt, denn sie locken Bemühungen um Problemlösungen heraus, überfordern den mit einer Aufgabe Konfrontierten aber auch nicht. Auf diese Weise entstehe weder Langeweile, noch Frustration über vergebliche Anstrengungen. Im Hinblick auf das Spiel formulierte HECKHAUSEN (1972) in ähnlicher Weise, dass das Vergnügen am Spiel aus einem sich wiederholenden »Aktivitätszirkel« entstehe, in dem sich der Aufbau von Spannung und Lösung wiederhole. Sowohl übermäßige Stimulierung als auch Unterforderung würden als unangenehm empfunden und gemieden.

Dieser Gedanke steckt auch hinter der Aussage, das Spielen der Kinder zeichne sich durch »reizvolle« Ambivalenz aus, denn es oszilliere zwischen Spaß und Anstrengung, Freiheit und Regeleinhaltung, unbeherrschbarem Zufall und kalkuliertem Risiko sowie zwischen Zweckfreiheit und Freude am Erfolg (KRAPPMANN 1972). Auch von dieser Ausdeutung des Spielens her ergibt sich eine Parallele zum Lernen, denn es enthält ähnliche Polaritäten, zwischen denen es sich entfaltet: Obwohl beim Lernen umsichtiges Vorgehen verlangt wird, erfordert es einen mutigen Schritt in ein noch unbeherrschtes Gebiet; obwohl Respekt vor den Regeln erforderlich ist, benötigt das Lernen Raum zum Ausprobieren; obwohl es anstrengende Phasen gibt, kennt auch das Lernen die Beschwingtheit des Könnens. Und obwohl Lernen sicherlich noch mehr als das Spiel auf Erfolg ausgerichtet ist, hängt dieser Erfolg doch oft davon ab, sich im Lernen nicht rigide zu verhalten, sondern sich locker, geradezu »spielerisch« zurücklehnen zu können.

Ein nicht zu leugnender Unterschied zwischen dem Spielen der Kinder in der Wohnung oder auf Spielplätzen und dem Lernen in der Schule und am Arbeitstisch zu Hause besteht darin, dass die »wohldosierte Diskrepanz«, der »lustvolle Spannungsbogen« oder die »reizvolle Ambivalenz« leichter im Spiel als unter den üblichen Bedingungen des Lernens aufrechterhalten werden kann. Wenn das Spiel nicht mehr in dem Bereich liegt, der Spaß macht und Anstrengung belohnt, dann verändern Kinder die Aufgaben oder die Regeln ihres Spiels: Das Spielfeld wird erweitert oder verkleinert, die Spielzeit verlängert oder beschränkt, zusätzliche Erschwernisse werden eingeführt oder beseitigt, bis das Spiel wieder riskant und damit spannend wird. Ist ein Spiel nicht mehr zu retten, beginnen Kinder ein anderes mit neuen Risiken und Reizen.

Beim Lernen, zumal beim Lernen in der Schule, können Kinder viel weniger als beim freien Spiel dafür sorgen, dass Lernen zugleich herausfordernd und befriedigend bleibt. Dennoch bleibt festzuhalten, dass auch Lernaufgaben den Bereich treffen sollten, in dem Kinder weder gelangweilt werden, noch die Lust verlieren, weil sie überfordert sind. Zwei Konzepte werden diskutiert, die eine optimale, Lernen und Entwicklung stimulierende Spannung zwischen bereits erworbenem Können und darüber hinausreichender Herausforderung von Fähigkeiten zum Thema machen, nämlich die aus WYGOTSKY's Entwicklungspsychologie stammende Vorstellung einer »Zone nächster Entwicklung« und die von Kohlberg aufgestellte »Plus 1-Regel« (OSER/ALTHOFF 1992).

Die entwicklungsnächste Zone ist der »Bereich, den das Kind sich als nächstes aneignen wird« (OERTER 1995, S. 94). Es braucht dafür oft Hilfestellungen oder vorgebahnte Erfahrungsmöglichkeiten, die an seiner Neugier oder Unzufriedenheit mit dem bisherigen Können ansetzen. Aber auch auf der Seite des Lernenden muss es eine Vorbereitung auf den nächsten Schritt in Lernen und Entwicklung geben. Das Kind braucht eine innere Aufgeschlossenheit für das neue Können. Im Idealfall hat das Kind schon Unzufriedenheit mit dem bisherigen Können entwickelt und findet endlich die Antwort auf diese Unzufriedenheit. Die »Plus 1-Regel« argumentiert entsprechend. Erfahrungen aus Diskussionen Jugendlicher über moralische Probleme zeigen, dass Jugendliche wenig davon haben, mit hohen und hehren Prinzipien und Modellen der Moral konfrontiert zu werden. Wirksame Anstöße, ihr moralisches Urteil zu entwickeln, erhalten sie jedoch dann, wenn ihnen Überlegungen nahegebracht werden, an deren Schwelle sie bereits stehen. Diese Überlegungen repräsentieren den nächsten Schritt auf ihrem Entwicklungsweg, sind also eine Stufe weiter (»plus 1«) als ihr derzeitiges Argumentationsvermögen. Wieder geht es um die Spannung zwischen dem bereits Erlernten und Begriffenen und dem, was mit Anstrengung erreichbar ist.

Auf Entwicklung und Lernen haben WYGOTSKY und KOHLBERG diese Konzepte der Erweiterung von Fähigkeiten bezogen. Würde man einige Wörter austauschen, würden diese Konzepte ebenso auf das Spielen der Kinder passen, denn Spielen ist auf das ausgerichtet, was man gerade »als nächstes« noch schaffen kann. In ihm suchen Kinder das Vergnügen des »plus 1«. So wachsen Spielen und Lernen gleichsam aus einer Wurzel der explorierenden, experimentierenden und nach guten und befriedigenden Lösungen suchenden Aneignung der Welt durch junge Menschen. Hier liegt die Begründung dafür, dass Kinder, die gut spielen, auch gute Chancen haben, erfolgreich zu lernen, und dass diejenigen, denen das Lernen nicht schwerfällt, auch einen Zugang zum Spiel haben. Daher gibt es auch so viele Zwischenformen zwischen Spiel und Lernen im Kinderleben, aber auch noch bei Jugendlichen und Erwachsenen: »Quasi-Spiele« als Elemente anderer Tätigkeiten, »experimentierendes Probieren«, »Modellieren«, »gestaltendes Schaffen«, »freie Beschäftigungen«. Diese Tätigkeiten bewegen sich zwischen Spiel, Lernen und Arbeit und belegen deren innere Nähe zueinander (KAUKE 1992, Kap. 4).

All das ist so plausibel, dass doch verwundert, wie wenige Untersuchungen letztlich vorhanden sind, die nachweisen, dass Lernen durch Spielen gefördert wird. Allerdings ist ein Nachweis mit experimenteller Forschung recht schwierig. Zu sehr ist das Spiel mit dem Leben der Kinder verbunden, als dass Spiel als eine intervenierende Variable zu isolieren wäre, mit deren Hilfe Kinder »mit« und »ohne« Spiel einander gegenübergestellt werden könnten. So macht die Forschung, die Lern- und Entwicklungseffekte untersuchen möchte, aus dem natürlichen Spiel der Kinder zumeist eine artifizielle Labortätigkeit, über deren gelegentlich immer noch deutliche Auswirkungen auf kognitive Prozesse man sich eigentlich eher wundern muss (KRAPPMANN 1986).

Spiel, Lernen und Bildung

Zusammenfassende Darstellungen wie die von KAUKE (1992) oder OERTER (1993) suchen daher nach den übergeordneten Bezügen des Spiels im

Leben und in der Entwicklung der Kinder. Wenn Spiel eine grundlegende Dimension des kindlichen Weltbezugs ist, dann mag es zwar auch hier und dort nachweisbare kurzfristige Effekte des kindlichen Spielens auf Fähigkeiten in einem der sich entwickelnden Leistungsbereiche geben. Viel wesentlicher aber ist es dann zu begreifen, welchen Anteil das Spielen überhaupt an den grundlegenden Bildungsprozessen des Subjekts hat, das Dinge, Personen, Beziehungen und Sinn wahrnehmen, ordnen und beeinflussen sowie sich mit seiner Identität inmitten von Vielfältigem und Widersprüchlichem behaupten will. SCHÄFER (1995, S. 175) äußert dazu: »Spiel könnte ein Modell für alle Formen von sozialen und sachlichen Beziehungen abgeben, in denen Räume der Freiheit im Verhältnis zwischen Subjekt und Objekt verwirklicht werden.«

Es gibt Anzeichen dafür, dass der in den Hintergrund gerückte Bildungsbegriff wieder entdeckt wird, und zwar nicht, weil Lernförderung, Fähigkeitserwerb und Leistungssteigerung in sich falsch wären, sondern weil sie eines Untergrunds oder eines Rahmens bedürfen, der ihnen Aufgabe und Ziel setzt. Eine zweifache Erfahrung steckt hinter der Wiederentdeckung des Bildungsbegriffs: Zum einen wird es für eine menschenfreundliche Zukunft nicht allein auf Information, Kommunikation, Qualifikation und Leistung ankommen, sondern vor allem auf das verstehende Sich-Einordnen in die Zusammenhänge von Natur und Gesellschaft und die sinnvolle Gestaltung dieser Zusammenhänge. Zum anderen drängt sich beim Blick auf die Kinder, die diese Aufgaben übernehmen sollen, auf, dass sie auf ihrem Entwicklungsweg mehr brauchen als Curricula und Lernziele, nämlich sinnvolle Beziehungserfahrungen, Handlungsziele und Partizipationschancen, die ihre Eigenaktivität und Konstruktionskraft herausfordern (vgl. dazu HENTIG 1996, NEUMANN 1999).

Haben diese Bildungsvorstellungen etwas mit dem kindlichen Spiel zu tun? Je deutlicher wird, dass Bildung nicht eine Besitz-, Beherrschungs- und Verfügungskategorie ist, sondern eine Orientierungsweise, ein Begründungsvermögen und eine Haltung des Respekts vor Verschiedenheit, desto klarer wird auch, dass Bildung nach Wissen und Können verlangt, aber in ihnen nicht aufgeht. Gerade weil Bildung eine Weise ist, sich als aktives Subjekt in Natur und Gesellschaft zu verstehen und aus der Spannung von eigenem Wollen und vorgegebenen Zusammenhängen in Natur und Gesellschaft zu handeln, gerät das Spiel als Modell eines zu gestaltenden Verhältnisses zwischen Subjekt und Welt in den Blick.

Spiel ist sicherlich nicht der einzige Weg zum Gebildet-Werden, wenn wir die gesamte Lebensspanne überblicken, denn es gibt in ihr Phasen, die mehr von Lernen und Arbeit bestimmt erscheinen als vom Spielen. Wenn wir allerdings an Kinder in den ersten Lebensjahren, Kinder vor dem Schuleintritt und in der Grundschulzeit denken, fällt es schwer, sich ihren Bildungsprozess ohne Spielen vorzustellen. Von Kindern dieses Alters ist kaum denkbar, dass sie bei anderen Tätigkeiten in so intensiver Weise Elemente, die für Bildungsprozesse typisch sind, in ihrem Tun vereinen können,

- nämlich Vorgefundenes, auch kulturgetränkte Muster traditioneller Spiele, mit eigenen, von Erfahrung und Biographie genährten Konstruktionen zu verbinden,
- einen Raum zu schaffen, in dem Kinder unter geringerem Realitätsdruck Sinn und Regeln erproben können, und zwar nicht nur nach Kriterien der Logik und Rationalität,
- und diesen Spielhandlungen eine ästhetische Gestalt zu geben, die Erfahrungen integriert und dem Subjekt ermöglichen, sich aus seinen Erfahrungen zu verstehen, wie SCHÄFER (1995) überzeugend dargestellt hat.

Kehren wir mit derartigen Überlegungen zum Denken jener Kulturphilosophen (SCHILLER, HUIZINGA) zurück, die den Menschen nur im Spiel zu sich selber gelangen sehen? Wir argumentieren heute auf anderer Grundlage, denn die Auffassung, dass Spielen zum Bildungsprozess des Kindes beitragen könne, stützt sich auf Entwicklungspsychologen, Psychoanalytiker und Kleinkindpädagogen, die dem sich entwickelnden Kind viel Aufmerksamkeit gewidmet haben. Sie wissen sehr wohl, dass Kinder nicht nur spielen, sondern auch lernen und schrittweise in systematisches Arbeiten hineinfinden müssen. Sie haben jedoch unter vielen Rücksichten analysiert, wie Kinder sich beim Spielen an Problemen der Autonomie und der Gestaltung ihrer Beziehungen, an Phantasieproduktionen, Sinnentwicklung und Regelabsprachen, an emotionalen Zuständen, Hoffnungen und Enttäuschungen abarbeiten. Das Spiel ermöglicht diese Bildungsprozesse, und andere Handlungsbereiche der Kinder und ihre Entwicklung insgesamt können davon profitieren.

Literatur

AEBLI, H.: Denken: Das Ordnen des Tuns. 2 Bde. Stuttgart 1980

BUCK, P.: Faradays Kerze und/oder Koliskos Flammen? In: Neue Sammlung, 30. Jg., 1990, S. 38-43

DAUBLEBSKY, B., et al.: Spielen in der Schule. Filme und Materialien zum Training von Spielleitern. Grünwald bei München, Institut für Film und Bild in Wissenschaft und Unterricht 1977

GAGNÉ, R. M.: Die Bedingungen des menschlichen Lernens. Hannover 1969

HECKHAUSEN, H.: Entwurf einer Psychologie des Spielens. In: FLITNER, A. (Hrsg.): Das Kinderspiel. München 1972, S. 138-155
HENTIG, H. v.: Bildung. Ein Essay. München 1996
KAUKE, M.: Spielintelligenz. Spielend lernen – Spielen lehren? Heidelberg 1992
KLEIN, H.: Das Fallgesetz im Brunnenstrahl. In: Neue Sammlung, 30. Jg., 1990, S. 38-43
KRAPPMANN, L.: Entwicklung und soziales Lernen im Spiel. In: FLITNER, A. (Hrsg.): Das Kinderspiel. München 1972, S. 168-184
KRAPPMANN, L.: Erlebtes Spiel – erspieltes Leben. In: Erler, L./Lachmann, R./ Selg, H. (Hrsg.): Spiel. Bamberg 1986, S. 23-43
KRAPPMANN, L.: Soziale Kommunikation und Kooperation im Spiel und ihre Auswirkungen auf das Lernen. In: DAUBLEBSKY, B.: Spielen in der Schule. Stuttgart 1992, S. 190-226
KUTSCHMANN, W.: Zwischen Naturerkenntnis und Selbsterkenntnis. In: Neue Sammlung, 39. Jg., 1999, S. 131-142
NEUMANN, K.: Zur Restitution und Rekonstruktion des Bildungsbegriffs – Modellentwicklungen in der Pädagogik der frühen Kindheit. In: Neue Sammlung, 39. Jg., 1999 (in Druck)
OERTER, R.: Psychologie des Spiels. Ein handlungstheoretischer Ansatz. München 1993
OERTER, R.: Kultur, Ökologie und Entwicklung. In: OERTER, R./MONTADA, L. (Hrsg.): Entwicklungspsychologie. Weinheim 1995, S. 84-126
OSER, F./ALTHOF, W.: Moralische Selbstbestimmung. Stuttgart 1992
PIAGET, J.: Psychologie der Intelligenz. Olten 1972
PIAGET, J.: Nachahmung, Spiel und Traum. Mit einer Einführung von Hans Aebli. Stuttgart 1975 (zuerst 1959)
PIAGET, J.: Jean Piaget über Jean Piaget. Sein Werk aus seiner Sicht. Mit einer Einführung von Reinhard Fatke. München 1981 (zuerst 1970)
RUMPF, H.: Kostbares Befremden. Lehr-Anfänge nach Wagenschein. In: Neue Sammlung, 30. Jg., 1990, S. 32-37
SCHÄFER, G. E.: Bildungsprozesse im Kindesalter. Weinheim 1995
WAGENSCHEIN, M./BANHOLZER, A./THIEL, S.: Kinder auf dem Weg zur Physik. Stuttgart 1972

Wolfgang Einsiedler

Spielförderung in der Schule
Einige Befunde aus der empirischen Forschung

Schulisches Lernen auf der einen Seite und Spielen auf der anderen Seite wurden lange Zeit als unversöhnliche Gegensätze angesehen. Vor allem die Schule des 19. Jahrhunderts verband Lernen mit einer strengen Arbeitsethik und mit harter äußerer Disziplinierung. Spielen betrachtete man dagegen als nutzlosen und nicht ganz ernst zu nehmenden Zeitvertreib. Zu einer veränderten Sichtweise trug entscheidend die Spieltheorie von Groos (1896) bei: Nun wurde nicht mehr nur das schulische Lernen als Vorbereitung auf die ernste Arbeit anerkannt, sondern wegen der biologischen und psychologischen Funktionen, die Groos dem Spiel zuschrieb, erhielt jetzt auch das Spiel einen pädagogischen Stellenwert – »Spiel als Arbeit des Kindes«.

Heute findet man weitere Begründungen für eine – wenigstens partielle – Integration des Spielens in den Schulunterricht vor (vgl. Petillon, in diesem Band).

Ergebnisse aus Modellversuchen

Zur Spielförderung in der Grundschule wurden in jüngster Zeit mehrere Modellversuche durchgeführt. Es ging bei diesen Vorhaben nicht so sehr darum, kognitive Lernprozesse durch die Einbeziehung von Lernspielen, technischem Spielzeug o. ä. zu optimieren, sondern umfassend die Persönlichkeitsentwicklung der Kinder im Gefolge erweiterter Spielmöglichkeiten zu beobachten; dazu wurden jeweils längere Spielphasen vorgesehen und auch Spielsachen wie Eisenbahn, Gesellschaftsspiele, Puppen mit Requisiten usw. bereitgestellt. In einem Projekt mit 24 Klassen der 1. Jahrgangsstufe konnte Retter (1984) folgende Ergebnisse feststellen: Der Schulanfang fiel den 6-jährigen leichter, die Lehrer berichten von weniger Anpassungsproblemen an das schulische Lernen. In den Protokollen der Lehrer ist auch von positiven Auswirkungen in den Bereichen Rücksichtnahme, Hilfsbereitschaft, Konzentrationsfähigkeit, selbständiges Arbeiten die Rede. Verhaltensauffällige Kinder gelangten mit Hilfe des Spielens zu mehr Selbstkontrolle. Ausländische Kinder, vor allem solche mit Sprachschwierigkeiten, konnten über das Spielen Sozialkontakte aufnehmen und wurden so besser in die Klassengemeinschaft integriert als bei einem ausschließlich lehrgangsorientierten Erstunterricht. In einer sorgfältig angelegten Untersuchung in Österreich mit Versuchsklassen und Kontrollklassen analysierten HARTMANN, NEUGEBAUER und RIESS (1988) die Auswirkungen von Spielprozessen in der Grundschule von der 1. bis zur 4. Jahrgangsstufe. Die Versuchsklassen hatten umgestaltete Schulräume mit Spielecken und mit einer Vielzahl von Spielsachen. Die Kinder konnten die Spielmaterialien zu folgenden Zeiten verwenden:

- beim freien Spiel vor Unterrichtsbeginn,
- beim freien Spiel in den Pausen,
- beim freien Spiel in einer Spieleinheit innerhalb der Unterrichtszeit,
- in Differenzierungsphasen des Unterrichts,
- zur Veranschaulichung im Sachunterricht,
- zur Lernförderung in bestimmten Lehrgangsbereichen,
- im Förderunterricht.

Durch den strengen experimentellen Ansatz und die Verwendung quantifizierender Erhebungsverfahren – beides ist in der Spielpädagogik eher selten – erhalten die Ergebnisse hohes Gewicht. In den Spielklassen war eine Verringerung der Aggressivität zu verzeichnen. Die Kinder der Spielklassen zeigten ein positiveres Sozialverhalten als die Kinder der Kontrollklassen. Besonders die Arbeitshaltungen der Schüler, die Spielmöglichkeiten hatten, wurden signifikant besser beurteilt als die der anderen Schüler (vgl. den entsprechenden Befund bei TREINIES und EINSIEDLER 1989). Die Schulzufriedenheit war bei den Versuchsgruppen höher als bei den Kontrollgruppen; dieses Ergebnis ist nicht trivial, sondern verdient Beachtung, weil häufig bereits Grundschulkinder nach zwei bis drei Schuljahren das Lerninteresse verlieren und Schulunlust äußern.

In dem Modellversuch »Lern- und Spielschule« wurde in einer Längsschnittstudie über einen Zeitraum von vier Jahren (in 15 Experimental- und sechs Kontrollklassen) untersucht, wie sich ein umfassendes Spielangebot auf die Persönlichkeitsentwicklung der beteiligten Kinder auswirkt (PETILLON und FLOR 1997). Insbesondere in den Bereichen soziales Lernen, Kreativität und Selbständigkeit profitierten die Kinder des Modellversuches von den erweiterten Spielmöglichkeiten.

Lernspiele

Die klassische Form, die Vorteile des Spielens mit dem systematischen Lernen zu verbinden, ist das Lernspiel oder didaktische Spiel. Es fand vor allem durch die Arbeitsschulbewegung Eingang in den Unterricht (RETTER 1979, S. 178). Obwohl Lernspiele – hauptsächlich in der Grundschule – relativ häufig eingesetzt werden, kritisiert man immer wieder den Begriff und befürchtet, die Kinder würden dabei überlistet und das Spiel werde instrumentalisiert, ja pervertiert, wenn es pädagogischen Zwecken dienen soll. Eine sachliche Position gegenüber Lernspielen dürfte jedoch aus folgenden Gründen angemessener sein als eine polemische: Mit dem Begriff Lernspiel wird lediglich versucht, Bestimmungsstücke des Spielbegriffs und des Lernbegriffs zusammenzubringen, nämlich Spielfreude und intrinsische Motivation einerseits und Lernintention in einem bestimmten Lernzielbereich andererseits. Es handelt sich um einen injunkten Begriff (Überschneidung zwischen zwei oder mehr Begriffen durch gemeinsame Merkmale); injunkte Termini sind in der Pädagogik ziemlich häufig. Der Vorwurf der Tautologie in der Bezeichnung Lernspiel ist insofern unberechtigt, als nicht in jedem Spiel gelernt wird; in vielen Spielen kommen lediglich kognitive Prozesse ohne dauerhafte Veränderung der kognitiven Strukturen in Gang; dies gilt analog auch für emotionale, motivationale u. a. Prozesse (zur ausführlichen Beschreibung des Kinderspiels und des Lernens im Spiel vgl. EINSIEDLER 1999).

Das beste Argument für Lernspiele ist ihre nützliche Funktion im Unterricht. In verschiedenen Studien erwies sich der Einsatz von Lernspielen für ganz spezifische Übungsziele als hilfreiche Ergänzung des Unterrichts.

Der empirische Nachweis der Wirksamkeit der Lernspiele bestätigt die Berechtigung des Begriffs (der Terminus »didaktische Materialien mit Spielelementen« wäre zu umständlich). Vor allem wenn die Lernspiele möglichst genau auf die im Unterricht gerade angestrebten Lehrziele abgestimmt sind, scheinen sie ein wirkungsvolles und den üblichen Unterricht sinnvoll ergänzendes Lernmittel zu sein. Solch eine Anpassung der Lernspiele auf spezifische Lehrziele hin nahmen z. B. FLOER und SCHIPPER (1975) für den Mathematikunterricht der Grundschule vor. Die Versuchsgruppen, die mit Lernspielen spielten, schnitten dabei signifikant besser ab als die Kontrollgruppen, die Mathematikunterricht ohne Lernspiele hatten (vgl. auch die Effekte zur spezifischen Förderung des räumlichen Verständnisses in der Studie von ROST 1977). Demgegenüber konnten VAGT und MÜLLER (1976) keine Fördereffekte durch die Beschäftigung von Schülern mit Spielen einer »Lernspielkiste« feststellen, die relativ unspezifisch auf eine Verbesserung verschiedener Wahrnehmungsbereiche zielten.

Der Hauptvorteil des Lernspieleinsatzes im Unterricht ist wahrscheinlich die Motivation, die von den Spielelementen in den Lernmaterialien ausgeht. Mit dieser Komponente interpretieren z. B. ROEDER und MASEN-

DORF (1979) Ergebnisse eines Projekts, in dem sie Lernspiele und Übungsmaterialien bei der Förderung von Schülern mit einzelnen und mit mehrfachen Leistungsausfällen verglichen. Sie fanden signifikante Vorteile des Lernspieleinsatzes bei den Schülern mit mehreren Leistungsausfällen und erklärten dies mit der Bedeutung der Erfolgserfahrungen für die eher demotivierten, allgemein schulleistungsschwachen Kinder.

EINSIEDLER und TREINIES (1985) verglichen im Erstleseunterricht folgende vier Gruppen:

a) Schüler, die Lernspiele und Spielpartner frei wählen konnten,
b) Schüler, denen Lernspiele ohne freie Wahl individuell zugeordnet wurden,
c) Schüler, die Lesen mit Übungsmaterialien übten,
d) Schüler in Kontrollgruppen ohne zusätzliche Übungsmethode.

Ergebnisse: In Lesetests schnitten die Schüler der Gruppen a) und b) besser ab als die Schüler der Gruppen c) und d). Vermutlich war die Motivation der Schüler der Lernspielklassen höher, vor allem die der Gruppe a), in der mit der freien Spiel- und Sozialauswahl wesentliche Charakteristika des Spiels wirksam werden konnten.

Je mehr Spielelemente vorhanden waren, desto besser war der Lernerfolg. Speziell in Gruppe a) kamen die Spielmerkmale Spontaneität und freie Wahl zum Tragen; die selbstgesteuerte Entscheidung für eine Lernaktivität ist die wichtigste Voraussetzung für die Erfahrung der Kompetenzmotivation. Dazu trat in Gruppe a) das soziale Anschlußmotiv bei der Zusammensetzung der Spieldyaden/Spielgruppen, das sich günstig ausgewirkt haben dürfte.

Rollen- und Regelspiele

Bei *Rollenspielen im Unterricht* sollen durch szenische Darstellung konflikthafter Situationen, Probleme und Problemlösungen sprachliche und soziale Lernprozesse in sinnlich konkreter Aktion intensiviert werden (BEHR 1979, S. 371). Vor allem im Deutschunterricht und in Sozialkunde sind Rollenspiele eine beliebte Methode geworden, um Kommunikationsmuster und Rollenfixierungen deutlich zu machen sowie Handlungsalternativen durchzuspielen.

Beispiele: Streit ums Fernsehen – Vater verbietet Petra den Discobesuch – Zudringlichkeit und Distanz in Gesprächssituationen.

Trotz der weiten Verbreitung der Rollenspiele gibt es so gut wie keine empirischen Untersuchungen darüber, ob durch sie tatsächlich sprachliches und soziales Lernen intensiviert wird. Dies dürfte vor allem daran liegen, daß sich sprachliche und soziale Fähigkeiten nur sehr langfristig und bei ungünstigen individuellen Voraussetzungen nur sehr schleppend verändern. Im Grundschulalter müssen viele Kinder erst lernen, sich in die Perspektive eines anderen hineinzuversetzen bzw. die eigene Perspektive auf die des anderen zu beziehen. Rollenspiele sollten deshalb nicht unbedingt als probates Mittel für Unterrichtszwecke verwendet werden; sie sind zunächst selbst eine Lernaufgabe, eine Herausforderung, sich mit unterschiedlichen Handlungsperspektiven auseinanderzusetzen (vgl. KRAPPMANN 1983).

Etwas besser sieht die Forschungslage im Bereich der sog. *Dilemmageschichten* aus. Bei Dilemmageschichten spielen die Schüler zwar nicht, aber durch das innere Vorstellen von Konfliktsituationen sowie das gedankliche Durchspielen von Entscheidungen und deren Folgen besteht eine gewisse Analogie zum Rollenspiel. Beispiele: Peter und Manfred haben eine Geldbörse mit DM 100,00 gefunden. – Monika hat ein Bibliotheksbuch beschädigt. – Konflikt mit einem Lehrmeister. Beim systematischen Einsatz von Dilemmageschichten kam es zu empirisch feststellbaren Veränderungen von Einstellungen und moralischen Urteilen; die Fallgeschichten sollten möglichst der Lebensrealität der Schüler angenähert sein (OSER 1988).

Regelspiele werden in der Schule traditionell im Sportunterricht, in der Pause, bei Schulfesten sowie bei Wanderungen und Schullandheimaufenthalten gespielt. Ihr Sinn ist in erster Linie die sportliche Bewegung und die Spielfreude in der Gruppe, jedoch hat man in jüngster Zeit auch der Persönlichkeitsentwicklung im Zusammenhang mit dem sozialen Austausch in Regelspielen Beachtung geschenkt. Vor allem Kinder, deren Ich-Identität nicht ausbalanciert ist, die also entweder ein übersteigertes Selbstdurchsetzungsstreben haben oder die scheu, ängstlich, unsicher sind, können im Regelspiel mit anderen Erfahrungen machen, die Verhaltensänderungen mit sich bringen. BENITA DAUBLEBSKY (1973), die Gelegenheit hatte, in einer Ganztagsschule regelmäßig Spielstunden durchzuführen, berichtet von solchen Lernprozessen bei der Ich-Entwicklung. Sie gestaltete eine Vielzahl herkömmlicher Regelspiele so um, daß ihr Wettbewerbscharakter entschärft wurde bzw. nicht einzelne, sondern Spielpartner/Spielgruppen miteinander zu konkurrieren hatten.

Beispiele: »Stille Post« gemeinsam gegen die Uhr – Kimspiele als Gruppenaufgaben – Anziehstaffel mit einem Partner – in der Gruppe sich auf Zeitungsbogen bewegen.

Lerngewinne durch Regelspiel für die Individualentwicklung oder für die Sozialkompetenz erfolgen nicht sozusagen automatisch. Oft treten anfangs vermehrt Konflikte auf, und der Spielleiter muß sehr aufmerksam hinsichtlich der sozialen Dynamik und der Spielgestaltung sein. Die Kinder hoffen, daß der Spielleiter hilft, »immer, wenn es beinahe schlimm ist«, und daß es dann wieder so wird, »daß man keine Angst zu haben braucht und das Streiten und auch das Kämpfen Spaß macht« (CALLIESS 1973, S 245). In dieser Äußerung steckt ein Plädoyer für eine Spielführung, die gute soziale Spielvoraussetzungen schafft; es wird aber auch ersichtlich, dass gerade in Regelspielen, z. B. wenn Kinder sich begeistert zurufen oder einen Staffelsieg feiern, das Spiel als Selbstzweck und als nicht mehr hinterfragbares »Urphänomen« zum Ausdruck kommen kann.

Spielen in der Grundschule

Lernspiele sowie Plan- und Simulationsspiele im Unterricht sind der Versuch, die kognitiven Komponenten im Spielprozess zu verstärken und dabei die motivational-emotionalen Bestandteile möglichst zu erhalten. Das außerschulische Spiel, das Kinder und Jugendliche um des Spielprozesses willen spielen, wird davon nicht tangiert; insofern geht der Instrumentalisierungsvorwurf am Spieleinsatz im Unterricht vorbei. Die Erkenntnisse über die Funktion des Motivationalen und des Emotionalen im Spiel sowie über ihre Auswirkungen sind eher ein Anlass, noch mehr Verbindungen zwischen Spielelementen und Lehr-Lern-Prozessen aufzuspüren.

Wenn das entspannte Feld des Spielens eine wichtige Voraussetzung für den Aufbau der Lernhaltungen und damit auch für Lernleistungen ist, darf die Schule die spielorientierten Lernformen nicht ausklammern. Das Spiel im Grundschulalter scheint der gesamten Persönlichkeitsentwicklung dienlich zu sein, das Rollenspiel, die Dilemmageschichten sowie die Plan- und Simulationsspiele erlauben handelndes Lernen und die lernende Auseinandersetzung mit wirklichkeitsnahen Szenarien. Insofern wird der Funktionszweck der Schule durch spielorientiertes Lernen nicht geschwächt, sondern gestärkt, wobei selbstverständlich nur bestimmte Lehrplaninhalte für den Spieleinsatz in Frage kommen. Mit Blick auf einzelne Forschungsergebnisse muß man allerdings auch annehmen, dass das So-tun-als-ob im Spiel effektives kognitives Lernen einschränken kann. Je realistischer eine gespielte Situation ist, desto besser lernen Schüler bzw. Versuchspersonen in dem betreffenden Themenbereich (OSER 1988, S. 18; FUNKE 1986, S. 13). Wie bei anderen Lehrmethoden dürfte es auch bei spielorientierten Formen empfehlenswert sein, Lernhilfen bereitzustellen, die auf die zentralen Begriffe und Zusammenhänge des Lernfeldes aufmerksam machen und die vom Medium Spiel zu den abstrakten kognitiven Strukturen hinführen.

Literatur

BEHR, K.: Rollenspiel. In: NÜNDEL, E. (Hrsg.): Lexikon zum Deutschunterricht. München 1979, S. 371-376

CALLIESS, E.: Spielen in der Schule – motivationale Aspekte. In: DAUBLEBSKY, B. (Hrsg.): Spielen in der Schule. Stuttgart 1973, S. 227-251

DAUBLEBSKY, B.: Spielen in der Schule. Stuttgart 1973

EINSIEDLER, W. : Das Spiel der Kinder. Zur Pädagogik und Psychologie des Kinderspiels. Bad Heilbrunn 1999 (3. Auflage)

EINSIEDLER, W./TREINIES, G.: Zur Wirksamkeit von Lernspielen und Trainingsmaterialien im Erstleseunterricht. In: Psychologie in Erziehung und Unterricht 32, 1985, S. 21-27

FLOER, J./SCHIPPER, W.: Kann man spielend lernen? In: Sachunterricht und Mathematik in der Grundschule 3, 1975, S. 241-252

FUNKE, J.: Komplexes Problemlösen. Berlin 1986

GROOS, K.: Die Spiele der Tiere. Jena 1896

HARTMANN, W./NEUGEBAUER, R./RIESS, A.: Spiel und elementares Lernen. Wien 1988

KRAPPMANN, L.: Sozialisation durch Symbol- und Regelspiele. In: GRUPE, O./ GABLER, H./GÖHNER, U. (Hrsg.): Spiel – Spiele – Spielen. Schorndorf 1983, S. 106-121

OSER, F.: Das Innenleben einer moral-erzieherischen Intervention. In: Unterrichtswissenschaft 16, H. 2, 1988, S. 9-22

PETILLON, H./Flor, D.: Wissenschaftliche Evaluation des Modellversuchs »Lern- und Spielschule« in Rheinland-Pfalz. In: FATKE R./VALTIN, R. (Hrsg.): Sozialpädagogik in der Grundschule. Frankfurt 1997, S. 157-174

RETTER, H.: Spielzeug. Handbuch zur Geschichte und Pädagogik der Spielmittel. Weinheim 1979

RETTER, H.: Spielmittel im Erstunterricht. Weinheim 1984

ROEDER, B./MASENDORF, F.: Differentielle Wirksamkeit von spielerischen vs. übenden Lernmaterialien bei leistungsschwachen Kindern im zweiten Schuljahr. In: Psychologie in Erziehung und Unterricht 26, 1979, S. 22-26

ROST, D. H.: Raumvorstellung. Weinheim 1977

TREINIES, G./EINSIEDLER, W.: Direkte und indirekte Wirkungen des Spielens im Kindergarten auf Lernprozesse/Lernleistungen im 1. Schuljahr. In: Unterrichtswissenschaft 17, 1989, S. 309-326

VAGT, G./MÜLLER, E.: Erfolgskontrolle eines Lernspielzeugs. In: Zeitschrift für Entwicklungspsychologie und Pädagogische Psychologie 8, 1976, S. 44-50

Hermann Laux / Markus Maier

Wie, wo und womit spielen Kinder heute? Ausgewählte Ergebnisse der Sozialisationsforschung

Kinderalltag ist seit den 80er Jahren zu einem exponierten Thema der Kindheitsforschung geworden. Im Kontext dieser Untersuchungen, die sich vor allem mit der These von der Kindheit im Wandel auseinander setzen, nimmt die Frage nach der Freizeitgestaltung – und damit verbunden die Beobachtung und Beschreibung der Entwicklung des kindlichen Spielverhaltens – einen festen Platz ein. Tendenzen, die sich in den Untersuchungsergebnissen (in Bezug auf die Freizeitgestaltung von Kindern) zeigen, wurden zu brisanten Thesen gebündelt, z. B. »Verhäuslichung« (Zinnecker 1990) und »Verinselung« der Lebenswelten, »Vereinzelung« und »Verplanung« der Kinder (Zeiher 1996; Zeiher/Zeiher 1994) sowie »Vergesellschaftung der Kindheit« (Zeiher 1996) oder »Reduktion von Eigentätigkeit« und »Erfahrungen aus zweiter Hand« (z. B. Rolff/Zimmermann 1990). Sie beeinflussen die pädagogische Diskussion bis heute, werden aber in ihrem Generalisierungsanspruch zunehmend in Frage gestellt (Thiemann/Rusch 1997).

Kinder spielen heute andere Spiele als früher, neue Freizeitaktivitäten sind hinzugekommen. Auf der Suche nach Forschungsergebnissen zum Freizeit- und Spielverhalten von Kindern zeigt sich, dass vorliegende Befunde häufig unverbunden nebeneinander stehen. Die Methoden und Instrumente sind trotz unterschiedlicher Forschungsinteressen und divergierender Zielstellungen annähernd gleich: Bei fast allen Untersuchungen werden Kinder selbst befragt, oder Eltern machen Aussagen zur Freizeitsituation ihrer Kinder.

Spielaktivitäten

Die Freizeitaktivitäten von Kindern lassen sich nach »freien« und »institutionalisierten Aktivitäten« unterscheiden (Ledig 1992, S. 36). Bezüglich der Nutzung institutioneller Angebote sind folgende Trends erkennbar: Waren es bis in die 60er Jahre vornehmlich Sportvereine und die von Kirchen und Verbänden aufgebauten Organisationen, die für Kinder Angebote machten, so findet sich heute eine breite Vielfalt. Die Angebotsinhalte sind mehr oder weniger reglementiert. Ältere Kinder besuchen häufiger Institutionen als jüngere. Dabei kann die Mehrzahl der von Kindern genutzten Freizeitprogramme sportlichen und musisch-kreativen Bereichen zugeordnet werden. Beim Vergleich von Mädchen und Jungen fällt auf, dass Mädchen wesentlich häufiger institutionellen Aktivitäten (vor allem im musisch-kreativen Bereich) nachgehen. Allerdings sind viele institutionelle Angebote teuer und bleiben bestimmten Kindern damit verschlossen. Zu den schichtspezifischen Aktivitäten von Kindern der »unteren Mittelschicht« gehören das Fußballspielen (bevorzugt von Jungen) und das Turnen (bevorzugt von Mädchen). Vor allem Kinder der »oberen Mittelschicht« nutzen institutionalisierte Angebote wie Ballett- und Instrumentalunterricht, Bastel- und Töpferkurse (vgl. LEDIG 1992, S. 57ff.). Ähnlich ist die Situation in den neuen Bundesländern. Hier haben institutionelle Freizeitprogramme nach der Wende und dem Wegfall der staatlich organisierten Freizeitangebote eine wichtige Funktion für die Freizeitgestaltung übernommen (vgl. HERZBERG/HÖSSL 1996).

Im Hinblick auf die Spiele und Beschäftigungen der Kinder innerhalb »freier Aktivitäten« bevorzugen Mädchen im Vergleich zu Jungen Rollenspiele und das Spielen mit Puppen. Sie mögen jedoch auch Spiele im Sand und an Spielplatzgeräten sowie Lern- und Bewegungsspiele. Fast unabhängig vom Geschlecht ziehen Jungen und Mädchen das Fahrradfahren allen anderen Freizeitbeschäftigungen vor. Allerdings zeigen sich Unterschiede in Bezug auf den Wohnbezirk: Innenstadt-Kinder sind hier deutlich eingeschränkt. Nach dem Radfahren werden Spiele im Sandkasten und Konstruktionsspiele genannt, wobei die Konstruktionsspiele von den Jungen bevorzugt werden. Bei Mädchen besonders beliebte Spiele sind Rollenspiele, Spiele mit Puppen, vor allem aber Lernspiele, Glücks- und Würfelspiele. Traditionelle Kinderspiele, wie Versteck- und Abschlagspiele oder Seilhüpfen, sind noch durchaus beliebt; Kinder aus dem innerstädtischen Bereich finden sich bei diesen raumabhängigen Spielen deutlich benachteiligt (vgl. FÖLLING-ALBERS/HOPF 1995).

Für Kinder aus den neuen Bundesländern haben audiovisuelle Medien die größte Bedeutung im Freizeitspektrum, gefolgt von sportlichen Aktivitäten; Formen der musisch-kreativen Beschäftigung wird demgegenüber weniger Bedeutung zugemessen (HERZBERG/HÖSSL 1996, S. 370ff.). Auffällig, sowohl in Bezug auf die institutionellen als auch auf die freien Spielaktivitäten von Kindern, sind Tendenzen, die auf eine »Versportung« der Kindheit hindeuten (ZINNECKER/SILBEREISEN 1996, S. 107). Einen Anstieg in der Beliebtheit sportlicher Spiele (von Regelspielen wie Versteck- oder Hüpfspielen, bei Jungen vor allem Wettkampfspielen) stellen auch FÖLLING-ALBERS/HOPF (1995, S. 52ff.) fest. BÜCHNER (1990) verweist darauf, dass Kinder offensichtlich Körpererfahrungen durch eingeschränkte

Möglichkeiten im Wohnumfeld verstärkt in sportliche Betätigungen im Verein kanalisieren. Insgesamt zeigt sich, dass Sport zu treiben zu den liebsten Freizeitbeschäftigungen von Kindern gehört.

Spielkontakte

Untersuchungen belegen, dass sich die Mehrzahl der Kinder mehr Spielgefährten – in oder außerhalb der Familie – wünscht. Dieser Wunsch wird nicht nur von Kindern geäußert, die tatsächlich alleine sind, auch Kinder mit einem relativ großen Freundeskreis wünschen sich noch mehr Freunde. Einzelkinder geben kaum häufiger an, alleine zu spielen als Geschwisterkinder. Festzustellen ist allerdings, dass Geschwisterkinder mit dem Umfang ihrer Gleichaltrigenbeziehungen zufriedener sind (Herzberg 1992, S. 89). Vor allem für jüngere Kinder sind Geschwister wichtige Spielpartner.

Vieles deutet darauf hin, dass Kinder zunehmend selektiver bei ihren Spielbeziehungen vorgehen, weniger auf den Raum der Nachbarschaft zurückgreifen und immer unabhängiger von ihrer unmittelbaren Wohnumwelt werden. Die für die Nachkriegszeit als typisch beschriebene Sozialform der »Straßenkindheit«, die sich vorwiegend in Banden und Gruppen realisierte, also ein Zusammenschluss von Kindern, die sich auf der Straße trafen, ist kaum noch festzustellen. »Wenn Kinder auf Spielplätzen oder auf der Straße spielen und dort mit dem Fahrrad umherfahren, dann gibt es entweder lockere Kindergeflechte oder aber verabredete Zusammenkünfte ...« (Bründel/Hurrelmann 1996, S. 216). Die Vorausplanung sozialer Kontakte gehört als fester Bestandteil zum Kinderleben. Herzberg (1992, S. 114ff.) stellt fest, dass nur 17 % der Kinder darauf vertrauen, spontan auf Spielpartner/innen zu treffen. Werden Verabredungen getroffen, dann unterliegen diese oftmals engen Zeit- und Terminplanungen, weil viele Kinder regelmäßige Termine am Nachmittag und am Wochenende haben. Gruppenaktivitäten sind weitgehend individuellen Verabredungen gewichen.

Etwa ab neun Jahren zeigen sich ausgeprägte Geschlechtsunterschiede im Gruppenverhalten: Jungen spielen lieber in Gruppen als Mädchen (vgl. Büchner 1994, S. 18). Jungen sind häufiger in Gruppen sportlich aktiv und suchen auch mehr öffentliche Räume auf als Mädchen (vgl. Herzberg 1992, S. 119 ff.). Insgesamt lässt sich feststellen, dass bei den Spielkontakten der Trend hin zu Paar-Beziehungen durch einen noch ausgeprägteren Trend zu Gleichaltrigen-Beziehungen begleitet wird (Fölling-Albers/Hopf 1995, S. 79). Diese Entwicklungen werden durch Lebenswelten begünstigt, die es Kindern ermöglichen, draußen zu spielen. THIEMANN/RUSCH (1997) weisen auf das neue Phänomen der »Kinder-Szenen« hin, die sich nach Alter, Geschlecht und sozialer Herkunft unterscheiden und die Grenze zwischen Eigentätigkeit und konsumistischer Aneignung fließend werden lassen.

Gleichaltrigengruppen kommen heute seltener außerhalb von pädagogischen Arrangements zustande. Institutionen – vor allem Kindergarten und Grundschule – sind die wichtigsten Orte, an denen sich Kinder kennenlernen und Freundschaften schließen. Entsprechend sind Kinderfreundschaften im Grundschulalter meist zugleich auch Schulfreundschaften (vgl. HERZBERG 1992, S. 110). Die Schule kann dementsprechend als der Kern des kindlichen Beziehungsnetzes angesehen werden: Der größte Teil der Verabredungen wird in der Schule getroffen. BÜCHNER/BRAKE/FUHS (1992) zeigen auf, dass mehr als die Hälfte aller befragten Kinder zwischen 10 und 14 Jahren angeben, bereits in der Schule zu planen, mit wem sie am Nachmittag spielen wollen: »Sofern Kinder Verabredungen für den Nachmittag treffen, tun sie es schon hier. Noch wichtiger wird soziales Leben in der Schule für Kinder, die sich angefreundet haben, aber zu weit voneinander entfernt wohnen, um sich treffen zu können. Mehr als die Pause bleibt ihnen hierfür nicht in der Halbtagsschule ...« (HERZBERG/HÖSSL 1996, S. 383). Die daraus abzuleitende These einer Institutionalisierung der Sozialkontakte der Spielpartnerinnen und Spielpartner wird auch durch die Untersuchung von ELSKEMPER-MADER/LEDIG/DE RIJKE (1991) bestätigt: »Schule ist nicht nur ein bedeutender Kennenlern-, sondern auch ein wichtiger Kontaktort für Kinder, die bereits befreundet sind« (S. 629). Das gemeinsame Zusammensein in der Schule stellt damit den täglichen Ausgangspunkt und einen kontinuierlichen sozialen Zusammenhang für Kinder dar.

Spielzeuge – Spielmittel

Häufig industriell produziert und über Kaufhäuser vertrieben, findet sich ein fast unüberschaubarer Spielzeugwarenmarkt, innerhalb dessen Spielzeuge immer öfter nach dem Prinzip des Medienverbundsystems vertrieben werden. So brachten z. B. schon vor dem Start von Lost World, der Fortsetzung von *Jurassic Park* in den deutschen Kinos, allein im deutschsprachigen Raum 50 Lizenznehmer etwa 500 »*Lost World*-Produkte« in die Verkaufsregale.

Während die Beschäftigung mit dem Phänomen »Spiel« eine lange pädagogische Tradition besitzt, wurde den Spielzeugen weniger Beachtung geschenkt. Im Spielzeug spiegelt sich nach FRITZ (1993) die Umwelt des Kindes wider, mit ihren Möglichkeiten und Einschränkungen. Die

Spannweite der Spielmittel reicht heute vom altbekannten Holzspielzeug bis zum Elektronikspielzeug. Seit Beginn der 90er Jahre erfreut sich Aktionsspielzeug beziehungsweise Science Fiction-Spielzeug (z. B. »Masters of the Universe«, »He-Man«, »Transformers« u. a.) großer Beliebtheit. Beim Aktionsspielzeug im engeren Sinne steht »im Mittelpunkt der Rahmenhandlung der Krieg befeindeter Gruppen mit todbringenden Waffen« (RETTER 1991, S. 163). Die Plastikfiguren werden innerhalb eines Medienverbundes vermarktet. Die Rahmengeschichten für diese Figuren werden, verbunden mit einem massiven Werbeeinsatz, als Video, Comics, Tonkassetten und Fernsehsendungen zugleich angeboten.

Kriegsspielzeug, als das Science-Fiction- beziehungsweise Aktionsspielzeug häufig betrachtet wird, ist heute ein Faktum im Kinderalltag. In einer von WEGENER-SPÖHRING (1995) untersuchten Stichprobe besaßen 76 % aller befragten Jungen Kriegsspielzeug; bei den Mädchen waren es nur 29 %. Spaß macht hierbei vor allem das »Kämpfen«, das »Zerstören« und »Zusammenkrachen«. Bezüglich der spielerischen Aggressivität ermittelt WEGENER-SPÖHRING (1995) große Geschlechtsunterschiede: Aggressive Spiele stellen sich vorwiegend als ein spezifisch männliches Phänomen dar. Auch wenn Kindern das Spielen mit Kriegsspielzeug verboten wird, verhindert dies nicht das Umfunktionieren von Spielzeug zum Spielen von aggressiven Szenen. WEGENER-SPÖHRING (1995) hält es dennoch für wenig wahrscheinlich, »dass hier aggressive Verhaltensweisen für die Realität erlernt werden« (S. 278). EINSIEDLER (1990, S. 173ff.) dagegen weist auf das Zusammenspiel von gewaltorientierten Spielzeugsets und antisozialem Verhalten von Kindern hin. Auch lehnt er aus einer ethischen Perspektive Kriegsspielzeug ab, weil es ein Modelllernen in Bezug auf Konfliktlösungsstrategien initiieren kann. Für RETTER (1991) steht fest, »dass mediale Gewaltvorbilder aggressives Verhalten begünstigen: Medialer Gewaltkonsum macht nicht friedlicher, sondern erhöht langfristig die Bereitschaft zu aggressivem Verhalten« (S. 168).

Vor allem bei Mädchen erfreuen sich nach wie vor die »Barbie«-Figuren mit ihren deutlich geschlechts- bzw. rollenspezifischen Ausrichtungen großer Beliebtheit. Sie haben sich »entsprechend zur Wohlstands- und Konsumwelt entwickelt mit einem kaum noch überschaubaren Zubehör: ein Pferd, ein Porsche, eine Kutsche ...« (GLOGAUER 1995, S. 131).

Im Hinblick auf die These der Mediatisierung von Kindheit wird dem Medium »Computer« und den damit verbundenen entsprechenden Computerspielen verstärkt Beachtung geschenkt (vgl. MITZLAFF/SPECK-HAMDAN 1998). Hierbei steht die Annahme im Vordergrund, dass sich die Form der spielerischen Aneignung von Welt bei elektronischen Bildschirmspielen im Vergleich zu gegenständlichen Spielen grundlegend verändert. Die zunehmende Bedeutung des Computers im Alltag, vom Fahrkartenautomaten bis zur programmierbaren Kaffemaschine, und der finanziell immer leichter werdende Zugang zu Computern hat in den letzten Jahren zur Folge, dass Kinder immer früher mit dem Medium konfrontiert werden. Die Zahl der Kinder, die außerhalb der Schule intensiven Kontakt zum Computer hat, wird ständig größer. Nutzung wie auch Besitz von Video- und Computerspielen einschließlich der notwendigen Hardware sind bei vielen Kindern im Grundschulalter inzwischen der Normalfall (vgl. BAACKE u. a. 1997). Besonders weit verbreitet ist der »Game Boy«, dessen Beliebtheit wahrscheinlich seiner Mobilität und dem relativ günstigen Preis zuzuschreiben sind. Allerdings zeigen sich regionale Unterschiede: Kinder, die im städtischen Umfeld wohnen, nutzen häufiger Computerspiele als Kinder auf dem Land (GLOGAUER 1995, S. 56). Der Computer als ein Medium, das in sehr verschiedenen Zusammenhängen und Ausführungsformen anzutreffen ist, »als massenhaft genutztes Privatmedium, dessen Programm analog zum Video- oder Kassettenrecorder entsprechend persönlicher Vorlieben ausgewählt werden kann ...« (FROMME/KOMMER 1996, S. 150), wird von Kindern als Arbeitsmittel, viel häufiger aber für Computerspiele benutzt (vgl. LEU 1993a, S. 53f., 1993b).

Im Grundschulalter nutzen Jungen häufiger den Computer als Mädchen (vgl. FÖLLING-ALBERS/HOPF 1995, S. 59ff.), entsprechend sind Jungen die

stärkeren Nutzer von Computerspielen (FROMME/KOMMER 1996, S. 156). Mit deutlichem Abstand zu den anderen Spielen stehen bei Jungen die Action- und Simulationsspiele auf den ersten beiden Plätzen der beliebtesten Computerspiele (GLOGAUER 1995, S. 76). Mädchen lehnen diese eher ab und bevorzugen Denk- und Geschicklichkeitsspiele (FROMME/KOMMER 1996, S. 161). FROMME/KOMMER (1996) konstatieren eine Veränderung der Spieltätigkeit und Spielsituation am Computer gegenüber dem Spielen mit gegenständlichem Spielzeug. Die Spielsituation wird künstlich erzeugt. Mit dieser künstlich hergestellten »Als-ob-Situation« entfällt für das Kind die Notwendigkeit, selbst eine Situation herzustellen. Auch der Spielgegenstand verändert sich radikal: »An die Stelle des Bauklotzes, Spielzeugautos oder Kett-Car-Lenkers tritt elektronisches Steuergerät. Die ausgeführten Operationen stehen mit der Spielhandlung nicht mehr inhaltlich in Verbindung, sondern nur noch impulsgebend. Man könnte auch von der Digitalisierung einer ansonsten analogen Beziehung sprechen« (S. 170).

Spielorte – Spielräume

Gesellschaftliche Wandlungsprozesse und sozial-räumliche Entwicklungen führen seit dem Ende der 60er Jahre zu deutlichen Veränderungen in Bezug auf die bevorzugten Aufenthalts- und Spielorte von Kindern. Die dabei festzustellenden Trends, die sich unabhängig von regionalen Besonderheiten beobachten lassen, legen den Schluss nahe, dass Kinder sich nur noch wenig in öffentlichen Räumen aufhalten, sondern zunehmend in halböffentlichen und privaten Spezialräumen (wie Vereinsräumen und Kinderzimmern). Das relativ freie und unkontrollierte Spiel im Freien verliert im Freizeitverhalten der Kinder immer mehr an Bedeutung.

Es zeigt sich der Trend, dass die »Verhäuslichung« des Kinderspiels mit einer Verbesserung der räumlichen Bedingungen der Kinderzimmer einhergeht. Die von FÖLLING-ALBERS/HOPF (1995) befragten Grundschulkinder halten sich am liebsten im Kinderzimmer und, sofern vorhanden, im Garten auf. BÜCHNER (1994, S. 22f.) ermittelt darüber hinaus eine hohe Ausstattung der Kinderzimmer mit elektronischen Medien, auch wenn hierbei nach sozialer Herkunft und Geschlecht zu unterscheiden ist. So sind Jungen durchschnittlich besser mit elektronischen Medien (Fernsehen, Computer) versorgt als Mädchen, mit sinkendem beruflichem Status der Eltern steigt die Anzahl elektronischer Geräte, die im Kinderzimmer vorhanden sind.

Kinder spielen – trotz der gravierenden Einschränkungen durch den Straßenverkehr – auch noch oft im Freien (NISSEN 1992). FÖLLING-ALBERS/HOPF (1995) stellen fest, dass das hausnahe Umfeld wie Hof, Gehwege oder auch Straße nach wie vor wichtige Spiel- und Aufenthaltsplätze sind, auch wenn die über den Nahbereich der Wohnung hinausgehende Wohnungsumgebung als Spiel- und Aufenthaltsort im Vergleich zu früher an Bedeutung verloren hat. Die wichtigsten Gründe für diese Entwicklung sind in der mangelnden Verkehrssicherheit und dem Mangel an Spielflächen und Spielmöglichkeiten zu finden (vgl. FLADE 1993, S. 49ff.). Die Verkehrsbelastung beeinflusst auch die Spieldauer im hausnahen Umfeld. Einen Einfluss des Wohngebietes auf die Wahl der Spielpartner beziehungsweise Spielpartnerinnen belegen FÖLLING-ALBERS/HOPF (1995, S. 80ff.): Innenstadt-Kinder spielen am liebsten allein und am wenigsten in der Gruppe. Wenn also der Außenbereich für Kinderspiele ungeeignet erscheint, reduzieren Kinder ihre Spielkontakte und ziehen sich verstärkt in die Wohnung zurück. Auch ELSKEMPER-MADER u. a. (1991) gehen aufgrund ihrer Daten davon aus, dass Stadtkinder mit ihrer Spielumwelt unzufriedener sind als Kinder in anderen Wohngebieten. Allerdings zeigt sich auf der Handlungsebene, dass Stadtkinder die ihnen zur Verfügung stehenden Räume umdeuten und für ihre eigenen Handlungsziele verwenden (THIEMANN/RUSCH 1997). Kinder sind in der Lage, eine Welt zu schaffen, in der die Objekte neue Bedeutungen erhalten; sie können sich von den Bedeutungen der Erwachsenen lösen und spielerisch andere Bedeutungsmöglichkeiten erproben, indem sie z. B. einen Zaun, der den Spielplatz begrenzt, als Klettergerät benutzen.

Spielplätze als eigens für Kinder eingerichtete funktionsspezifische Räume als Ersatz für verlorengegangene Spielmöglichkeiten und Schutz vor den Gefahren des Autoverkehrs haben ihren festen Platz im Leben von Grundschulkindern. Während FRITZ (1993, S. 109) noch auf die geringe Akzeptanz der Spielplätze hinweist und dies mit deren »Absonderungscharakter« begründet, rangiert der Spielplatz nach FÖLLING-ALBERS/HOPF (1995, S. 45) an vierter Stelle der Beliebtheitsskala nach dem Kinderzimmer, dem Garten und dem Hof. Bei der Spielplatznutzung zeigt sich ein alterstypisches Verhalten: Während jüngere Kinder vor allem die Spiel- und Gestaltungsmöglichkeiten des Spielplatzes nutzen, fungieren Spielplätze für ältere Kinder häufiger als Treffpunkt und Ort der Kommunikation (vgl. ENGELBERT/HERLTH 1993, S. 409).

Im öffentlichen Raum haben es Kinder heute schwer, Orte und Nischen für Kinderspiele im Freien zu finden. Freie Räume gibt es kaum noch und die Straße hat durch ihre Monofunktionalisierung (auf den Autoverkehr) ihren Charakter als Erfahrungsort weitgehend verloren. So ermitteln

Herzberg/Hössel (1996, S. 377) bei ihrer Untersuchung in den neuen Bundesländern, dass sich 88 % der Kinder in einer Trabantenstadt über zuviel Autoverkehr und zu wenig Grünflächen ärgern (72 %). 81 % finden das Spielen auf der Straße zu gefährlich.

Kinder kommen zu anderen Kindern in erster Linie zu Fuß oder mit dem Fahrrad. In diesem Bereich zeigen sich geschlechtsspezifische Differenzen. Nach Nissen (1990, S. 152) gehen Mädchen »häufiger zu Fuß als Jungen und benutzen seltener das Fahrrad«. Dass Mädchen sich mit dem Fahrrad eher in Wohnungsnähe aufhalten, hängt damit zusammen, dass von ihnen »Spielorte in Wohnungsnähe (Hauseingang, Garten, Hof) häufiger genannt werden als von Jungen (hier sind es Fußballplatz, Feld, Park)«. Bezüglich des Aufenthalts in öffentlichen Freiräumen zeigt sich die Tendenz, dass Mädchen dies viel weniger praktizieren als Jungen. Elskemper-Mader u. a. (1991) machen dafür vor allem die stärkeren Einschränkungen, die die Mädchen durch Eltern erfahren, verantwortlich. Als »häufigster Verbotsgrund wurde in diesem Zusammenhang die Angst vor sexueller Bedrohung angegeben« (S. 634f.). Zu den verbotenen Räumen für alle Kinder, unabhängig vom Geschlecht, zählen in den ländlichen Regionen auch Wald, Felder und Bäche.

In den letzten Jahren gewinnt die Schule als nachmittäglicher Aufenthalts- und Spielort zunehmend an Bedeutung. Dabei lassen sich von schulischer Seite zwei Formen von Angeboten ermitteln, welche Schulkinder in ihrer Freizeit freiwillig nutzen: Zum einen sind es Arbeitsgemeinschaften, zum anderen die Nutzung des Schulhofs als Spielort. »Die Öffnung des Schulhofs und die spezielle Gestaltung der näheren Schulumgebung als Spielort … zieht Kinder an und scheint sich zu lohnen« (Elskemper-Mader u. a. 1991, S. 628).

Schluss

Kinder gehen mit ihren Handlungsmöglichkeiten und –beschränkungen unterschiedlich um. Das Freizeit- und Spielverhalten differenziert sich regional, alters-, geschlechts- und milieuspezifisch. Wandlungen im sozialökologischen Kontext, in materieller, ikonischer und symbolischer Umwelt fordern Kinder im Hinblick auf die alltägliche Lebensgestaltung heraus. Was Kinder spielen, hängt wesentlich von Gegebenheiten und Angeboten der vorhandenen Infrastruktur ab. Freizeit und Schule beeinflussen sich gegenseitig. Schule ist heute ein wichtiger Kontaktort für Kinder, die bereits befreundet sind. Das insgesamt breite Aktivitätsspektrum von Kindern wird in der Schule zu wenig produktiv integriert. Sinnvoll wäre, vorhandene Handlungsspielräume der einzelnen Schulen für eine stärkere Einbeziehung der außerschulischen Lebenswelt von Schülern zu nutzen.

Literatur

BAACKE, D. u. a.: Kinder und Jugendliche in medialen Welten und Netzen. In: FRITZ, J./FEHR, W.: Handbuch Medien: Computerspiele, Bundeszentrale für politische Bildung. Bonn 1997, S. 44ff.

BRÜNDEL, H./HURRELMANN, K.: Einführung in die Kindheitsforschung. Weinheim/Basel 1996

BÜCHNER, P.: Aufwachsen in den 80er Jahren – Zum Wandel kindlicher Normalbiographien in der Bundesrepublik Deutschland. In: BÜCHNER, P./KRÜGER, H. H./LYNNE, C. (Hrsg.): Kindheit und Jugend im interkulturellen Vergleich. Opladen 1990

BÜCHNER, P.: (Schul-)Kindsein heute zwischen Familie, Schule und außerschulischen Freizeiteinrichtungen. In: BÜCHNER, P. u. a.: Kindliche Lebenswelten, Bildung und innerfamiliale Beziehungen (DJI-Materialien zum 5. Familienbericht, Band 4). Weinheim/München 1994, S. 9-39

BÜCHNER, P./BRAKE, A./FUHS, B.: Kinderleben. Deutsch-deutscher Vergleich: Freizeitaktivitäten und Freizeitinteressen von 10- bis 14-jährigen Kindern in unterschiedlichen Regionen (Teilstudie West). In: HORTheute, 7/8, 1992, S. 13-20

EINSIEDLER, W.: Das Spiel der Kinder. Bad Heilbrunn 1990

ELSKEMPER-MADER, H./LEDIG, M./DE RIJKE, J.: Die Rolle der Schule im Freizeitverhalten der Kinder. Was bietet Schule für die Freizeit? In: Zeitschrift für Pädagogik, 37, 1991, S. 619-641

ENGELBERT, A./HERLTH, A.: Sozialökologie der Kindheit: Wohnung, Spielplatz und Straße. In: MARKEFKA, M./NAUCK, B. (Hrsg.): Handbuch der Kindheitsforschung. Neuwied 1993, S. 403-415

FLADE, A.: Wohnungsumgebung als Erfahrungs- und Handlungsraum für Kinder. In: TIETZE, W./ROSSBACH, H. G. (Hrsg.): Erfahrungsfelder in der frühen Kindheit. Bestandsaufnahmen, Perspektiven. Freiburg 1993, S. 35-55

FÖLLING-ALBERS, M./HOPF, A.: Auf dem Weg vom Kleinkind zum Schulkind. Opladen 1995

FRITZ, J.: Theorie und Pädagogik des Spiels (2. Aufl.). Weinheim/München 1993

FROMME, J./KOMMER, S.: Aneignungsformen bei Computer- und Videospielen. In: MANSEL, J. (Hrsg.): Glückliche Kindheit – Schwierige Zeit? Über die veränderten Bedingungen des Aufwachsens. Opladen 1996, S. 149-178

GLOGAUER, W.: Die neuen Medien verändern die Kindheit (3. Auflage). Weinheim 1995

HERZBERG, I.: Kinderfreundschaften und Spielkontakte. In: DEUTSCHES JUGENDINSTITUT (Hrsg.): Was tun Kinder am Nachmittag. Ergebnisse einer empirischen Studie zur mittleren Kindheit. Weinheim/München 1992, S. 81-126.

HERZBERG, I./HÖSSL, A.: Kinder des Umbruchs? In: Zeitschrift für Pädagogik, 3, 1996, S. 365-385

LEDIG, M.: Vielfalt oder Einfalt – das Aktivitätenspektrum von Kindern. In: DEUTSCHES JUGENDINSTITUT (Hrsg.): Was tun Kinder am Nachmittag. Ergebnisse einer empirischen Studie zur mittleren Kindheit. Weinheim/München 1992, S. 31-74

LEU, H. R.: Wie Kinder mit Computer umgehen. Weinheim/München 1993a

LEU, H. R.: Nützliches Werkzeug oder Alleskönner? Computervorstellungen von Kindern. In: DEUTSCHES JUGENDINSTITUT (Hrsg.): Was für Kinder. Aufwachsen in Deutschland. München 1993b, S. 406-412

MITZLAFF, H./SPECK-HAMDAN, A. (Hrsg.): Grundschule und neue Medien. Frankfurt 1998

NISSEN, U.: Räume für Mädchen? In: PREUSS-LAUSITZ, U. u. a. (Hrsg.): Selbständigkeit für Kinder – die große Freiheit? Weinheim/Basel 1990, S. 148-160

NISSEN, U.: Raum und Zeit in der Nachmittagsgestaltung von Kindern. In: DEUTSCHES JUGENDINSTITUT (Hrsg.): Was tun Kinder am Nachmittag. Ergebnisse einer empirischen Studie zur mittleren Kindheit. Weinheim/München 1992, S. 127-170

RETTER, H.: Aktionsspielzeug: Problematisches Spielzeug oder unproblematisches Vergnügen? In: RETTER, H. (Hrsg.): Kinderspiel und Kindheit in Ost und West. Bad Heilbrunn/Obb. 1991, S. 163-182

ROLFF, H.-G./ZIMMERMANN, P.: Kindheit im Wandel. Weinheim 1990

THIEMANN, F./RUSCH, H.: Kindheit als Szene. Daten für eine neue Sicht. Pädagogik und Schulalltag, 2, 1997, S. 272-282

WEGENER-SPÖHRING, G.: Aggressivität im kindlichen Spiel. Grundlegung in den Theorien des Spiels und Erforschung ihrer Erscheinungsformen. Weinheim 1995

ZEIHER, H. J./ZEIHER, H.: Orte und Zeiten der Kinder. Soziales Leben im Alltag von Großstadtkindern. Weinheim und München 1994, S. 389-401

ZEIHER, H.: Kinder in der Gesellschaft und Kindheit in der Soziologie. In: Zeitschrift für Sozialisationsforschung und Erziehungssoziologie (ZSE), 1, 1996, S. 26-46

ZINNECKER, J.: Vom Straßenkind zum verhäuslichten Kind. In: BEHNKEN, I. (Hrsg.): Stadtgesellschaft und Kindheit im Prozess der Zivilisation. Opladen 1990, S. 142-162

ZINNECKER, J./SILBEREISEN, R. K.: Kindheit in Deutschland. Weinheim/München 1996

2

Erfahrungsvielfalt durch das Spiel

GISELA LORENZEN

Freiräume gewähren und gestalten – das Freispiel

Um einen konkreten Einblick in die Praxis zu geben, beginnen wir mit der Beschreibung von Elementen des Freispiels, wie sie in acht Monaten täglichen Spielens im Rahmen des bayerischen Modellversuches »Kooperation zwischen Kindergarten und Grundschule« an sechzehn Schulen erprobt wurden.

Freispiel konkret

Um 7.45 Uhr trifft die nahezu vollständige Klassengemeinschaft an der Garderobe vor dem Klassenzimmer ein. Bereits auf dem Schulweg werden Vereinbarungen hinsichtlich gemeinsamer Aktivitäten getroffen. Die Tür zum Klassenzimmer bleibt offen, da ein Kind nach dem anderen in den Raum kommt und seinen Schulranzen an den dafür vorgesehenen Platz stellt.

Wenn die Spielpartner nicht gemeinsam das Klassenzimmer betreten, suchen sie sich zunächst in den verschiedenen Aktivitätsbereichen. Ist die Suche erfolglos, warten sie am Spielort auf die anderen oder kehren wieder in die Garderobe zurück. Das Zustandekommen des sozialen Kontaktes und die damit verbundene emotionale Sicherheit beeinflussen den Beginn der Spielprozesse stärker als das Material.

Nach ungefähr fünf Minuten befinden sich die Mädchen und Jungen am gewählten Spielort – die Mehrheit der Kinder als »Bodenhocker«, einer bevorzugten Sitzhaltung dieser Altersstufe. Auf dem Teppichboden, der das gesamte Klassenzimmer bedeckt, entstehen Bauernhöfe, Flugplätze, Schulen, Raumstationen oder Tankstellen; dazu finden Holzbausteine, Konstruktionselemente und Belebungsmaterial wie Personenfiguren, Tiere, Häuser, Fahrzeuge, Bäume, Zäune und Verkehrsschilder Verwendung. An diesen Baulandschaften wird nach den Plänen einzelner oder mehrerer Kinder das an den vorangegangenen Tagen Entstandene erweitert, verändert bzw. völlig neu gestaltet.

Partner oder Kleingruppen breiten auf den übrigen freien Flächen des Teppichbodens Tast-, Lern- und Regelspiele aus, während an den Arbeitstischen bevorzugt gezeichnet, gemalt, geformt, gewebt, gestickt, gestrickt, geflochten, gefaltet, geschnitten oder geklebt wird.

In den stark frequentierten Bereichen von Puppenecke, Puppenhaus und Kaufladen ergeben sich trotz räumlicher Enge vielfältige Möglichkeiten für Rollenspiele: Einkaufen, Verkaufen, Telefonieren …

Kinder, die lieber andere für sich sprechen lassen, wählen Hand-, Finger-, Stabpuppen oder Marionetten. Zwischen den Figuren finden kurzzeitige Handlungen und Dialoge statt. Über diese Art von Puppen werden auch Kontakte zu anderen Kindern hergestellt oder um Aufnahme in eine Spielgruppe gebeten; dieser Methode bedienen sich vorwiegend die Schüchternen.

An der Wandtafel entstehen Gemeinschaftsgemälde mit farbiger Kreide, und an den großen Fensterscheiben wird mit bunten Fingerfarben gemalt.

Die Flanelltafel mit ihrem haftenden Mengenlehre-Zubehör wie farbige Männchen, Bäume, Fische, Vögel, Autos und Bälle zieht auch diejenigen Schüler an, welche sich im Mathematikunterricht nicht an diese Tafel trauen.

Das Rollenspiel »Schule« findet bevorzugt an der großen Buchstaben-Setzleiste statt. Die »Lehrerin« verlangt bestimmte Leseübungen, ermutigt und lobt Schülerinnen und Schüler, die mit Eifer und Anstrengungsbereitschaft die Aufgaben angehen.

Naturwissenschaftlich oder technisch interessierte Kinder hantieren mit Waage und Gewichten, Maßband, Magneten, Sanduhr, Stromkreis, Thermometer, Lupe oder beobachten die Tiere im Terrarium. Lupen stellen für diese Altersstufe ein magisches Instrument dar, welches winzige Samenkörnchen, Moos, Rinde, Flechten, Gräser, Blüten, Federn, Muscheln, Schneckenhäuser oder Teile eines Wespennestes beeindruckend verwandelt. Die Pflanzschalen mit Kresse, Schnittlauch, Petersilie, Sonnenblumenkernen, Bohnen und Erbsen finden täglich Interessenten.

Naturmaterialien fordern zum Berühren auf: Laubblätter, Zapfen, Ähren, Kastanien, Eicheln, Ahornspaltfrüchte, Bucheckern, Walnüsse, Haselnüsse, Hülsenfrüchte usw. An jedem Behälter befindet sich ein Schild, auf das die Kinder die Bezeichnungen für die Naturmaterialien geschrieben haben. Diese Schildchen können entfernt, gemischt und wieder neu zugeordnet werden – eine beliebte Tätigkeit, die oft von zwei Kindern gemeinsam ausgeführt wird. Im Zweifelsfalle kann auf der Rückseite überprüft werden, ob Foto und Original übereinstimmen.

Ebenfalls auf dem »Natur«-Tisch stehen in mehreren Wassergläsern einzelne Wiesenblumen, unbeschriftete Kärtchen und ein nach Blütenfarben geordnetes Bestimmungsbuch.

In der Leseecke halten sich Kinder auf, die mindestens zu zweit in Bilderbüchern oder im Bilderlexikon blättern und dabei ihre Meinungen austauschen. Manche holen sich Bücher aus der Leseecke und legen sie zum Betrachten auf ihren Arbeitstisch; besonders bei großformatigen Bilderbüchern fällt ihnen das Umblättern dann leichter.

Die Kinder tragen aber auch Spielmittel in die freie Leseecke, um sich dort ungestört mit ihnen beschäftigen zu können. Meist waren es sog. Spaß- und Entspannungsspiele: Kaleidoskop, Riesel-, Wasser-, Spiegel-, Magnet- und Tastspiele sowie Spielmittel, die den Kindern feinmotorisches Geschick abverlangen. Ebenfalls in dieser Ecke finden geheime Aus- und Absprachen statt.

Während die meisten Kinder bei ihrer anfangs gewählten Spielform bleiben, wechseln manche Spielort, Material oder Sozialform, ohne dadurch andere bei ihren Aktivitäten zu stören.

Gegen 8.10 Uhr ertönt auf dem Glockenspiel eine vereinbarte Tonfolge, die den baldigen Abschluss des Freispiels ankündigt. Dieses akustische Zeichen setzt die Lehrkraft unter Berücksichtigung der jeweiligen Spielprozesse ein, auch die Lautstärke wird der Situation angepasst. Viele Kinder führen ihre Tätigkeiten unverändert fort, da sie inzwischen die optimale Nutzung der für sie kostbaren Zeit gelernt haben und es deshalb für sie nichts auf- und wegzuräumen gibt. Vielmehr erfolgt ein inneres Abschiednehmen von den Spielmitteln, was von einigen Kindern auch mit hörbarem Bedauern ausgedrückt wird – eine normale Reaktion!

Allmählich laufen die Spielhandlungen aus: Neues wird nicht mehr begonnen, es dominieren ordnende, überschauende oder beobachtende Tätigkeiten. In der Puppenecke vollzieht sich täglich das gleiche Ritual: Alle Puppen, Bären und Plüschtiere werden zum Schlafen hingelegt und zugedeckt, begleitet von Wünschen oder auch Ermahnungen. Das bereits verkaufte Warensortiment des Kaufladens findet seinen angestammten Platz in Behältern und Regalen, wobei auch Kinder mithelfen, die vorher an einem anderen Platz gespielt haben.

Baulandschaften und Konstruktionen brauchen nicht weggeräumt zu werden, da die Projekte am nächsten Morgen weitergeführt bzw. umgestaltet werden.

Die Kinder, die ihre Spielhandlungen endgültig abgeschlossen haben, betrachten die Werke der anderen oder suchen Kontakt zu Mitschülerinnen, Mitschülern oder der Lehrkraft. In lebhaftem Informationsaustausch bzw. sichtlicher Zufriedenheit mit dem Geleisteten gehen die meisten Kinder zu ihren Arbeitstischen. Die Aufmerksamkeit konzentriert sich nun auf die Lehrkraft, die mit dem obligatorischen Rundgang durch das Klassenzimmer die Reflexionsphase eröffnet.

Einige Kinder verfolgen das nun folgende Geschehen von ihrem Sitzplatz aus, andere schließen sich dem Rundgang der Lehrkraft an. Diese betrachtet alle entstandenen Werke und die verschiedenen Ecken, fragt nach Spielthematik und Spielgruppenzugehörigkeit und ermuntert die Kinder zu Erklärungen, gegenseitigen Fragen und Auskünften. Am Schluss wird das Spiel- und Sozialverhalten aller Gruppen durch ein Gesamtlob, welches die Lehrkraft wechselnd akzentuiert, gewürdigt.

Das Freispiel-Konzept

Als zu Beginn des Modellversuches »Kooperation zwischen Kindergarten und Grundschule« nach vielfältiger Kontinuität gesucht wurde, fiel der Strukturierung und Gestaltung des Klassenzimmers besondere Bedeutung zu. Erst durch Fortbildungsveranstaltungen zur Thematik »Bedürfnisse der Grundschulkinder« und aufgrund von Hospitationen im Kindergarten entwickelte sich bei vielen Lehrkräften die Erkenntnis, dass gerade die Klassenzimmer einer Veränderung bedürfen.

Mit dem »Freispiel« sollte ein echter Freiraum ohne Vorgaben und Rechenschaftspflicht ermöglicht werden, in dem alle Kinder gleiche Chancen haben und die Lehrkraft weder lenkt noch eingreift. Es entstand ein Konzept für den Grundschulunterricht, welches didaktisch-methodisch aufbereitet wurde und vor allem die altersspezifischen Bedürfnisse der Grundschulkinder – einschließlich des Spielbedürfnisses – berücksichtigte.

Nachstehende Prinzipien sollten eine entspannte, spielfördernde Atmosphäre schaffen:

- Das *Prinzip der Kontinuität* wurde durch die zeitliche Verankerung des Freispiels in die Tages- und Wochenpläne gewährt. Dadurch fand unabhängig vom Wohlwollen der Lehrkraft sowie vom Lern- und Sozialverhalten der Klasse während des gesamten Schuljahrs täglich ein Freispiel statt.

- Das *Prinzip der Gleichheit* sollte verhindern, erlerntes geschlechtsspezifisches Verhalten der Schülerinnen und Schüler zu verfestigen bzw. leistungsschwachen Kindern durch Hinweise auf notwendiges Üben die für sie ebenso wichtigen Spielmöglichkeiten zu reduzieren.
- Das *Prinzip der Freiheit* garantierte den Kindern die Auswahl unter verschiedenen Spielformen, Materialien, Spielorten und Sozialformen.

Alle Schülerinnen und Schüler konnten nunmehr ohne »schlechtes Gewissen« die zur Verfügung stehende Spielzeit für individuelle Neigungen und Interessen nutzen; dadurch verringerten sich Unsicherheit, Frustration sowie Schuld- und Neidgefühle. In dieser entspannten Atmosphäre verdichteten sich die Spielaktivitäten durch komplexere Projekte, höheres Spielniveau, differenziertere Spielprozesse, Erweiterung der Gruppenfrequenz u. ä.

Ohne den fundierten Rat und die tatkräftige Unterstützung der Erzieherinnen hätte der Schulversuch nicht in der geplanten Abfolge durchgeführt werden können. Ähnliche Modellversuche in Nordrhein-Westfalen und Wien haben bewiesen, dass das Freispiel in allen vier Jahrgangsstufen der Grundschule möglich und täglich praktizierbar ist. Die Einführung des Konzeptes kann zu Schuljahresbeginn oder in jeder späteren Phase erfolgen. Freies Spielen innerhalb der Klassengemeinschaft wirkt sich äußerst positiv auf das Spiel- , Sozial-, Sprach- und Lernverhalten der Kinder aus.

Zum Begriff des Freispiels

Das Freispiel ist ein sozialpädagogisch konzipierter Freiraum für selbstbestimmte Interaktionen der Kinder mit Objekten und Personen, über die sie keine Rechenschaft abzulegen brauchen. Diesem Konzept liegen das Recht der Kinder auf Befriedigung altersspezifischer Bedürfnisse und eine hohe Wertschätzung kindlichen Spiels zugrunde. Gemäß den Prinzipien der Kontinuität, Gleichheit und Freiheit findet das Freispiel regelmäßig und zuverlässig für alle Kinder statt, wobei die Schülerinnen und Schüler selbst eine Auswahl unter den Materialien, Spielorten, Sozial- und Spielformen bzw. Aktivitäten treffen. Auch die Intensität ihrer Beteiligung am Freispielgeschehen bleibt den Kindern überlassen; sie können aktiv werden, eine führende Rolle übernehmen, aber sich ebensogut für eine beobachtende Teilnahme oder persönlichen Rückzug entscheiden.

Durch seine didaktisch-methodische Aufbereitung wird das Freispiel Ansprüchen an ein systematisches, pädagogisch-didaktisch reflektiertes Konzept gerecht; es handelt sich also keineswegs nur um einen angenehmen Zeitvertreib, der durch zufällige Bedingungen entsteht, fortdauert oder endet.

Unter Verzicht auf Führung, Eingriffe und Mitspielen verfolgt die Lehrkraft die ablaufenden Prozesse »aktiv beobachtend«; ihr Aufgabenschwerpunkt liegt vor allem in der Vorbereitung, im organisatorischen Bereich und in der Auswertung des Freispiels.

Typisierung der Freispielphasen

Das Freispiel verläuft in vier Phasen: Anlaufphase, Spielphase, Abschlussphase und Reflexionsphase.

Die *Anlaufphase* ist von verstärkter Aktivität der Kinder wie Aufsuchen der Spielorte, Auswählen des Materials und Organisieren der Spielgemeinschaften gekennzeichnet. Der damit verbundenen Unruhe folgt eine vergleichsweise ruhige *Spielphase*. Mit zunehmender Präferenz für gestaltende Materialien überwiegen Tätigkeiten wie Bauen, Konstruieren, Legen, Formen, Zeichnen, Malen und Basteln. Neben langandauernden Aktivitäten finden spieldynamisch bedingte Wechsel von Spielformen, Materialien, Spielorten und Sozialformen statt. Die *Abschlussphase* verzeichnet einen Aktivitätsanstieg, ausgelöst durch verstärktes Bemühen, Begonnenes zu einem relativen Abschluss zu bringen, durch gemeinsames Aufräumen und lebhafte Kommunikation. Die *Reflexionsphase*, in der die Kinder auf eben stattgefundene Spielhandlungen Rückschau halten und auch künftige Vorhaben anvisieren, beendet den Freispielzyklus.

Auswirkungen des Freispiels auf die Lehrkräfte

Das Freispiel bedeutet für die Lehrkräfte eine Verbesserung ihrer Arbeitsbedingungen: Die kontinuierliche Beobachtung ermöglicht einen individuellen Zugang zu jedem Kind, und durch die psychohygienische Wirkung dieses Freiraumes läuft der Unterricht konflikt- und somit störungsfreier ab. Das Konzept für selbstbestimmte Interaktionen der Kinder entlastet vor allem diejenigen Lehrkräfte, denen eine ungenügende Berücksichtigung altersspezifischer Bedürfnisse der Kinder stets »pädagogisches Unbehagen« bereitet hatte. Auch beim Erstellen der Zeugnisberichte können sie den Schülerinnen und Schülern eher gerecht werden, wenn sie im Freispiel beobachtete Fähigkeiten – individuelle

Interessen oder das Sozialverhalten betreffend – in die Gesamtbeurteilung einbeziehen. Indem die Lehrkräfte ihre Wertschätzung für die Spielhandlungen und andere Aktivitäten der Kinder erkennen lassen, entsteht zwischen ihnen und der Klassengemeinschaft eine neue, tragfähigere Beziehungsebene.

Außerdem dient das Freispiel den Lehrkräften als unmittelbares und unerschöpfliches Erfahrungs- und Lernfeld. So können sie durch tägliche Beobachtung nicht nur neue Erkenntnisse über diese Altersstufe und über das Spiel der Kinder gewinnen, sondern auch ihr durch Studium und Literatur erworbenes Fachwissen überprüfen und gegebenenfalls korrigieren. Nachdem sie nunmehr mit den frei geäußerten Bedürfnissen und wahren Interessen ihrer Schülerinnen und Schüler konfrontiert werden, erkennen sie auch, dass ihr Unterrichts- und Erziehungskonzept oft von überholten bzw. unrealistischen Vorstellungen geprägt ist und einer Erneuerung bedarf.

Eine besonders wichtige Erfahrung für Lehrkräfte, die sich berufsbedingt den Kindern überlegen fühlen, ist die Spiel- und Sozialkompetenz der Sechs- bis Zehnjährigen. Bei Kindern mit reduzierten Spielerfahrungen motiviert das Spielverhalten der Mitschülerinnen und Mitschüler auf natürliche und vor allem angemessene Weise.

Gruppenbildungsprozesse, soziale Konflikte sowie organisatorische Schwierigkeiten werden von den Kindern selbständig bewältigt und meist erfolgreich gelöst, wenn es die Lehrkraft ohne Eingriffe zulässt.

Selbstwahrnehmung im Rahmen des Freispiels vermittelt den Lehrkräften wichtige Erkenntnisse über sich. Sie erfahren, in welchem Ausmaß sie angesichts neuer und ungewohnter Situationen flexibel, tolerant, reformfreudig, zivilcouragiert und verzichtbereit sind oder noch werden müssen.

Aufgrund der engen Zusammenarbeit mit den Eltern unter einer gemeinsamen Zielsetzung gestalten sich die Beziehungen zwischen den Lehrkräften und den Eltern der Kinder positiver als vorher. Waren frühere Gespräche im wesentlichen auf Lern- und Sozialverhalten des jeweiligen Kindes beschränkt gewesen, erweitert sich mit der Einführung von Spielzeiten der Themenkreis für einen Meinungsaustausch und die Möglichkeiten gemeinsamer Vorhaben beträchtlich. Durch die konstruktiven Vorschläge der Eltern und deren tatkräftige Unterstützung bei der Umgestaltung der Klassenzimmer sowie der Beschaffung bzw. Herstellung von Spielmaterialien, können die Eltern auch anders wahrgenommen und geschätzt werden als in ihrer bisherigen Rolle der Fragenden bzw. Zuhörenden.

Begründung für das Freispiel in der Schule

Die Bedeutung des Spiels für die Entwicklung des Kindes wird von Spielforscherinnen und -forschern ausführlich dargestellt und inzwischen auch in breiten Schichten der Gesellschaft erkannt (vgl. die Ausführungen von PETILLON in diesem Band). Dennoch sind viele Eltern und Lehrkräfte der Meinung, dass mit dem Schuleintritt Spielen ganz markant durch schulisches Lernen abgelöst werden sollte.

Nachdem Kinder zu Hause spielen können, ist die Frage, weshalb dann auch noch in der Schule gespielt werden soll, durchaus berechtigt. Hierzu die Antworten:

- Das Freispiel gewährt Kindern in einer Institution, in der sie aufgrund von Lehrplanforderungen weitgehend fremdbestimmt werden, einen Freiraum für selbstbestimmte Interaktionen mit Objekten und Personen. Dieser Freiraum wird von der Lehrkraft weder durch Eingriffe noch durch Auflagen eingeschränkt.
- Ihren Bedürfnissen und Interessen entsprechend können die Kinder Spieltätigkeiten oder andere Aktivitäten wählen, ohne dafür Nachweise erbringen und Rechenschaft ablegen zu müssen. Dabei kann der Schwerpunkt auf sozialen Kontakten oder der Entwicklung individueller Begabungen liegen.
- Auch Kinder mit Lernschwächen können im Freispiel Kompetenz zeigen, Erfolge verbuchen und die Anerkennung der Gruppe erfahren.
- Das Freispiel ermöglicht Schülerinnen und Schülern, die im Unterricht oft in Wettbewerb und Konkurrenz zueinanderstehen, eine alternative Form der Begegnung.
- Im Vergleich zum Freispiel im häuslichen Bereich stehen den Kindern in der Schule eine große Anzahl gleichaltriger, kompetenter Spielpartner und ein ausgewogenes Materialangebot zur Verfügung.
- Im schulischen Freispiel sind die Kinder nicht auf geschlechtsspezifische Spielmittel angewiesen und können dadurch ihr Spielverhalten nach Bedarf korrigieren.
- Das Freispiel in der Schule bietet ausländischen Kindern, insbesondere den Mädchen, größere Integrationschancen als außerschulische Spielgruppen.
- Wiederholer und neuzugezogene Kinder finden im schulischen Freispiel eher Kontakt und Anschluss an die Klassengemeinschaft als im Unterricht.
- Die anfängliche Lernfreude lässt bei vielen Schülerinnen und Schülern aus verschiedenen Gründen rasch nach. Anhaltende Misserfolge im Unterricht führen oft zur Abneigung gegen die Institution Schule;

diesen Kindern kann das Freispiel einziger noch verbleibender Anreiz für den verpflichtenden Schulbesuch und dadurch eine unverzichtbare Motivationshilfe für schulisches Lernen darstellen.

- Kinder dürfen sich weder ihre Klasse noch ihre Lehrkraft aussuchen; im Freispiel haben sie die Möglichkeit der freien Partnerwahl oder des vorübergehenden Rückzugs aus dieser »Zwangsgemeinschaft«.

Die Bedeutung des freien Spiels, welches von Almy (1988, S. 205) als »Weg der geistigen Entwicklung« bezeichnet wird, fasst Flitner wie folgt zusammen:

»Die unmittelbare Spielfähigkeit und das freie und spontane Spielen bilden die Grundlage auch aller komplizierten und regelhaften Spiele. In den Spontanspielen kann das Kind auch besser als in jedem geformten Spielangebot...seine Probleme bearbeiten und seine Spannungen inszenieren. Das freie Spiel ist darum vor allem von eminenter psychohygienischer Bedeutung. Schon deshalb bedarf es der Förderung und möglichst vielfältiger Spielgelegenheiten« (Flitner 1982, S. 108).

Die Lehrpläne für die Grundschule gewähren dem Spiel im Rahmen des Unterrichts einen breiten Raum: Den Lehrkräften werden spielorientierte Lernformen und das Umsetzen von Anregungen aus dem Kindergarten zur Gestaltung des Klassenzimmers sowie die Bereitstellung von Spiel- und Bastelmaterialien empfohlen. Die Grundschule soll damit nicht zur »Spielschule« umfunktioniert, sondern die Kinder »mit Hilfe des Spiels...zu besserem, selbständigerem und sozialerem Lernen befähigt« (Hendricks 1982, S. 43) werden.

Literatur

Almy, M.: Das freie Spiel als Weg der geistigen Entwicklung. In: Flitner, A. (Hrsg.): Das Kinderspiel. München 1988

Flitner, A.: Spielen – Lernen. Praxis und Deutung des Kinderspiels. München 1982

Hendricks, J.: Aufgabe der Schulaufsicht im Rahmen des Projekts »Spielmittel in der Grundschule« In: Spielmittel. Bamberg 1/1982

Herbert Gudjons

Kennenlernen – kooperieren – vertrauen
Interaktionsspiele

Kinder lernen sich kennen – zwei Beispiele

Eine alltägliche Situation: Eine neu zusammengesetzte Klasse oder neu gebildete Lerngruppe steht vor dem Problem, dass sich die Kinder untereinander kaum oder gar nicht kennen. Der Lehrer oder die Lehrerin schlägt folgendes Spiel vor, die Kinder sitzen im Kreis.

»Ich heiße, wohne, esse gern…«
Kevin ruft Silke auf und sagt: »Ich heiße, wohne, esse gern … mit S!« Silke antwortet möglichst rasch: »Ich heiße Silke, wohne in Sulzdorf und esse gern Salzstangen.« Dann ruft Silke Peter auf , der mit dem Anfangsbuchstaben seines Namens fortfährt. – Wenn die Kinder die Namen überhaupt noch nicht kennen, wird ein Ball zum gewünschten Kind geworfen mit der Aufforderung: »Ich heiße, wohne, esse gern…« usw. Wenn einem Kind kein Ort einfällt, dürfen die Nachbarn helfen.

»Der milde Michael«
Die Kinder stellen sich nacheinander mit ihrem Namen vor und fügen diesem ein Adjektiv mit gleichem Anfangsbuchstaben hinzu, das etwas über sie selbst aussagt: »Ich bin der milde Michael.« – »Ich bin der kräftige Klaus.« – »Ich bin die sorgfältige Susanne.« – »Ich bin die fürsorgliche Fatima.« usw. Das Attribut soll in dieser ersten Runde unbedingt positiv sein. Wenn alle dran waren, sagt jedes Kind, welche Namen ihm noch im Gedächtnis sind und darf an die betreffende Person Fragen stellen, wieso und warum sich diese so bezeichnet hat. *Variante* (evtl. als zweite Runde, aber mit Vorsicht!): Ein negatives, selbstkritisches Attribut, z.B. der »motzende Michael«, der »kotzige Klaus«, »die stinkfaule Susanne« usw.

Ein erstes Gespräch der Kinder über sich selbst kommt in Gang: Ein vorsichtiger Austausch entsteht, persönliche »Daten« (für Nähe und Vertrautheit unabdinglich!) werden bekannt, aus anonymen (= namenlosen) Wesen werden menschliche Personen. Solche Spiele sind unterhaltsam und doch ernsthaft, sie schaffen eine entspannte Atmosphäre und bilden doch einen zentralen Anfang des Gruppenprozesses.

Was sind Interaktionsspiele?

Mit den folgenden Anregungen zum Einsatz von Interaktionsspielen will ich deutlich machen, dass Spielen und Lernen in der Schule kein Gegensatz sind. Mehr noch: Spielen macht Freude, ist aber durchaus bezogen auf klare Ziele und Absichten des Lehrers und der Lehrerin, auf einen theoretischen Hintergrund und auf einen klaren Zusammenhang mit dem Unterricht. Um es aber gleich vorweg zu sagen: Interaktionsspiele sind keine Wunderwaffe und kein Zaubermittel zur Lösung aller Aufgaben, die uns das soziale Lernen in der Schule der Gegenwart aufgibt (zu den folgenden Spielvorschlägen vgl. GUDJONS 1995 mit zahlreichen weiteren Spielen und Übungen).

Unter Interaktionsspielen verstehe ich eine Spielform, die für soziale Lernprozesse vier Merkmale einlöst:

1. Es handelt sich um klar abgrenzbare Unterrichtssituationen, in denen vom Lehrer oder der Lehrerin mit definierbarer Absicht spielerische Elemente zur Förderung der Interaktion von Gruppen (Klasse wie Kleingruppen) eingesetzt werden.

2. Innerhalb eines klaren Settings (»Spielregeln«) soll gleichzeitig schöpferische Gestaltung möglich sein, also Raum für gruppenspezifische Veränderungen und Variationen gegeben werden.

3. Interaktionsspiele sind auf ein formulierbares Ziel bezogen, sie sind damit weder Unterhaltung noch beliebige Spielerei.

4. Es geht um direkte und unmittelbare soziale Erfahrungen »am eigenen Leibe« (nicht um Belehrung), allerdings wird gerade unter schulischen Rahmenbedingungen ein straffreier Experimentierraum ermöglicht: keine Benotung, keine Sanktionen, wohl aber (u. U. kritische) Rückmeldung.

Interaktionsspiele dienen zur Förderung des sozialen Lernens – und sind doch etwas ganz anderes als das übliche traditionelle Unterrichten. Erfahrung statt Belehrung also, immer ausgehend von der Realität einer (Lern-) Gruppe im Hier-und-Jetzt, nicht bezogen auf fremde Themen und Unterrichtsinhalte im Dort-und-Dann oder -Damals. Nicht eine Unterrichtsstunde über »soziales Verhalten« liefert das Thema, sondern »das Leben selbst«, also das aktuelle Geschehen zwischen den Beteiligten, den Kindern untereinander und in der Beziehung zum Lehrer oder der Lehrerin.

Interaktionsspiele sind keine Rezepte

Jeder Lehrer und jede Lehrerin kennt die praktischen Problemsituationen: Da streiten sich ständig zwei Kinder in einer Gruppe; die Gruppe »zerfällt« in Ängstliche und Dominierende; ein angemessener offener Austausch von gegenseitigen Wahrnehmungen fehlt; statt dessen wird nur gemosert, gemeckert, beschimpft; es schleichen sich destruktive Normen ein, und die Gruppe oder Klasse ist blockiert für eine befriedigende Kooperation. Der Wunsch der Lehrenden ist verständlich: Für jede Problemsituation ein wirksames Spiel – und schon klappt alles im gewünschten Sinn.

Doch soziales Lernen ist ein mühsamer Prozess. Und dabei sind auch Interaktionsspiele keine Garantie zur Lösung einzelner Problemsituationen. Rezepte gibt es nicht. Dennoch: Wer langfristig die soziale Ebene einer Gruppe neben den inhaltlichen Unterrichtszielen im Blick hat und die Gruppeninteraktion fördert, wird den Kindern Kompetenzen vermitteln, die ihnen später von größerem Nutzen sein werden als mancher durchgepaukte Stoff: Teamfähigkeit, Kooperationsbereitschaft, Kommunikationskompetenz, Sensibilität für Prozesse in Arbeitsgruppen u.a.m. Statt mit Wissen vollgestopfte Schülerköpfe bilden wir Menschen mit Kompetenz für das Miteinander ebenso wie mit individueller sozialer Reife.

Wie kann man Interaktionsspiele anwenden?

Interaktionsspiele können grundsätzlich mit zwei Funktionen eingesetzt werden:

a) *Am Unterrichtsthema orientiert.* Interaktionsspiele stehen hier im Zusammenhang mit der inhaltlichen Arbeit im Unterricht, unterstützen die soziale Seite des Lehr-Lernprozesses und dienen der Optimierung der Arbeit an einem Sachthema durch Pflege der Beziehungen, der Kommunikations- und Kooperationsprozesse. Ein Beispiel:

»MÄRCHENGRUPPEN«

1. Ziel:
Motivierender emotionaler Zugang zum Thema und Kennenlernen der Kinder.
2. Durchführung:
Eine geplante Unterrichtseinheit beschäftigt sich mit Märchen (es geht genauso mit Kurzgeschichten oder anderen Texten). Der Lehrer hat

aus jeweils einem Märchen vier bis fünf zentrale Figuren ausgewählt und auf je eine Karteikarte geschrieben (erstes Märchen: rote Karten, zweites Märchen grüne, drittes blaue usw.) Die Kinder ziehen nun die Karten und finden sich als Kleingruppe für »ihr« Märchen zusammen. Sie erhalten die Aufgabe, in die gezogene Figur hineinzuschlüpfen und ganz zu dieser Figur zu werden. Sie führen dann eine Unterhaltung (z.B. zur Frage, warum ich nicht anders konnte, was ich vielleicht lieber getan hätte, was ich in der Märchenhandlung empfunden habe, wie ich die andern Personen des Märchens sehe usw.).
3. Auswertung:
Anschließend können die Kinder eine Szene vorspielen, die eine kreative Variante des Märchens darstellt.

Die Kinder lernen sich aus der Perspektive unterschiedlicher Figuren, in die ja immer auch persönliche und subjektive Phantasien einfließen, genauer kennen. Sie interagieren statt Erklärungen des Lehrers zu lauschen. Sie entwickeln einen emotionalen Bezug zum Sachthema, indem sie miteinander in Kontakt treten und zugleich das Thema bearbeiten. Ohne große didaktische Phantasie kann die Lehrerin die Gruppenergebnisse für die Weiterführung des Unterrichtes fruchtbar machen.

b) *An sozialen Lernprozessen orientiert.* Interaktionsspiele bilden hier einen eigenen Lernbereich zum Aufbau von sozialen Kompetenzen. In Klassenlehrerstunden, auf Klassenreisen oder in regelmäßigen Spielstunden führt der Lehrer mit seiner Klasse Interaktionsspiele durch, allerdings nicht als Spielerei oder Freizeitbeschäftigung. Der Vorteil: Freude, Motivation und Lust bei Kindern. Das soziale Lernen ist befreit vom Stoffdruck, von traditionellen Leistungsvorstellungen und von Zensuren. Die Gefahr: Schulische Lerngruppen dürfen nicht unter der Hand zu gruppendynamischen Selbsterfahrungsgruppen werden. Die Übertragbarkeit auf die »Ernstsituation« des normalen Unterrichtes kann misslingen, Interaktionsspiele bleiben isoliert.

Man kann aber auch Interaktionsspiele »zwischendurch« anwenden, z. B. zur Sammlung und Konzentration vor dem Einstieg in die Sacharbeit oder als Entspannung nach einer anstrengenden Lerneinheit. Ein kleines Beispiel:

»GEWITTER«

Die Kinder schlagen vorsichtig lauter werdend mit den Händen auf den Tisch, auf ein Handzeichen der Lehrerin ertönt ein gemeinsamer lauter Schlag als Blitz – mit anschließendem Fäustetrommeln als Donner, sie trommeln dann leise mit den Fingern wie Regentropfen, der Regen verebbt, einzelne leise Tropfen sind nur noch zu hören, bis es ganz still nach dem Gewitter wird und man die Stille hören kann usw.

Weitere Beispiele finden sich bei HERKERT (1993) zur »90-Sekunden-Pause« oder in den »New Games« von FLUEGELMAN/TEMBECK 1979, 1982). Bei Spielen, die mit Lärm verbunden sind, ist tunlichst darauf zu achten, ob im Nachbarraum gerade eine Klassenarbeit geschrieben oder meditiert wird!

Interaktionsspiele fördern zentrale Dimensionen einer Gruppe

Das Spektrum praktizierbarer Interaktionsspiele ist außerordentlich breit, die Quellen sind auch nicht immer bekannt. Die Bandbreite reicht von einfachen Kennenlernspielen in einer neu zusammengesetzten Gruppe über spielerische Feedbackformen bis hin zu stark strukturierten Hilfen zur Reflexion der Gruppenarbeit mit Selbsteinschätzung des Arbeits- und Gruppenprozesses durch die Teilnehmenden.

So vielfältig die Ebenen/Einzelphänomene des Gruppenlebens sind, so schwierig ist eine Systematik oder eine Einteilung der Fülle bekannter Interaktionsspiele. In der Praxis wird das Auswahlkriterium für den Einsatz eines Spieles ein konkreter Bereich, ein Ziel, eine Dimension des Gruppengeschehens sein, das der Lehrer oder die Lehrerin beeinflussen will. Es ist darum sinnvoll, die Vielzahl von Interaktionsspielen nach den wesentlichen Dimensionen des Gruppenlebens einzuteilen. Das sind folgende zehn Bereiche:

1. Vorstellen, Kennenlernen, »warming up« einleiten
2. Wahrnehmung, Beobachtung, Kommunikation schulen
3. Die eigene Person und ihr Verhalten in der Gruppe kennenlernen
4. Vertrauen, Echtheit und Offenheit fördern
5. Feedback geben und annehmen lernen
6. Über die Gruppenarbeit reflektieren: Metakommunikation
7. Rollen und Normen klären und gestalten
8. Kooperation lernen
9. Entscheidungen treffen und Konflikte lösen
10. Kreativität, Spontaneität, Phantasie fördern.

Diese Dimensionen helfen zu klären, was ich eigentlich fördern will, also das Ziel konkret zu bestimmen. Viele Spiele sind dabei polyvalent, d.h. für mehrere Ebenen einsetzbar. Sie wirken auch auf verschiedene Kinder unterschiedlich – das muss man sich vorher klarmachen. Und man muss einschätzen, ob ein Spiel zum Entwicklungsstand einer Gruppe passt. Es gibt dabei einen fließenden Übergang zwischen Spiel und Übung. In der Tat wird auch geübt: zum Beispiel das genaue Wahrnehmen eigener und fremder Reaktionen, das Lösen eines Konfliktes, die Kooperation bei einer Aufgabe, das Ausdrücken von blockierenden Gefühlen und Störungen, aber auch von Freude, positiven Rückmeldungen und Erfolgserlebnissen. Oft ist auch der Körper beteiligt, statt des üblichen Stillsitzens bewegen sich die Kinder im Raum, drücken etwas mit dem Körper aus, bauen etwas, malen, machen Geräusche u. v. a.

Im Folgenden einige Beispiele, wie man diese Dimensionen durch Spiele fördern und entwickeln kann.

Kleingruppen bilden

Man kann viele Interaktionsspiele mit der ganzen Klasse spielen, das haben die bisherigen Beispiele gezeigt. Vielfach ist es aber auch nötig und sinnvoll, Untergruppen zu bilden, die dasselbe Spiel in übersichtlichem Rahmen durchführen, z. B. ein »warming-up« zunächst in kleineren Gruppen anzubahnen. Um Kleingruppen zu bilden, gibt es verschiedene Hilfen und Techniken:

- Es werden Zufallsgruppen nach dem *»Atomspiel«* gebildet: Die Kinder laufen möglichst schnell im Raum umher und finden sich auf den Ruf »Atom zu drei« oder »zu vier« oder »Atom zu sieben« jeweils schnell zusammen, indem sie sich an die Hände fassen. Zuletzt heißt es dann: »Atom zu fünf (oder acht)«, diese Gruppen bleiben für die nächste Aufgabe zusammen. Man kann das sogar mit Erwachsenen oder Studenten spielen, es bringt Schwung und Bewegung in die Großgruppe, und am Ende ist jeder froh, dass er zu einer Gruppe gehört. Langweilig ist demgegenüber das Abzählen oder Losen.

- »Wohin gehe ich?« Verschiedene Aspekte eines thematischen Schwerpunktes werden jeweils einem Platz im Raum zugeordnet (Fenster, Ecken, Tische, auf dem Fußboden ausgelegte Papierscheiben o.ä.), z.B. zum Thema Müll: Interessenten für den Aspekt Müllvermeidung zur großen Papierscheibe mit der entsprechenden Aufschrift, ebenso für den Aspekt Müllverbrennung, für den Aspekt Trennung von Hausmüll, biologische Kompostierung usw. – Oder die Kinder schreiben ihren Namen auf einen Kuller (= kleiner ovaler Pappkarton) und plazieren ihn auf einer Themen- oder Problemliste einer großen Wandzeitung.

- Nach der *»Methode 2-4-8«:* Alle gehen im Raum umher. Jeder sucht sich zunächst einen andern Partner, tauscht kurz seine Gefühle bei der Wahl aus (z. B. Zufriedenheit oder Enttäuschung), das Paar sucht sich ein zweites und bespricht wiederum den Prozess der Wahl und was dabei vor sich ging, jede Vierergruppe sucht sich eine weitere und spricht wiederum über den Prozess der Findung.

Gruppenziel und Vertrauen

Das Spielen in kleinen Untergruppen erleichtert auch die erste grundlegende Aufgabenbewältigung jeder Gruppe, nämlich die *Identifikation mit dem Gruppenziel*, vor allem wenn die gebildeten Kleingruppen über längere Zeit zusammen bleiben sollen. Wenn ein Gruppenziel ganz und von allen Mitgliedern akzeptiert wird, wird in der Gruppe eine starke Kraft wirksam, welche das Verhalten der Kinder beeinflusst; gegenseitiges Vertrauen entsteht.

Das gilt auch für die Klasse als Großgruppe. Welche Lehrerin kennt nicht die Situation, dass die Kinder unmotiviert »herumhängen«, dass sich Müdigkeit und Langeweile ausbreiten. »Was ist los? Wo seid ihr?«, möchte man fragen. Man kann dies mit einem nonverbalen Interaktionsspiel tun, z. B. der

»Motorinspektion«

1. Ziel:
Aufklärung, wieweit sich die Kinder mit der Aufgabe, dem Thema, der Gruppensituation identifizieren. Hilfen geben zum Aussprechen von Desinteresse, Stagnation oder auch Engagement.

2. Durchführung:
Die Kinder bilden stehend einen Kreis. In die Mitte wird ein Gegenstand gelegt, der die Arbeitsaufgabe, das Thema darstellt (z.B. symbolisch ein Buch im Deutschunterricht, ein Apfel in Sachkunde, eine CD in Musik, eine Pappe mit einer Rechenaufgabe usw., je nach Thema). Nun wählt jedes Kind durch langsames Ausprobieren einen Standort, der seiner gegenwärtigen Bereitschaft zum Engagement entspricht (»Wie groß ist deine Lust und dein Interesse an ...«). Wer stark beteiligt ist, stellt sich nahe daran, wer weniger daran interessiert ist, geht in entsprechend größere Entfernung. Es steht der ganze Raum zur Verfügung, ja man kann u.U. auch aus dem Raum herausgehen. Während der Übung soll solange nicht gesprochen werden, bis jeder seinen Platz gefunden hat, der seiner gefühlsmäßigen Nähe oder Ferne zum

Thema oder der Arbeitsaufgabe entspricht. – Erst jetzt dürfen die Kinder sich verbal äußern.

3. Auswertung:
Was lähmt mein Interesse? Warum stehe ich hier? Was kann ich selber ändern? Was müsste der Lehrer ändern? Was können wir gemeinsam tun?

Wichtig für die Funktionsfähigkeit einer Lerngruppe sind auch die Rollen der Teilnehmenden, die sich hilfreich oder blockierend für die Gesamtgruppe auswirken können. Im Laufe der Entwicklung einer Klasse bilden sich oft unter der Hand verschiedene Rollen aus. Bleibt dieser Prozess unbeachtet, kann es zu erheblichen Störungen des Miteinanders kommen.

Rollen klären

Von besonderer Bedeutung für den Gruppenprozess ist die Ausbildung
- *aufgabenorientierter Rollen* (z.B. der Koordinator, der Initiator, der kritische Bewerter, der praktische Durchführungsförderer), aber auch
- *gruppenprozessorientierter Rollen* (z.B. der Ermutiger, der Konfliktschlichter, das »vorbildliche Mitglied« – immer auch in der weiblichen Form!).

Es gibt aber auch
- *ego-zentrierte Rollen* (z.B. der Quertreiber, der Dauerredner, der »Hilflose«, der Aggressive, der Unterstützungsbedürftige, der Kasper oder Clown usw.) (SADER 1991, S. 81).

Wie kann man nun mit Spielen oder Übungen klarmachen, zu welchen Rollen die Kinder neigen und wie die Flexibilität zur Übernahme gewünschter Rollen angebahnt werden kann? Ein Beispiel:

»DIE PANNE MIT DEM BUS – ODER: WIR ALLE SPIELEN UNSERE ROLLE«

1. Ziel:
Training von Rollenflexibilität, Erproben von gewünschtem Rollenverhalten, Feedback über gezeigtes Rollenverhalten.

2. Durchführung:
a) Die Klasse oder Gruppe spielt eine Situation, z.B. dass sie in einem Bus sitzt, der plötzlich auf einer einsamen Dorfstraße in einer sehr verlassenen Gegend eine Panne hat (oder eine andere Szene). Jedes

Kind verhält sich in der Rolle, wie es dies normalerweise in der Klasse auch tut. Die Situation wird durchgespielt. Zeit: ca. 10 Minuten. Anschließend geben sich die Kinder kurz Feedback, wie sie sich in der gespielten Rolle gegenseitig wahrgenommen haben (Stuhlkreis!).

b) Für die anschließende Runde wählt jede/r Teilnehmende eine deutlich andere, alternative Rolle gegenüber der ersten. Er/sie spielt z.B. so, wie er/sie unter keinen Umständen sein möchte. Die Szene wird erneut gespielt, anschließend wieder Feedback über die Eindrücke und Wahrnehmungen (Stuhlkreis).

c) Anschließend wählt jede/r eine Rolle, wie er/sie gerne sein möchte, was er/sie anstrebt, vielleicht als Experiment. Erneutes Spiel der Szene, anschließend Feedback: Wieweit ist das gelungen, was war unnatürlich, wo zeigen sich aber auch neue, ungewohnte Möglichkeiten? (Stuhlkreis).

3. Auswertung:
Wer macht immer was in unserer Klasse? Welche Rollen liegen mir? Welche Rollen sind für eine Gruppe förderlich/hinderlich? Wie flexibel bin ich, mir ungewohnte Rollen einzunehmen? – Und mit Bezug auf die Realität der Gruppe: Welche Rollen sind bei uns »unterbelichtet«, wer hat die Fähigkeit, entsprechende Rollen zur Förderung der Gruppe zu übernehmen? Welches bisher gezeigte Rollenverhalten im Gruppenprozess ist störend und sollte abgebaut werden?

Gruppenkohäsion – das Gefühl der Zusammmengehörigkeit

Das Maß des Zusammenhaltes der Gesamtgruppe wird als Kohäsion (oder Kohärenz) bezeichnet. Kohäsion ist weitgehend abhängig vom Vertrauen in der Gruppe. Dazu gehört auch ein Klima, in dem jeder offen seine Gefühle und Auffassungen äußern kann, ohne dass es (wie in manchen Selbsterfahrungsgruppen) zu einem Offenheitszwang kommt. Wie kann man Vertrauen und Offenheit fördern? Ein heikles Thema, weil hier Vorsicht geboten ist vor Künstlichkeit, vor »Seelenstriptease« und vor dem zwanghaften Niederreißen individueller Schutzzonen und Grenzen. An kaum einer andern Stelle ist die Einfühlsamkeit des Lehrers oder der Lehrerin so gefordert wie bei der Förderung von Vertrauen und Offenheit. Dennoch gibt es – unter der Voraussetzung eines vorsichtigen Einsatzes – auch hier praktische Hilfen.
Zum Beispiel:

»Obstkorb«

1. Ziel*:*
Bewusstwerden der eigenen Befindlichkeit in der Gruppe, Klärung von emotionalen Beziehungen, Mutmachen zum Ausdrücken von Änderungswünschen in Richtung Nähe und Distanz.

2. Durchführung*:*
Die Kinder werden gebeten, sich entspannt hinzusetzen und eine kleine Vorstellungs-/Phantasieübung mitzumachen. Die Augen werden geschlossen. Jede/r stellt sich – nach Anleitung durch die Lehrerin (Vorbereitung nötig!) – nun vor, dass sich die Klasse langsam in einen Obstkorb verwandelt. Verschiedene Obstsorten liegen darin. Jede/r lässt sich Zeit, dies Bild möglichst klar entstehen zu lassen. Was liegt in dem Korb? Wo liege ich? Wie sehe ich als Obstteil aus? Wo liege ich? Oben, in der Mitte, unten, am Rande? Wie ist meine Umgebung? Werde ich gedrückt, vielleicht von wem? Bin ich dick, dünn, mächtig oder nebensächlich? Entdecke ich Obstteile, die ich gerne bei mir habe, die ich mir näher wünsche, die ich mir vom Leibe halten möchte? Jede/r hat genug Zeit, dies Bild auszuphantasieren (i. d. R. 3-4 Min. max.).

3. Auswertung*:*
Anschließend berichten dieKinder, was sie erlebt haben und was dies mit ihrer Situation in der Klasse zu tun hat. Wie offen kann ich über meine »Lage« sprechen, auch in der realen Gruppensituation, welche Personen spielen eine Rolle, mit wem würde ich gerne mal reden, um die Beziehung zu klären und zu verbessern?

Gefördert wird die Kohäsion auch durch das Erlebnis von positiver Rückmeldung, wie andere mich in der Klasse erleben. Negative Kritik gibt es meist genug, aber die Stärken und die vorhandene »Sympathie« einer Person werden selten thematisiert. Das gilt vor allem für Kinder, von denen man im Allgemeinen annimmt, dass sie kaum positive Eigenschaften haben. Gerade dann aber ist für diese Kinder und für die Gruppe überraschend, was positive Rückmeldungen bewirken können:

»Warme Dusche«

1. Ziel:
Feedback geben im Bereich von Fähigkeiten, Begabungen und Stärken.

2. Durchführung:
Die Klasse sitzt möglichst in Hufeisenform, ein leerer Stuhl steht am offenen Ende. Ein Kind (evtl. nach Aufforderung durch den Lehrer, »etwas Schönes zu erfahren«) setzt sich darauf und bleibt schweigend sitzen. Die andern äußern nun spontan, was sie an ihm/ihr als Stärken, Vorzüge, Fähigkeiten (auch am Beispiel konkreter Situationen) erfahren haben. Die Gruppe wird ausdrücklich aufgefordert, sich klar zu werden, dass an jedem Menschen »etwas Gutes« ist und in diesem Spiel nur das zu benennen. Was hat das Kind für Stärken, welche Situationen fallen uns ein, wo wir es geschätzt haben, was kann es gut, wo ist es mir wichtig geworden? Usw. – Es dürfen ausschließlich nur positive Rückmeldungen gegeben werden. Die Lehrerin fordert u. U. bei indirekter und verklausulierter Kritik auf, dasselbe nochmal ausschließlich positiv zu formulieren.

3. Auswertung:
Wie ist es dem Betroffenen gegangen, als er/sie soviel Gutes hörte? Kann er/sie das glauben? Was macht es uns schwer, einander auch Gutes zu sagen? Wie schwer ist es uns gefallen, Kritik einmal bewusst wegzulassen? Wie können wir Regeln finden, diese positiven Rückmeldungen untereinander zu verstärken?

Dieses Spiel blendet ganz bewusst einmal Konflikte aus, die kommen noch ausreichend zur Bearbeitung. Aber das Erlebnis solcher positiver Rückmeldungen wirkt nach meiner Erfahrung wie eine warme Dusche, löst manchmal von selbst Verkrampfungen und ist bei Kindern nach einiger Gewöhnung äußerst beliebt.

Interaktionsspiele zur Förderung bestimmter Gruppenphasen

Jede Klasse macht – wie es für Gruppen typisch ist – bestimmte Entwicklungsphasen durch.

Aus der Fülle unterschiedlicher Phasenmodelle ist das bekannte Schema von TUCKMAN, wie es von PALLASCH für schulische Gruppen konkretisiert wurde (PALLASCH 1993, S. 114), besonders hilfreich.

- *Die erste Phase: Forming* – eine Gruppe lernt sich kennen und bildet erste Formen des Miteinanders aus. Auf der latenten Beziehungsebene stehen Fragen im Vordergrund, die zwar meist nicht ausgesprochen werden, dafür aber für die einzelnen Kinder durchaus dramatisch sein können: Was wird hier passieren? Werde ich akzeptiert werden? Gerate ich an den Rand oder werde Außenseiter? Wer sind die andern überhaupt? Wer wird mein Gegner sein, mit wem kann ich mich verbinden? Wie komme ich mit »blöden Typen« klar? Wie wird man mit mir umgehen? Dies alles macht eine Unterstützung des Prozesses gegenseitigen Kennenlernens nötig, ein erstes »warming up«, das vor allem Informationen übereinander vermittelt. Dazu helfen zahlreiche Kennenlern- und Vertrauensspiele, von denen bereits einige beschrieben wurden.

- *Die zweite Phase: Storming* – Konflikte treten auf: es »stürmt«. Oft beginnt nach dem ersten Einschätzen der Gruppenmitglieder ein Gerangel um Macht und Einfluss, Spannungen und Widerstände treten auf, Rivalitäten, Untergruppen, Cliquen zeigen sich, jedes Mitglied sucht seine Position im sozialen Gefüge der Gruppe. Bei personbezogenen Konflikten muss vor allem gelernt werden, den Kontrahenten zu respektieren und nicht zu verletzen (WALKER 1995). Hier kann z. B. die folgende Übung helfen:

»GÜRTELLINIEN- ODER: KEINE TIEFSCHLÄGE!«

1. Ziel:
Zonen der persönlichen Verletzlichkeit deutlich machen, Anbahnung eines fairen, rücksichtsvollen Stils bei Auseinandersetzungen.

2. Durchführung:
Jedes Kind sucht sich einen Partner, dem es schon ganz gut vertrauen kann. Jeder der beiden fertigt für sich individuell eine Liste darüber an, was ihn ganz besonders verletzt (nicht mehr als 5 Dinge, z.B.: Spott über seine Behinderung, Lustigmachen über eine Schwäche, Angriff auf seine ethnische Eigenart – Kopftuch! -, hinter dem Rücken reden, anschreien, bestimmte Schimpfwörter benutzen, ihm alles aus der Hand nehmen usw.). Anschließend wird die Liste mit dem Partner besprochen. Beide sollen klären, was wirklich unter der »Gürtellinie« liegt, was also Tiefschläge wären, oder was vielleicht doch Überempfindlichkeit ist. Jeder soll am Ende drei Punkte haben, die eindeutig unter der Gürtellinie liegen. – Anschließend werden von jedem Kind diese drei Punkte genannt, also der Gruppe bekanntgegeben. Der Partner hat künftig die Aufgabe, die andern Kinder darauf aufmerksam zu machen, wenn diese bei seinem Partner Punkte unter der Gürtellinie angreifen.

3. Auswertung:
Fiel es schwer, über die eigene Verletzbarkeit zu reden? Empfinde ich mich danach stärker oder schwächer? (Viele sagen ausdrücklich, dass

sie sich stärker fühlen). – Womit schlage ich leicht andern unter ihre Gürtellinie? Nach einiger Zeit: Bilanz – hat es mit der Unterstützung des Partners geklappt? Hat sich bei Konflikten in der Gruppe etwas geändert?

Man kann auch Rivalen und Kontrahenten in spielerisch ritualisierter Form einmal ihre Kräfte messen lassen, vor allem um emotionale Spannungen abzubauen (Spiele: »Tauziehen ohne Tau«, »Herr und Sklave«, »Zeitungsschlacht« u.a.m., vgl. GUDJONS 1995, S. 200 ff.) Ferner helfen Übungen wie »Sich streiten mit vertauschten Rollen« (ebd., S. 199) oder »Führung annehmen und Führung abgeben« (ebd., S. 202) dazu, Konflikte zu lösen, indem gelernt wird, das Problem aus der Sicht des Gegenübers zu sehen.

Ganz entscheidend für ein angemessenes Lösen von Konflikten sind Feedback-Techniken. Feedback soll nicht-verurteilend, möglichst beschreibend, kurz und direkt sein, die eigenen Reaktionen auf ein vom andern gezeigtes Verhalten ausdrücken, keine Interpretationen und Spekulationen (»das tust du doch nur, weil ...«) enthalten und – auch das Positive einbeziehen.

Feedback-Spiele

Dazu gibt es als Hinführung kleine Spiele wie das »Tierspiel« (jedem Kinder wird gesagt, was für ein Tier er/sie sein könnte), ernstere Formen wie »Beschwerde- bzw. Anerkennungsschreiben« (die Gruppe oder einzelne schreiben einem Mitglied einen ritualisierten Brief) oder den direkten »Heißen Stuhl«, auf den sich jemand setzt, der von der Gruppe gesagt bekommt, wie er auf sie wirkt (nur zuhören ohne Verteidigung, abschließend soll er/sie als Ritual den Satz sagen: »Ich danke euch, dass ihr mir das gesagt habt, ich will darüber nachdenken.«) – Solche Feedback-Spiele und Übungen müssen sehr genau in ihrem Stellenwert überlegt und von der Lehrerin auf Einhaltung der Regeln kontrolliert werden, damit Konflikte kanalisiert und nicht ausgeweitet werden! Denn: Feedback geben wie Feedback annehmen muss erst gelernt werden!

➢ *Die dritte Phase: Norming* – bestimmte Normen bilden sich, die das soziale Leben der Gruppe regeln. Auch hierzu gibt es Spiele und Übungen, die diesen Prozess unterstützen und in sozial verträgliche Bahnen lenken (GUDJONS 1995 und 1998).

➢ *Die vierte Phase: Performing* – die Gruppe hat gelernt, kooperativ zu arbeiten und Aufgaben gemeinsam zu lösen. Die Energie wird nicht mehr primär für die Klärung der Beziehungsebene verbraucht, sondern kann in die Findung von Lösungen investiert werden. Doch Vorsicht: Es kann jederzeit passieren, dass Themen der voraufgegangenen Phasen wieder auftreten. Wenn die Lehrerin dies spürt, sollte sie sich nicht scheuen, entsprechende Hilfen bereitzustellen. Auch in der Phase des Performimg kann die Arbeit unterstützt werden, z. B. durch Spiele, die zur Kooperation anregen: Alte Materialen originell gestalten (»Abfallmenschen«- die Kinder bauen in Gruppen oder zu zweit Figuren aus gesammelten Abfällen und stellen sie zu einer Szene zusammen; anschließend wird darüber gesprochen, wie diese Szene zustande kam), Pantomimen oder offene Szenen spielen u. a. m. Vor allem kommt es bei solchen Spielen darauf an, eine Atmosphäre der Ermutigung und des Experimentierens zu fördern.

Das Augenmerk wird hier also auf die Verbesserung von Kooperationsprozessen gelegt. Dies ist z. B. auch möglich durch das

»BRÜCKENBAUSPIEL«

1. Ziel:
Erfahren, welche Faktoren Kooperation fördern, welche sie blockieren.

2. Durchführung:
Jeweils 5-8 Spieler bilden eine Gruppe, jede Gruppe erhält nach Möglichkeit einige Beobachter. Der Gruppenauftrag lautet: Baut nur unter Verwendung der zur Verfügung gestellten Materialien (Kartonbögen, Kleber, Scheren) eine Brücke, die möglichst tragfähig und möglichst lang ist (so dass man z.B. ein schweres Buch o.ä. darauf legen kann). Die Brücke soll in 30 Minuten fertig sein. – Die Beobachter machen sich Notizen zum Verhalten einzelner und zu dem, was sie im Laufe der Gruppenkooperation wahrnehmen.

3. Auswertung:
Die Brücken werden von der Lehrerin (evtl. mit einer kleinen Jury) getestet, aber es werden keine Preise verteilt. Denn: Wichtiger ist der Austausch: Wie hat die Gruppe zusammengearbeitet? Wer übernahm welche Rolle? Wie sind die Mitglieder aufeinander eingegangen? Wurde jemand an den Rand gedrängt? Wie wurde mit unterschiedlichen Ideen umgegangen? Wie hat die Gruppe ihre Arbeit organisiert? Wie war das Klima? Wie verliefen die Entscheidungsprozesse?

➢ Bei unterrichtsbezogenen Arbeitsgruppen folgt am Ende eine *fünfte Phase der Information und Ergebnispräsentation* für die übrigen Mitglieder der Klasse: *Informing.*

- Jede Gruppe aber kommt irgendwann an ein Ende: Ich ergänze darum das vorliegende Phasenmodell um eine ausdrückliche *Phase sechs, die Abschiedsphase.* Ein Schuljahr geht zu Ende, die Klasse wird aufgelöst, die Gruppe hat ihre Arbeit beendet. Auch dieser Prozess muss bedacht und kann durch kleine Spiele zur Abrundung gebracht werden. Dafür ebenfalls ein Beispiel:

»ABSCHIEDSGESCHENKE«

1. Ziel:
Durch symbolische Geschenke am Ende einer Gruppenarbeit Wertschätzung ausdrücken.

2. Durchführung:
In kleinen Untergruppen (3-4 Kinder) fertigt jeder für die andern Gruppenmitglieder aus einfachen Materialien (z. B. Ton oder Plastilin) ein kleines Geschenk mit Symbolcharakter an. Ausgedrückt werden soll dabei ein Stück Wertschätzung, wie man die jeweiligen Kinder erlebt hat (z. B. als liebevolle Blume, als verbindende Brücke untereinander, als sichernden Zaun, als ideenreichen Brunnen (solche Ideen vorher gemeinsam sammeln). Die kleinen Geschenke werden mit einem Schildchen »von ... für ...« versehen und kurz kommentiert.

3. Auswertung:
Was empfinden wir am Ende der gemeinsamen Arbeit? Es kann sich ein Gespräch über die »Geschenke« anschließen oder über die Zusammenarbeit: Was ist uns gelungen, was müssen wir nächstes Mal besser machen?

Welche Bedingungen und Regeln gibt es für Interaktionsspiele?

Wer Interaktionsspiele durchführt, sollte Kenntnisse von Gruppenprozessen, von Faktoren der Gruppeninteraktion und Kommunikationsprozessen, aber auch vom Zusammenhang der Identitätsentwicklung des einzelnen Jugendlichen mit Gruppenentwicklungsprozessen haben (AFFELDT 1994). Wildes Drauflosspielen (weil die Kollegin mit ihren Spielen doch so tolle Erfolge hatte) ist das Gegenteil von Interaktionspädagogik. Die kritische Rede von den »gruppendynamischen Spielchen« meint eben dies: Hier und da mal ein Spielchen anzubieten, ein gutgemeintes, aber falsch plaziertes Vertrauensspiel, ein Soziogramm zur Transparenz der Beziehungsebene (u. U. mit katastrophalen Folgen für Außenseiter), ein nonverbales Berührungsspiel (wo die Mädchen die Jungen doch eigentlich lieber auf den Mond schießen wollen). Interaktionsspiele sind gegenüber solchem »Wildwuchs« gekennzeichnet durch drei klare Bedingungen:

Bedingungen für Interaktionsspiele

1. *Sie haben einen identifizierbaren Anlass, der durch genaue Diagnose der Gruppensituation auf Seiten der Lehrerin ermittelt wird. Im Folgenden wird dies die Indikation genannt. Die oben genannten 10 Dimensionen des Gruppenlebens sind eine wichtige Hilfe für die Lehrerin herauszufinden, wo die Förderung genau ansetzen soll.*

2. *Die Lehrerin hat eine bestimmte Absicht und schätzt ein, was in einem Spiel anfangs intendiert wird und was nach der Durchführung erreicht (oder eben manchmal auch nicht erreicht) wurde.*

3. *Interaktionsspiele haben einen verdichtenden Fokus, d. h. sie »isolieren« einzelne Elemente von Interaktionsprozessen, die kontrolliert durch ein Spiel mit klaren Regeln angegangen werden. Wer alles zugleich machen will, erreicht meist gar nichts.*

Wer Interaktionsspiele moderiert, muss dies also reflexionsgeleitet vor dem Hintergrund theoretischer Überlegungen tun, d. h. »indikationsorientiert« vorgehen, prüfen und von der Diagnose der Gruppensituation her begründet entscheiden, welches Spiel in welcher Variante angemessen und hilfreich sein kann. Dazu helfen folgende Regeln:

Regeln zur Anwendung von Interaktionsspielen

1. *Klären Sie für sich selbst die Frage: Wo steht die Gruppe, welches sind ihre Eigenarten, wie werden/könnten die Kinder reagieren? Stellen Sie sich dabei auch einzelne Kinder vor!*

2. *Bestimmen Sie genau den Anlass und definieren Sie das Ziel für ein Spiel. Reflektieren Sie nach Abschluss des Spieles, was sich verwirklicht hat und was unerfüllt geblieben ist!*

3. *Spielen Sie nie ein Spiel, das Sie nicht vorher (in einer andern Gruppe) selber erlebt und erprobt haben!*

4. *Planen Sie so genau wie möglich den Ablauf und die Zeit, besorgen Sie die benötigten Materialien vorher! Lassen Sie Raum für freie Entwicklungen, auch wenn Sie dann nicht alles schaffen.*

5. *Überlegen Sie vorher, welche Spielvariante für Ihre Klasse die geeignete ist! Halten Sie sich offen für nötige spontane Alternativen.*

6. *Erteilen Sie klare und eindeutige Spielanweisungen, geben Sie am Anfang evtl. einen ganz knappen Überblick über den Ablauf! Stellen Sie sicher, dass Ihre Spielmoderation von allen verstanden wird.*

7. *Kein Spiel ohne – notfalls auch nur kurze – Auswertung und Reflexion mit den Kindern!*

8. *Entscheiden Sie, ob die Teilnahme freiwillig sein soll (dies kann bei heiklen Spielen Grundregel sein) oder ob Sie prinzipiell von verbindlicher Teilnahme ausgehen (dies wird die Regel sein, die aber für einzelne Kinder auch ausgesetzt werden kann)!*

9. *Wenn ein Spiel einen klaren negativen Verlauf nimmt und das Ziel aus dem Blick gerät, brechen Sie es rechtzeitig ab! Verlassen Sie sich dabei auf Ihre Wahrnehmung und auf Ihr eigenes Gefühl. Wenn möglich, erklären Sie dies kurz, besser noch: Sprechen Sie mit den Kindern über die Gründe des Abbruchs (deutlich die Sitzordnung wechseln, z. B. Rückkehr in den Stuhlkreis!).*

10. *Sorgen Sie für die notwendigen Voraussetzuungen und Rahmenbedingungen (z. B.: Eltern, KollegInnen, Schulleitung informieren, genügend Platz schaffen, Kontext einer Spielstunde beachten u.a.m.)!*

Mut zu Interaktionsspielen lohnt sich. Aber bedenken Sie die Grenzen des schulischen Kontextes, d.h. verwechseln Sie Sozialerziehung nicht mit Therapie, fühlen Sie sich nicht verantwortlich für die Lösung aller gesellschaftlichen Probleme, freuen Sie sich, wenn Ihre Kinder Spaß gerade bei diesen »ernsten« Spielen haben.

Literatur

AFFELDT, M.: Erlebnisorientierte Gruppenarbeit in der Schule. Bad Heilbrunn 1994

FLUEGELMANN, A./TEMBECK, S.: New games. Bd. 1 und 2. Soyen 1979 und 1982

GUDJONS, H. (HRSG.): Handbuch Gruppenunterricht, Weinheim 1993

GUDJONS, H.: Spielbuch Interaktionserziehung. Bad Heilbrunn 1995, 6. Aufl. (mit weiterführender Literatur)

GUDJONS, H.: Ernste Spiele. Über Möglichkeiten und Grenzen von Interaktionsspielen. In: Pädagogik, H. 1/1998, S. 6-11

HERKERT, R.: Die 90-Sekunden-Pause. Wessobrunn 1993

PALLASCH, W.: Gruppendynamische Hilfen bei der Kleingruppenarbeit. In: GUDJONS 1993, S. 111 ff.

SADER, M.: Psychologie der Gruppe. Weinheim 1991

WALKER, J.: Gewaltfreier Umgang mit Konflikten in der Sekundarstufe I. Frankfurt/M. 1995

Gertrud Pfister

Mit Konflikten »spielend« umgehen

Spielen und Streiten – das sind auf den ersten Blick Gegensätze, denn Spielen kann man nur dann, wenn man sich einig ist, einig darüber, wer mitspielen darf, was, wo, wie und wann man spielen will. Am besten läuft ein Spiel dann, wenn sich die Beteiligten gut verstehen und wenn eine positive konfliktfreie Atmosphäre herrscht. Das gemeinsame Spiel ist bei Kindern die wichtigste Aktivität und das stärkste Band der Freundschaft (Valtin 1991). Mitspieler/innen werden Freunde/Freundinnen, Spielverderbern wird dagegen die Freundschaft – zumindest zeitweise – aufgekündigt. Trotzdem laufen Spiele in der Regel nicht ohne Auseinandersetzungen ab, und Spiele können – nicht zuletzt aufgrund von Wettbewerbs- und Konkurrenzorientierung – durchaus Streitigkeiten oder gar Feindschaften auslösen. Konflikte können also Spiele beenden oder verhindern, gilt aber auch vice versa? In therapeutischen, aber auch in pädagogischen Kontexten wurde inzwischen das Potenzial von Spielen bei der Prävention oder beim Umgehen mit Konflikten erkannt und genutzt. Es ist also durchaus möglich und sinnvoll, Spiele der Grundschule mit dem Ziel zu verbinden, Konflikte positiv zu beeinflussen. Dies wurde in einem in Berlin durchgeführten Modellversuch »Konfliktbewältigung von Mädchen und Jungen« versucht (Welz/Dussa 1998).[1]

Der Modellversuch »Konfliktbewältigung für Mädchen und Jungen«

Überlegungen und allgemeine Zielsetzungen

Die Schule gerät derzeit immer wieder in die Schlagzeilen der Massenmedien. »Waffenkontrolle am Schultor«, »Schlägerei auf dem Pausenhof«, »Lehrer haben Angst« – mit solchen Schlagzeilen werden wir derzeit fast täglich konfrontiert. Glaubt man den Recherchen der Journalisten, so scheint sich die Schule zunehmend von einem Ort des Lernens zu einem sozialen Spannungsfeld zu entwickeln, in dem Konflikte entstehen oder fortgeführt und – oft mit Gewalt – ausgetragen werden (Pfister/Biskup/Brink 1995).

Konflikte an den Schulen, die in den letzten Jahren nicht nur die Aufmerksamkeit der Öffentlichkeit, sondern auch der Fachwelt auf sich gezogen und den Alltag an den Schulen stark beeinflusst haben, waren in diesem Modellversuch Ausgangspunkt der theoretischen Überlegungen und der praktischen Interventionen.

Allen vorliegenden empirischen Untersuchungen ist zu entnehmen, dass Gewalt ein Geschlecht hat, dass aggressiv ausgetragene Konflikte überwiegend von Jungen ausgehen und dass andere, schwächere Jungen, aber auch Mädchen eher Opfer von Konflikten sind. Es ist daher anzunehmen, dass es Zusammenhänge zwischen Konflikten, Aggressionen und Gewalt einerseits und den Geschlechterrollen andererseits gibt. Wir gehen dabei davon aus, dass einerseits das Geschlecht als zentrale Kategorie bei der Erklärung von Entstehung, Austragung und Bewältigung von Konflikten berücksichtigt werden muss und dass andererseits Konflikte und die mit ihnen verbundenen Sozialisationswirkungen zur Aufrechterhaltung der Geschlechterordnung beitragen.

Daher muss im Zusammenhang mit Konfliktbewältigung auch eine Auseinandersetzung mit und eine Distanzierung von der jeweiligen traditionellen Geschlechterrolle erfolgen. Mädchen müssen dabei Selbstbehauptung, Selbstvertrauen und ein positives Selbstkonzept entwickeln und Strategien lernen, sich angemessen zu verteidigen bzw. Bedürfnisse durchzusetzen. Jungen muss dagegen Sensibilität gegenüber den eigenen Bedürfnissen, aber auch den Befindlichkeiten anderer vermittelt werden. Sie sollten erkennen, dass sie Emotionalität, Unsicherheiten und Schwächen akzeptieren und zugeben dürfen, und sie müssen lernen, Frustrationen nicht mit Aggressionen zu beantworten. Allerdings darf nicht vergessen werden, dass es weder *die* Jungen und *die* Mädchen gibt, noch dass Mädchen mit unterschiedlichen Strategien ebenfalls Aggressivität zeigen und provozieren können (Pfister 1998 mit weiterer Literatur).

Schülerinnen und Schüler wurden in dem Berliner Modellversuch zwar mit ähnlichen Themen konfrontiert, sie bearbeiteten sie aber mit unterschiedlicher Schwerpunktsetzung. So ist beispielsweise das Umgehen mit Grenzen für die Vermeidung oder die Bewältigung von Konflikten entscheidend. Mädchen müssen aber eher lernen, Grenzen zu setzen, Jungen dagegen, Grenzen zu achten. Selbstvertrauen und Selbstsicherheit – und das bedeutet auch, die positiven Seiten des Mädchen- und des Junge-Seins annehmen – sind weitere Voraussetzungen der Konfliktbewältigung.

Ziel des Modellversuchs war es, Mädchen und Jungen in die Lage zu versetzen, die Interaktionen und Beziehungen untereinander zu verbessern und vor allem auch Konflikte gewaltfrei zu bewältigen.

Durchführung des Modellversuchs

Der Modellversuch wurde an sechs Berliner Grundschulen in den Klassenstufen 3 bis 6 durchgeführt. Insgesamt nahmen 20 Klassen mit 216 Schülerinnen und 213 Schülern an den Konfliktbewältigungskursen, die einmal pro Woche zusätzlich zum Unterricht in Form von AGs stattfanden, teil. Eher aus praktischen als aus inhaltlichen Gründen war die Kursdauer auf 24 Doppelstunden festgelegt. Die Jungenkurse wurden von einem Kursleiter, die Mädchenkurse von einer Kursleiterin jeweils unterstützt durch eine Lehrkraft durchgeführt. Die Kursleiter/innen verfügten über Erfahrungen mit außerschulischer Jugendarbeit, die Lehrkräfte qualifizierten sich durch die Kurse und in parallel angebotenen Workshops für die gewaltpräventive Arbeit mit Kindern (WELZ/DUSSA 1998).

Die Inhalte der Kurse, die Methoden und Materialien wurden maßgeblich von den Kursleiter/innen entwickelt. Unterstützt wurden sie durch eine Arbeitsgruppe, der u.a. Vertreter/innen der Senatsverwaltung für Schule, Jugend und Sport, der Senatsverwaltung für Arbeit, Berufliche Bildung und Frauen sowie die Mitarbeiter/innen der wissenschaftlichen Begleitung angehörten.

Da sich, wie oben schon erwähnt wurde, Situation und Probleme, Bedingungen und Lernziele der Mädchen entscheidend von denen der Jungen unterscheiden, wurden unterschiedliche Konzepte für beide Geschlechter entwickelt und diese zunächst in geschlechtshomogenen Gruppen eingesetzt. Die Trennung der Geschlechter garantierte auch, dass Mädchen und Jungen in einer relativ angstfreien Situation über persönliche Probleme und auch über ihre Schwierigkeiten mit dem anderen Geschlecht reden konnten. Zudem fanden aber auch gemeinsame Stunden statt, in denen sich die Kinder auch über die Inhalte in den getrennten Kursen austauschen konnten. Die Befragung der Kinder im Rahmen der wissenschaftlichen Begleitung zeigte, dass diese partielle Geschlechtertrennung in den Kursen von der überwiegenden Mehrheit der Kursteilnehmer/innen akzeptiert und positiv beurteilt wurde (BISKUP/PFISTER/RÖBKE, C. 1998).

Materialien und Methoden, Themen, Übungen und Spiele wurden von den Kursleitern/Leiterinnen ausgewählt bzw. entwickelt und während der Kurse in Abhängigkeit von den Bedürfnissen der Beteiligten entsprechend modifiziert (DOMAHS/NITSCHKE 1998; NEUMANN/VUGT 1998). Aus dieser von der oben genannten Projektgruppe unterstützten Arbeit entstand ein Konzept, das inzwischen in publizierter Form vorliegt. Hier können die Kurse nicht im einzelnen beschrieben, sondern nur kurz einige zentrale Schwerpunkte skizziert werden.

Eine wichtige Voraussetzung für das Gelingen der Kurse war eine positive Athmosphäre und gegenseitiges Vertrauen. Dies wurde durch einen abgeschlossenen Raum und durch eine möglichst angenehme Umgebung, aber auch durch wiederkehrende Abläufe und Rituale gefördert.

Die Kurse fingen in der Regel mit einer Übung zum »Ankommen« oder Einstimmen an, beispielsweise mit einem »Blitzlicht«, bei dem sich die Kinder kurz zu ihrer Befindlichkeit oder zum Thema der Stunde äußern. Bei Kindern der Klassenstufen 3 oder 4 wurde dabei ein Kuscheltier herumgereicht. Beliebt waren bei den Kindern vor allem Tiere wie Bären, Tiger oder Löwen, die Stärke symbolisierten. Jedes Kind durfte dem Kuscheltier kurz erzählen, wie es sich fühlte.

Die Schwerpunktthemen der Stunden, die von der Unterstützung von Selbstsicherheit bis zur Förderung von Kooperationsfähigkeit reichten,

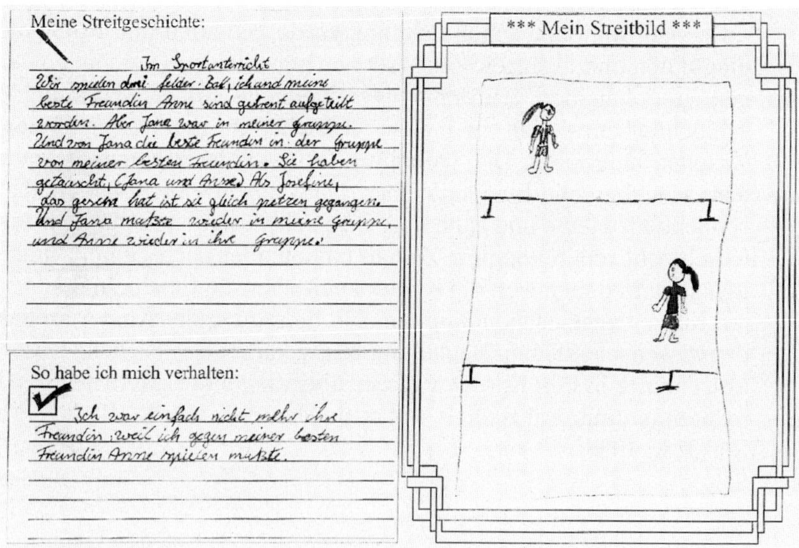

wurden auf ganz unterschiedliche Weise bearbeitet: Gespräche, Malen von Bildern oder Herstellen von Collagen, szenische Darstellungen, meditative Übungen, Imaginationen und Phantasiereisen, Rollenspiele und Mediation wurden häufig eingesetzt. Die Gespräche drehten sich u.a. um die eigene Rolle als Mädchen oder Junge, um die eigenen Stärken und Schwächen, um die Entstehung und Entwicklung von Auseinandersetzungen, um Erfahrungen mit Regeln und Regelverstößen oder auch um Strategien der Konfliktlösung. Die Rollenspiele kreisten um Themen wie Mädchen- oder Junge-Sein (»Vor- und Nachteile, ein Junge oder ein Mädchen zu sein«), soziale Beziehungen (»Meine Klassenkameraden/Kameradinnen lassen mich nicht mitspielen«), Streitigkeiten (»Anna/Otto hat mir meinen Kuli geklaut«), Nein-Sagen (»Ich will nicht, dass Anna/Otto den Arm um mich legt«), Konfliktbearbeitung (»Anna möchte Völkerball, Otto möchte Fußball spielen«), Gewalt (»Ein Junge will mir meinen Schal wegnehmen«) usw. Die Imaginationen oder Phantasiereisen sollten Entspannung und Wohlbefinden fördern und positive Gefühle vermitteln. Themen waren z.B. gemeinsam mit dem Freund/der Freundin auf einem fliegenden Teppich zu einem wunderbaren Ort zu reisen oder sich an eine Situation zu erinnern, in der man sich sehr stark, glücklich oder sicher gefühlt hat. Bei der Mediation werden Konflikte mit Hilfe einer unparteiischen Person bearbeitet, die die Kommunikation zwischen den Konfliktparteien so unterstützt, dass diese eine Lösung für ihr Problem entwickeln können. Beispielsweise können Regeln für das Umgehen miteinander vereinbart und auch in Form eines Vertrags schriftlich fixiert werden. So kam es beispielsweise in einer Schule regelmäßig zum Streit um die wenigen Tischtennisplatten. Meistens okkupierten einige größere Schüler die Platten und alle anderen, vor allem auch die Mädchen, kamen nicht zum Zuge. Der Streit eskalierte, als sich zahlreiche Kinder solidarisierten und gegen die »Großen« vorgingen. Es gelang dann einer Lehrkraft, die Mediationsrolle zu übernehmen und die Konfliktpartner/innen dazu zu bewegen, einen Nutzungsplan zu vereinbaren, der allen Kindern eine Chance zum Tischtennisspielen gab. Ziele, Vorgehen und Auswirkungen der Mediation in akuten Konfliktfällen wurden in den Kursen thematisiert.

Die wissenschaftliche Begleitung

Die Kurse wurden von einem Team, dem neben der Leiterin zwei Soziologinnen und ein Psychologe angehörten, wissenschaftlich begleitet (Pfister/Biskup/Röbke 1998). Zu den zahlreichen durchgeführten Untersuchungen gehörten auch Befragungen der Kursleiter/innen und Interviews mit den beteiligten Kindern, die vor und nach den Kursen u.a. über ihre Konflikterlebnisse, über die Beziehungen innerhalb ihrer Klasse, aber auch über ihre Erfahrungen in den Kursen berichteten. Untersuchungen vor Beginn und am Ende der Kurse ließen einige positive Veränderungen erkennen.

Als Fazit ist festzuhalten: Insgesamt werden die im Kontext des Modellversuchs durchgeführten Kurse von der großen Mehrheit der Mädchen und Jungen akzeptiert. Insbesondere die Schüler/innen der Klassenstufen 3 und 4 ließen sich von Themen und Inhalten der Kurse begeistern. Auch die Kursleiter/innen und die beteiligten Lehrkräfte äußerten sich überwiegend positiv zu Zielen, Durchführung und Auswirkungen des Modellversuchs. Die Befragungen nach den Kursen ergaben einige signifikante Veränderungen: Mädchen schätzten beispielsweise die eigene Stärke und Durchsetzungsfähigkeit höher, Jungen dagegen niedriger ein als vor den Kursen. Zudem berichteten weniger Mädchen und Jungen über aggressive Auseinandersetzungen in ihren Klassen.

Dabei ist aber auch darauf hinzuweisen, dass sich die Einschätzungen von Schülerinnen und Schülern, z. B. hinsichtlich des Abbaus von aggressiven Interaktionen, zwar graduell verändert haben, dass es aber nach wie vor Gruppen von Schülern gab, die von ihren Mitschülern und -schülerinnen als aggressiv eingeschätzt wurden. Zudem konnte aufgrund des Untersuchungsdesigns, das sich an die vorhandenen finanziellen und personellen Ressourcen anpassen musste, nicht festgestellt werden, ob die Kurse langfristige Wirkungen hatten.

Es ist auf jeden Fall wichtig, weiter am Konzept der »Konfliktbewältigungskurse« und seiner Umsetzung in die Praxis zu arbeiten (Bergdoll 1998). Dazu sind aber nicht nur die organisatorischen Voraussetzungen an den Schulen, sondern auch ein hohes Engagement von Lehrkräften und der Einsatz geschulter Kursleiter/innen notwendig.

Aber auch dann, wenn dieses Projekt nicht in der Form wie im Modellversuch durchgeführt werden kann, bietet es sich an, Bausteine zu übernehmen. Allerdings darf keinesfalls eine schnelle und grundlegende Veränderung des Klassenklimas insgesamt oder der Einstellungen und Verhaltensmuster der Schüler/innen erwartet werden.

Umgehen mit Konflikten und Spielen – Gemeinsamkeiten

Dieser Beitrag basiert auf der Überzeugung, dass Spiele Lernprozesse initiieren können, die das Umgehen mit Konflikten erleichtern. Spiele vermitteln nämlich Kenntnisse, Einstellungen, Kompetenzen und Emotionen, die auch beim Umgehen mit Konflikten zentrale Bedeutung haben. Dies wird deutlich, wenn man sich die Zielsetzungen der »Konfliktbewältigungskurse«, die sich auf die Geschlechterrollen, Konflikte, Selbstkonzepte und Interaktionen konzentrierten, noch einmal vergegenwärtigt. Im einzelnen wurden angestrebt: Entwicklung eines positiven Selbstkonzepts als Mädchen und als Junge, Abbau von Geschlechterstereotypen, Akzeptanz und Wertschätzung von Kindern des eigenen und des anderen Geschlechts; Einsichten in Ursachen, Bedeutung und Formen, Entstehung und Verlauf sowie der Folgen von Konflikten, Kennenlernen von Strategien der Konfliktvermeidung, der Deeskalation und der »produktiven« Konfliktbearbeitung; Bereitschaft, Gefühle wahrzunehmen und auszudrücken, Entwicklung von Empathie, Fähigkeit, Bedürfnisse und Interessen anzumelden und angemessen zu vertreten, Grenzen setzen und achten sowie die Fähigkeit, das eigene Verhalten zu kontrollieren.

Zum Gelingen von Spielen sind ganz ähnliche Einstellungen und Kompetenzen notwendig. Auch beim Spielen muss man miteinander umgehen, miteinander kommunizieren und kooperieren, Frustrationen aushalten, Empathie entwickeln und sich in die Mitspieler/innen hineinversetzen, unterschiedliche Interessen aufeinander abstimmen, Rollen spielen und austauschen, sich selbst und die eigenen Fähigkeiten und Fertigkeiten richtig einschätzen, die eigenen Interessen vertreten, sich unterschiedlichen Situationen anpassen und sich situationsadäquat verhalten.

Spielen ist zudem nur dann möglich, wenn es Regeln gibt und wenn sich alle an die Regeln halten. Regelkompetenz ist daher ein wichtiges Lernziel, das »spielerisch« vermittelt wird. Kinder erfahren im Spiel, dass Regeln auf Vereinbarungen basieren, dass sie verändert und unterschiedlichen Bedingungen und Bedürfnissen angepasst werden können, dass Regeln eingehalten werden müssen, weil sonst das Spiel zum Scheitern verurteilt ist, und dass Konflikte »geregelt«, d.h. durch Regeln vermieden oder auf der Basis von Regeln gelöst werden können.

Wichtige Hinweise

Wie schon erwähnt, waren die Inhalte der Kurse vielfältig, sie reichten vom einleitenden Gespräch über das Malen von Bildern, das Ausfüllen und Auswerten von Fragebögen bis hin zu Phantasiereisen. Hier sollen exemplarisch Spiele vorgestellt werden, die sich auch außerhalb des Kurskontextes sinnvoll einsetzen lassen. Es werden zudem die Spiele vorgestellt, die bei den Kindern gut »ankamen« und die zum Teil mit großer Begeisterung gespielt wurden. Manche Spiele, vor allem wenn sie gymnastische und tänzerische Elemente aufweisen, waren bei Mädchen beliebter als bei Jungen. Gewöhnungsbedürftig waren auch Phantasiereisen oder Spiele, die Körperkontakte mit sich brachten. Hier kommt es vor allem auch auf das Klima in der Klasse und das gegenseitige Vertrauen an, ob diese Spiele eingesetzt werden können oder nicht. Manche Spiele sollten überwiegend in reinen Mädchen- und Jungengruppen angeboten werden. Auch das Alter der Kinder ist bei der Auswahl der Spiele zu berücksichtigen. Manche Spiele wurden von den Schüler/innen der 5. oder 6. Klassen als »Babykram« abgelehnt. Wenn Spiele mit Körperkontakten oder mit Wettkampfcharakter in koedukativen Gruppen durchgeführt werden, ist ganz besonders darauf zu achten, dass die von Mädchen und Jungen selbst bestimmten Grenzen gewahrt werden. Zudem dürfen Spiele und Wettkämpfe nicht dazu beitragen, dass Geschlechtersterotype und -hierarchien, beispielsweise der Mythos männlicher Stärke und weiblicher Schwäche, verfestigt werden. Die hier vorgestellten Spiele setzen außerdem keine großen Vorbereitungen, keine Sportanlagen und auch wenig sportmotorische Fertigkeiten bei den Kindern voraus.

In den Kursen des Modellprojekts wurden die unten beschriebenen Spiele überwiegend in reinen Jungen- oder Mädchengruppen gespielt. Für die Mädchen wurden Spiele besonders empfohlen, die es ihnen erleichtern, ihre Bedürfnisse selbstbewusst zu vertreten, sich solidarisch mit anderen Mädchen zu verhalten und sich gegebenenfalls zur Wehr zu setzen. Stärkung von Selbstvertrauen und das Bewusstsein der eigenen Kraft waren weitere Lernziele der Mädchenkurse. Jungen wurde dagegen durch die Spiele eher vermittelt, Gefühle zuzulassen, Berührungen zu akzeptieren und Grenzen zu achten. Die Lehrkräfte sollten in Abhängigkeit von den jeweiligen Beziehungs- und Konfliktstrukturen der Klasse entscheiden, welche Spiele mit Mädchen, welche mit Jungen und welche in gemischten Gruppen gespielt werden.

Die Mehrzahl der Spiele lassen sich mit verschiedenen Absichten und Zielsetzungen verbinden, sie werden hier aus pragmatischen Gründen mit einem Etikett versehen, das auf zentrale Möglichkeiten dieses Spiels hinweisen soll. Es sollte zudem nicht vergessen werden, dass Bewegungsspiele über die kognitiven, sozialen und affektiven Ziele hinaus auch Kraft, Ausdauer, Schnelligkeit und Beweglichkeit schulen und motorische Fertigkeiten vermitteln, die sich Kinder in unserer bewegungsarmen Umwelt häufig nicht mehr »von selbst« aneignen. Und – last but not least – die Spiele sollen Spaß machen![2]

Gefühle wahrnehmen und darstellen, Bedürfnisse ausdrücken

- *Gefühleraten*: Ein Kind stellt der Gruppe eine Aufgabe, die pantomimisch dargestellt werden muss, z.B. Auto fahren, Zähne putzen, Tennis spielen. Die Gruppe hat sich vorher verabredet, mit welchem Gefühl, z.B. traurig, froh, stolz oder gleichgültig, die geforderte Tätigkeit vorgeführt wird. Das Kind, das die Aufgabe gestellt hatte, muss das von der Gruppe festgelegte und gespielte Gefühl erraten.

- *Stoptanz*: Der/die Kursleiter/in gibt die Art und Weise vor, wie sich die Kinder zur Musik bewegen sollen, z.B. wie ein Tiger, ein alter Mann, eine Frau mit Stöckelschuhen. Wenn die Musik stoppt, müssen die Kinder »erstarren« bis die Musik wieder einsetzt. Zu diesem Spiel gibt es viele Variationen. So kann eine Jury das Kind auswählen, das am komischsten aussieht, das die schwierigsten Bewegungen vorführt oder das die Bewegungsaufgabe am besten erfüllt. Oder die Kinder scheiden aus, die in der Musikpause nicht absolut bewegungslos verharren.
- *Hilf mir*: Die Kinder finden sich zu Paaren zusammen, ein Kind bittet: Hilf mir beim ... und stellt die Situation pantomimisch dar, in der es Hilfe erwartet. Wenn der/die Partner/in erraten hat, wo er/sie helfen soll, vertauschen sich die Rollen.

Mitspieler/innen wahrnehmen, auf andere eingehen

- *Drei Musketiere*: Drei, eventuell auch mehr Kinder haben die Aufgabe, herauszufinden, was alle gemeinsam haben und/oder worin sie sich unterscheiden. Die Lehrkraft schreibt die Gemeinsamkeiten und Unterschiede an die Tafel. Im nächsten Durchgang müssen Gemeinsamkeiten und Unterschiede gefunden werden, die noch nicht genannt wurden.
- *Tierfamilie*: Die Zahl der verschiedenen Tiere richtet sich nach der Größe der Gruppe. Die Kinder erhalten Zettel mit dem Namen der Tierfamilie, zu der sie gehören. Jeweils ein vorher bestimmtes Mutter- oder Vatertier müssen lautstark bellen, miauen, krähen usw. und so nach ihren Tierkindern rufen. Die Kinder müssen versuchen, sich so schnell wie möglich als Familie zusammenzufinden. Variation: Schwieriger wird es, wenn den Tierkindern die Augen verbunden werden.
- *Schattenspiel*: Ein Kind führt verschiedene Bewegungen vor, der Partner/die Partnerin ahmt diese Bewegungen nach. Es können auch verschiedene Formen der Fortbewegung vorgeführt und nachgemacht werden. Wenn sich die Paare gegenüberstehen, kann ein Kind das Spiegelbild sein. Musik wirkt bei diesem Spiel motivierend.

Vertrauen entwickeln, Verantwortung übernehmen

- *Blind führen*: Die Kinder finden sich zu zweit zusammen. Einem Kind werden die Augen verbunden, das andere ist der/die Blindenführer/

in, die das »blinde Kind« von hinten an den Oberarmen hält und durch die Turnhalle, das Klassenzimmer oder sogar über den Pausenhof führt.

- *Roboterspiel*: Ein Kind ist der Roboter, das andere der/die Programmierer/in. Die Roboter können sich nur vorwärts bewegen, Richtungsänderungen müssen durch das Antippen einer Schulter »programmiert« werden. Wenn der Roboter irgendwo anstößt, bleibt er stehen. Es können auch Dreiergruppen gebildet werden. Ein Kind ist dann für das Programmieren von zwei Robotern zuständig. Motivierend ist entsprechende Technomusik.
- *Radio*: Ein Kind ist das Radio, ein anderes will das Radio anstellen. Durch vorsichtiges Berühren verschiedener Körperstellen versucht es, den richtigen Einschaltknopf, die Programmwahltaste und den Lautstärkeregler zu finden. Das Radio reagiert mit Tönen, Musik oder Sprache in unterschiedlicher Lautstärke.
- *Körperkompetenzen*: Den eigenen Körper wahrnehmen, positive Körpererfahrungen machen, Berührungen und körperliche Nähe herstellen und zulassen, mit Nähe und Distanz umgehen.
- *Reise nach Jerusalem verkehrt*: Wie bei der »Reise nach Jerusalem« laufen die Kinder um in einer Reihe aufgestellte Stühle. Auf ein Zeichen, beispielsweise wenn die Musik aufhört, müssen sich alle setzten. Nach jeder Pause wird ein Stuhl weggenommen. Aufgabe der Kinder ist es bei dieser Spielvariante, auf den immer weniger werdenden Stühlen einen Platz zu finden.
- *Gute Nacht*: Es werden zwei Gruppen gebildet. Die Kinder einer Gruppe legen sich auf den Boden, schließen die Augen und schlafen. Jedes Mitglied der anderen Gruppe sucht sich ein schlafendes Kind aus, das leicht berührt und massiert wird. Wenn die Schläfer/innen erwacht sind, müssen sie erraten, von wem sie berührt wurden. Wenn richtig geraten wurde, werden die Rollen getauscht.
- *Wettermassage*: Die Kinder setzen sich in einer Schlange hintereinander. Die Lehrkraft erzählt eine Geschichte, die mit bestimmten Massagebewegungen verbunden ist. Sonne bedeutet beispielsweise große Streichbewegungen, Regen Trommeln mit den Fingern, Hagel Klopfen mit den Fäusten, Schlittenfahren schnell mit der Hand nach unten streichen.
- *Autowaschanlage*: Die Kinder stehen sich in zwei Reihen gegenüber. Die letzten beiden Kinder sind die Autos, die durch die »Waschstraße« kriechen und gewaschen und poliert werden. Nach dem »Waschen« schließen sie sich an die Waschstraße an, und die letzten Kinder sind die Autos.

Stark sein, Selbstvertrauen entwickeln

- *Schiebekampf*: Zwei Kinder stehen einander gegenüber und fassen sich mit gestreckten Armen an den Schultern. Jedes Kind versucht, das andere wegzuschieben und über eine festgelegte Markierung zu drücken. Die Partner/innen wechseln, es können auch die Sieger/innen und die Verlierer/innen neue Paare bilden.
- *Über die Grenze ziehen*: Zwei Kinder stehen sich gegenüber, getrennt durch eine Kreidelinie als Grenze. Sie fassen sich mit einer Hand oder mit beiden Händen und versuchen, sich über diese Grenze zu ziehen. Verloren hat, wer sich mit beiden Füßen im gegnerischen Feld befindet.
- *Brett durchschlagen*: Die Kinder werden aufgefordert, ein ca. 20 cm langes, 18 – 20 mm dickes und 12 cm breites Brett mit der Faust oder der Handkante zu durchzuschlagen. Dabei kommt es vor allem auf Selbstvertrauen und Konzentration an. Diese Übung eignet sich für Kinder ab der 5. Klasse.
- *Auf schmalem Steg*: Zwei Kinder stehen mit ihren Füßen auf einem »schmalen Steg«, der auf dem Boden markiert ist, und zwar so, dass die rechte Schulter des einen die linken Schulter des anderen berührt. Sie fassen sich am Oberarm und versuchen, einander vom »Steg« in das mit Krokodilen verseuchte Wasser zu stoßen. Verloren hat, wer den Steg verlässt.

Raum nehmen, sich durchsetzen

- *Henne und Küken*: Ein Geier versucht, die Küken zu fangen, die sich hinter der Henne in Sicherheit bringen können. Die Henne schützt mit weit ausgebreiteten Armen und geschickten Drehungen die Küken. Je nach der Zahl der Kinder können mehrere Hennen, aber auch mehrere Geier bestimmt werden.
- *Burgbelagerung*: Ein Kind markiert mit Kreide seinen Bereich, seine Burg. Die Größe der Burg variiert in Abhängigkeit davon, wie stark und geschickt sich der/die Burgbesitzer/in fühlt. Ziel dieses Kindes ist es, andere Kinder zu fangen und in der Burg zu verwahren. Ritter/innen belagern die Burg und versuchen, den/die Burgbesitzer/in zu einem Ausfall zu verlocken und die Gefangenen durch eine Berührung zu befreien. Das Spiel endet, wenn alle oder eine festgelegte Zahl von Kindern gefangen oder befreit sind.

Selbstbehauptung – Grenzen setzen, Nein sagen

- *Ja-Nein Spiel*: Zwei Kinder stehen sich gegenüber, das eine darf immer nur Ja, das andere nur Nein sagen. Mit dem Ja und Nein können verschiedene Lautstärken und verschiedene Gefühle, wie Wut, Trauer, Freude, verbunden sein. Nach einiger Zeit wird gewechselt. Im Anschluss an das Spiel sollten sich die Kinder darüber unterhalten, wie die verschiedenen Arten, Ja und Nein zu sagen, gewirkt haben.

- *Lass mich in Ruhe*: Die Kinder finden sich zu Paaren zusammen. Ein Kind agiert, das andere reagiert. Der/die Akteur/in streichelt, schubst, kitzelt usw. das »Opfer«, das entweder mit »mach weiter« oder mit »lass mich in Ruhe« reagieren kann. Die Akteur/innen hören auf, wenn das »lass mich in Ruhe« überzeugend »rüberkommt«.

Dazu gibt es zahlreiche Variationen: Die »Opfer« können die Augen schließen. Die Akteur/innen können nacheinander mehrere Kinder in gleicher Weise berühren und ihre unterschiedlichen Reaktionen beobachten.

Empathie entwickeln, Grenzen achten

In diese Kategorie gehören einige der schon erwähnten Spiele mit Körperkontakten, z. B. Radio, Wettermassage, Waschanlage, aber auch Spiele mit Wettkampfcharakter wie beispielsweise Hahnenkampf, wobei besonders darauf zu achten ist, dass das »Rempeln« kontrolliert ist.

- *Hahnenkampf*: Zwei Kinder stehen sich auf einem Bein gegenüber, das andere Bein ist angewinkelt, die Arme sind verschränkt. Aufgabe ist es, den/die Gegner/in durch Rempeln oder durch Finten aus dem Gleichgewicht zu bringen. Verloren hat, wer mit dem zweiten Bein den Boden berührt.

Solidarität erfahren, Kooperation schulen

- *Katz und Maus*: Die Kinder bilden einen Kreis. Die Maus ist im Kreis, die Katze lauert draußen und versucht, die Maus herauszulocken: Maus, Maus, komm heraus. Dann komm doch, ruft die Maus und rennt aus dem Kreis, der sich immer für sie öffnet. Dagegen versuchen die Kinder im Kreis, der Katze den Zutritt zum Kreis zu verwehren.
- *Vampirspiel*: Die Kinder bilden Paare, allein sind nur der Vampir und sein Opfer. Das Opfer kann mit der Bitte »hilf mir« ein Kind an der Hand fassen und ist damit in Sicherheit. Das »überzählige« Kind ist das neue Opfer, das der Vampir zu fangen versucht.
- *Smarties Spiel*: Die Kinder setzten sich zu zweit an einem Tisch gegenüber. Aufgabe ist es, mit aufgestützten Ellenbogen und aneinanderglegten Händen den Arm des anderen auf den Tisch zu drücken. Der/die Sieger/in erhält ein Smartie. Ziel ist es, möglichst viele Smarties zusammenzubringen. Erst langsam setzt sich bei den Kindern die Erkenntnis durch, dass es bei diesem Spiel auf Kooperation ankommt. Die Paare, die aufhören, miteinander zu kämpfen, können in kurzer

Zeit gemeinsam viel mehr Smarties einheimsen als die Paare, die miteinander konkurrieren.

Ein positives Klima schaffen, Akzeptanz erleben und vermitteln

- *Lobrunde*: Die Kinder bilden einen Kreis. Ein »Lobeball« wird weitergereicht. Das Kind, das den Ball gerade hält, wird gelobt, d.h. die anderen sagen, was ihnen gefällt, was das Kind gut kann.

Noch einige Überlegungen zum Schluss

Es konnten hier nur einige wenige Spiele aus einem großen Repertoir beschrieben werden. Auch zahlreiche ganz »normale« Spiele können dazu genutzt werden, Einschätzungen und Verhaltensmerkmale zu vermitteln, die dazu beitragen, mit Konflikten umzugehen. Dabei ist es allerdings wichtig, dass diese Lernziele intentional verfolgt und offen gelegt werden. Es muss mit den Schülerinnen und Schülern gemeinsam besprochen werden, wie diese Spiele bei ihnen »angekommen« sind, welche Gefühle sie geweckt und welche Einsichten sie vermittelt haben.

Von zentraler Bedeutung ist es auch, dass die Spiele gemeinsam mit den Kindern variiert und/oder weiterentwickelt werden. Damit wird vor allem auch das Lernen von und das Umgehen mit Regeln gefördert. Regeln, und auch das muss immer wieder deutlich gemacht werden, sind soziale Vereinbarungen, die manche Kinder benachteiligen, anderen aber Vorteile verschaffen können. Dass ich besser Basketball spielen kann, wenn ich groß bin, wird wohl allgemein einleuchten. Deutlich und erfahrbar wird beim Spielen aber auch, dass es nur Spaß macht, wenn die Chancen gleich verteilt sind, wenn alle mitmachen, Spaß haben und potentiell auch gewinnen können. So können die Lehrkräftc beispielsweise gemeinsam mit den Kindern überlegen, wie die Regeln beim Schiebekampf sein müssen, dass auch die kleinen und zierlichen Mitspieler/innen eine Chance haben. Konflikte und Spiele – die damit verbundenen Chancen und Probleme müssen thematisiert werden, erst dann ist ein erster Schritt auf dem Weg der Konfliktbewältigung getan.

Literatur

Bergdoll, K: Hinweise und Empfehlungen zur Weiterarbeit mit den Ergebnissen des Modellversuchs. In: Welz, E./Dussa, U. (Hrsg.): Mädchen sind besser – Jungen auch. Dokumentation eines Modellversuchs. Berlin 1998, S. 195-198

BISKUP, C./PFISTER, G./RÖBKE, C.: »Weil man da über seine Probleme reden kann …« Partielle Geschlechtertrennung aus der Sicht der Schülerinnen und Schüler. In: Zeitschrift für Pädagogik 44 (1998), S. 753-768
DOMAHS, U./NITSCHKE, S.: Curriculum für die Mädchengruppe. In: WELZ, E./ DUSSA, U. (Hrsg.): Mädchen sind besser – Jungen auch. Bd. II. Curriculum. Spiele und Übungen. Berlin 1998, S. 16-44
NEUMANN, G./VUGT, W. VAN: Curriculum für die Jungengruppe. In: WELZ, E./ DUSSA, U. (Hrsg.): Mädchen sind besser – Jungen auch. Bd. II. Curriculum. Spiele und Übungen. Berlin 1998, S. 44-65
PFISTER, G./BISKUP, C./BRINK, J.: Konflikte zwischen Mädchen und Jungen und ihre Bewältigung In: VALTIN, R./PORTMANN, R. (Hrsg.): Gewalt und Aggression: Herausforderungen für die Grundschule. Frankfurt/M.: Arbeitskreis Grundschule 1995, S. 137-144
PFISTER, G./BISKUP, C./RÖBKE, C.: Konfliktbewältigung für Mädchen und Jungen. Ausgewählte Ergebnisse der Wissenschaftlichen Begleitung. In: WELZ, E./ DUSSA, U. (Hrsg.): Mädchen sind besser – Jungen auch. Dokumentation eines Modellversuchs. Berlin 1998, S. 122-161
PFISTER, G./VALTIN, R. (Hrsg.): MädchenStärken. Probleme der Koedukation in der Grundschule, Frankfurt 1993
PFISTER, G.: Konfliktbewältigung für Mädchen und Jungen. Theoretische Grundlagen. In: WELZ, E./DUSSA, U. (Hrsg.): Mädchen sind besser – Jungen auch. Dokumentation eines Modellversuchs. Berlin 1998, S. 20-50
VALTIN, R.: Mit den Augen der Kinder. Freundschaft, Geheimnisse, Lügen, Streit und Strafe. Hamburg 1991
WELZ, E./DUSSA, U. (Hrsg.): Mädchen sind besser – Jungen auch. Ein Beitrag zur Förderung sozialer Kompetenzen in der Grundschule. Bd. I. Dokumentation eines Modellversuchs. Berlin 1998
WELZ, E./DUSSA, U. (Hrsg.): Mädchen sind besser – Jungen auch. Ein Beitrag zur Förderung sozialer Kompetenzen in der Grundschule. Bd. II. Curriculum. Spiele und Übungen. Berlin 1998

1 Der Modellversuch war ein Kooperationsprojekt zwischen der Senatsverwaltung für Schule, Jugend und Sport und der Senatsverwaltung für Arbeit, Berufsbildung und Frauen und wurde zu gleichen Anteilen aus Bundes- und Landesmitteln finanziert. Leiter der mit dem Modellversuch befassten Arbeitsgruppe war Oberschulrat EBERHARD WELZ. Weitere Mitglieder der Arbeitsgruppe waren ULLA DUSSA, URSULA RIEGER, KARIN BERGDOLL (Senatsverwaltung für Arbeit Berufliche Bildung und Frauen), die Kursleiter/innen und die an der Begleitforschung beteiligten Wissenschaftler/ innen. Wir danken Herrn WELZ, der Arbeitsgruppe und insbesondere auch den am Projekt beteiligten Lehrkräften für ihre Kooperation.

2 Die vorgestellten Spiele werden von ULRIKE DOMAHS, SYLVIA NITSCHKE, GERHARD NEUMANN und WOLF VAN VUGT ausführlich in WELZ/DUSSA 1998, Bd. II beschrieben.

Ute Winter

Drei Szenen aus dem Leben von W. A. Mozart

Ein Hörspiel wird zum Theaterstück

Mit großem Interesse hatten die Kinder der Klasse 3b dem Hörspiel »Ein Kind reist durch Europa« gelauscht. Gemeinsam überlegten wir, wie der Musikunterricht jetzt weitergehen sollte. »Könnten wir die Geschichte nicht spielen?«, fragte Ana-Lisa. »Die Instrumente haben wir doch schon!« »Wir könnten ein Theaterstück draus machen!« »Für die Versammlung!« »Und die Texte?« »Die schreiben wir selber!« Ideen und Vorschläge wurden gesammelt, und es entwickelte sich ein Projekt, das größere Ausmaße annahm, als wir es anfangs gedacht hatten und uns ein halbes Schuljahr beschäftigte.

Die Vorgeschichte

Die Sonnenblumenschule in Langen nimmt an einem Modellversuch teil, in dem auf Zurückstellungen in Vorklasse oder Schulkindergarten am Schulanfang verzichtet wird. Ich arbeite als Sozialpädagogin im Team mit den Lehrerinnen der ersten und zweiten Klassen zusammen. So erfahre ich viel über die Interessen der Kinder und kann Anregungen und Vorschläge in den Unterricht einbringen.

In der Klasse 2b bat mich die Klassenlehrerin, den Musikunterricht zu übernehmen. Bald stellte ich fest, dass die Kinder nicht gerne singen wollten, sich aber sehr für Instrumente interessierten. Gemeinsam hörten wir das Hörspiel »Piccolo, Sax & Co«, in dem die Instrumente eines Orchesters vorgestellt werden (Cassette Nr. 824714-4 Karussell, Phonogram GmbH, Hamburg).

Wir besuchten eine Instrumentenfabrik, und in der Schule sammelten die Kinder Bilder und Texte über den Bau von Instrumenten. Ich schlug ihnen vor, selbst ein Instrument aus Pappe nachzubauen. Damals ahnte ich nicht, was einmal daraus entstehen würde. Mit großem Eifer machten sich die Kinder ans Werk, und aus schmalen Versand-Pappröhren und versilberten Kronenkorken wurden Querflöten, Klarinetten, Oboen und ein Fagott. Aus Kartons bauten sie Violinen und ein Cello, aus starken Kabeln und Trichtern Trompeten und Posaunen, und aus einem großen Versandkarton und Schwarzlackfolie entstand sogar ein Konzertflügel.

Angelika baut eine Geige

Die Kinder hatten geplant, bei unserem gemeinsamen Wochenschluß, der Versammlung, die jeden Freitag im letzten Unterrichtsblock für alle Kinder und Lehrkräfte der Schule stattfindet, ihre Instrumente vorzustellen. Nach den großen Ferien wollten sie dazu Vorträge ausarbeiten, und ich sollte ihnen richtige Orchestermusik mitbringen.

Ein Hörspiel wird zum Theaterstück

Bei der Suche nach geeigneten Musikbeispielen fiel mir die Schallplatte »Ein Kind reist durch Europa« (Deutsche Grammophon Junior Nr. 2546029) ein, auf der die Kindheit von WOLFGANG AMADEUS MOZART geschildert wird – seine Familie, seine ersten Kompositionen, seine Reisen an die Höfe von Fürsten und Königen – mit Ausschnitten aus verschiedenen Konzerten und Sinfonien.

Die Kinder waren von der Geschichte begeistert. Sie wollten nun ihre Instrumente nicht mehr gesondert vorstellen, sondern entwarfen, wie schon anfangs beschrieben, sofort Pläne für ein darstellendes Spiel. Gemeinsam suchten wir drei geeignete Szenen aus. Die Kinder stellten eine Liste der handelnden Personen auf und berieten, wer welche Rolle übernehmen könnte. Die Wahl war schwierig, denn zwei Jungen wollten unbedingt Mozart spielen, und zwei Mädchen die Schwester Nannerl. Zu besetzen waren außerdem die Rollen der Eltern Mozart, der Nachbarn Hagenauer, des Kaisers und der Kaiserin, der Fürstinnen, Fürsten und Hofdamen. Die beiden Mädchen einigten sich schnell auf die Doppelbesetzung der »Nannerl-Rolle«: Eine wollte im Prolog und in der ersten Szene Mozarts Schwester spielen, die andere in den beiden folgenden Szenen. Schwieriger wurde es bei den beiden Jungen. Erst als ich MOZARTS Lebensgeschichte weiter erzähte und erwähnte, er sei in seinem Erwachsenenleben anderen Komponisten begegnet – wie etwa JOSEF HAYDN – kam Robert die rettende Idee: »Wir müssen das Stück ja nicht genau so spielen wie auf der Schallplatte – Wir könnten ja eine Szene spielen, wo der Mozart schon älter ist und den HAYDN trifft und dann zum Schluss machen wir die Orchestermusik!« Zustimmung der ganzen Klasse: »...und der Sebastian spielt den kleinen Mozart und du den großen!« Die Rollenbesetzung war gerettet.

Die Kinder hörten in Gruppen oder zu Hause immer wieder die Cassette an und entwarfen ihre eigenen Texte. In unserer Schule gibt es keinen Raum, in dem man längerfristig ein Theaterstück vorbereiten kann. Die »Aula«, in der unsere Wochenschlussversammlung stattfindet, ist ein Teil unserer Eingangshalle, von der einige Quadratmeter mit einer mobilen Wand als Mehrzweckraum abgetrennt werden können. Dort steht ein stabiles Holzpodest, die »Bühne«, die von Scheinwerfern beleuchtet werden kann. Hinter der Bühne ist eine Fensterfront mit lichtundurchlässigen dunkelblauen Vorhängen. Alles was man an Zubehör braucht, muss gut zu transportieren sein, und da unsere Klassenräume nicht sehr groß sind, müssen Kostüme, Instrumente und Requisiten auf Schränken oder Regalen untergebracht werden. Ein dreiteiliger Paravent wurde zur Kulisse. Ich bezog ihn mit zwei gelbgefärbten Bettlaken, und die Kinder hefteten auf der einen Seite Fenster und Tür auf, so wie sie es auf einem Foto von Mozarts Geburtshaus gesehen hatten. Auf der Rückseite wurden Barockfenster befestigt. So wurde der Paravent in der ersten Szene zu einem Teil der Getreidegasse in Salzburg, in den beiden folgenden Szenen zu einem Teil des Kaisersaales, ergänzt durch zwei samtbezogene Sessel und ein kleines Tischchen mit »versilbertem« Leuchter. Für die Kostüme wurden alle Kleiderschränke durchsucht nach gerüschten Blusen, seidenen Tüchern, glänzenden Gürteln, Kleidern und Röcken. Mütter aus der

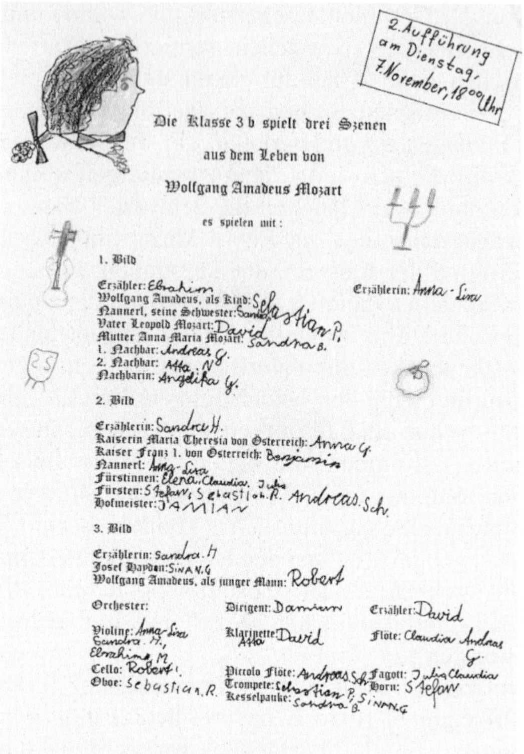

2\. Aufführung am Dienstag, 7. November, 18⁰⁰ Uhr

Die Klasse 3 b spielt drei Szenen

aus dem Leben von

Wolfgang Amadeus Mozart

es spielen mit:

1\. Bild

Erzähler: Ebrahim
Erzählerin: Anna-Lisa
Wolfgang Amadeus, als Kind: Sebastian P.
Nannerl, seine Schwester: Sandra
Vater Leopold Mozart: David
Mutter Anna Maria Mozart: Sandra B.
1\. Nachbar: Andreas G.
2\. Nachbar: Atta N.
Nachbarin: Angelika G.

2\. Bild

Erzählerin: Sandra H.
Kaiserin Maria Theresia von Österreich: Anna G.
Kaiser Franz I. von Österreich: Benjamin
Nannerl: Anna-Lisa
Fürstinnen: Elena, Claudia, Julia
Fürsten: Stefan, Sebastian R. Andreas Sch.
Hofmeister: DAMIAN

3\. Bild

Erzählerin: Sandra H.
Josef Haydn: SINAN G.
Wolfgang Amadeus, als junger Mann: Robert

Orchester:
Dirigent: Damian
Erzähler: David
Violine: Anna-Lisa, Sandra H., Ebrahim M.
Klarinette: David, Atta
Flöte: Claudia, Andreas G.
Cello: Robert
Piccolo Flöte: Andreas Sch.
Fagott: Julia, Claudia
Oboe: Sebastian R.
Trompete: Sebastian P., SINAN G.
Horn: Stefan
Kesselpauke: Sandra B.

Nachbarschaft halfen mit ihrem Kleiderfundus aus, Spitzentaschentücher wurden mit Broschen zu »Mozart-Kragen« umgestaltet.

Während dieser ganzen Vorbereitungszeit konnte ich beobachten, wie gut es den Kindern gelang, sich in eine ganz andere Zeit mit anderer sprachlicher Ausdrucksweise, Mode des Rokoko, Straßenverhältnissen und beschwerlichen Reisebedingungen hineinzuversetzen. Bei der Rollenbesetzung stellten sie zudem fest, dass jedes Kind als Zweitrolle auch noch einen Orchestermusiker darzustellen hatte, denn das Theaterstück sollte ja mit einem Konzert enden, in dem sie die selbstgebauten Instrumente einsetzen konnten. So bekam unser Projekt, das als kleines szenisches Spiel begonnen hatte, eine ganz neue Dimension. Neben die von den Kindern frei entwickelte Rollendarstellung trat nun die Pantomime, die äußerste Präzision erforderte.

Die Kinder suchten mit mir gemeinsam die Musikbeispiele aus: Die Klavierstücke, nach denen der kleine Mozart genau die Finger bewegen musste, Teile aus einem Klarinetten- und einem Oboenkonzert, das dem Kaiserpaar vorgespielt werden sollte, und als krönenden Abschluß die Ouvertüre der »Zauberflöte«, die sich – in unserem Theaterstück – die Kaiserin wünschte. Hier mussten alle »Musiker« genau auf ihre Einsätze achten.

Zu dieser Zeit kam ein neuer Schüler in die Klasse, der die ganzen Vorbereitungen nicht mitgemacht hatte. Wir stellten fest, dass er ein sehr gutes musikalisches Auffassungsvermögen hatte. Er merkte sich Melodien und Instrumentenklänge und hatte ein gutes Gefühl für Tempi und

Rhythmen. Bald stand seine Rolle fest: er würde der Dirigent sein. Seine »Partitur« musste in einer Art verkürzter grafischer Notation aufgeschrieben werden, die Instrumente malte er sich daneben und hörte sich immer wieder die Musikbeispiele an.

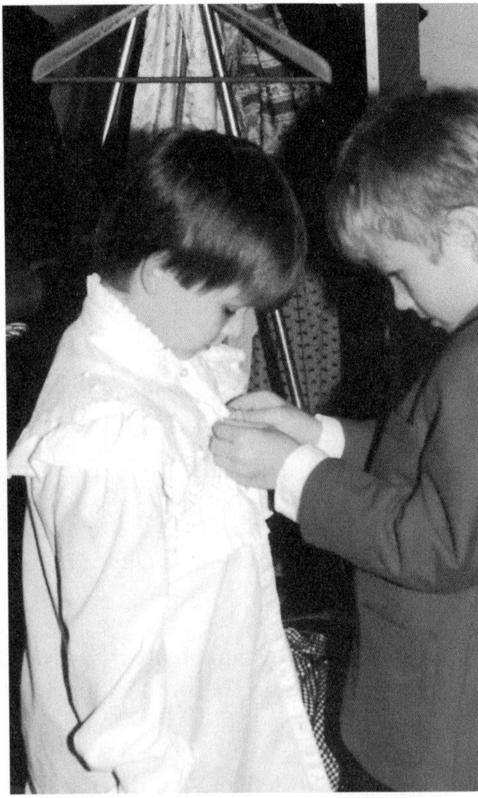

Vor der Aufführung: Vater Leopold knöpft seinem Sohn das Hemd zu

Die Aufführung

Endlich war es dann soweit, dass wir das Stück aufführen konnten. Gemeinsam mit der Klassenlehrerin waren wir übereingekommen, das Stück nur den Eltern, Geschwistern und den Lehrerinnen und Lehrern des Kollegiums vorzuspielen. Denn die Spieldauer war eine Dreiviertelstunde und damit zu lang für die 200 Kinder bei der Freitags-Versammlung. Die Aufführung planten wir für die Abendstunden. Die gedämpfte Beleuchtung sorgte für eine festliche Atmosphäre.

1. Szene
Sie beginnt mit dem Auftritt eines Erzählers, der gemeinsam mit der Schwester Mozarts eine Einführung gibt und kurz schildert, wo Mozart geboren ist, wo er wohnt und wer die Nachbarn sind. Nannerl berichtet von der bevorstehenden Reise. Danach treten die Eltern Mozarts und die Nachbarn Hagenauer auf. Das Reiseklavier wird hereingetragen, und der kleine Wolfgang Amadeus spielt noch ein Abschiedsstück für die Nachbarn.

2. Szene
Am Hofe der Kaiserin Maria Theresia und Franz des I. von Österreich wird die Familie Mozart feierlich empfangen. Fürsten und Hofdamen sind

Die Kaiserin hat sich die Ouvertüre zur Zauberflöte gewünscht

anwesend und staunen über das Wunderkind, das sogar mit einem Tuch über den Händen bei verdeckten Tasten spielt.

3. Szene
Diese Szene haben sich die Kinder unabhängig von der Schallplatten-Erzählung ausgedacht, um den älteren Mozart im Stück unterzubringen. Gemeinsam haben wir einen Dialog zwischen Mozart und Josef Haydn erfunden, den es so nie gegeben hat. Beide Komponisten erzählen sich gegenseitig von ihren neuesten Werken und bitten den Kaiser, das Orchester kommen zu lassen, um auch ihm und der Kaiserin die Musik zu präsentieren. Jedes der Kinder bleibt in seinem Kostüm, verwandelt sich aber jetzt in einen »Orchestermusiker«. Der Dirigent tritt auf, und zum Playback dreier Konzertausschnitte spielt das Orchester für das Kaiserpaar. Mit der Ouvertüre der »Zauberflöte« endet das Theaterstück. Zum Schluss stellt jedes Kind sein selbstgebautes Instrument vor.

Die Zuschauer waren begeistert, und die Kinder wurden gebeten, die Aufführung für weitere Interessenten zu wiederholen.

Es ist faszinierend zu beobachten, was ein einfaches Rollenspiel bei Kindern bewirken kann. Während der Vorbereitungszeit für das Stück war meine illustrierte Mozart-Biographie ständig ausgeliehen, ebenso das

Die Akteure stellen sich noch einmal vor

dicke Sachbuch »Musikinstrumente der Welt«. Am meisten aber haben mich die beiläufigen Mitteilungen während der Aufsicht oder im Vorübergehen auf dem Flur gefreut:

> *»Im Fernsehen gibt es einen Film, der heißt ›Amadeus‹, den guck ich mir an!«*
> *»Ich habe ein Konzert gesehen, da spielt auch ein Fagott mit.«*
> *»Ich habe eine echte Klarinette gesehen.«*
> *»Meine Oma hat eine Platte, da ist echte Mozart-Musik drauf.«*

Doris Flor / Hanns Petillon

Zwei Tage auf einer fremden Insel – ein Planspiel [1]

Planspiele sind vor allem aus der Erwachsenenbildung bekannt. Aber auch in der Grundschule könnten sie Gewinn bringend durchgeführt werden.

Große Bedeutung hat diese Methode seit dem Ende des Zweiten Weltkrieges vor allem im Bereich des Management-Trainings in Industrie und Wirtschaft, wo sie zur Schulung, Weiterbildung und Qualifizierung verwendet wird. Das Planspiel soll dazu beitragen, vernetzt und in größeren Zusammenhängen denken und handeln zu lernen, ein Anspruch, der auch für die Grundschule zunehmend an Bedeutung gewinnt. Die Förderung von Teamfähigkeit, Kooperationsbereitschaft, selbstgesteuertem Lernen, kreativem Umgang mit neuen Fragestellungen und die Anwendung wirkungsvoller Strategien zur Problemlösung (Schlüsselqualifikation) sind mit der Methode des Planspiels eng verknüpft und stehen mit der Öffnung von Schule, dem Einsatz offener Formen des Unterrichts sowie der Betonung des sozialen Lernens in unmittelbarem Zusammenhang.

Aus diesen Überlegungen entstand das »Inselspiel«, das zunächst mit den Lehrkräften aller beteiligten Klassen gespielt wurde. An diese Selbsterfahrung schloss sich eine differenzierte Auswertungsrunde an, in der die einzelnen Kernbestandteile vor allem im Hinblick auf die praktische Umsetzung analysiert wurden. Viele wertvolle Vorschläge wurden in eine Neufassung eingearbeitet. Es empfiehlt sich sehr, dieses Planspiel im Kollegenkreis auszuprobieren: Es stärkt das Sozialklima in der Gruppe und fördert auf der Grundlage einer intensiven Selbsterfahrung die Arbeit mit den Kindern. Im Folgenden wird in kleinen Ausschnitten über das Planspiel berichtet.

Gestrandet!

Die Durchführung des Planspiels erfordert Platz. Dies bedeutet, dass das Klassenzimmer vorher soweit als möglich leer geräumt werden muss. Daraufhin kann der Raum in eine Insel verwandelt werden.

Das Planspiel startet mit einer »Ortsbegehung«: Die Kinder werden mit der Insel vertraut gemacht, die das Aussehen des Klassenzimmers für die nächsten beiden Tage bestimmt: Es werden wichtige Dinge erklärt (z. B. Wasserstelle, Versammlungsplatz), die im Verlauf des Spiels von besonderer Bedeutung sind.

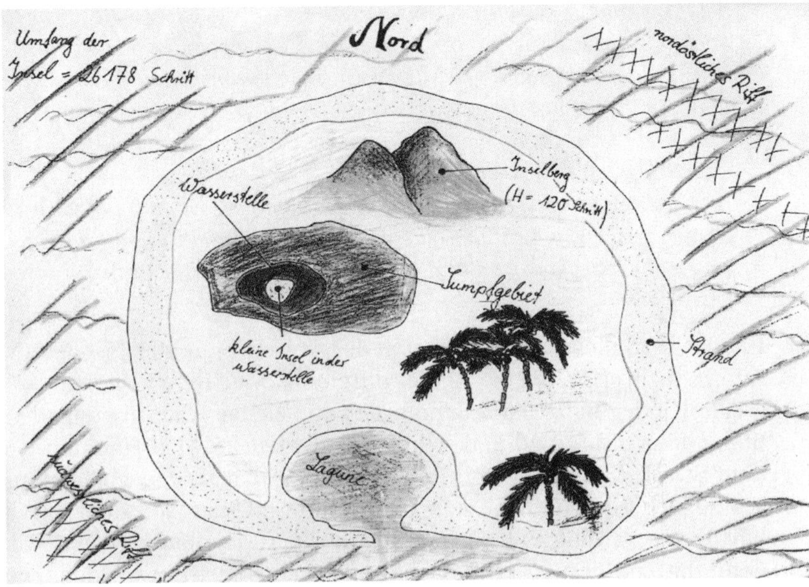

Abb. 1: Lageplan der Insel

Danach werden die Kinder mit einer Fantasiereise auf die Insel gebracht, erfahren den Grund für die Strandung und erhalten die Information, dass sie sich auf einen längeren Aufenthalt auf dieser einsamen Insel einstellen müssen.

FANTASIEREISE

Stellt euch nun vor, ihr befindet euch auf einem Schiff, der »Gorch Fock« (Hintergrund: CD »Meeresrauschen«). Vor einigen Tagen hat diese Schiffsreise mit eurer ganzen Klasse in Hamburg begonnen ... Ihr seid dort an Bord gegangen ..., habt eure Koje bezogen und einen Blick aus dem Bullauge geworfen ... Wunderschöne, erholsame Tage mit viel Spiel, Spaß und Freude sind seither vergangen ... Nun seid ihr mitten auf dem weiten, weiten Meer ... Die Sonne scheint, das blaue Meer plätschert ruhig vor sich hin, und weit und breit ist kein Land zu sehen. Bis auf einen ganz kleinen Fleck am Horizont – wahrscheinlich eine kleine Insel ... Ihr habt gerade nicht viel zu tun und sonnt euch auf dem Deck ...

Doch plötzlich ziehen am Horizont dunkle Wolken auf (Hintergrund: CD »Gewitter«), und in Minutenschnelle scheint sich der ganze Himmel in ein tobendes schwarzes Ungeheuer (Gewitter, lauter) verwandelt zu haben. Der Wind bläst wie toll, und die Wellen schlagen meterhoch, sodass das Wasser nur so über die Reling peitscht. Ihr tut, was ihr könnt, aber gegen den gewaltigen Sturm kommt ihr einfach nicht an. Das Schiff hat am Bug bereits das erste kleine Leck geschlagen. Der Mannschaftsraum steht schon kniehoch unter Wasser. Und es ist klar: Das Schiff wird bald sinken!
Alle rennen durcheinander, und dann steht fest: Es gibt nur noch eine Rettung! Alle springen ins Wasser. Die kleine Insel ist nicht mehr weit, und jeder rettet sich an Land, bevor der Sturm noch schlimmer wird …

Erzählt wird diese Geschichte von der weisen Frau, der Inselfee (Moderatorin, Lehrerin), die die Kinder durch die zwei Tage begleitet.

Alle Kinder haben den Schiffbruch mit heiler Haut überstanden und finden sich am Strand der kleinen Insel wieder. Doch Hab und Gut auf dem Schiff sind in Gefahr, denn es ist unrettbar leckgeschlagen, und es gilt zunächst noch einige lebensnotwendige Dinge von dort zu bergen, bevor es endgültig untergeht. Hier müssen Prioritäten gesetzt werden, denn die Zeit drängt, und es kann nicht alles gerettet werden. Die vier besten Schwimmer werden auserkoren und machen sich auf den Weg zum Wrack, um die ausgewählten Gegenstände in Sicherheit zu bringen.

Als wir die Geschichte hörten, wie wir auf der Insel gestrandet sind, konnte man sich alles genau vorstellen … Wir waren mitten in die Geschichte versetzt. (aus einem Logbuch, von Kindern geschrieben)

Die Insel ist für die Kinder unbekannt, und es gibt viel zu entdecken, was für den Aufenthalt und das Überleben notwendig ist. Also machen sich die Kinder auf zur Erkundung der Insel und entdecken einen Lageplan des Eilands und überdies Aufzeichnungen des Eremiten Lukas, der auf dieser Insel ein ähnliches Schicksal erlitt und seine Erfahrungen in Form eines Tagebuchs niederlegte. Hierin finden sich auch wichtige Hinweise, die im Verlauf des Spiels noch von Bedeutung für die Kinder sein werden. Überdies enthält das Tagebuch ein Rätsel, für dessen Lösung die Kinder eine Insel-Apotheke erhalten, die der Einsiedler für Notfälle angelegt hat. In dieser Apotheke befinden sich Medikamente, die die Kinder noch durch die »Medizin des guten Zusammenlebens« ergänzen sollen. Eine wichtige Sache, wenn man auf engem Raum, wie hier auf der Insel, miteinander leben und zurechtkommen muss.
Nichts unnötig verbrauchen. – Wenn jemand etwas zu essen findet, muss er es mit anderen teilen. – Nicht drängeln. – Sich immer untereinander besprechen, bevor etwas unternommen wird. – Den anderen zuhören. (Beispiele für die »Medizin des guten Zusammenlebens«)

Nachdem alles erkundet wurde, geht es darum, sich alles einzurichten und für alle Eventualitäten gewappnet zu sein. Eine Hütte als Schutz vor Unwetter und Sonne, ein Signalfeuer, das Abfassen und Losschicken ei-

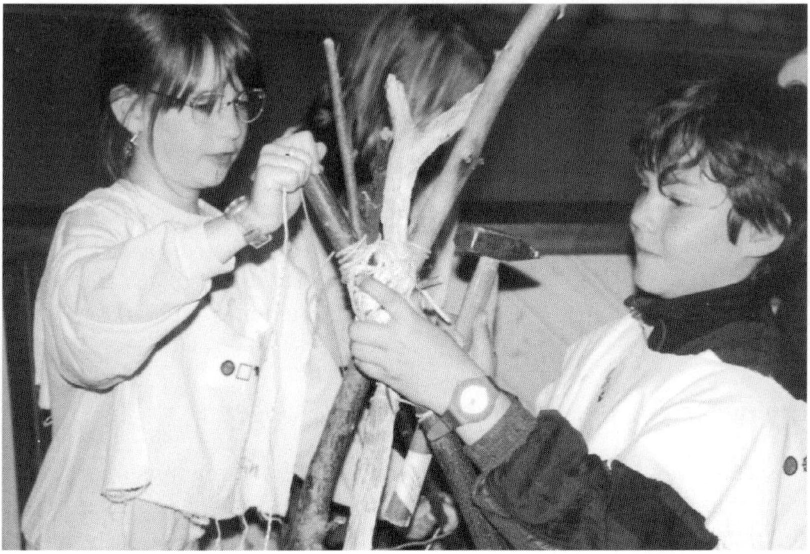

ner Flaschenpost, eine Sicherung gegen gefräßige Heuschrecken und auch der Bau einer Falle für das Inseltier »Känguborst« stehen an. Ein Gruppe von Kindern schreibt eine Flaschenpost, andere basteln einen großen Drachen, auf dem »Hilfe« steht.

Unser Schiff ist am Grund, und wir sind auf einer Insel. Es ist toll, aber auch traurig, weil vielleicht rettet uns keiner, aber wir hoffen. Wir haben eine Hütte gebaut, Hauptsache wir haben Schutz gegen Regen.
(aus einem Logbuch)

Hoffentlich rettet uns bald jemand, ich habe Heimweh.
(aus einem Logbuch)

Nachdem die Essensvorräte aufgegessen und alle von diesem ereignisreichen Tag auf der Insel ziemlich erschöpft sind, bleibt nur noch die Zusammenfassung der bisherigen Geschehnisse in Form eines Berichts, wie ihn alle guten Seeleute am Ende eines langen Tages in ihr Logbuch eintragen.

Der erste Tag war sehr anstrengend und spannend. Aber es macht sehr viel Spaß. Besonders das Rätsel war nervenzerreißend. Ich habe mich sehr wohl gefühlt.
(aus einem Logbuch)

Hiermit ist der erste Planspieltag beendet.

Der erste Tag
Es war ein schöner Morgen,
ohne Stress und Sorgen.
Diesen Tag, den merk ich mir,
denn er war der schönste hier.
Die Aufgaben, die waren schön,
wir werden jetzt nach Hause gehen.
(aus einem Logbuch)

Ein neuer Tag mit neuen Herausforderungen

Der zweite Tag beginnt wieder mit einer Einstimmungsphase. Die weise Frau lässt Revue passieren, was sich am vorherigen Tag alles zugetragen hat, und bereitet die Kinder auf die Aufgaben vor, die nun auf sie zukommen werden. Unter anderem hat die Inselfee den Kindern wieder einige Aufgaben mitgebracht, bei denen all ihre Fantasie gefordert ist.

Nach diesen Aufgaben ist das Problem »Trinkwasserbeschaffung« das Thema. Denn alles, was von Bord des Schiffes gerettet werden konnte, ist längst aufgebraucht. Nun wird die Wasserstelle wichtig, die die Kinder bereits aus der Ortsbegehung und aus dem Insellageplan kennen. Der Weg an das Trinkwasser ist jedoch tückisch, denn es muss ein gefährlicher Sumpf überquert werden. Dazu sollen die Kinder nun eine stabile Brücke bauen, um sicher und trockenen Fußes an das lebenswichtige Wasser zu kommen.

Das Brückenbauen war schön und ganz wichtig, weil alle Wasser brauchten und sonst verdursten, weil Meerwasser geht nicht.
(aus einem Logbuch)

Nun sind so gut wie alle Dinge geklärt, die ein Überleben auf der Insel sichern. Während der Zeitspanne des angestrengten Brückenbauens wurde am Strand eine Schatzkiste angespült, die ein unbekannter Gönner zusammengestellt und mit allerlei Utensilien bestückt hat, die man braucht, um ein Inselfest zu feiern. Und was läge näher, als den erfolgreichen Abschluss der Arbeiten mit einer Inselfete zu krönen. Aber erst muss der Inhalt der Schatzkiste genau inspiziert und geordnet werden, denn schließlich braucht man für ein Festessen, für Inselmusik, Inselspiele und Inseltanz auch eine gewisse Vorbereitung. Zur Durchführung des Festes selbst sollen die Kinder die Abfolge der einzelnen Darbietungen und Aktivitäten abstimmen und jemanden aus ihrer Mitte wählen, der die Organisation des Ablaufs in die Hand nimmt. Und dann kann gefeiert, gegessen, gespielt, musiziert und getanzt werden.

Die Kinder stellen ein wunderbar verziertes Buffet zusammen; andere haben aus Holzstücken ein Xylophon gebastelt oder sich Tänze ausgedacht; viel Zeit und Fantasie wird für die Entwicklung von Spielen verwendet.
(Beobachtungen in einer Klasse)

Ein Gewitter zieht heran (Fantasiereise) und setzt dem Fest ein Ende – aber die Feststimmung war ohnehin gerade am Abflauen. In ihren festlichen Aktivitäten haben die Kinder nicht bemerkt, dass sich der Insel nicht nur ein Gewitter, sondern auch ein Schiff näherte. Die Flaschenpost-Aktion der Kinder hatte Erfolg, und die Rettung ist da!

Ein Reporter, der sich auf dem Schiff befindet, interessiert sich natürlich sehr für die Hintergründe der Strandung und dafür, wie die Kinder ihr Überleben gesichert haben, und möchte zudem einiges über Besonderheiten der Insel wissen. Er möchte ihre Geschichte als Reportage in

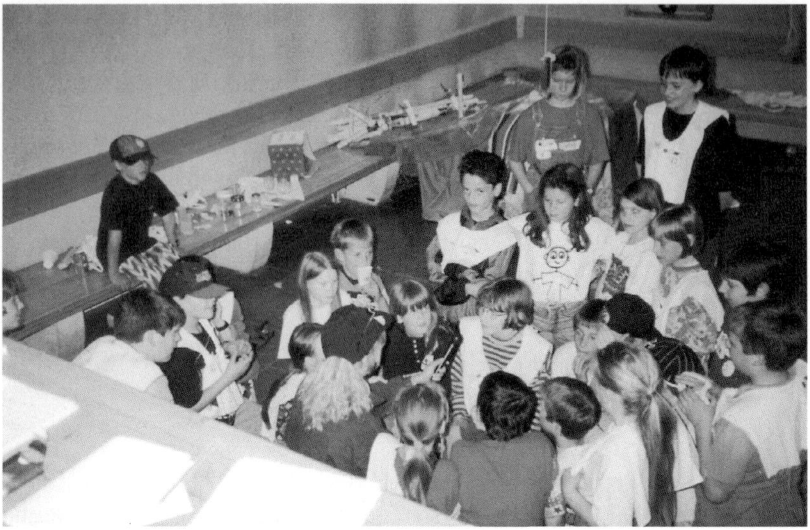

die Zeitung bringen und interviewt die Kinder zu ihren Erfahrungen und Erlebnissen. Schließlich bietet er ihnen die Heimfahrt auf seinem Schiff an.

Inseln kannten die Kinder schon vom Urlaub her. Anna zum Beispiel erholte sich letztes Jahr auf Gran Canaria. Diese Insel habe zwar eine Menge Geschäfte und sei auch größer gewesen als die Spielinsel, meint sie, »aber mehr Abenteuer habe ich hier erlebt«.
(Aufzeichnungen eines Reporters)

Mit einer abschließenden Runde, in der die Kinder zu dem Inselspiel selbst Stellung beziehen können (Metaebene), wird das Planspiel beendet. In nachträglichen Gesprächen mit den beteiligten Lehrerinnen wurde deutlich, dass es die vielfältigsten Möglichkeiten gibt, dieses Inselspiel kind- und ortsgerecht auszugestalten.[2]

Die Insel der Erlebnisse
(Schlusssatz in einem Logbuch)

Literatur

PETILLON, H./FLOR, D.: Abschlussbericht der Wissenschaftlichen Begleitung »Lern- und Spielschule«. Landau 1997

1 Nachdruck des Beitrages mit freundlicher Genehmigung der Zeitschrift GRUNDSCHULE.
2 Falls Sie das Spiel in Ihrer Klasse ausprobieren wären die Autoren für Informationen zu Ihren Erfahrungen und Gestaltungsideen sehr dankbar (Adressen im Autorenverzeichnis).

Uta Wallaschek

Spielend die Stille entdecken
Der Welt begegnen – ein Spiel zum Entdecken und Erleben

Stille

Ich setze mich jetzt bequem, aber nicht lässig hin.
Meine Füße stehen auf dem Boden, als wären sie mit ihm verwurzelt.
Meine Hände liegen locker im Schoß.
Ich versuche ruhig zu atmen und still zu werden.
Ich bekomme nachher etwas in die Hand gelegt, das ich betrachte solange die Musik läuft.
Wenn die Musik zuende ist, möchte ich vielleicht
berichten, was mir aufgefallen oder dazu eingefallen
ist und wie ich mich dabei gefühlt habe.

So oder ähnlich können Kinder dazu aufgefordert werden, sich auf eine Stille-Übung einzulassen. Bekommen die Schülerinnen und Schüler etwas zum Betasten oder sind sie zum Lauschen angehalten, werden sie gebeten, die Augen zu schließen und gegebenenfalls die Hände zu einer Schale zu formen.

Ist die Übung zu Ende, haben die Kinder die Möglichkeit sich dazu zu äußern. Sie berichten, was ihnen aufgefallen ist, erzählen, welche Geschichten ihnen dazu eingefallen sind und möglicherweise auch, wie sie sich gefühlt und was sie empfunden haben.

Gelingende Stille, wie sie Momente selbstvergessenen Lernens begleitet, bedingt, dass die Sache, die Situation und der Inhalt Schülerinnen und Schüler ansprechen und diese intensives Interesse dafür entwickeln. Diese Begegnung von Kind und Sache lässt sich nur schwer arrangieren. Es können aber wichtige Voraussetzungen für dieses Lernen geübt werden: die Fähigkeit, sich in Ruhe und Konzentration einer Sache zuzuwenden, und mehr Geduld und Gelassenheit im Umgang miteinander, in der Gemeinschaft (vgl. auch Faust-Siehl u.a. 1995).

Die Bedeutung der Stille für das Lernen liegt darin, dass eine Kultur des Nachdenkens gefördert werden soll; Stille kann:

- Erfahrungsfelder öffnen und Erfahrungsvielfalt ermöglichen,
- zum Hinschauen, Hinhören und Hineinfühlen ermuntern, Empathiefähigkeit bilden,
- Staunen lernen und Geduld entwickeln,
- Ästhetik erlebbar machen,
- Momente versunkenen Lernens, als Erlebnis des Schweigens ermöglichen.

Stille-Übungen bleiben so offen, dass das Ausmaß an Vorstellungslenkung sehr gering gehalten ist. Sie lassen die Imagination der Kinder innerlich zu Wort, Ton, Bild und Empfindungen kommen und fördern damit das anschauende Denken.

Stille-Übungen sind keine Phantasiereisen. Diese erheben eine Lenkung im Sinne einer geführten Imagination zum Prinzip und wollen durch autogene Trainingselemente einen veränderten Bewusstheitszustand herbeiführen.

Maria Montessori beschrieb in ihren Beobachtungen und Erfahrungen zur Polarisation der Aufmerksamkeit, dass Kinder dazu fähig sind, ohne Anleitung spielend die Stille zu entdecken, sich konzentriert über eine lange Zeit, ohne sich stören zu lassen, einer Sache zuzuwenden.

Spielen

Spielen ist natürliche Ereignishaftigkeit der tätigen Selbsterprobung, in der es noch eine Einheit von Körper und Seele, Wunsch und Wissen, Ahnung und Bewusstsein gibt; Spielen kann sich somit vom kontrollierten Bewusstsein absetzen. Man macht etwas Zweckfreies und ist augenblicklich bei sich selbst (vgl. auch PETILLON in diesem Band).

Spielen kann im Ur-Rhythmus von Systole und Diastole stattfinden, dem Ein und Aus, dem Wechsel von Anspannung und Entspannung. Dabei gibt es ohne Schweigen kein Reden, ohne Stille keine Aktivität. Spielen ermöglicht Besinnen, verbunden mit dem Erinnern im neuen Verarbeiten und Bewusstmachen.

Wie Kinder die Stille spielend entdecken können, möchte ich an einem komplexen Spiel darstellen.

Der Welt begegnen

Sehen – Hören – Erinnern und Verstehen
Ein Spiel zum Entdecken und Erleben

Dies ist ein Spiel mit Ereigniskarten. Die Ereignisse/Aufgaben enthalten spielerische und stille Elemente. Ohne Führung durch die Lehrerin oder den Lehrer haben die Kinder die Möglichkeit, durch die intensive Beanspruchung eines oder mehrerer Sinnesorgane auf die Leistung und die Qualität der dadurch ermöglichten Wahrnehmung aufmerksam zu werden, Eindrücke wahrzunehmen und zu verarbeiten. Die Stille ist notwendige Begleiterscheinung der Aufgabe (z. B. Hören, Fühlen…) oder sie entsteht in der Konzentration auf die Aufgabe selbst.

Die Spielform ist Kindern bekannt, auch die Spielregeln kennen sie und werden diese immer wieder eigenständig modifizieren. Im Spielgeschehen, das die Spieler/innen bestimmen, können sich die Kinder selbsttätig erproben. Verwenden kann man jeden Spielplan mit Ereignisfeldern.

Eine größere Erfahrungsvielfalt und neue Erfahrungsfelder bietet jedoch eine mit Naturmaterialien plastisch gestaltete Spiellandschaft. Schon das Sammeln der Gegenstände mit den Kindern zusammen kann ein Beitrag zur Erziehung der Stille sein. Die Schüler und Schülerinnen schauen genau hin, sie fühlen die Rissigkeit und Rauheit eines Rindenstückes, sie riechen die modrige Erde beim Entfernen eines Moospolsters, betrachten die verschiedenen Grünfärbungen des Polsters und spüren dessen luftige Weichheit. Man sieht Gesichter und Figuren in

Wurzeln und Aststücken, riecht und spürt die Harzigkeit eines Tannenzweiges und hört bei Bewegungen eines Kiefernzapfens ein leises Klappern des Samens; lässt man Sand durch die Finger rieseln, spürt man die verschiedenen Körnungen, ab und zu blitzt ein Quarzkorn kristallen im Sonnenlicht. Das regt an, darüber nachzudenken, wie Sand entsteht. Ein Schneckenhaus erinnert an Erlebtes, an eine Geschichte; man spürt und sieht die Wachstumsrillen und der Forscherdrang, zu erfahren, wie es dazu kommt, erwacht. Die Natur lehrt Kinder zu staunen, wenn sie nur Gelegenheiten bekommen, der Natur zu begegnen.

Auch die Spiellandschaft kann mit den Kindern gestaltet werden. Sie begegnen den gesammelten, bereits bekannten Naturmaterialien neu. Das einzelne Kind besinnt sich, erinnert sich an die Situation des Sammelns, die damalige Wahrnehmung eines Gegenstandes und vergleicht die Bedeutung, Vorstellung und Empfindung damals und jetzt.

Im gemeinsamen Arbeiten muss man Geduld entwickeln, sich über das Arrangement absprechen und möglichst den ästhetischen Ansprüchen gerecht werden. Mit runden kleinen Holzscheiben, flachen Steinen oder Ähnlichem wird ein Spielweg markiert. Ereignisfelder muss man besonders hervorheben, so könnten die flachen Steine z.B. in der Farbe variieren oder sich runde und ovale Holzscheiben abwechseln. Die gemeinsam gesammelten Materialien Rinde, Moos, Tannenzapfen, Steine, Wurzeln und vieles andere säumen den Weg, der möglicherweise unter Rindenbrücken über Wurzelgebirge, durch Tannenzapfenwälder an Sandgärten vorbei zum Schneckenhausdorf an das Ziel führt (die Idee, solche Spiellandschaften zu gestalten, stammt von FURCHNER/GRÄBER 1999). Die Spiellandschaft wird sich ständig verändern, weil die Kinder sie mit selbstgesammelten Gegenständen weiter ausgestalten.

Als Spielmaterial benötigt man neben den Ereigniskarten einen Würfel und Spielsteine. In Schatzkästchen werden Gegenstände (siehe dazu die folgenden Beispiele für Ereigniskarten) zum Sehen (Gegenstände, Photos, Bilder...), zum Hören (Dinge, die klingen, Steinchen, Glöckchen, Kugeln...), zum Fühlen (Körner, Kerne, Samen, Fellchen, Sand...) und vieles anderer mehr aufbewahrt. Lehrerinnen haben sicher immer wieder neue Ideen, wie sie die Ereigniskarten laufend ergänzen können.

Jedes Ereignis/jede Aufgabe kann auch einzeln als Stille-Übung oder Spiel im Unterricht verwendet werden. Vervielfältigt man die Karten und fasst sie zu einer kleinen Kartei zusammen, kann diese den Schülerinnen und Schülern für freie Arbeitszeiten zur selbstständigen Tätigkeit zur Verfügung gestellt werden.

»Der Welt begegnen« ist ein Spiel, das vielfältig ist, sich ständig verändert und somit neuen Anreiz bietet, das wächst und immer wieder neu entdeckt und erlebt werden kann. Man muss nicht gewinnen, darf sich bei den Ereignissen besinnen und handeln. Die Spiellandschaft erfordert Behutsamkeit und macht Ästhetik erlebbar.

Vor Spielbeginn sprechen sich die Kinder ab oder entscheiden beim Spielverlauf, ob einzelne oder alle die Aufträge/Aufgaben der jeweiligen Ereigniskarten ausführen. Es kann auch freigestellt werden, ob die Schüler und Schülerinnen eine Auswahl der Karten treffen möchten.

Meine Erfahrungen sind, dass die Kinder dieses Spiel oft spielen möchten und die Spielvarianten der jeweiligen Spielrunde anpassen. Nach Abschluss des Spielens ist das Bedürfnis vorhanden, den anderen mitzuteilen, was man entdeckt und erlebt hat. Gerne wird auch die Frage beantwortet, ob und wo man Stille gefunden hat und wie sie erlebt wurde.

Beispiele
für Ereigniskarten

Hören
Lauschen
Die Stille im Rhythmus
finden

Schließe beide
Augen.

Was kannst du
hören?

Nimm eine Glasmurmel
aus dem Hörkästchen.

Lass diese über
den Boden rollen.

Schließe die Augen
und höre auf die
rollende Kugel.

Stelle dir vor du
bist auf einer
Sommerwiese.

Was kannst du
hören?

Immer wenn es so leise ist
dann finde ich das einfach schön.
Dann hört man immer die Vögel
und zum Beispiel wenn es regnet
und wenn es gewittert und das
ist dann halt schön.
Nicola
7 Jahre

Entsprechend der
gesammelten Gegenstände im
Hörkästchen können Ereigniskarten
formuliert werden.
Vielleicht gibt es auch
~~Gegenstände~~ in der Spiellandschaft
die man hören kann.

Düfte – riechen – erinnern

Welche Gerüche und Düfte findest du in der Spiellandschaft?

Nimm ein Duftesäckchen aus dem Riechkästchen.

Was fällt dir zu den Düften ein?

Welche Gerüche kennst du?

Wähle drei Düfte aus dem Riechkästchen.

Erzähle dazu eine Duftgeschichte.

Schließe die Augen.

Erinnere dich an einen Ferientag kurz vor Weihnachten.

Welche Düfte fallen dir dazu ein?

Schlaraffenland

Heute bist du im Schlaraffenland.

Was riechst du?

Sommer

Lavendel und Levkojen
erblühen.
Ich rieche den Sommer.

Rosenduft umhüllt mich.
Ich rieche den Sommer.

Die Wiese ist frisch gemäht.
Ein warmer Regenschauer
geht nieder.
Ich rieche den Sommer.

Ich fühle mich leicht und froh.

Wie riechst du den Sommer?

Was riecht hier?

Wiesendüfte
Erzähle!

Welche Gerüche nimmst du in eurem Klassenzimmer wahr?

Schließe die Augen.
Was riechst du?

Sehen – die Stille in der Betrachtung entdecken – erinnern

Suche einen Gegenstand in der Spiellandschaft.

Beschreibe diesen ganz genau den anderen Kindern.

Suche dir einen kleinen Ausschnitt in der Spiellandschaft.

Erzähle den anderen Kindern eine Geschichte dazu.

Wähle einen Gegenstand aus dem Sehkästchen aus.

Beschreibe was du siehst.
An was wirst du erinnert?

Wähle ein Bild oder Foto aus dem Sehkästchen.

An was wirst du erinnert?
Erzähle dazu.

Nimm die Pfauenfeder aus dem Sehkästchen.

Beschreibe diese.
Welche Bilder fallen dir ein.

Bergtour

Du willst eine Bergtour machen.

Was siehst du unterwegs?
- Farben
- Formen
- Pflanzen
- Tiere
- ...

Erzähle zum Bild.

Erzähle zum Bild.

Erzähle zum Bild.

Tasten – Fühlen – Spüren

Suche je einen Gegenstand in der Spiellandschaft der

- kühl ist
- glatt ist
- weich ist

Überprüfe durch Tasten deine Vermutung.

Schließe die Augen.

Lass dir von einem anderen Kind einen Gegenstand aus dem Fühlkästchen legen.

Was ertastest du?
Wie fühlt es sich an?

Taste deine eigene Hand, oder die eines anderen Kindes ab.

Was ertastest du?
Was spürst du?

Schau dir ein Stück Rinde in der Spiellandschaft genau an.

Schließe die Augen und ertaste das Rindenstück.

Kannst du etwas entdecken, was du nicht gesehen hast?

Nimm ein Schneckenhaus aus dem Fühlkästchen.

Was fühlst du beim Ertasten?
Erzähle eine Geschichte zu dem Schneckenhaus.

Nimm eine Feder aus dem Fühlkästchen.

Streichle damit sanft ein anderes Kind.

Frage das Kind, was es fühlt, wie es sich fühlt.

Wie fühlt er sich wohl?

Ganz oben im Hochhaus.
Wie fühlt man sich?

Wie fühlt sie sich?

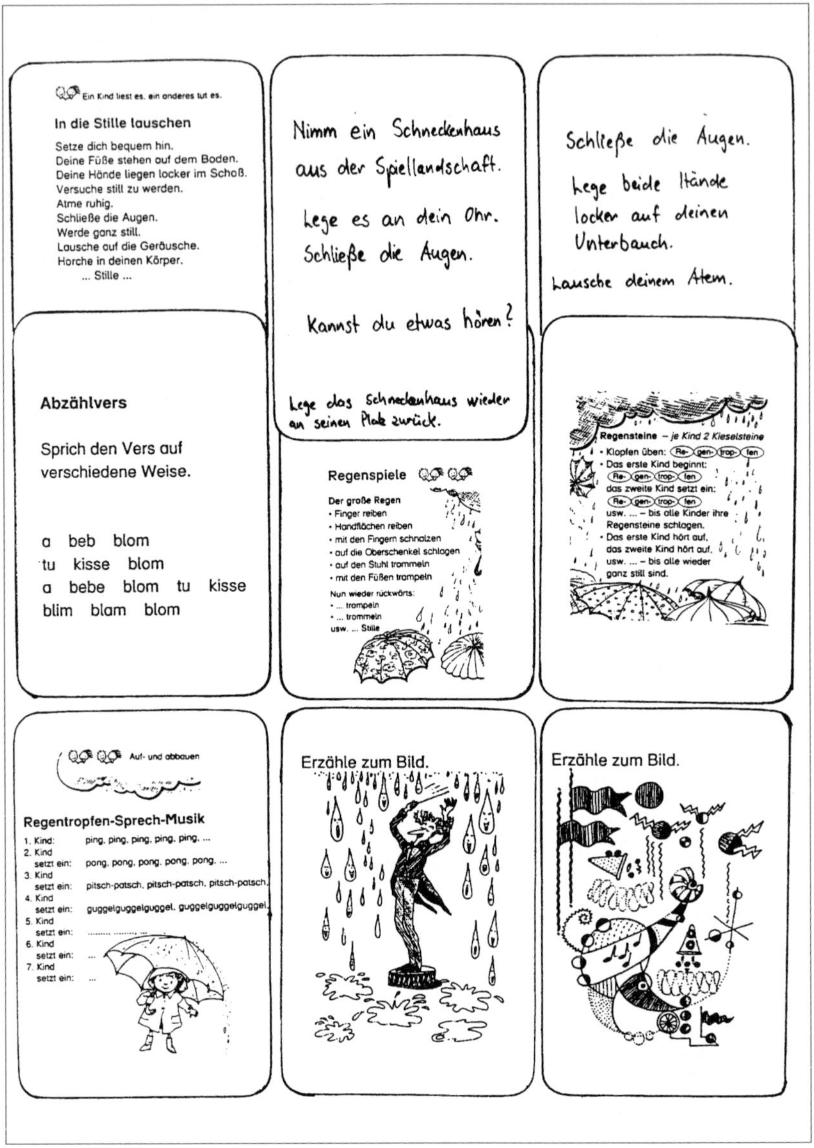

Literatur

FAUST-SIEHL, G./BAUER, E./BAUER, W./WALLASCHEK, U.: Mit Kindern Stille entdecken. Frankfurt 1995

FURCHNER, C./GRÄBER, U.: Spielideen für viele Anlässe. In: Praxis Grundschule. Heft 1, 1999, S. 30-39

3

Lernen durch Spielen: Bereicherung des Unterrichts

Gerlind Belke

Sprachspiele im Deutschunterricht mehrsprachiger Lerngruppen [1]

Das Sprachspiel als spielerischer Umgang mit den Elementen der Sprache und den Beziehungen zwischen diesen Elementen hat es vermutlich zu allen Zeiten und in allen Kulturen gegeben. Vorkommen, Formen und Funktion des Sprachspiels sind überaus vielfältig. Es begegnet uns in vielen literarischen und subliterarischen Genres, im Aphorismus ebenso wie im Sprichwort, in Schüttelreimen, Limericks ebenso wie in Kinderreimen; es kommt zur Entfaltung in den spielerischen Interaktionen zwischen Erwachsenen und Kleinkindern (Fingerverse, nursery rhymes u. ä.), in der Subkultur von Grundschulkindern (Abzählreime, Klatschspiele, Lieder, Witze, Rätsel, Zungenbrecher). Die ästhetischen Qualitäten des Sprachspiels werden in der neueren Kinder- und Jugendliteratur, insbesondere in Bilderbuchtexten, genutzt.

Wenn Kinder ihre Spiele singend bzw. rhythmisch sprechend begleiten, prägen sie sich dabei sprachliche Beziehungen in einer anderen Weise ein, als das in der Alltagskommunikation möglich ist: Mit dem Seilchenspringvers *Salat, Salat, jeden Monat Salat, Januar, Februar, März…* z. B. erwirbt das Kind hüpfend die Reihenfolge der Monatsnamen, die ihm beim situativen Sprechen immer nur einzeln begegnen. Viele von Kindern tradierte Sprachspiele vermitteln in ähnlicher Weise sprachliches Wissen, z.B. Jahreszeiten, Wochentage, die Reihenfolge des Alphabets in ABC-Versen, Körperteile (Beispiel 1) oder semantische Oppositionen (Beispiel 2) und Ergänzungen (z.B. Nomen + passendes Verb in Beispiel 3):

(1)

Adam hatte sieben Söhne,
sieben Söhne hatte Adam.
Sie aßen nicht,
sie tranken nicht,
sie waren alle liederlich
und machten's so wie ich:
Mit den Fingern tip, tip, tip,
mit dem Köpfchen nick, nick,
nick,
mit den Füßchen trab, trab,
trab,
mit den Händchen klapp,
klapp, klapp.

(2)

Eins, zwei, drei,
alt ist nicht neu,
arm ist nicht reich,
hart ist nicht weich,
frisch ist nicht faul,
ein Ochs ist kein Gaul!

(3)

Vögel, die nicht singen,
Glocken, die nicht
klingen,
Pferde, die nicht
springen,
Pistolen, die nicht
krachen,
Kinder, die nicht lachen,
was sind das für Sachen?

Die Struktur des Kinderverses (2) kann man weiterführen und zum Lernen von Vokabeln, hier semantischen Oppositionen nutzen:

Eine Nelke ist keine Rose,
ein Hemd ist keine Hose,
ein Deckel ist kein Topf,
ein Arm ist kein Kopf,

ein Hund ist keine Katze,
ein Fuß ist keine Tatze,
dumm ist nicht schlau,
ein Mann ist keine Frau!

Text (3), der wie viele mündlich tradierte Kinderverse etwas altertümlich-autoritär klingt, kann man den eigenen Ausdrucksbedürfnissen leicht anpassen:

Lehrer, die mal singen,
Stunden, die was bringen,
Kinder, die dann lachen,
das sind tolle Sachen!

Das Spielen mit Sprache basiert auf der Formbarkeit und Veränderbarkeit von Sprache auf allen Ebenen. Bestimmte Elemente des Sprachsystems rücken dabei in die Spielwelt der Kinder. Der Vokalwechsel in »Bi-, ba-, Butzemann« oder »Ri-, ra-, rutsch« entspricht der am häufigsten genutzten Ablautreihe bei den Stammformen starker Verben (singen, sang, gesungen – trinken, trank, getrunken – winken, ...!), und es tut der Freude an solchen Versen keinen Abbruch, dass das Kind den Vokalwechsel i/a/u »ins Ohr« bekommt. Solche von den Kindern selbst praktizierten Formen der Verknüpfung von Spielen und systematischem sprachlichen Lernen werden von der Sprachdidaktik viel zu selten aufgegriffen. Im folgenden soll zunächst gezeigt werden, welche Funktionen das Sprachspiel beim spontanen kindlichen Sprach*erwerb* hat; dann wird erörtert, wie das kindliche Sprachspiel zur gezielten *Vermittlung* sprachlicher Strukturen im Unterricht genutzt werden kann. In einem abschließenden Kapitel wird der Stellenwert des Sprachspiels in einem integrativen Deutschunterricht an Beispielen demonstriert.

Sprachspiele und Spracherwerb

Während sich die Aufmerksamkeit des Sprechers und Hörers bei alltagssprachlichen Äußerungen auf den Inhalt, die sprachliche Handlung und den kommunikativen Erfolg, weniger auf die sprachlichen Mittel der Äußerung richtet, wird im kindlichen Sprachspiel die Sprache selbst zum Gegenstand der Aufmerksamkeit. Primär instrumentell-kommunikative Äußerungen werden nur in Ausnahmefällen wiederholt, z. B. wenn sie akustisch nicht verstanden wurden, bei Missverständnissen oder allenfalls, um der Redeabsicht Nachdruck zu verleihen. Für spielerisch-rituelle Äußerungen sind Wiederholungen dagegen konstitutiv. Im Sprachspiel findet die kindliche Urlust an der Wiederholung ihren authentischen Ausdruck. Durch die Wiederholungen prägen sich die in den Sprachspielen enthaltenen sprachlichen Strukturen ein und deshalb sollten sie zur Grundlage aller sprachlichen Übungen gemacht werden, die auf Wiederholungen angewiesen sind.

Sprachspiele begleiten die Handlungen und Bewegungen des Kindes von Geburt an, indem sie das Wiegen, Schaukeln, Laufen, Hüpfen, Springen sprachlich akzentuieren und rhythmisieren. Durch spielerische Interaktionen zwischen Kindern und Erwachsenen wird bereits im Vorschulalter ein Sprachspielrepertoire aufgebaut. Dabei werden alltägliche Handlungen zum Ritual mit Sprachspielbegleitung:

Einen Löffel für die Mama, einen für den Papa,
einen für die Oma aus Oklahoma,
einen für die Tante und für den Onkel auch,
bis dem armen Kinde beinahe platzt der Bauch.

Später entwickeln und tradieren die Kinder Abzählreime, um Spielrollen zu verteilen, Reimverse, um die Besitzverhältnisse im Sandkasten zu regeln:

Geschenkt ist geschenkt! Wiederholen ist gestohlen!

Spottverse auf dem Schulhof sind eine »ohrenfällige Gesetzesstimme« (Rühmkorf 1985, S. 39), die die Beziehungen der Kinder im Guten wie im Bösen regelt:

Erste Klasse, Untertasse!
Sag mal »Pfütze«! Zehn Minuten Stütze!
Angeber, Tütenkleber!
Angsthase, Pfeffernase / morgen kommt der Osterhase!

Bei den spielbegleitenden Sprachspielen überwiegen Reihentexte, die durch die Substitution einzelner Elemente variiert und ergänzt werden können. In dem folgenden, in vielen Varianten tradierten Sprachspiel geht es um die Zuordnung von altersspezifischen Kennzeichen und Tätigkeiten des Menschen von der Wiege bis zum Grab. Typisch für die »Inszenierung« ist die Kombination von rhythmischen und analogen Bewegungen, die die sprachlichen Inhalte unterstreichen:

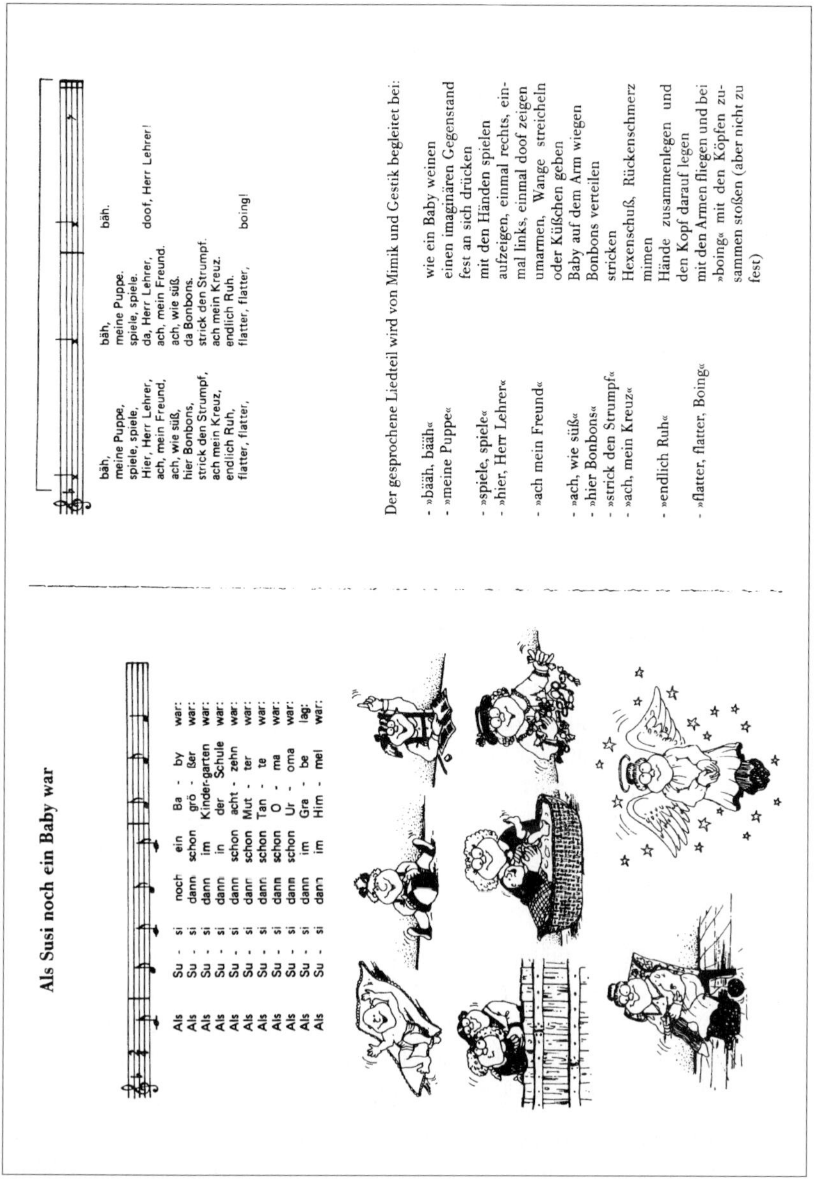

Abb. 1 GECK/KOHLEN 1986, S. 54-55

Zum Vergleich ein italienisches Liedchen, bei dem die Körperteile vom Schnabel bis zum Schwanz mit ihren jeweiligen Funktionen als Paradigma aufgezählt werden:

Beim Lied von der Amsel ändern sich von Strophe zu Strophe immer nur zwei Wörter: Die Amsel verliert *den Schnabel, die Zunge, die Nase, die Augen, die Ohren, einen Flügel, den Fuß, den Schwanz* und kann nun nicht mehr *picken, singen, riechen, sehen, hören, fliegen, hüpfen, brüten.*

mündlich tradiert

Klatschspiele, sprachbegleitetes Hüpfen, Seilchenspringen und Bewegungslieder werden vorwiegend – wenn auch keineswegs ausschließlich – von Mädchen praktiziert. Jungen würden möglicherweise auch gern in dieser Form spielen, halten es aber offenbar für unmännlich. Sie verlegen sich deshalb auf andere Formen des Sprachspiels, wie z.B. Spottverse, Zungenbrecher, Sprüche, Witze und sehr komplexe »reine« Sprachspiele, wie die folgenden, bei denen es um den linguistischen Status von Homonymen geht (F/fliegen und H/haben als Nomen oder Verb in Beispiel 4 und 5 bzw. Zweck als Subjekt oder Objekt oder als abgeleitetes Verb in Beispiel 6):

(4) Wenn hinter Fliegen Fliegen fliegen, fliegen Fliegen Fliegen hinterher.
(5) Jene, welche Haben haben, haben Haben gut versichert.
(6) Der Zweck hat den Zweck, den Zweck, den er bezwecken soll, zu bezwecken. Wenn der Zweck den Zweck, den er bezwecken soll, nicht bezweckt, hat der Zweck keinen Zweck.

Wenn Neunjährige, wie wir in einem 3. Schuljahr beobachtet haben, sich gegenseitig dazu herausfordern, solche hochkomplexen hypotaktischen Gebilde schnell und fehlerfrei zu reproduzieren, so wollen sie damit einerseits sprachliche Virtuosität demonstrieren, zum anderen haben sie das Bedürfnis, schwierige grammatische Strukturen ihrer Muttersprache, die ihnen vor allem in schriftlichen Texten begegnen, zu durchschauen und beherrschen zu lernen.

Die weitgehend mündliche Überlieferung solcher Sprachspieltexte erfordert zunächst die genaue Reproduktion vorgegebener Sprachmuster, wobei die Spielgruppe die Normen und Regeln festlegt, mit denen ein spielerisches Hantieren mit sprachlichen Elementen erlaubt ist. Ein Text ist entweder richtig oder falsch, man hat gewonnen oder verloren. Wenn die jeweilige Norm beherrscht wird, kann sie allerdings gezielt und regelhaft verletzt werden: Das Spielen mit Sprache bezieht seine Spannung aus der Balance zwischen Regelhaftigkeit und Abweichung und ermöglicht deshalb gleichermaßen den Erwerb und die gezielte Destruktion der in den Texten enthaltenen sprachlichen Normen.

Gerade die in vielerlei Hinsicht verunsicherten mehrsprachigen Kinder in multinationalen Grundschulklassen wollen wissen, was in einer Sprachgemeinschaft als »richtig« und was als »falsch« angesehen wird. Das Sprachspiel entlastet diese Kinder, weil es die Möglichkeit bietet, sich in ein vorgegebenes Sprach- und Handlungsschema »einzuklinken« und nicht eigene Lösungen entwickeln zu müssen. Wenn sie das Schema der übernommenen Sprachspiele beherrschen, werden sie ebenso kreativ mit den vorgegebenen Regeln spielen, wie ihre deutschsprachigen Spielkameraden und den Spielraum zwischen Regel und Freiheit nutzen.

Die Tatsache, dass in allen Kinderkulturen dieser Welt Sprachspiele entwickelt und tradiert werden, und zwar schwerpunktmäßig bis zum Alter von 10 oder 11 Jahren, legt die Vermutung nahe, dass das Sprachspiel eine wichtige Funktion beim *systematischen* kindlichen Spracherwerb hat (vgl. dazu Belke 1989).

Sprachspiele und Sprachvermittlung

Was fangen wir Sprachdidaktiker mit diesem Reichtum kindlicher Sprachspiele an? Einerseits ist mit Rühmkorf (1967) vor einer Instrumentalisierung kindlicher Spielwelten für pädagogische Zwecke zu warnen. Sprachspiele gehören zur Subkultur der Kinder, in die sich Erwachsene nicht einmischen sollten. Das kann zu Problemen führen: Eine Studentin erzählt als Einstieg in eine Unterrichtsstunde über metaphorischen Sprachgebrauch den folgenden Ostfriesenwitz:

Warum streuen die Ostfriesen Pfeffer auf den Fernseher?
Damit das Bild schärfer wird!

Diese Stundeneröffnung führt zu einem doppelten Tabubruch: Die Kinder bringen weitere metaphorische Bedeutungen von »scharf« aus dem Bereich der Sexualität zur Sprache, erzählen anschließend Ostfriesenwitze, danach Türkenwitze. Auf den Einwand der Studentin, dass das keine guten Witze seien, halten sie ihr vor, sie habe ja selbst einen Ostfriesenwitz erzählt.

Andererseits liegt es nahe, bei der Sprachvermittlung von strukturierenden Handlungen auszugehen, wie sie in kindlichen Sprachspielen vorgeformt sind. Durch die gezielte Nutzung des kindlichen Sprachspiels ist es möglich, die für nicht-deutschsprachige Kinder erforderliche Einübung grammatisch korrekter Sprachmuster mit dem für deutschsprachige Kinder wichtigen operativen Lernen im Bereich der Sprachreflexion zu verknüpfen.

Schüler in multinationalen Klassen verlangen und brauchen sprachliche und kulturelle Orientierungen, wie die folgende kleine Episode in einem 2. Schuljahr (vier deutsche und 18 ausländische Schüler mit neun verschiedenen Herkunftssprachen) zeigt. Die Lehrerin macht eine Rechtschreibübung zur Verdopplung der Konsonanten nach kurzem Vokal, indem sie von den Schülern Reimwörter nennen lässt:

Lehrerin: *Hammer.*
Schüler: *Schlammer, Pammer, Stammer.*
Lehrerin: *Das sind keine Wörter!*
Schließlich werden »*Jammer*« und »*Kammer*« akzeptiert, wobei unberücksichtigt bleibt, dass das auch für manche deutschen Kinder keine »Wörter« sind.

Nächstes Reimwort »*Himmel*«. Murat schreibt unaufgefordert »*Pimmel*« an die Tafel. Die Lehrerin wischt – mit einem strafenden Blick auf Murat – den Pimmel weg, woraufhin dieser sich wehrt: »*Pimmel ist Wort!!*«, was von der Lehrerin ignoriert wird. Daraufhin meldet sich Murats deutscher Nachbar: »*Der Murat hätte gar nicht Penis schreiben können, das hätt' sich ja nicht gereimt!*«

Der deutsche Achtjährige hat im Gegensatz zu seinem türkischen Mitschüler gelernt, dass der Körperteil als solcher in unserer liberalen Schule keineswegs tabu ist, wohl aber die Art der Bezeichnung. Es gilt die Sprachregelung: *Pimmel* auf dem Schulhof und *Penis* im Unterricht. Natürlich hätte die Lehrerin das dem Murat bewusst machen müssen; auch werden die meisten Lehrer die Tabugrenze nicht unbedingt zwischen dem schönen Reimpaar *Himmel und Pimmel* ziehen. Aber die Lehrerin hat zweifellos recht, wenn sie annimmt, dass »*nur noch solche Wörter*« genannt worden wären, wenn sie den *Pimmel* nicht weggewischt hätte. Viele kindliche Sprachspiele gehören zur Kategorie »solche Wörter«; deshalb können wir das Sprachspielrepertoire der Kinder nicht unbesehen zum Gegenstand des Sprachunterrichts machen. Aber das ästhetische Potential des Sprachspiels, die der Erzeugung von Ästhetizität dienenden Verfahren der Textkonstitution, die sollten wir aufgreifen!

Jeder Sprachunterricht muss darauf bedacht sein, dass sich das Interesse der Schüler nicht ausschließlich auf die Inhalte und Handlungen richtet, die durch die sprachlichen Zeichen ausgedrückt werden. Vielmehr gilt es das Interesse von der praktischen Funktion weg auf das sprachliche Zeichen selbst zu lenken. Damit gewinnt die ästhetische Funktion von Sprache Vorrang vor den pragmatischen Funktionen imitierter Alltagskommunikation. Warum lieben Kinder Verse, Reime, Kinderlieder, Sprachspiele, die sinnlose Wortgebilde enthalten, Texte, in denen häufig Formelemente wie Rhythmus und Reim die eigentliche Aussage überspielen? LYPP zufolge spielen sie deshalb eine bevorzugte Rolle, weil sie gegenüber der komplexen Alltagssprache *einfache Strukturen* sind:

»Die geringe Zahl von Regeln, nach denen der Kindervers strukturiert ist, stellt gegenüber der Vielzahl der Regularitäten des Spielmaterials, das in ihnen verarbeitet wird, eine Vereinfachung dar, besser gesagt: Die wenigen Regeln dienen als eine Art Bewältigungsinstrument, mit dessen Hilfe die Regelkomplexität der natürlichen Sprache subjektiv beherrschbar zu werden scheint. Rhythmische und klangliche Regularitäten sind leichter erkennbar und nachvollziehbar als etwa grammatische« (LYPP 1984, S. 31).

Aus der Perspektive der Fremdsprachendidaktik hat WEINRICH auf diesen Sachverhalt hingewiesen:

> *»Ich glaube, es läßt sich nicht übersehen, daß der Sprachunterricht in eben dem Maße, wie er gesteuert vorangeht, entweder der metasprachlichen oder der ästhetischen Funktion der Sprache begegnet.«*
>
> *(WEINRICH 1988, S. 236)*

In jedem Sprachunterricht müssen *pattern*, d.h. Satzmuster, Satzbaupläne, und *Paradigmen*, d. h. Konjugationen, Deklinationen, semantische Paradigmen, vermittelt werden. Die konkrete Poesie als eine besondere Form des Sprachspiels macht – sozusagen programmatisch – die sprachlichen Mittel zum Gegenstand der Dichtung, so das Kasusparadigma in den folgenden drei Texten, bei denen die Paradigmen auf die syntagmatische Achse gekippt werden, d. h. die Paradigmen werden so arrangiert, dass sie auch eine syntagmatische Beziehung und damit eine Bedeutung erhalten:

(7)
Ernst Jandl

der tod
des todes
dem tod
den tod
der tod des todes
dem tod den tod

(Garbe 1976, S. 77)

(8)
Franz Mon

ein solcher mann
eines solchen mannes
einem solchen mann
einen solchen mann
solche männer
solcher männer
solchen männern
solche männer

(Mon 1967, S. 15)

(9)
Josef Reding

denunziation

früher oder
später
verrät
der verräter
des verräters
dem verräter
den verräter
früher oder später

(Wiemer 1971, S. 51)

Solche Texte sollten wir den Kindern als Material anbieten, in der berechtigten Erwartung, dass sie die jeweilige Struktur dieser Texte ihren Bedürfnissen entsprechend mit eigenen Inhalten füllen, indem sie einzelne Elemente substituieren, z. B. statt tod: vernichtung, zerstörung, krieg, gefahr? – statt mann: frau, kind, lehrer, deutscher, ausländer, serbe, kroate – diese Verschläge stammen aus einem 5. Schj. mit vielen Serben und Kroaten, kurz nach dem Ausbruch des Balkankrieges. Um mit solchen Texten »arbeiten« oder »spielen« zu können, müssen die Kinder sie nicht in allen Dimensionen verstanden haben. Unsere Unterrichtsversuche haben gezeigt, dass auch Grundschulkinder solche Texte in ihr Sprachspielrepertoire übernehmen. Das gilt insbesondere für Redings Verrätergedicht, wobei sie *Verräter* durch *Petzer* ersetzen, das poetische Schema sich somit zu eigen machend. Durch diese Adaption begreifen die Schüler die syntaktischen Funktionen der vier Fälle, und zwar in der gleichen Weise, wie sie sich in ihren eigenen Sprachspielen (vgl. die Beispiele 4 bis 6) den grammatischen Status von *Fliegen/ Haben* und *Zweck* bewusst machen.

Das Paradigma der indefiniten Pronomen oder unbestimmten Zahlwörter in ihrer quantitativen Rangfolge von *alle* bis *keiner* ist das Thema des folgenden Gedichts, das R. O. Wiemer für Zwecke des Fremdsprachenunterrichts konzipiert hat.

alle haben gewusst
viele haben gewusst
manche haben gewusst
einige haben gewusst
ein paar haben gewusst
wenige haben gewusst
keiner hat gewusst

(Wiemer 1971, S. 12)

Die ästhetische Qualität erwächst aus der Leerstelle, dem zu ergänzenden Dass-Satz. Sie erlaubt eine produktive und kreative Aneignung des Textes: Die Schüler selbst stellen den situativen Kontext her, der ihnen in Lehrbuchtexten in der Regel vorgegeben ist, z.B. indem sie Vorkommnisse in der Lerngruppe konnotieren, »dass Teybet heute Geburtstag hat«, »dass Ergins Mutter krank ist«, »wie die Hauptstadt der Türkei heißt«. Denkbar wäre auch – in Verbindung mit dem Verrätertext von Reding – die Konnotation eines Fernsehkrimis: alle > keiner hat gewusst, wer der Täter ist. Je nach den situativen Rahmenbedingungen, der Zusammensetzung der Lerngruppe, in denen solche Texte angeboten werden, können völlig neue Bedeutungen entstehen.

Sprachspiele in einem integrativen Deutschunterricht

Der Begriff »Integration« bzw. »integrativ« ist in der Sprachdidaktik mehrfach besetzt. Zum einen geht es um die »Integration« der nichtdeutschsprachigen Kinder in einen gemeinsamen Deutschunterricht, der muttersprachliche und fremdsprachliche Lernbedürfnisse gleichermaßen berücksichtigt. Das leistet der hier skizzierte Umgang mit Sprachspielen. Ausländische Kinder können auf diese Weise sprachliche Strukturen, insbesondere Paradigmen, üben, ohne dass sich ihre deutschen Mitschüler langweilen. Für sie ist der kreative Umgang mit Sprachspielen eine Möglichkeit der »Reflexion über Sprache« und der Bewusstmachung und Übung von Sprachstrukturen, die sie beim Schreiben brauchen.

Die zweite Bedeutung von »Integration« bezieht sich auf die Forderung, dass sprachliche Sachverhalte nicht »isoliert« behandelt werden sollten, sondern im situativen Kontext, handlungs- und inhaltsorientiert. Diese aus pädagogischer Sicht zweifellos beherzigenswerte Forderung muss allerdings das bereits auf S. 7 thematisierte Problem berücksichtigen, »unter welchen Bedingungen das Interesse zwischen den Wörtern und den Sachen, den Sätzen und den Handlungen in eine Schwebe« gebracht werden kann (Weinrich 1988, S. 236). Insbesondere Lehrbücher für den muttersprachlichen Unterricht neigen dazu, von interessanten Inhalten ausgehend, »integrativ« verschiedene Bereiche des Deutschunterrichts, Rechtschreibung, Grammatik, Textproduktion, zu behandeln. Dabei kann es passieren, dass entgegen den Absichten der Lehrbuchautoren, die Schüler lieber über das wichtige Thema Umweltschutz reden, als in dem präsentierten Text über Umweltschutz die Nomen zu unterstreichen.

Im Folgenden soll exemplarisch demonstriert werden, wie durch das Angebot ästhetischer Texte nicht nur der Sprach- und Literaturunterricht, sondern auch das Lesen, die mündliche und schriftliche Textproduktion und die Grammatik in einem integrativen Deutschunterricht miteinander verknüpft werden können. Ausgangspunkt ist das »generative Schreiben«, d.h. die Textproduktion auf der Basis vorhandener Texte. Kinder sind – wie sie in ihren Sprachspielen demonstrieren – in der Lage, Texte spielerisch zu verändern und für ihre eigenen Ausdrucksbedürfnisse zu nutzen. Die im Vorschulalter gelernten Kinderlieder werden im Schulalter meist in abgewandelter Form tradiert – und das seit Generationen:

> Alle meine Entchen schwimmen im Klosett, schwimmen im Klosett
> und wenn man an der Strippe zieht, dann sind 'se alle weg!
>
> Hänschen klein, ging allein, in Berliner Turnverein ...
>
> Von den blauen Bergen kommen wir, unser Lehrer ist genau so
> dumm wie wir ...

Diese Lust am spielerischen Umgang mit vorgegebenen sprachlichen Mustern ist der Ausgangspunkt des folgenden Unterrichtsprojekts »Wir zaubern mit Sprachen« in einem 3. Schuljahr mit 80 % nicht-deutschsprachigen Kindern mit 12 verschiedenen Herkunftssprachen. Der folgende Text wird zunächst vorgetragen:

Zauberkatze

Meine Katze ist verzaubert,
das weiß ich ganz genau.
In Wirklichkeit ist sie eine Zauberfrau.
Wenn sie wollte,
könnte sie durch den Schornstein gleiten
und als Hexe auf einem Besen reiten!
Und sie könnte noch ganz andere Sachen,
wenn sie wollte!
Doch das fällt ihr gar nicht ein.
Warum?
Sie will meine Katze sein!

(Auer 1986, S. 62)

Zur Übung der Substitution von Nomen in verschiedenen Genera durch die entsprechenden Pronomen jeweils im Nominativ und Dativ werden anschließend gemeinsam zwei Paralleltexte mit einem Maskulinum und einem Neutrum erarbeitet. Ein Teil der Kinder besteht darauf, die vorgegebene Reimstruktur beizubehalten:

Der Zauberhund

Mein Hund ist verzaubert,
das weiß ich genau.
In Wirklichkeit ist *er* ein Zauberwauwau.
Wenn *er* wollte,
könnte *er* über ein wildes Feuer springen
und als Zauberer verhexte Lieder singen.
Wenn *er* wollte,
könnte *er* sich zum Wolf machen!
Und *er* könnte noch ganz andere Sachen,
wenn *er* wollte!
Doch das fällt *ihm* gar nicht ein.
Warum?
Er will mein Hund sein!

Das Zauberkaninchen

Mein Kaninchen ist verzaubert,
das weiß ich genau.
In Wirklichkeit ist *es* ein Zauberlehrling.
Wenn *es* wollte,
könnte *es* über den Zauberwald fliegen
und als Zauberer in jedem Wetthexen siegen!
Wenn *es* wollte,
könnte *es* sich zum Känguruh machen!
Und *es* könnte noch ganz andere Sachen,
wenn *es* wollte!
Doch das fällt *ihm* gar nicht ein.
Warum?
Es will mein Kaninchen sein!

Der Originaltext und die gemeinsam erarbeiteten Varianten werden von den Kindern laut gelesen, einzeln und im Chor; dabei prägen sich die Pronomen und die Textstruktur ein. Anschließend darf sich jedes Kind ein Kuscheltier aussuchen und zu dem gewählten Tier einen eigenen Text schreiben:

Der Zauberfrosch

Mein Frosch ist verzaubert,
das weiß ich genau.
In Wirklichkeit ist er ein Zauberprinz.
Wenn er wollte,
könnte er durch das Schloß fliegen
und als Frosch eine Prinzessin kriegen!
Wenn er wollte,
könnte er einen Vogel und einen Hund verzaubern.
Und er könnte noch ganz andere Sachen,
wenn er wollte!
Doch das fällt ihm gar nicht ein.
Warum?
Er will mein Frosch sein

Kristiane und Demet

Die Zaubermaus

Unsere Maus ist verzaubert,
das weiß ich genau.
In Wirklichkeit ist sie ein Drachen
und könnte tolle Sachen.
Wenn sie wollte,
könnte sie Feuer spucken
und sie könnte sich zu einer Katze machen
und miauen.
Doch das fällt ihr gar nicht ein.
Warum?
Sie will meine Maus sein!

Yasar und Ahmet

Das Zauberseelöwenbaby

Unser Seelöwenbaby ist verzaubert,
ich weiß ganz genau, was es ist.
In Wirklichkeit ist es ein Zauberspezialist.
Wenn es wollte,
könnte es über einen Wal springen
und ganz schöne Lieder singen!
Wenn es wollte,
könnte es sich zu einem Hai machen!
Und es könnte noch ganz andere Sachen,
wenn es wollte!
Doch das fällt ihm gar nicht ein.
Warum?
Es will unser Seelöwenbaby sein!

Dijana und Norma

Der Zauberaffe

Unser Affe ist verzaubert,
das weiß ich ganz genau.
In Wirklichkeit ist er ein Zaubervogel.
Wenn er wollte,
könnte er über Dortmund fliegen
und immer im Wettkampf siegen!
Wenn er wollte,
könnte er über den schiefen Turm von Pisa
springen
und italienische Lieder singen,
wenn er wollte!
Doch das fällt ihm gar nicht ein.
Warum?
Er will unser Affe sein!

Luisa und Loredana

In der gleichen Lerngruppe wurde auch der folgende Text eingeführt, indem den Kindern das Bild einer überdimensionierten Maus und eines winzigen Hundes gezeigt wurde:

Kim denkt

Wenn Mäuse so groß wie Hunde wären,
dann müßten Katzen so groß wie Tiger sein.
Und die Tiger wären dann so groß
wie Elefanten.
Aber die Elefanten wären so groß
wie Walfische, und die Walfische
so groß wie Ozeandampfer.
Und überhaupt müsste dann alles
viel größer sein, die ganze Welt und die Häuser, die Bäume
und die Menschen und Papa und Mama,
und ich natürlich.
Aber wenn *alles* viel größer wäre,
dann würde man das
ja gar nicht merken?
Vielleicht *sind* die Mäuse *wirklich* so groß wie Hunde?

(AUER 1986, S. 62)

Die erste Reaktion auf den Text war der gewünschte Widerspruch, der dann zu einer systematischen Übung des Komparativs genutzt wurde:

In Wirklichkeit sind Hunde größer als Mäuse,
Elefanten größer als Tiger,
Ozeandampfer größer als Walfische usw.

Es zeigte sich jedoch, dass einige Kinder lieber beim Irrealis und damit in der Poesie bleiben wollten, und sie setzten sich mit ihren Textvariationen gegen die grammatikalischen Absichten der Studentin durch:

Kim denkt

Wenn Schnecken so schnell wie Hasen wären,
dann müssten Hasen so schnell wie Fahrräder sein.
Und die Fahrräder wären dann so schnell wie Autos.
Aber die Autos wären dann so schnell wie Raketen.

Thomas

Kim denkt

Wenn Frösche so schön wie Schmetterlinge wären,
dann müssten Schmetterlinge so schön wie eine Prinzessin sein.
Und die Prinzessinnen müssten dann so schön wie Barbie-Puppen sein.

Suna

In dem hier vorgeschlagenen spielerischen Umgang mit poetischen Texten werden nicht nur Sprach- und Literaturunterricht sinnvoll miteinander verknüpft. Auch das Lesen, die mündliche und schriftliche Textproduktion und die Grammatik werden in einen ganzheitlichen Deutschunterricht integriert: Durch das laute Lesen des Textes bekommen die Kinder die Pronomen (*er, sie, es* und im Dativ *ihr, ihm, ihm*) ins Ohr; indem sie einen eigenen Text schreiben, setzen sie diese Pronomen bewusst für der-, die- und das-Wörter ein.

Für viele Deutschlehrer ist es möglicherweise überraschend, wenn nicht gar befremdlich, dass man in der oben beschriebenen Weise poetische Texte in einem integrativen Grammatikunterricht nutzen kann. Die Nähe von Poesie und Grammatik, seit der Antike bekannt, ist heute – zumindest in der Sprachdidaktik fast vergessen. Das liegt einmal an der bereits erwähnten Trennung von Sprach- und Literaturwissenschaft, Sprach- und Literaturdidaktik, zum anderen an der »kommunikativen Wende« Anfang der 70er Jahre, die zu einem vorwiegend an der Alltagssprache orientierten, situations- und handlungsorientiertem Sprachunterricht geführt hat. In ihren Sprachspielen zeigen uns die Kinder, wie man die Grenzen zwischen Sprach- und Literaturunterricht, muttersprachlichem und fremdsprachlichem Lernen, Kreativität und Normorientierung spielend überwinden kann.

[1] Der hier skizzierte Ansatz ist ausführlich dokumentiert und theoretisch begründet in BELKE, G. (1999). Weitere Unterrichtsbeispiele und Kopiervorlagen finden sich in BELKE/GECK (1996)

Literatur

AUER, M.: Was niemand wissen kann. Seltsame Geschichten. Weinheim/Basel 1986

BELKE, G.: Kinderverse und Sprachspiele im systematischen Sprachunterricht. In: Jahrbuch Grundschule: Lyrik gestalten und aneignen. Hannover 1989, S. 178-193

BELKE, G.: Mehrsprachigkeit im Deutschunterricht. Sprachspiele, Spracherwerb und Sprachvermittlung. Baltmannsweiler 1999

BELKE, G./GECK, M.: RUMPELFAX. Singen, Spielen, Üben im Grammatikunterricht für deutsche und ausländische Kinder. Mit zwölf Liedern zu zehn grammatischen Schwerpunkten. Berlin 1996

GARBE, B.: Experimentelle Texte im Sprachunterricht. Schriften für Deutschlehrer. Düsseldorf 1976

GECK, M./KOHLEN, H.: Spiellieder und Abzählreime aus dem Ruhrgebiet. Stuttgart/Witten 1986

LYPP, M.: Einfachheit als Kategorie der Kinderliteratur. Frankfurt 1984

MON, F.: Lesebuch. Neuwied 1967

RÜHMKORF, P.: Über das Volksvermögen. Exkurse in den literarischen Untergrund. Reinbek bei Hamburg 1967

RÜHMKORF, P.: agar, agar, zauzarim. Zur Naturgeschichte des Reims und der menschlichen Anklangsnerven. Frankfurt/M. 1985

WEINRICH, H.: Wege der Sprachkultur. München 1988

WIEMER, R. O.: Beispiele zur deutschen Grammatik. Berlin 1971

Irmintraut Hegele / Barbara Brandt

Spielen in der Fremdsprachenarbeit der Grundschule

Fremdsein – Anderssein

Ein Rollenspiel

Das Rollenspiel ist Teil eines szenischen Projekts, in dem Texte zum Thema »Ausländerfeindlichkeit« von Kindern mit fremd- und muttersprachlichen, pantomimischen, musikalischen und bildnerischen Mitteln so gestaltet werden, dass Fremdheitserlebnisse abgebaut und Möglichkeiten des friedlichen Zusammenlebens von Menschen unterschiedlicher Sprache und Kultur sichtbar werden.

Das fremdsprachliche Lernen ist integriert in:

- den »Muttersprachlichen Unterricht«
- die Arbeitsform: »Projektunterricht«
- das soziale und interkulturelle Lernen
- das Schulleben (Aufführung vor den Eltern am Ende einer Projektwoche).

»Ausländer«
Mein Papa ist Ausländer.
Und meine Mutter ist Ausländerin.
Klaus und ich wir sind auch Ausländer,
eben jetzt, obwohl wir Deutsche sind.
Denn eben jetzt sind wir in Dänemark.
Ha, ha!
Daran hast du nicht gedacht, was?
Dass Deutsche auch Ausländer sind -
im Ausland.
(Siv Widerberg)

Szenische Gestaltung:
Inge verbringt die Ferien auf einem Campingplatz in England.

Mutter: *Wir brauchen Milch und Brötchen. Inge, geh' bitte zum Einkaufen.*
Inge: (wehrt ab) Mama, das kann ich doch nicht.
M.: (beruhigend) *Das schaffst du schon.*

I.: (ängstlich) Was muß ich denn sagen? Ich traue mich nicht.
M.: *Milch heißt »milk«, Brötchen sind »rolls«.*
I.: (memoriert auf dem Weg) *Milk and rolls, milk and rolls.*
Verkäuferin: (freundlich) *Good morning. Nice weather today. Can I help you?*
I.: (immer noch ängstlich) *Good morning.*
Milk and rolls.
Verk.: *How many rolls?*
I.: (zeigt 5 Finger)
Verk.: *Five rolls. Here you are. What about milk?*
How many bottles?
I.: (laut) *Two, please.*
Verk.: *Here you are. Two bottles of milk. That's 2 pounds 20.*
I.: (bezahlt)
Verk.: (gibt Wechselgeld) *Here is your change. Goodbye.*
I.: *Goodbye* (strahlt vor Freude über den gelungenen Einkauf).

Zurück auf dem Zeltplatz
M.: *Na, da bist du ja wieder. Wie hat es denn geklappt?*
I.: (fröhlich und stolz) *Two bottles of milk, five rolls and the change. Das hat ganz super geklappt. Die Verkäuferin hat mich richtig gut verstanden.*

(IACONIS/DIETERLE 1994, S. 122/123)

Spielen im Fremdsprachenunterricht an Grundschulen

Das Spiel hat seit langer Zeit einen bedeutenden Platz im schulischen Fremdsprachenunterricht.

Es ist daher nur konsequent, wenn es auch in den verschiedenen Modellen frühen Fremdsprachenlernens an Grundschulen in den einzelnen Bundesländern heute einen zentralen Platz einnimmt. So wird die Notwendigkeit des Spiels sowohl in Lehrgangs- als auch in Begegnungs- und in Integrationskonzepten betont. Verwundern muss allerdings, dass seine Aufgaben und Funktionen in diesen Konzepten noch nicht näher untersucht worden sind, obwohl die grundlegenden Unterschiede zwischen den einzelnen Konzepten sich auch in ihrer Auffassung vom Spiel widerspiegeln.

Im folgenden Beitrag geht es zunächst darum, den Stellenwert des Spiels und seine Funktion(en) in unterschiedlichen Modellen frühen Fremdsprachenlernens zu untersuchen. Auf dieser Grundlage wird versucht, seine Bedeutung für eine Grundschulpädagogik zu bestimmen, die fremde Sprachen und Kulturen in ihren Bildungsauftrag integriert.

Abschließend geht es darum, an praktischen Beispielen exemplarisch darzustellen, wie eine Spielpraxis aussehen kann, die sich an solchen theoretischen Vorgaben orientiert.

Spielen in Lehrgangskonzepten

Lehrgangskonzepte decken heute ein breites Spektrum unterschiedlicher Auffassungen und Vorgehensweisen ab. Gemeinsam ist ihnen wohl die Vorstellung, Fremdsprachenlernen vollziehe sich am effektivsten in der Abfolge systematischer Lehr-Lernschritte, die sich an einer linguistischen Progression, das heißt einer nach Schwierigkeit gestuften Abfolge der zu erlernenden sprachlichen Strukturen orientieren. Übergeordnetes Lernziel ist der Erwerb einer (fremd-) sprachlichen Kompetenz, die zu höheren Schulabschlüssen und zu verbesserten beruflichen Chancen in einem sich einigenden Europa führt.

Unterschiede bestehen offensichtlich darin, wie stark grammatische Strukturen das Unterrichtsgeschehen bestimmen, bzw. inwieweit die Erfahrungen, Wünsche und Kommunikationsbedürfnisse der Kinder Berücksichtigung finden. Dem entsprechend kommen auch dem Spiel unterschiedliche Aufgaben und Funktionen zu.

Eine enge Orientierung an einer grammatischen Progression ist in dem Fremdsprachenlehrgang von H. Sarter »Fremdsprachenarbeit in der Grundschule« (1997) vorgesehen, wie unter anderem in den Unterrichtsbeispielen des Kapitels »Anregungen und Vorschläge zur spielerischen Umsetzung von Lernzielen« deutlich wird:

Präpositionen

Präpositionen, die im Rahmen von Geschichten, Erzählungen und Liedern eingeführt sind, können ebenfalls durch einfache Spiele oder Aktivitäten gefestigt werden. Eingeleitet durch das Lied ›Tête, épaule, jambe, pied …‹, das die Kinder in einem Kreis stehend mit einer Berührung der entsprechenden Körperteile gesungen haben, können in der Ausführung der folgenden kleinen Anweisungen in der Kombination zweier Körperteile auch Präpositionen geübt werden.

In einem ersten Schritt beispielsweise ›sur‹:

- ›Je mets ma main sur ma bouche.‹
- ›Je mets ma main sur ma jambe.‹
- ›Je mets ma main sur …‹

Dabei gibt in der ersten Phase die Lehrkraft die entsprechenden Anweisungen; wenn der Aufforderungssatz den Kindern bekannt genug geworden ist, können Kinder im Wechsel diese Rolle übernehmen. In einer zweiten Phase kann der Aussagesatz durch einen Imperativ und die Nennung eines Kindes ausgetauscht werden:

➢ ›Sandra, mets ta main sur ta bouche.‹

Die Anweisung geht jetzt nicht mehr an die gesamte Gruppe, sondern an einzelne Kinder, die, wenn sie aufgefordert werden, das Spiel ihrerseits fortsetzen können.

Die hier vorgestellte Grundidee bietet vielfältige Möglichkeiten zur Ausweitung. So können in den nächsten Schritten weitere Präpositionen hinzukommen:

➢ ›Je mets ma main sous mon pied …‹

…

»Eine ähnliche Aktivität zur Übung der Präpositionen könnte darin bestehen, daß ein Kind z. B. sein Heft an einem bestimmten Ort versteckt, und dann aus der Gruppe bzw. anfangs von der Lehrkraft nachgefragt wird: ›Le cahier, est-il *sur* la table, *sous* la chaise, *derrière* la chaise, *dans* le cartable, la trousse?‹« (Sarter 1997, S.137/138).

In dem Unterrichtsbeispiel geht es der Autorin nach eigener Aussage einzig und allein um die Übung der Präpositionen. Das Spiel soll die Kinder zu wiederholten Handlungen bzw. zu Äußerungen motivieren, die für das Einprägen der grammatischen Strukturen notwendig, im Lebensvollzug des Kindes ansonsten aber sinnlos oder überflüssig sind (wann ist es z. B. notwendig bzw. sinnvoll, dass man seine Hand auf den Fuß, das Bein, die Ohren, die Nase legt?).

Sehr viel kindgemäßer erscheint dagegen folgendes Unterrichtsbeispiel, das sich auch am Lehrgangskonzept orientiert.

Nachdem die Kinder gelernt haben, sich am Morgen mit dem englischen Namen und »good morning« zu begrüßen, wird durch die Lehrerin die folgende Spielsituation angeregt:

»Situation 3 und song«:

›Introducing Peggy (Handpuppe), who distributes more first names‹
Lehrerin ›zaubert‹ die Handpuppe Peggy unter ihrem Tisch hervor.
Puppe summt Melodie von ›Clementine‹.
P. stellt sich singend vor: Ss. klatschen dazu:
My name is Peggy, my name is Peggy, my name is Peggy, Peggy ›girl‹.
Spricht einzelne Ss. an:
What‘s your name?
SS., die schon einen englischen Vornamen haben, reagieren – einzelne singend:
My name is Stephen …

Das Sich-Vorstellen wird mit ›Good morning, ...‹ kombiniert.
P. verteilt weitere Vornamen und spielt mit den entsprechenden Kindern die Kurzsituation durch. Notwendigenfalls korrigiert P., und die Ss. wiederholen (Hellwig 1995, S.43).

Hier verwickelt die Handpuppe Peggy Kinder in einen Dialog, der ihnen die täglich benötigten Redemittel des Begrüßens und Sichvorstellens in einer lebensnahen Kommunikationssituation verfügbar macht. Insofern dürfte das Spiel von den Kindern in diesem Beispiel als weitaus wirklichkeitsnäher erfahren werden, mit den entsprechenden positiven Auswirkungen auf ihre Motivation und Konzentration. In beiden Fällen dient jedoch das Spiel ausschließlich dem Erreichen der fremdsprachlichen Lernziele, die Interessen der Kinder und ihre eigenen Spielideen kommen kaum zum Zug.

Spielen in Begegnungssprachenkonzepten

Eine deutlich andere Funktion erfüllen Spiele in sog. Begegnungssprachenkonzepten. Im Modell »Lerne die Sprache des Nachbarn« in der Grenzregion von Baden/Rheinland-Pfalz und dem Elsaß soll Französisch in der Grundschule nicht in erster Linie Fremdsprachenunterricht sein: »Seine Funktion liegt – neben der Eröffnung von Begegnungsmöglichkeiten – darin, Kinder emotional bereit zu machen, sich einer anderen Sprache und Kultur – und zwar auch jenseits der nahen Grenze – zu öffnen, d.h. die bereits relativ früh einsetzende ethnozentrische Erstarrung aufzuhalten bzw. überhaupt nicht eintreten zu lassen« (Wissebach-Wagner u. a. 1986, Einleitung).

Die Schüler sollen insbesondere:
»➢ über den Kontakt und die Begegnung mit Schülern der Partnerschule oder Partnerklasse das Nachbarland kennenlernen;
➢ mit Schülern derselben Altersgruppe gemeinsame Erlebnisse haben;
➢ auf verschiedene emotionale und inhaltliche Begegnungsaspekte zielsprachlich vorbereitet sein« (Pelz u. a. 1987, S.3).

Diese Ziele werden vor allem auch durch Spiele realisiert. So wird z.B. vorgeschlagen, dass die französische Klasse als Vorbereitung ihres Besuchs den deutschen Mitschülern der Partnerklasse ein Poster mit einem getreuen Abbild des Marktplatzes der eigenen Stadt/des eigenen Dorfes mit allen Geschäften/Behörden usw. zusenden soll. Dazu werden Spiele vorgeschlagen wie z. B. das folgende:

»Sieben Schüler verteilen sich in der Klasse; sie sind ›boulangerie‹, ›tabac‹, ›café‹, ›pharmacie‹ etc. Die anderen werden einzeln aufgerufen und gehen zu ›ihrem‹ Geschäft. Dabei soll ein kleiner Dialog ablaufen (die angeforderten und verkauften Waren haben die Kinder als Gegenstandskarten in Händen. Anm. die Verf.):

»Bonjour, Monsieur. – Un journal, des cigarettes et un timbre, s'il vous plaît. – Voilà. – Ça fait combien? – Ça fait 17 francs. – Voilà. – Merci, M…- Au revoir« (PELZ u. a. 1987, S. 112/113).

Was hier spielerisch geübt wird, sind keine grammatischen Strukturen, die deshalb gelernt werden, weil die sprachliche Systematik des Lehrgangs dies erforderlich macht. Es handelt sich vielmehr um das versuchsweise Durchspielen von Sprachhandlungen in Rollenspielen, die für reale Kommunikationssituationen von Bedeutung sind. Die Kinder erwerben nicht nur die dafür notwendigen Redemittel, sie erfahren auch, wie man sich in einer fremden Umgebung benimmt, wie man ohne Vorurteile, aber auch ohne falsche Scheu, auf Fremdes und Fremde zugehen kann.

Im Nordrhein-westfälischen Begegnungssprachenkonzept (vgl. THÜRMANN/OTTEN 1994) ist die Begegnung mit Fremdsprachen nicht auf Grenzregionen beschränkt. Die Sprachen der Minoritätenkinder mit nichtdeutscher Muttersprache in einer Klasse können ebenso wie auch die Weltsprache Englisch zur Begegnungssprache werden. Aber auch in diesem Konzept kommen die Impulse für fremdsprachliches Lernen aus dem schulischen und außerschulischen Lerngeschehen im weitesten Sinne und nur ganz selten aus den ›fremden‹ Sprachen selbst oder aus der Vorwegnahme möglicher Kommunikation mit diesen Sprachen in zukünftigen schulischen und beruflichen Situationen. Dem entsprechend geht es neben dem Spracherwerb vor allem um das Nachdenken über eigene und fremde Sprache und den bewussten Umgang mit sprachlicher und kultureller Pluralität.

Das Fremdsprachenlernen vollzieht sich nicht in Form der Belehrung, sondern in Begegnung und Verständigung, in interkulturellen Beziehungen, in praktischen Zusammenhängen und als integratives Element in verschiedenen Lernbereichen des Grundschulunterrichts. Der/die SchülerIn verhält sich nicht rezeptiv und imitativ wie im Fremdsprachenlehrgang, sondern erhält Spielräume für aktives, kreatives Tun in offenen Unterrichtsformen. Dass das Spielen sich in diesem Konzept nicht auf das Einschleifen von Satzmustern beschränkt wie im Lehrgangskonzept, versteht sich dabei von selbst.

Spielen in der integrativen Fremdsprachenarbeit

Auch beim Konzept integrativer Fremdsprachenarbeit, das im Modellversuch des Landes Rheinland-Pfalz konzipiert wurde (vgl. SIL 1995), ist das Spiel ein wichtiger Bestandteil der zentralen Grundannahmen des pädagogischen Konzepts, wie der folgende Ausschnitt eines längeren Erfahrungsberichts aus der täglichen Praxis einer vierten Klasse von Frau Barbara Brandt, während der Versuchsphase Fachberaterin für die Lehrerinnen der Versuchsschulen, deutlich macht.

»Beim Thema ›Wald‹ geht es mir nicht darum, dass die Kinder die verschiedenen Baumarten auf Französisch richtig benennen können. Wir gehen stattdessen einfach in den Wald und tun, was Kinder und viele Erwachsene im Wald am liebsten tun: Wir suchen den Waldboden ab, staunen über die Vielfalt, die sich uns zeigt, und sammeln: une pierre, une feuille, un peu de mousse, une châtaigne (wir sind in der Pfalz, wo die Edelkastanie gedeiht), une branche, un champignon etc. In der Klasse machen wir dann Kimspiele: Mets la pierre, la châtaigne etc. par terre! Donne-moi…! Montre-moi…! Wenn die Begriffe in der gesprochenen Sprache vertraut sind, können auch Memoryspiele gebastelt und gespielt werden, bei denen jeweils eine der beiden Karten als Suchhilfe auf der Rückseite das geschriebene französische Wort aufweist.

Hier ein Beispiel:

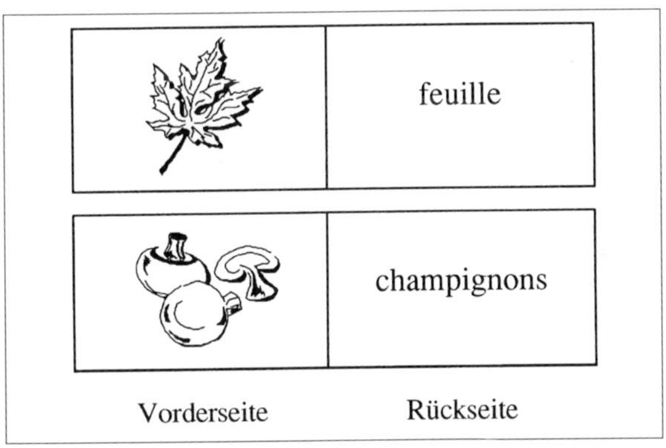

Wer das französische Wort entziffern kann, findet sehr viel schneller die Bildpaare.

Solche Spiele können dann eingehen in eine Stationenarbeit, in der die Kinder sich z. B. die wichtigsten Merkmale einiger Laubbäume und Nadelbäume (Blatt, Baumform, Frucht etc.) am konkreten Objekt in deutscher Sprache erarbeiten, wobei auch hier Fragen der Kinder – z. B: was heißt Ahornblatt auf Französisch etc. – von der Lehrerin gerne beantwortet werden.

Im von den Kindern selbstgefertigten Kartontheater (Schuhkarton) mit auswechselbaren Kulissen wird mit Hilfe von Figurinen (selbst gebastelten kleinen, bemalten Stabpüppchen aus Karton) das Märchen ›Le Petit Chaperon Rouge‹ oder die Fabel von La Fontaine ›Le Corbeau et le Renard‹ gespielt.

Besondere Freude haben die Kinder an dem Spiellied ›Promenons-nous dans les bois, pendant que le loup n'y est pas‹, das im Sportunterricht wieder aufgegriffen und in Bewegung umgesetzt werden kann.

Solange sich der Wolf (Lehrerin oder Kind) anzieht, können die Lämmer (Kinder) den Wolf necken, obwohl sie dabei vor Furcht zittern. Wiederholt rufen sie: ›Que fais-tu?‹ Der Wolf antwortet mit furchterregender Stimme: ›Je mets ma chemise. Je mets mes chaussettes. Je mets mon pantalon‹ etc. Wenn er fertig ist, gilt es allerdings wegzurennen, so schnell man kann: ›Loup y es-tu?‹ ›Oui!‹ ›Entends-tu?‹ ›Oui!‹ ›Que fais-tu?‹ ›Je suis prêt, je sors!‹ Dabei lassen sich die Kinder ganz von der Spielsituation gefangennehmen. Sie stoßen Schreie aus, stieben auseinander, um sich vor dem Ungeheuer in Sicherheit zu bringen.

Dass Kinder solche Sketche, Spiellieder und kleine szenische Spiele bei Elternabenden, Schulfesten und bei der Begegnung mit der Partnerklasse im anderen Land gerne vorstellen, bedarf wohl keiner besonderen Erklärung. An den Gesichtern der Kinder ist abzulesen, dass ihnen ein solcher Umgang mit der Fremdsprache Freude macht«.

Integratives Arbeiten scheint in diesem Unterricht von außerordentlich großer Bedeutung zu sein, wobei der Begriff, wie im Folgenden gezeigt wird, offensichtlich ein ganzes Spektrum von Bedeutungen abdeckt.

Integration in Lernbereiche

Die Fremdsprache wird hier nicht isoliert, als quasi neues Fach additiv den herkömmlichen Lernbereichen der Grundschule hinzugefügt, sondern als interkulturelle Dimension in alle Lernbereiche integriert. So beginnt die Unterrichtseinheit ›Wald‹ mit einem Unterrichtsgang, bei dem die Kinder ›une pierre‹, ›une feuille‹, ›un champignon‹ etc. sammeln und in die Klasse bringen als Voraussetzung für die weitere Bearbeitung des Themas im Sachunterricht. Die zu erlernenden Redemittel und damit auch die Spielinhalte (Memory, Kimspiel) ergeben sich nicht aus einer irgendwie gearteten linguistischen Progression, sondern aus den kommunikativen Notwendigkeiten des Unterrichtsthemas selbst. Mit dem Spiellied ›Promenons-nous dans les bois‹ kommen auch der Sport- und der Musikunterricht ins Spiel, mit dem Märchenspiel ›Le Petit Chaperon Rouge‹ oder der Fabel ›Le Corbeau et le Renard‹ das Werken und der Kunstunterricht. Mit dieser Integration in andere Lernbereiche folgt die Fremdsprachenarbeit einem zentralen Prinzip des Grundschulunterrichts. Im Unterschied zu den Sekundarstufen orientiert sich der Unterricht nämlich an den ganzheitlichen Erfahrungen der Kinder und nicht an den von ihrer Lebenswelt häufig weit entfernten wissenschaftlichen Fächern der Erwachsenenwelt. Nicht die Kinder sollen sich den Spezialisierungen fügen, die in den aktuellen Formen der Wissenschaft und Technik dominant geworden sind, vielmehr sollen diese Fächer ihre jeweiligen Sichtweisen einbringen in einen vielseitigen ›Gesamt‹-unterricht, der den Kindern ihre eigene Lebenswelt im Hier und Jetzt interessanter, transparenter, lebens- und liebenswerter erscheinen lässt.

Für das Spielen folgt daraus, dass es nicht nur sprachliche, sondern, wie beim erwähnten Kim-Spiel, gleichzeitig auch Lernziele in anderen Lernbereichen verfolgt. Es dient also nicht nur dem Aufbau oder der Übung spezifischer Teilfertigkeiten – hier dem Erwerb eines Repertoires fremdsprachlicher Redemittel –, sondern fügt sich ein in einen langfristigen, ganzheitlichen Lernprozess, der dem Kind das Wissen unserer Welt in seiner komplexen Struktur und wechselseitigen Verzahntheit in elementarer Weise auf der Basis seiner konkreten Alltagserfahrungen erschließen hilft.

Integration in grundschulspezifische Arbeitsformen

Integrative Fremdsprachenarbeit praktiziert aber nicht nur die inhaltliche Integration in Lernbereiche, sondern auch die in Arbeitsformen und Methoden, die für die pädagogische Arbeit der Grundschule besonders bedeutsam geworden sind. Die in den Grundschulen in der Auseinandersetzung mit der sog. alten Schule entstandene, zur Zeit ihrer Gründung revolutionäre Sicht eines aktiven, kreativen Kindes, das schon früh Verantwortung für sich und seine MitschülerInnen übernehmen kann, führte zu neuen Unterrichts- und Arbeitsformen wie Gruppenarbeit, freies Unterrichtsgespräch, Freiarbeit, Wochenplan, Unterrichtsgang bzw. Lernen vor der Schultür und Projektarbeit, die den Kindern mehr Freiraum für Kreativität und Selbstständigkeit ermöglichen als der herkömmliche am Lehrer orientierte Frontalunterricht. Hinzu kommen heute die ebenfalls auf der Grundlage reformpädagogischen Gedankenguts neu entwickelten Formen der Stationen- (vgl. BOETTCHER u. a. 1994; HOCHDÖRFFER/SCHMALZ 1998) und Werkstattarbeit (vgl. BECKER 1998), die sich in der Fremdsprachenarbeit besonders bewähren. So sind die Funde der Kinder auf dem Walderkundungsgang und ihre Fragen – was heißt Moos auf

Französisch? – und, wie sage ich: aus den Samen im Zapfen wachsen kleine, junge Tannen auf Französisch? – ebenso wichtig, wenn nicht noch wichtiger als die vom Lehrer vorformulierten Lernziele. Die auf dieser Grundlage gemeinsam mit den Kindern entwickelten Spiele in französischer Sprache werden selbstverständlicher Teil der nachfolgenden Stationenarbeit.

Möglich wird dies allerdings nur, wenn der Spracherwerb nicht mehr wie beim Lehrgangskonzept als bloß rezeptives und imitatives Aufnehmen von Sprache nach dem Vorbild des Behaviourismus, sondern im Anschluss an Noam Chomsky als ein aktiver, Entdeckungen fördernder Prozess gesehen wird. Ebenso wie das Kleinkind im Umgang mit Eltern und Geschwistern aus eigener Kraft zum Sprechen seiner Muttersprache kommt, so kommen Kinder durch das sie umgebende Sprachbad zu immer adäquateren Vorstellungen über die Struktur der fremden Sprache. Für den Unterricht ergibt sich daraus eine den Fähigkeiten des Kindes angemessene Inputorientierung als oberstes Gebot (vgl. Rück 1991, S. 8).

Dabei kommt dem Spiel eine zentrale Bedeutung zu. Inputorientierung vollzieht sich nach Heribert Rück nämlich vorwiegend im Schauspiel der Lehrerin, die in situativen Handlungskontexten in der Rolle der Handpuppe oder im Dialog mit ihr den Kindern neue Redemittel verfügbar macht. Sie vollzieht sich aber auch im selbstständigen Spiel der Kinder in offenen Lernsituationen, wo sie beim wiederholten, erprobenden Umgang mit dem sprachlichen Material die der fremden Sprache zugrunde liegenden Regelhaftigkeiten allmählich herausdestilliert.

Integration der Fremdsprachenarbeit in die Erziehung und in das Schulleben

Die im Zusammenhang mit dem Thema Wald im Unterricht erarbeiteten französischen Spiele, Spiellieder und Sketche bleiben nicht auf den Unterricht beschränkt. Sie bereichern Treffen mit der Partnerklasse im anderen Land, aber auch Elternabende und Schulfeste, vor allem aber das soziale Miteinander der Kinder auf dem Pausenhof, bei Treffen an Nachmittagen, auf Schulwanderungen u.a.m. Fremdsprachenarbeit fügt sich damit ein in die Tradition der deutschen Grundschule, die nie nur Lern -, sondern vor allem auch Lebensstätte des Kindes sein wollte. Das interkulturelle Leben in und außerhalb der Schule befruchtet den Unterricht und der Unterricht wird zur Grundlage für die Erziehung, die auch den Abbau von Fremdheitssperren und Konfliktpotentialen intendiert.

Dies bedeutet, dass Spiele nicht auf den Unterricht beschränkt bleiben, sondern immer auch in das soziale und kulturelle Leben an der Schule integriert werden. Neben den Lernspielen im engeren Sinn sollten daher immer auch Rollen- und Interaktionsspiele gepflegt werden, bei denen man in die Rolle des Fremden, des jeweils anderen schlüpfen kann. Wichtig und für das interkulturelle Lernen besonders anregend sind aber auch szenische Spiele, die eine Brücke schlagen zwischen der eigenen und der Kultur des anderen Landes.

Spielen in einer mehrsprachigen und multikulturellen Grundschule

Fassen wir die Ergebnisse unserer bisherigen Überlegungen zusammen, so sind drei Einsichten von besonderer Bedeutung:

- Zum Ersten: Fremdsprachenarbeit in der Grundschule darf kein zusätzliches Element oder Fach sein, sie ist vielmehr in alle Unterrichtsbereiche, in grundschulspezifische Arbeitsformen, in die Erziehung bzw. das soziale Lernen und in das Schulleben zu integrieren. Grundlegung der Bildung, verstanden als Einführung unserer Kinder in das Wissen von der Welt (H. KLEIN) und als Entwicklung der Fähigkeit und Bereitschaft, für sich und andere Verantwortung zu übernehmen (W. KLAFKI), schließt in unserer Zeit die Beschäftigung mit fremden Sprachen und Kulturen schon in der Grundschule ein.
- Zum Zweiten: Partizipiert die Fremdsprachenarbeit an allen unterrichtlichen und außerunterrichtlichen Aktivitäten, ist sie auch imstande, die Grundschule als Ganze in einem positiven Sinn zu verändern oder, etwas überspitzt ausgedrückt, ihren bisherigen monoglotten und monokulturellen Charakter von Grund auf zu revolutionieren. In dieser Schule geht es nicht mehr nur um die Vermittlung der eigenen Sprache und Kultur, sondern um die Wertschätzung von sprachlicher und kultureller Verschiedenheit und Vielfalt in allen Bereichen unseres gesellschaftlichen Lebens. Die Befähigung zum aktiven und produktiven Leben in solcher Vielfalt muß im Mittelpunkt der Erziehung in unseren Grundschulen stehen.
- Zum Dritten: Für das Spiel bedeutet dies, dass es auf keinen Fall darum gehen kann, zusätzlich zu den bereits praktizierten Spielen der Kinder in der Fremdsprachenarbeit weitere Spiele einzuführen, die ausschließlich der Vermittlung (fremd-) sprachlicher Strukturen dienen. Vielmehr muss die ganze Spielpädagogik der Grundschule von den Erfahrungen mit anderen Sprachen und Kulturen geprägt und durchdrungen sein. Fremdsprachenarbeit führt also nicht zu einem neuen Spielbegriff oder zur Institutionalisierung neuer Spielformen. Sie formuliert auch keine neuen Funktionen für das Spiel im Rahmen des Bildungsauftrags der Grundschule (vgl. EINSIEDLER 1994, S.23). Sie öffnet sich aber der Einsicht, dass nicht nur das Lernen, sondern

auch das Spielen der Kinder heute nur dann bildend wirkt, wenn es den durch die europäische Einigung und die Globalisierung aller Lebensbezüge bedingten Veränderungen in unserer Gesellschaft Rechnung trägt. Spielen und Lernen ergänzen sich wechselseitig bei der Entwicklung einer Persönlichkeit, die produktiv und kreativ mit kultureller und sprachlicher Vielfalt umzugehen lernt. So vermitteln Lern- und Übungsspiele heute auch Kenntnisse, Fähigkeiten und Fertigkeiten, die im Umgang mit Menschen anderer Sprache und Kultur von Bedeutung sind. Fremdheitserfahrungen und Konflikte zwischen Menschen unterschiedlicher Sprache und Kultur können in Interaktionsspielen aufgearbeitet werden, so dass Möglichkeiten freundschaftlichen Zusammenlebens sichtbar werden (vgl. das einleitende Rollenspiel in diesem Beitrag). In darstellenden Spielen erschließen sich Kinder die Sprache und die Kultur des anderen Landes auch in ihrer geschichtlichen Dimension.

Aus solchen Einsichten heraus werden daher im folgenden keine neuen Spielformen oder Spieltypen vorgestellt (vgl. LÖFFLER/KUNTZE 1983), es wird lediglich an einigen Beispielen gezeigt, wie die fremdsprachliche und die interkulturelle Dimension die bewährten Spielformen der Kinder, insbesondere die Lernspiele, die darstellenden Spiele, die Interaktionsspiele (vgl. LÖFFLER/KUNTZE 1983) und damit die Bildungs- und Erziehungsarbeit in der Grundschule in allen Aspekten bereichern kann und soll.

Einige Beispiele für die interkulturelle Spielpraxis

Integrative Lernspiele

Farben/Formen – Quartett

Wenn die Kinder mit Hilfe dieses vom Lehrer/von der Lehrerin selbst hergestellten Quartetts (zu jedem Quartett gehören vier Karten derselben Farbe) englische Bezeichnungen für Farben und Formen spielerisch erlernen (z.B. S. 1: Have you got the ... – Name von Farbe und Form? S. 2: Yes, I have/No, I haven't), erreichen sie damit auch Lernziele der Lernbereiche Bildende Kunst/Textiles Gestalten/Werken und Mathematik/Geometrie (vgl. KUHN 1998, S. 91-93).

Die verkratzte Schallplatte
Verlauf: Die L. führt in das Spiel durch eine Pantomime ein: Sie nimmt eine imaginäre Schallplatte aus der Hülle, legt sie auf, dreht den Zeigefinger auf die Schallplatte, so als wäre er die Nadel und fängt an zu erzählen oder zu singen, aber plötzlich hört man nur noch das gleich Wort: ›sapin, sapin, sapin‹. Mit einem Handzeichen signalisiert die L., dass etwas nicht in Ordnung ist, dass sie aufhören will ›stop‹! Sie hebt die imaginäre Nadel hoch, legt sie etwas weiter und erzählt oder singt weiter, bis wieder ein Kratzer auftaucht. Die Kinder schauen sich beim ersten Mal das ganze ›Schauspiel‹ an und machen beim zweiten Mal automatisch mit. Das Spiel eignet sich ganz besonders zur Übung von Wörtern mit schwieriger Aussprache in einem die Kinder interessierenden Erzählzusammenhang (CHRISTIANE SPIELMANN).

Darstellende Spiele

Les musiciens de Brême
Bei der Vorbereitung des Märchenspiels »Les musiciens de Brême» auf Deutsch und auf Französisch, für das sie ein Kartontheater samt der benötigten Figurinen herstellen, erfahren die Kinder, dass viele Märchen, die sie von den Gebrüdern Grimm kennen, schon viel früher von Charles Perrault aufgezeichnet und am Hofe des französischen Königs erzählt worden sind. Sie erkennen, dass die eigene Kultur Anregungen von anderen übernommen hat und dass sie zu ihrem Vorteil mit vielen anderen Kulturen vernetzt und verwoben ist (vgl. BOETTCHER 1994).

Handel and King George
In dem »Minitheater« Handel and King George stellen die Kinder in einer Marktszene am Ufer der Themse die Generalprobe der Feuerwerksmusik mit kleinen Dialogen in englischer Sprache (Marktschreier, Händler, Jongleure, Marktbesucher, Tänzer usw.) nach. Der in deutscher Sprache geführte Dialog zwischen dem deutschen Komponisten Händel und dem aus dem deutschen Fürstenhaus von Hannover stammenden König George macht den Kindern deutlich, dass Begegnungen zwischen Menschen unterschiedlicher Sprache und Kultur keine Erfindung der heutigen Zeit sind, sondern dass sie stattgefunden haben, solange Menschen leben und dass sie für die Weiterentwicklung menschlicher Sprachen und Kulturen von unverzichtbarer Bedeutung sind (vgl. KESSLER 1994).

Literatur

BECKER, Y.: »Flocons de neige« – Eine Textewerkstatt zum Thema Winter in einem vierten Schuljahr im Rahmen der integrierten Fremdsprachenarbeit in der Grundschule. Hausarbeit zur Zweiten Staatsprüfung für das Lehramt an Grund- und Hauptschulen. Rohrbach/Pfalz 1998

BOETTCHER, S.: Kartontheater: Die Bremer Stadtmusikanten – ein fächerübergreifendes Projekt in einem 4. Schuljahr. In: HEGELE, I.(Hrsg.): Fremdsprachenbegegnung in der Grundschule. Kiel 1994, S. 37-63

BOETTCHER, S./HOCHDÖRFFER, V./SCHMALZ, S.: »Le temps« (das Wetter) Lernzirkel zur integrierten Fremdsprachenarbeit im 4. Schuljahr (2. Lernjahr). In: HEGELE, I. a.a.O. 1994, S.65-96

EINSIEDLER, W.: Das Spiel der Kinder. Zur Pädagogik und Psychologie des Kinderspiels. 2. Aufl. Bad Heilbrunn 1994

HELLWIG, K.: Fremdsprachen an Grundschulen als Spielen und Lernen. Dargestellt am Beispiel Englisch. Ismaning 1995

HOCHDÖRFFER, S./SCHMALZ, S.: »Les cinq sens« Ein Lernzirkel in der integrierten Fremdsprachenarbeit der Grundschule. In: HEGELE, I. (Hrsg.): Lernziel: Stationenarbeit. Eine neue Form des offenen Unterrichts. 3. Aufl.Weinheim/ Basel 1998, S. 91-114

IACONIS, U.-E./DIETERLE, Ch.: »Fremd-Sein« – ein szenisches Projekt. In: HEGELE, I. a.a.O. 1994, S.113-130

KESSLER, E.: »Minitheater« Handel and King George – Fächerübergreifendes Lernangebot mit integrierter Fremdsprachenarbeit in Englisch. In: HEGELE, I. a.a.O. 1994, S. 97-111

KUHN, M.: Selbst hergestellte Medien für die integrierte Fremdsprachenarbeit an Grundschulen in Rheinland-Pfalz. Wiss. Prüfungsarbeit im Rahmen der Ersten Staatsprüfung für das Lehramt an Grund- und Hauptschulen. Universität Koblenz-Landau. Abt. Landau 1998

LÖFFLER, R./KUNTZE,W. M.: Spiele im Englischunterricht 2.2. Aufl. Weinheim/ Basel 1983

PELZ, M./RATTUNDE, E./LEONI, U./PASCHMANN, M./WISSEBACH-WAGNER, H.: Viens voir. Französisch in der Grundschule. Lehrerband. Frankfurt am Main 1987

RÜCK, H.: Zur Methodik des Französischen in der Grundschule. In: Praxis des neusprachlichen Unterrichts, H. 1/1991, S.11-20

SARTER, H.: Fremdsprachenarbeit in der Grundschule. Neue Wege – Neue Ziele. Darmstadt 1997

STAATLICHES INSTITUT FÜR LEHRERFORT- UND -WEITERBILDUNG SPEYER (SIL): Entwicklung und Erprobung eines didaktischen Konzeptes zur Fremdsprachenarbeit in der Grundschule. »Integrierte Fremdsprachenarbeit in der Grundschule« ein Modellversuch des Bundes und des Landes Rheinland-Pfalz (unter Beteiligung des Saarlandes) – Abschlußbericht – Saarburg 1995

THÜRMANN, E./OTTEN, E.: Begegnung mit Sprachen in der Grundschule und interkulturelle Erziehung. In: LANDESINSTITUT FÜR SCHULE UND WEITERBILDUNG (Hrsg.): Begegnung mit Sprachen in der Grundschule. Soest 1994, S. 11-29

WISSEBACH-WAGNER, H./KÜHN, O./LEONI, U./PELZ, M.: Viens voir. Spielesammlung für den Anfangsunterricht. Frankfurt a. Main/Berlin/München 1986

Edith Glumpler

Spiel als Form interkulturellen Lernens in der Grundschule

Als in den 70er Jahren vermehrt Migrantenkinder in deutsche Grundschulen aufgenommen wurden, entwickelten sich kleine interkulturelle Konflikte zwischen einheimischen Lehrerinnen und ausländischen Eltern. Ein häufiger Vorwurf der Eltern war: »Die Kinder lernen in der deutschen Schule ja nicht, die spielen ja nur!«

Seinerzeit hatten sich Offener Unterricht, Wochenplan- und Freiarbeit an der Mehrzahl der deutschen Grundschulen noch nicht durchgesetzt. Mit der Konzeption der Wissenschaftsorientierung war vielmehr eine deutliche Abwendung von der alten kindorientierten »Weimarer« Grundschule eingeleitet worden. An vielen Grundschulen wurde deshalb also weniger spielerisch als mit ausgeprägtem fachpropädeutischem Anspruch gearbeitet.

Gemessen an der paramilitärischen Zucht und Ordnung, die beispielsweise in der Türkei damals (und vielerorts auch noch heute) als Nachweis erfolgreicher und guter Schularbeit gilt, war die deutsche Grundschule allerdings selbst in der Hochphase ihrer Wissenschaftsorientierung eine Kinder- und Spielschule.

Die interkulturellen Differenzen in der Bewertung deutscher Grundschulqualität und die Kritik am Einsatz von Spiel und spielverwandten Lernformen in der Schule erinnern daran, dass die deutschen Lehrerinnen und die Eltern der spanischen, griechischen, marokkanischen, türkischen oder jugoslawischen Migrantenkinder in unterschiedlichen Schul- und Spielkulturen sozialisiert worden waren und dass sie ihre berufliche Professionalität bzw. ihre persönlichen Schulerfahrungen jeweils als verbindliche kulturelle Norm für guten Unterricht und pädagogisch anspruchsvolles Schulleben betrachteten.

Aus kulturvergleichenden Studien ist bekannt, dass Spiel- und Alltagskulturen in einem engen Wechselverhältnis stehen (vgl. zusammenfassend Sutton-Smith 1978). In Gesellschaften, in denen Kinder früh in das Erwerbsleben einbezogen sind – und dies galt seinerzeit für alle süd- und südosteuropäischen und nordafrikanischen Herkunftsländer von Migrantenfamilien –, werden kindliche Spiele von den Erwachsenen weniger wertgeschätzt und gefördert als in modernen Industriegesellschaften, in denen sich (Schul-)Kindheit und Adoleszenz zu pädagogisch begleiteten, von vielen Bereichen der Erwachsenenwelt getrennten Reservaten für die nachfolgenden Generationen entwickelt haben.

Spieltheoretisch wurden Differenzen der kulturellen Akzeptanz und Förderung von kindlichem Spiel in den 60er und 70er Jahren sogar in eine Defizithypothese übertragen. Fehlende Schulfähigkeit, soziale Unterprivilegierung und unzureichende Spielförderung (schichtspezifische »Spieldefizite«) wurden in einem ursächlichen Zusammenhang gesehen. Der Einsatz von Spieltrainings galt in den USA und später auch in der BRD als wirkungsvolle kompensatorische Maßnahme für Kinder aus »sozial benachteiligten« Familien (vgl. SMILANSKY 1968/1978). Mit pädagogischen und psychologischen Spieltrainings sollten Defizite der sozialkognitiven, aber auch der grob- und feinmotorischen Entwicklung ausgeglichen werden. Das Spieltraining galt neben dem kognitiv orientierten Ansatz vorschulischen Lernens als wichtigste Methode der kompensatorischen Vor- und Grundschulpädagogik (vgl. zusammenfassend EINSIEDLER 1994, S. 97 ff.).

Vom kompensatorischen Spielangebot zum spielerischen interkulturellen Lernen

Die Reaktionen der deutschen Schule auf die Anwesenheit ausländischer Kinder hatten sich bis in die frühen 80er Jahre vor allem auf Angebote zur Sprach- und Leistungsförderung beschränkt, die die Eingliederung, die sogenannte Integration der ausländischen Kinder erleichtern und beschleunigen, ihnen jedoch gleichzeitig eine Rückkehrperspektive in das Herkunftsland der Eltern offenhalten sollten. Dass die sogenannten Gastarbeiterfamilien in Deutschland bleiben und Migrantenkinder auch noch als Erwachsene in der Bundesrepublik leben und arbeiten würden, schien seinerzeit kaum vorstellbar.

Für diese Phase der besonderen Förderung, die mit schulischer Segregation einherging, wurde später der Begriff »Ausländerpädagogik« geprägt, weil sich pädagogische Unterstützung und Intervention auf die Gruppe der Ausländerkinder konzentrierte (siehe dazu ausführlich GLUMPLER 1995 und 1996). Deutsche Kinder, ihre altersspezifische Lern- und Leistungsfähigkeit und ihre Lernerfolge waren zwar der Maßstab, an dem die Integrationsleistungen (kritische Stimmen sprachen von »Assimilationsleistungen«) der ausländischen Kinder festgemacht wurden, sie waren jedoch nicht Zielgruppe ausländerpädagogischer Förderung. Insofern war Ausländerpädagogik eine auf spezielle kompensatorische Maßnahmen für Migrantenkinder begrenzte Sonderpädagogik, in der gezielte

Spiel- und Sprachspieltrainings viel Raum einnahmen und die oben zitierten Kritiken ausländischer Eltern provozierten.

Inzwischen besuchen Migrantenkinder der dritten und vierten Generation deutsche Schulen, und die Bundesrepublik Deutschland, die jahrzehntelang kein Einwanderungsland sein wollte, begibt sich mit der geplanten Reform des Staatsbürgerschaftsrechts offiziell auf den Weg in die multikulturelle Gesellschaft.

Die rechtlichen Barrieren zwischen Fremden und Einheimischen dürften durch diese Reform ein Stück weit abgebaut werden. Zum Abbau emotionaler Barrieren, zur Schaffung von Grundlagen für ein vernünftiges und friedliches Zusammenleben in einer dauerhaft multikulturellen Gesellschaft der Zukunft sollen – dazu fordern inzwischen eine Reihe von Grundschullehrplänen und -Richtlinien auf – auch die Schulen beitragen. Sie sollen interkulturelles Lernen fördern und damit einen pädagogischen Ansatz in die Praxis umsetzen, der zu Beginn der 80er Jahre zunächst im Sinne einer positiven pädagogischen Utopie entworfen worden war.

Vertreterinnen von Konzepten interkultureller Bildung und Erziehung betrachten die zunehmende kulturelle und sprachliche Pluralisierung nicht als Problem, sondern als Bereicherung des Grundschulalltags (vgl. POMMERIN 1989; ZIMMER 1989). Sie entwickelten didaktische Bausteine für einen Grundschulunterricht, der die ethnische Vielfalt von Lebenswelten für Kinder sichtbar, erfahrbar, erforschbar und bewältigbar machen soll.

»Interkulturelle Erziehung wendet sich gegen Segregation und kulturelle Überformung zugleich und erkennt an, dass die Kulturen in unserem Land nicht nur – in Brechungen – nebeneinander existieren, sondern zunehmend miteinander in Verbindung gelangen und prinzipiell gleichwertig sind. Sie beabsichtigt damit, die Integration ausländischer Kinder in die deutschen Bildungsprozesse zu unterstützen und ihnen zu gleichen Abschlüssen und Chancen wie deutschen Kindern zu verhelfen. Sie will dabei auch die soziale und kulturelle Eigenständigkeit dieser Kinder fördern und einbeziehen. Sie zielt deshalb auf die Veränderung dieser Bildungsprozesse und wendet sich nicht nur an ausländische, sondern gleichermaßen an deutsche Kinder« (ZIMMER 1989, S. 1).

In vielen Praxismodellen der interkulturellen Pädagogik wird großer Wert auf Spiel und spielerisches Lernen gelegt (vgl. ULICH u. a. 1987), nicht alle folgen jedoch dem puristischen Spielbegriff, den JOACHIM SCHROEDER seiner Arbeit zugrundelegt:

»Spiel/Übung sind Unterrichtsformen der zweckfreien, ziellosen und eigenständigen Selbstgestaltung und Selbstkultivierung. In Spiel und Übung hat die Schule Lehrformen, die es ihr ermöglichen, kulturelle aber auch artifizielle Systeme des spielenden Übens und des übenden Spielens unterrichtlich auszulegen. Spiele haben ihren Zweck in sich selbst.« (SCHROEDER 1994, S. 29)

Strittig dürfte immer noch sein, ob Spiel in schulischen und unterrichtlichen Zusammenhängen auch dann als »zweckfrei« und »ziellos« betrachtet werden kann, wenn es der Übung, dem Memorieren oder (wie im Sport) körperlichem Training dienen soll. Gleiches gilt für Spiel, das wechselseitiges interkulturelles Lernen ausländischer und deutscher Kinder fördern soll. Es wird gezielt eingesetzt, um soziale, sprachliche oder kulturelle Lernprozesse zu initiieren.

Zur Begriffsbestimmung des Spiels folgen wir im Weiteren EINSIEDLER (1994), der vorgeschlägt, das Spiel nicht zu definieren, sondern zu explizieren. Der Spielbegriff wird dabei als injunkter Begriff verstanden, d.h. er umfasst fließende Übergänge zu anderen Verhaltensformen, z.B. zu Erkundungsverhalten oder zielorientiertem Herstellen (vgl. hierzu auch die Ausführungen von PETILLON in diesem Band).

Für diesen Beitrag haben wir einige exemplarische Spielanregungen ausgewählt, die keinem systematischen Spielbegriff und auch keinem einheitlichen spielpädagogischen Konzept verpflichtet sind. Gemeinsam ist den zitierten Ansätzen jedoch, dass kindliches Spiel als Form interkulturellen Lernens ausländischer und deutscher Kinder begriffen und aktiv gefördert wird – allerdings ausdrücklich nicht in der oben im Zusammenhang mit der frühen Ausländerpädagogik beschriebenen kompensatorischen Absicht.

Interkulturelles Lernen über volkstümliche Kinderspiele

Jede Sprach- und Kulturgemeinschaft überliefert und bewahrt eigene Bestände an Versen, Liedern, Tänzen und Spielen. Kinder erleben und erfahren die Traditionen der Erwachsenen ihrer Kulturgemeinschaft. Sie schaffen sich aber auch ihren eigenen »volkstümlichen Kulturbesitz« (KOCHANSKY 1993, S. 9), wo sie sich unabhängig von Erwachsenen entfalten können: in ihren Spielgruppen und Spielwelten. Jüngere Kinder ahmen die Spiele der älteren nach oder werden von diesen in die Regeln eines Spiels eingeführt.

Kinderspiele werden vor und außerhalb der Schulzeit erlernt und gespielt. Sobald sich freie Spielgruppen von Kindern aus verschiedenen Ländern und Kulturen bilden, findet deshalb interkulturelles Lernen statt, ohne dass dazu pädagogische Lenkung und Intervention von Erwachsenen notwendig wäre.

Diese autonome Form des Kinderspiels machen sich Ansätze zunutze, die interkulturelle Spielpraxis im Kontext von Schule initiieren wollen.

Sie empfehlen die Sammlung von Spielanweisungen und -regeln in einer Spielekartei, aus der die Kinder jeweils ihre Pausen-, Sport- und Bewegungsspiele wählen können und versuchen auf diesem Weg, multikulturelle Klassen zur Schaffung und Nutzung eines gemeinsamen »Kulturbesitzes«, einer gemeinsamen multikulturellen Spielwelt zu motivieren, in der die unterschiedlichsten Herkunftskulturen integriert und erfahren werden können. Solche Spielsammlungen können

- über rein graphische Spielanleitungen auch Kinder aktivieren, die noch wenig oder kein Deutsch sprechen (vgl. Abb. 1);
- durch Kombinationen von Text und Bild Spielregeln festlegen (vgl. Abb. 2);
- durch die Bereitstellung von einfachen Spielmitteln (wie Kreiden, Schnüren, Würfeln etc.) zum spontanen Ausprobieren von Spielregeln animieren (vgl. Abb. 3).

Abb. 1: Mendil kapmaca: 2 und los Quelle: CVK Sprachbuch 4 (1986)

Spielanleitung

Katze und Maus

Also zwei Kinder werden gewählt, ein Kind ist Katze und das andere die Maus. Die anderren Kinder stellen sich in einem Halbkreis auf. Und dann geht das spiel los. Die Katze muß versuchen die Maus zu fangen die Kinder im Halbkreis halten sich die Händchen und dürfen die Katze nicht in den Kreis lassen und wenn die Maus gefangen wird ist das Spiel zu Ende.

Abb. 2: Katz und Maus Quelle: NAEGELE/HAARMANN *1986, S. 17*

Abb. 3: Der gefangene Daumen Quelle: VAN DELFT/BOTERMANS *1986, S. 122*

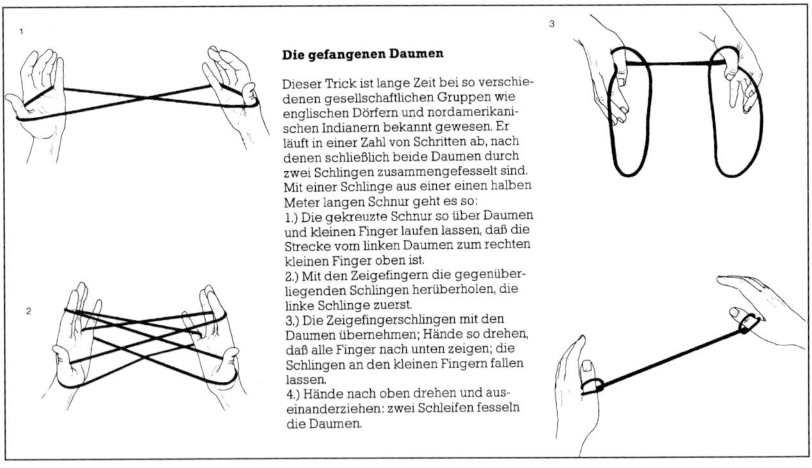

Die gefangenen Daumen

Dieser Trick ist lange Zeit bei so verschiedenen gesellschaftlichen Gruppen wie englischen Dörfern und nordamerikanischen Indianern bekannt gewesen. Er läuft in einer Zahl von Schritten ab, nach denen schließlich beide Daumen durch zwei Schlingen zusammengefesselt sind. Mit einer Schlinge aus einer einen halben Meter langen Schnur geht es so:
1.) Die gekreuzte Schnur so über Daumen und kleinen Finger laufen lassen, daß die Strecke vom linken Daumen zum rechten kleinen Finger oben ist.
2.) Mit den Zeigefingern die gegenüberliegenden Schlingen herüberholen, die linke Schlinge zuerst.
3.) Die Zeigefingerschlingen mit den Daumen übernehmen; Hände so drehen, daß alle Finger nach unten zeigen; die Schlingen an den kleinen Fingern fallen lassen.
4.) Hände nach oben drehen und auseinanderziehen: zwei Schleifen fesseln die Daumen.

Grundlegende Spielideen und Spielregeln verbreiteten sich über bestehende nationale und kulturelle Grenzen hinweg. Kinder, die heute auf einem Papp-Brett »Mensch ärgere dich nicht!« spielen, folgen in vereinfachter Form den Regeln des alten indischen Pachisi, das mit Würfeln und farbigen Figuren auf kreuzförmigen Spielbahnen aus besticktem Stoff, in den Mogul-Palästen auch mit lebendigen (menschlichen) Figuren auf Spielflächen aus Marmor gespielt wurde.
Die Kombination von Würfeln, Ziehen und Schlagen wird auf der ganzen Welt in den unterschiedlichsten Variationen gespielt. Die Spielbretter, die über mögliche Spielzüge und über die Spieldauer bestimmen, lassen sich mit einfachen Mitteln kopieren oder selbst gestalten (vgl. Abb. 4a – 4d). Auskunft über die unterschiedlichen Spielregeln geben Spielbücher, aber auch Erwachsene und Kinder aus den Ländern, in denen eine bestimmte Variante von *Pachisi* gespielt wird.

Abb. 4a: Parchis (Spanien)

Abb. 4b: Qui va piano va sano (Norditalien; Südschweiz)

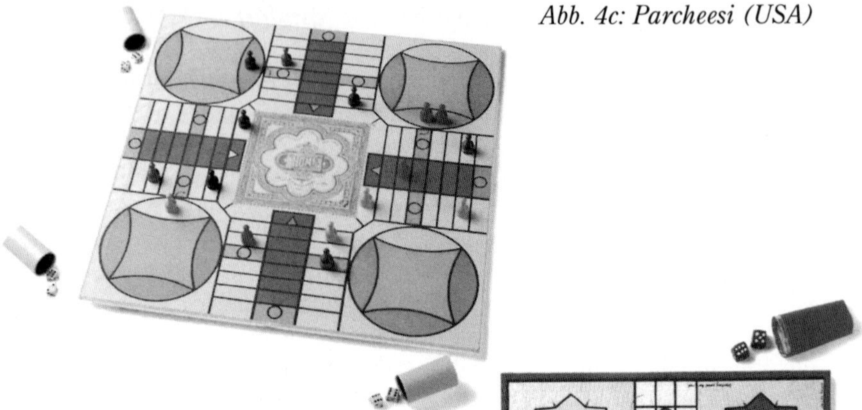

Abb. 4c: Parcheesi (USA)

Abb. 4d: Ludo (England).
Quelle: GLONNEGGER *1988, S. 14-17*

Wo auf Schulhöfen Teer- und Betonflächen bemalt und zu Spielarealen umfunktioniert werden dürfen, kann auch die großflächige Spieltradition der Mogul-Dynastie imitiert werden. Klamottenkisten laden die »lebendigen Figuren« zu phantasievollen Verkleidungen in den jeweiligen Spielfarben und zu einer Spielreise in ferne Länder ein. So kann z.B. ein Hut oder Kopfschmuck signalisieren, ob auf einem Spielfeld gerade nach den Regeln von *Parcheesi* oder *Ludo* gespielt wird.

Spannende Anregungen für kulturvergleichendes Lernen in Spiel und Freiarbeit hat Joachim SCHROEDER auf der Grundlage von Fingerzählspielen erarbeitet. Er ließ sich von den SchülerInnen seiner multikulturellen Klasse zeigen, wie sie mit den Fingern zählen und stellte fest, dass die Kinder vier verschiedene Verfahren anwendeten, die jeweils auf einen gemeinsamen kulturellen Hintergrund verwiesen (vgl. Abb. 5a). Je nach Herkunftsland begannen sie mit der linken oder rechten Hand und ordneten den Wert 1 entweder dem Daumen oder dem kleinen Finger zu.

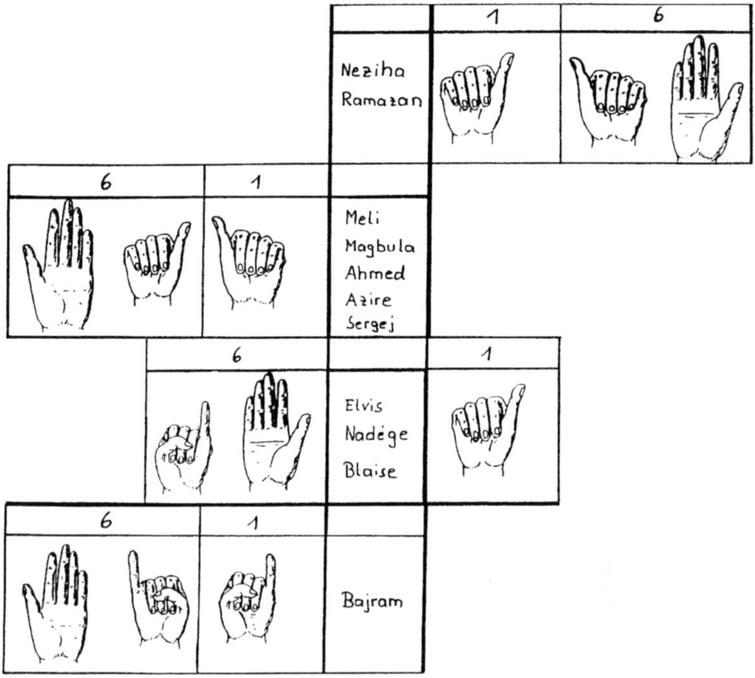

(A)	(B)	(C)	Name/Herkunftsland
Rechts	Daumen	geschlossen	Neziha, Ramazan (Türkei)
Links	Daumen	geschlossen	Meli, Magbula, Ahmed, Azire (Mazedonien) Sergej (Russland)
Links	kleiner Finger	geschlossen	Bajram (Kosovo)
Rechts Links	Daumen kleiner Finger	geschlossen (=1) geschlossen (=6)	Elvis, Nadége, Blaise (Zaire)

Abb. 5a: Fingerspiele einer multikulturellen Klasse
Quelle: SCHROEDER 1994, S. 65 und 66

Eine Darstellung von GEORGES IFRAH wandelte er zu einem »Grundblatt für Fingerzählspiele« (Abb. 5b) ab, das ihm als Kopiervorlage für die Produktion von Memory- und Lotto-Spielen für die Freie Arbeit diente:

»*Memory*: Auf weißem Karton (DIN A4) kopiert und ausgeschnitten erhält man ein Memory-Spiel. Zu suchen sind die sich entsprechenden linken und rechten Fingerstellungen.

Lotto: Auf farbigen DIN-A3-Karton hochkopiert, erhält man ein Spielbrett; mit den Memory-Kärtchen sind die zusammengehörenden Fingerstellungen zu legen.« (Schroeder 1994, S. 66)

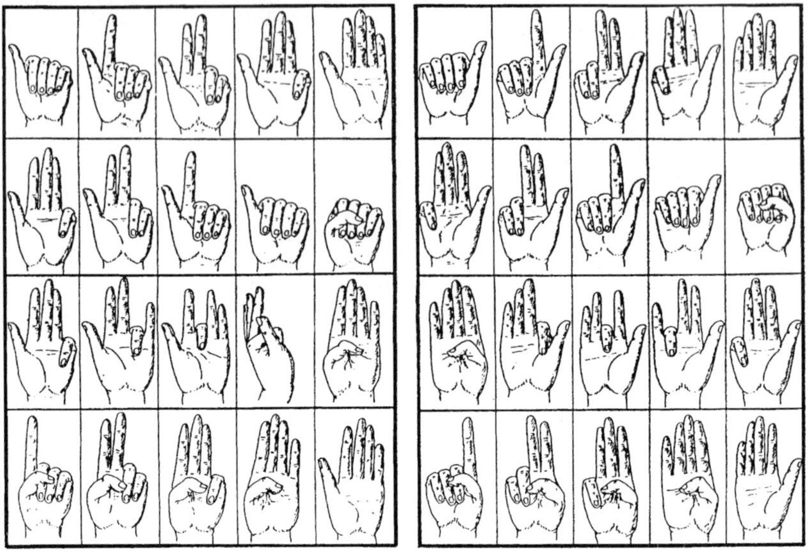

Abb. 5b: Grundblatt für Fingerzählspiele, Quelle: SCHROEDER *1994, S. 67*

Interkulturelle (Lern-)Spiele, die traditionelle Spielregeln nutzen

Spielen ist Probehandeln. Es bietet die Möglichkeit, die Rollen und Perspektiven anderer zu übernehmen und sinnliche Erfahrungen in fiktiven, aber realitätsnahen Situationen zu machen. Auch bei neuen oder selbstgemachten Spielen steuern oft vertraute Spielregeln und Spielmittel den Spielablauf.
Dazu ein Beispiel: *Dil Dominosu* wurde als interkulturelles Sprachlernspiel konzipiert, das den »Erwerb einfacher Redemittel in verschiedenen Sprachen« unterstützen soll. Es besteht aus

a) unterschiedlichen Spielanleitungen für zwei oder mehr Kinder (Abb. 6a),
b) Dominokarten, die auf der rechten Hälfte (auf deutsch und stets auf gelbem Untergrund) Situationen vorgeben, auf die mit bestimmten sprachlichen Wendungen reagiert werden soll. Die passende Phrase in Türkisch, Griechisch, Russisch, Kroatisch etc. befindet sich jeweils auf der linken Seite einer anderen Dominokarte (Abb. 6b).

Spielhilfen, auf denen für bestimmte Sprachkombinationen die »richtigen« Lösungen zusammengefasst sind, sorgen dafür, dass Streitfragen rasch geklärt werden können.

Dil Dominosu ist also ein Regelspiel, das mit Hilfe der bekannten Domino-Regel Sprech- und Kommunikationsanlässe in verschiedenen Sprachen erzeugt.

Vertraute Spielmittel und Spielregeln werden auch gerne zur Sicherung von Wissensbeständen über fremde Länder und Kulturen benutzt:

- *Quartettkarten* kombinieren Ländernamen mit der jeweiligen Hauptstadt, der National-Flagge, der gültigen Währung etc.
- *Memory*- und *Domino*-Spiele vermitteln Ausschnitte aus der Geschichte, Geographie oder Architektur eines Landes.
- *Puzzle-Spiele* machen Ländergrenzen in Europa- und Weltkarten »fassbar«. Aktuelle Grenzverschiebungen lassen sich im Puzzle mit Schere und Klebstreifen rekonstruieren.

»Multikulturelle Spurensuche« bei Erkundungsspielen im Stadtteil

Für Kinder, die in einem multikulturellen Stadtteil wohnen, bieten Erkundungsspiele (auch sog. Stadtteilrallyes, in denen konkurrierende Teams um Punkte wetteifern) vielfältige Anlässe für interkulturelles Lernen. Auf interkulturelle Spielprojekte dieser Art soll hier nur exemplarisch eingegangen werden, weil sie an anderer Stelle ausführlich dokumentiert wurden (vgl. z. B. Berger 1989, S. 18ff.; Glumpler 1996).

Im Rahmen des Berliner Modellversuchs zur »Interkulturellen Erziehung in der Grundschule« wurden Erkundungsspiele genutzt, um Kinder zu kultur- und sprachvergleichenden Stadtteilstudien zu motivieren. Untersucht wurde unter anderem das Fleischangebot eines deutschen und eines türkischen Schlachters und das Warensortiment deutscher und ausländischer Lebensmittelhändler:

Zu Spielbeginn wurden gemischte Teams aus ausländischen und deutschen Kindern gebildet, so dass immer wieder andere Kinder spielerisch die Expertenrolle für die Beschreibung türkischer, spanischer, italienischer oder deutscher Produkte übernehmen konnten. Sie suchten selbstständig und gezielt im Stadtteil nach Differenzen des Warenangebots und nach »fremden« Waren, die sie nicht kannten, tätigten kleine Probeeinkäufe und klärten mit Hilfe ihrer deutschen bzw. ausländischen Experten Begriffe, Eigenschaften und Verwendungsmöglichkeiten von Produkten.

Fremdes verfremden im »Puppenspiel«

Ein nicht ganz alltägliches Puppenspiel inszenierte JOACHIM SCHROEDER in der Weihnachtszeit an einer Tübinger Grundschule: »Kinder einer vierten Klasse bauten an einem Nachmittag die Inszenierung auf. Bereitgestellt wurden zwei Schaufensterpuppen (ein Mann und eine Frau) sowie eine Vielzahl von Ausstattungsgegenständen: Kleider, Schuhe, Kopftücher, Hüte, Handschuhe, Koffer, Taschen, Körbe, eine Kindertragetasche, Kartons, ein Schlafsack, Decken, Kissen, Plastiktüten, je eine Wasserflasche und eine Thermoskanne, ein Wecker und ein Milchfläschchen, Land- und Straßenkarten, Verbandszeug, eine Taschenlampe, Klopapier, Stroh, Draht und ein Zaun. Daraus entstand eine aktualisierte Weihnachtskrippe. [...]. Detailbesessen entwarfen die Schülerinnen und Schüler ihr Bild einer zeitgenössischen Flüchtlingsfamilie, nicht frei von klischeehaften Vorstellungen. So bestanden sie zum Beispiel darauf, dass die Fliehenden bleich auszusehen und blutdurchtränkte Verbände zu tragen haben.« (SCHROEDER 1994, S. 75)

In der Begründung seines Ansatzes interkulturellen Lernens erinnert SCHROEDER daran, dass es selbstverständlich geworden ist, im globalen Maßstab kulturelle Differenzen einzuebenen und zu standardisieren, während sich die sozialen Differenzen und die Vorurteile gegenüber kulturellem Anderssein weiter verschärfen:

»Es ist selbstverständlich und normal geworden, dass Fremde *nicht* willkommen sind. [...] Wo dem Fremden aber nur noch die Funktion zukommt, die eigenen, selbstverständlich gewordenen Vor-Urteile zu bestätigen, da ist interkulturelles Lernen angesagt.« (a.a.O., S. 7 ff.).

Mit dem hier skizzierten »Puppenspiel« ist es SCHROEDER gelungen, über eine aktuelle Darstellung der Flucht der heiligen Familie und über eine Verfremdung der kommerziellen Krippenromantik Parallelen zwischen biblischer Weinachtsgeschichte, den Migrationsmotiven und Problemen heutiger Flüchtlingsfamilien und den persönlichen Fluchterfahrungen der Kinder seiner Klasse zu erarbeiten.

Resümee

Dieser Beitrag wollte an ausgewählten Beipielen auf die Vielfalt der Möglichkeiten hinweisen, Spiel als Form interkulturellen Lernens in der Grundschule zu nutzen. Die Grenzen dieses Ansatzes dürften gleichwohl allen in der Schule Tätigen bewusst sein: Pädagogik kann vernünftige Ausländerpolitik nicht ersetzen. Aber sie kann dazu beitragen, dass die nächsten Generationen ausländischer und deutscher Kinder entspannter und freundlicher miteinander umgehen, als dies in der Vergangenheit zum Teil der Fall war. Denn Menschen, die gerne miteinander spielen und die Spaß am gemeinsamen Spiel haben, verlieren Berührungsängste und bauen Barrieren und Ambivalenzen gegenüber Fremden und Fremdem ab. Damit entwickeln sie gute Voraussetzungen für ein vernünftiges und friedliches Zusammenleben von Einheimischen und Fremden in einer auf Dauer angelegten multikulturellen Gesellschaft der Zukunft.

Literatur

BERGER, H.: Die Welt vor meiner Haustür. Kinder erforschen ihre Umgebung. Weinheim 1989

BMW AG (Hrsg.): Dil dominosu. Ein Projekt in Kooperation des Staatsinstituts für Schulpädagogik und Bildungsforschung mit der BMW AG. München 1998

DELFT, P. VAN/BOTERMANS, J.: Denkspiele der Welt. München 1986 (6. Aufl.)

EINSIEDLER, W.: Das Spiel der Kinder. Zur Pädagogik und Psychologie des Kinderspiels. Bad Heilbrunn 1994 (2. Aufl.)

GLONNEGGER, E.: Das Spiele-Buch. Brett- und Legespiele aus aller Welt. München/Ravensburg 1988

GLUMPLER, E.: Interkulturelle Bildung – Interkulturelle Erziehung – Interkulturelle Pädagogik und Didaktik. In: NYSSEN, E./SCHÖN, B. (Hrsg.): Perspektiven für pädagogisches Handeln. Weinheim 1998 (2. Aufl.)

GLUMPLER, E.: Interkulturelles Lernen im Sachunterricht. Bad Heilbrunn 1996

KOCHANSKY, G.: Kinderspiele im nördlichen Schleswig-Holstein. Flensburg (Institut für Regionale Forschung und Information) 1993

NAEGELE, I./HAARMANN, D.: Darf ich mitspielen? Kinder verständigen sich in vielen Sprachen – Anregungen zur interkulturellen Kommunikationsförderung. Weinheim 1989 (2. Aufl.)

POMMERIN, G.: »Und im Ausland sind die Deutschen auch Fremde.« Interkulturelles Lernen in der Grundschule. Frankfurt am Main 1989

SCHROEDER, J.: Zahlenwelten. Bausteine für einen interkulturellen Mathematikunterricht. Ulm 1994

SMILANSKY, S.: The effect of sociodramatic plan an disadvantaged preschool children. New York 1968

SMILANSKY, S.: Wirkungen des sozialen Rollenspiels auf benachteiligte Vorschulkinder. In: FLITNER, A. (Hrsg.): Das Kinderspiel. München 1978, S. 184-202 (4. Aufl.)

SUTTON-SMITH, B.: Die Dialektik des Spiels. Schorndorf 1978

ULICH, M./OBERHÜMER, P./REIDELHUBER, A.: Der Fuchs geht um ... auch anderswo. Ein multikulturelles Spiel- und Arbeitsbuch. Weinheim 1987

ZIMMER, J.: Stichwort: Interkulturelle Erziehung. In: BERGER, H./ZIMMERMANN, U. u. a.: Babylon in Berlin. Unterrichtseinheiten zur interkulturellen Stadtkunde. Weinheim 1989, S. 1-3

Erika Zenker-Schweinstetter

Spielen im Mathematikunterricht

Heute schon gespielt? – Vier Spiele zum Ausprobieren

1) Wer sagt zuerst 100?

Zwei Personen spielen zusammen.

Der erste Spieler nennt eine Zahl von 1 bis 10. Dann addieren die Partner abwechselnd Zahlen von 1 bis 10. Wer als erster 100 sagen kann, gewinnt.

2) Sei schlau – triff's genau!

Man benötigt drei Würfel. Die Mitspielerzahl ist beliebig. Um Mogeln zu vermeiden, legt jeder Mitspieler Papier und Stift bereit. Ein Spieler würfelt mit den drei Würfeln. Aus den Augenzahlen notiert jeder eine Aufgabe, deren Ergebnis möglichst nah an eine vorher festgelegte Zielzahl herankommt. Die Rechenoperationen richten sich nach dem Kenntnisstand der Spieler.

3) Wer hüpft am längsten?

Abb. 1

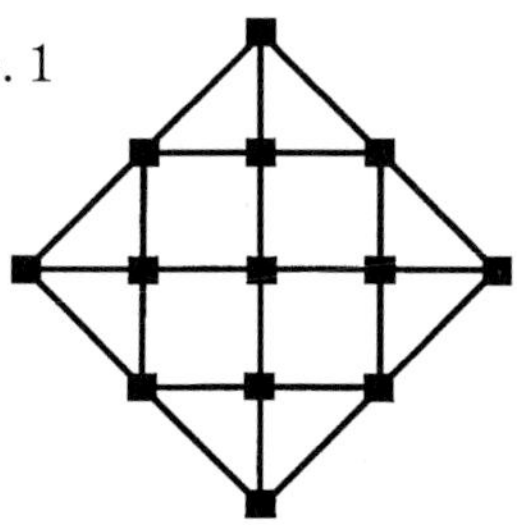

Man benötigt einen Spielplan und 12 beliebige Setzsteine.

Die Schnittpunkte werden mit den Steinen besetzt. Das Mittelfeld bleibt frei.

Die Spieler springen abwechselnd entlang den Linien über einen Stein auf das dahinter liegende freie Feld.

Übersprungene Steine werden aus dem Spiel genommen.

Wer zuerst nicht mehr springen kann, verliert.

4) Mausjagd

Abb. 2

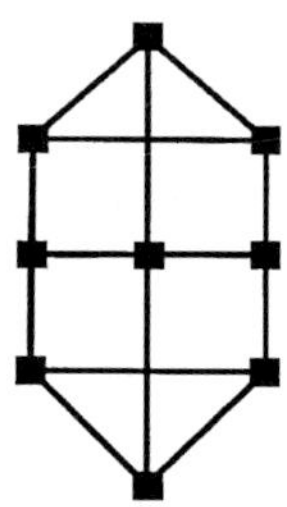

Man benötigt einen Spielplan und drei gleichfarbige Setzsteine für die Katzen und einen andersfarbigen für die Maus.

Die Katzen werden auf die schwarzen Felder gesetzt, die Maus kommt auf das Feld in der Mitte.

Ein Spieler übernimmt die Katzensteine, der andere den Mausstein.

Die Spieler ziehen abwechselnd jeweils um ein Feld entlang den Linien. Die Katzen dürfen nur zur Seite oder vorwärts rücken. Die Maus darf in alle Richtungen ziehen.

Die Katzen gewinnen, wenn sie die Maus umzingeln. Die Maus gewinnt, wenn die Katzen sie nicht mehr erreichen können.

Spiele wie diese erfreuen sich bei meinen Schülern großer Beliebtheit. Man kann sie nämlich ohne großen Aufwand eben mal zwischendurch spielen, weil man außer Bleistift, Papier, Würfeln und Setzsteinen kein Material benötigt. Die Spielvorbereitungen sind minimal. Man braucht nichts herbeizuräumen, aufzubauen und wegzuräumen. Die ganze zur Verfügung stehende Zeit kann zum Spielen genutzt werden. Trotz ihrer »Einfachheit« werden die Spiele kaum langweilig. Selbst wenn Lösungsstrategien gefunden werden, die den Gewinn wahrscheinlich machen oder garantieren, genügt geringfügiges Verändern (z. B. des Zahlenraumes, der Rechenoperation, der Anzahl der Mitspieler, der Aufstellung der Setzsteine), um eine neue Konstellation zu schaffen. Nun muss wieder überlegt werden, wenn man gewinnen will. Die Spiele sind wieder spannend.

Weil Aussagen wie »die Schüler machen das gern«, »die Schüler sind begeistert bei der Sache« eigentlich noch keine hinreichende Legitimation für eine didaktische Maßnahme, im zur Debatte stehenden Fall, den Einsatz von Spielen im Mathematikunterricht, darstellt, werden der Leserin und dem Leser einige theoretische Ausführungen zugemutet, die es hoffentlich erleichtern, aus dem reichhaltigen Angebot der Spielesammlungen bzw. der im Handel erhältlichen Spiele das Passende für den Unterricht auszuwählen.

Lernspiele sind keinesfalls eine Erfindung der neueren Mathematikdidaktik. Sie reichen mindestens zurück bis in die Reformpädagogik. In der Schule hielten sie allerdings nur recht zögernd Einzug. Heute sind sie aus dem Mathematikunterricht kaum noch wegzudenken. Ihre Bedeutung für den Lernerfolg ist allgemein anerkannt. Die Spannweite reicht vom gelegentlichen Einsatz zur Überwindung von »Durchhängern« und zur Belohnung bis zu beinahe täglichem Einsatz als dominierende Unterrichtsform. Die Zeit, die im Unterricht zum Spielen verwendet wird, zeigt, welchen Lernwert die Lehrerin dem Spiel beimisst.

Mit der Bezeichnung »Spiel« sparsam umgehen

Da weder in der Fachliteratur noch in der Praxis Konsens darüber besteht, was »echtes Spiel« und was »verstecktes Lernen« ist, muss zunächst geklärt werden, was im Folgenden unter Spiel verstanden werden soll. Darüber hinaus ist zu untersuchen, welche Beziehung die Schüler und Schülerinnen zum Spielen haben, welche Spielerfahrungen sie mitbringen, wie groß ihre Bereitschaft ist, sich auf ein Spiel einzulassen. Ein Spiel, das im Unterricht eingesetzt wird, ist immer einem Zweck untergeordnet. Die Lehrerin wählt es gezielt aus und bietet es entsprechend an.

Sie realisiert eine didaktische Absicht damit. Das Spiel wird als Lehr- und Übungsform genutzt. Es dient zur Steigerung der Motivation und der Lernbereitschaft. Überspitzt gesagt: Das Kind wird hintergangen, weil die Lehrerin es durch Ausnutzen seines Spieltriebes zum Lernen überlistet.

Dagegen steht die Ansicht, dass es nicht unbedingt von der Art der Aktivität abhängt, ob sie als Spiel betrachtet wird oder nicht. Entscheidend dafür sind die augenblickliche Befindlichkeit der Kinder und die äußeren Gegebenheiten. Eine wichtige Rolle spielt die Einstellung der Lehrerin zum Spiel. Wenn sie es nur einsetzt, um »up to date« zu sein, wird das spannendste Spiel für sie und die Kinder zur lästigen Pflichterfüllung. Zum Glück sehen unsere Grundschüler(innen) dies nicht ganz so eng. Sie akzeptieren die Zweckhaftigkeit der schulischen Aktivitäten. Sie wissen, dass Spiele im Unterricht nicht dem Zeitvertreib, sondern dem Lernen dienen.

Trotzdem sollte mit der Bezeichnung »Spiel« sparsamer umgegangen werden. In zahlreichen Veröffentlichungen, besonders in »Spielesammlungen« werden unter dem Begriff »Lernspiel« alle Aktivitäten zusammengefasst, die von den herkömmlichen Darstellungen im Rechenbuch oder dem Arbeitsheft abweichen. Oft handelt es sich nur um Arbeitsblätter, auf denen die Aufgaben in etwas ungewöhnlicher Form notiert sind (z. B. in Tabellen, Labyrinthen ...).

Auch Puzzles, Lottospiele, Rechendominos, Deckelspiele sind eigentlich eher »lustbetonte Aktivitäten« als Spiele. Sie enthalten alle als wichtiges Element die Selbstkontrolle. Das ermöglicht dem Kind eine begrenzte Eigenständigkeit und Eigenverantwortlichkeit beim Üben. Es erhält kontinuierlich eine Rückmeldung über die Qualität seiner Arbeit. Sie wird aber, wenn es möchte, nur von ihm selbst wahrgenommen. Es kann unbemerkt von der Lehrerin und den andern Kindern Fehler machen. Sie werden nicht sanktioniert. Es wird wenigstens für kurze Zeit vom Leistungsdruck entlastet. Die meisten dieser »Spiele« können problemlos allein durchgeführt werden. Spielt man sie mit einem Partner oder in einer Gruppe, gewinnt der schnellste Rechner. Leistungsstarke Schüler(innen) sind natürlich im Vorteil. Die Lehrerin kontrolliert und bewertet zwar nicht, trotzdem geraten gerade die weniger leistungsfähigen Kinder unter Druck, denn: Wer verliert schon gern ständig und nimmt damit im Sozialgefüge eine untere Position ein? Da Konkurrenz den Lernerfolg nicht steigert, kann darauf verzichtet werden. Die oben genannten Aufgabenformen lassen sich sehr effektiv nutzen, um Fertigkeiten einzuschleifen und Rechenoperationen zu automatisieren.

Damit aus der »lustbetonten Aktivität« ein Spiel wird, müssen weitere Bedingungen erfüllt sein.

Ein bedeutsamer Wesenszug des Spieles ist die Freiheit, sich für oder gegen das Spiel zu entscheiden und während des Spieles im Rahmen der Spielregeln selbstständig zu agieren. Dazu kommt die soziale Komponente, d. h. gespielt wird mit einem oder mehreren Partnern (eine Ausnahme bilden einige Strategiespiele). Alle Mitspieler sollten Gewinnchancen haben. Eine Gleichverteilung ist sicher nicht immer möglich, aber doch anzustreben. Die Spielregeln sollten sich für die Spieler folgerichtig aus der Struktur des Spieles ergeben. Sie müssen einsehbar sein und als zum Spiel passend empfunden werden. Der immer wieder propagierte Vorschlag, bekannte Gesellschaftsspiele durch zusätzliche Regeln oder durch Zusatzmaterial zu »Rechenspielen« umzufunktionieren, ist zwar mit wenig Aufwand verbunden, entspricht aber nicht der eigentlichen Intention. Das Spiel dient nur dazu, sich mit einem mathematischen Inhalt zu befassen. Es ist Anreiz zum Üben. Ein Beispiel zur Illustration: Man benutzt einen Spielplan für ein Würfelspiel (z. B. »Mensch ärgere dich nicht«) und spielt nach den üblichen Regeln. Als Zusatzmaterial dient ein Päckchen Aufgabenkarten. Wer eine vor dem Spiel festgelegte Augenzahl (z. B. eine 3) würfelt, muss ein Kärtchen nehmen und die Aufgabe ausrechnen. Ist das Ergebnis richtig, darf man x Felder vorrücken, ist es falsch, muss man x Felder zurück. Die Aufgabenkarten können jedem Übungsbereich entnommen werden, sind also beliebig austauschbar. Das Spiel kann vielseitig eingesetzt werden. Auch eine Differenzierung ist möglich, wenn schwierige und einfache Aufgaben angeboten werden. Löst man eine schwierige Aufgabe, darf man zusätzlich »Bonusfelder« vorrücken (ihre Zahl kann vor dem Spiel festgelegt werden oder auf der Aufgabenkarte vermerkt sein). Scheitert man an der Aufgabe, muss man entsprechend zurück. Der Spieler kann entscheiden, welches Risiko er eingehen will. Auf den ersten Blick eine gelungene Sache! Auf den zweiten Blick werden die Mängel deutlich. Die Standardspielregeln sind zum Durchführen des Spieles und zum Erreichen des Spielzieles völlig ausreichend. Die Benutzung des Zusatzmaterials wirkt sich nur auf die Spieldauer und die Spielfreude der Kinder aus. Gute Rechner sind (trotz Würfelns) eindeutig im Vorteil. Leistungsschwache werden durch falsche Ergebnisse frustriert und versuchen, das Nehmen von Aufgabenkärtchen zu umgehen, indem sie mit einem anderen Stein ziehen. Mit Legematerial (Puzzle, Lotto, Domino, Deckelspiel …) hätten die Schüler(innen) zwar nicht »gespielt«, aber sicher effektiver und weniger »frustbelastet« geübt. Daran wird deutlich, dass ein Lernspiel trotz seiner Zweckhaftigkeit in sich stimmig sein muss. Die durch die Spielregeln geforderten mathematischen Leistungen dürfen nicht Anhängsel, sondern müssen integrativer Bestandteil des Spiels sein. Ein weiterer wesentlicher Unterschied zwischen »lustbetonter Aktivität« und Spiel be-

steht darin, dass bei ersterer die Übung im Vordergrund steht. Das Kind kann seinem Lerntempo gemäß arbeiten. Die Anzahl der richtig gelösten Aufgaben (bzw. der Fehler) und die benötigte Zeit geben Aufschluss über seinen augenblicklichen Leistungsstand. Sie signalisieren ihm, ob es das Lernziel bereits erreicht hat oder ob es seine Bemühungen hinsichtlich Rechenfertigkeit oder Arbeitstempo intensivieren muss. Das Spiel setzt Kenntnisse und Fertigkeiten voraus. Sie werden beim Spielen angewendet und weiter ausgebaut. Sind sie mangelhaft oder nicht vorhanden, kann sich kaum Spielfreude entwickeln. Macht nämlich einer der Spieler häufig Fehler oder ist extrem langsam, leidet der Spielfluss. Die übrigen Spieler müssen warten. Sie beginnen zu drängeln oder vorzusagen. Der Verlierer steht von vornherein fest. Das Spiel ist für den Gewinner keine Herausforderung mehr. Der Sieg über einen wesentlich Schwächeren ist unbefriedigend. Das betroffene Kind wird kaum noch als Spielpartner akzeptiert. Erst, wenn es seine Defizite abgebaut hat, ist eine Änderung zu erwarten.

Wieviel »Spieltauglichkeit« bringen die Kinder in die Schule mit?

Zwei wichtige Faktoren wurden bei den Überlegungen bis jetzt fast völlig außer Acht gelassen, das Kind und seine Alltagswelt. Sie müssen als Beziehungsgefüge betrachtet werden, dessen Einfluss sich der Unterricht nicht entziehen kann und zu dem er teilweise in eine Konkurrenzsituation gedrängt wird.

Die Zeit, welche unsere Schüler(innen) außerhalb der Schule verbringen, ist für sie meistens keine frei verfügbare Zeit, wie man in einer Zeit, wo häusliche Pflichten auf ein Minimum reduziert sind, annehmen könnte. Grundschüler(innen) haben teilweise einen Terminplan, der nur durch die Fahrdienste der Mütter eingehalten werden kann. Zweimal in der Woche ist Training im Sportverein. Wer etwas auf sich hält, spielt ein Musikinstrument und muss dafür täglich üben. Man gehört einer Jugendgruppe an und nimmt an Arbeitsgemeinschaften teil, welche die Schule anbietet. In der knappen verbleibenden Freizeit schaut man Fernsehen (erweitert durch ein umfangreiches Angebot an Videofilmen), hört Kassetten, spielt mit dem Gameboy oder vergnügt sich mit dem Computer. Die Wochenenden sind durch die Teilnahme an sportlichen Wettkämpfen und durch Unternehmungen mit der Familie ausgefüllt. Die Kinder leben unter einem ständigen Zeitdruck. Natürlich gibt es auch das Gegenteil, Kinder, die überhaupt keinen termingebundenen Tätigkeiten nachgehen, mit denen nie jemand etwas unternimmt, die also jede Menge frei verfügbare Zeit haben. Sie nutzen sie zu erhöhtem Fernseh- und Videokonsum und widmen sich verstärkt ihrem elektronischen Spielzeug. Aber weder die »Vielbeschäftigten« noch die anderen »verschwenden« ihre Zeit mit Gesellschaftsspielen. Sie besitzen sie zwar in den verschiedensten Ausführungen, bringen sie auch gern mit in die Schule, können ihren Mitschüler(inne)n aber in den seltensten Fällen das Spiel erklären oder es mit ihnen spielen. Eltern und Verwandte scheinen Spiele also durchaus für nützlich zu halten, denn sie sind bereit, Geld dafür auszugeben. Sie bedenken allerdings nicht, dass Kinder Anleitung zum Spiel und vor allem Spielpartner brauchen. Beides sind die Erwachsenen kaum bereit, zur Verfügung zu stellen, weder ihre Zeit (und zwar ohne ständige Blicke zur Uhr, weil man ja noch Wichtiges vorhat), um das Spiel mit dem Kind zu betrachten und die Spielregeln zu erkunden, noch ihre Person als Spielpartner. In den meisten Familien gibt es keine Geschwister, mit denen gespielt werden könnte, entweder, weil keine weiteren Kinder vorhanden sind, oder weil der Altersunterschied so groß ist (3 – 4 Jahre), dass sie nicht als adäquate Spielpartner in Frage kommen. Klassenkameraden fallen auch aus, denn es ist nur schwer möglich, sich am Nachmittag überhaupt zu treffen.

Bei der Unterrichtsplanung (die Didaktik bestärkt die Lehrerinnen teilweise noch darin) wird davon ausgegangen, dass die Kinder nicht nur Spielfreude, sondern auch ein Repertoire an spieltauglichen Verhaltensweisen mit in die Schule bringen, das es ihnen ermöglicht, sich mit einem Partner oder in einer Gruppe mit einem Spiel zu beschäftigen und davon zu profitieren. Wenn sich der erwartete Erfolg nicht einstellt, ist die Lehrerin frustriert. Schließlich hat sie die Spiele zielorientiert und der Leistungsfähigkeit ihrer Klasse angemessen ausgesucht. Sie hat sie den Kindern, soweit nötig, erklärt und sie einladend im Regal oder auf dem Spieletisch angeboten. Die Kinder durften Spiel und Spielpartner frei wählen. Bei Konflikten hat sich die Lehrerin so wenig wie möglich eingemischt. Trotzdem war die »Unternehmung« ein Flop, denn es wurde etwas vorausgesetzt, was nur bei ganz wenigen Kindern vorhanden ist: Spielfähigkeit und Spielkultur. Das bedeutet in der Praxis:

- Den Kindern fällt es schwer, sich an Regeln zu halten oder mit einem Partner verbindliche Regeln zu vereinbaren.
- Die Kinder haben Probleme, ihre augenblicklichen Wünsche (z. B. möglichst oft würfeln, einen bestimmten Spielzug machen, eine bestimmte Karte aufnehmen ...) in den Griff zu bekommen. Sie werden leicht ungeduldig und drängeln, um wieder an die Reihe zu kommen.
- Die Kinder tragen Konflikte meistens sehr emotionsgeladen aus. Statt sachlich darauf hinzuweisen, dass ein Regelverstoß vorliegt, wird der Partner beschimpft und des Betruges bezichtigt. Dabei kommen dann gleich noch alle »Untaten der Vergangenheit« zur Sprache.
- Die Kinder können kaum fair verlieren. Sie reagieren beleidigt und »motzen«. Sie bekommen einen Tobsuchtsanfall oder weigern sich einfach, weiter mitzuspielen. Sie versuchen auf jeden Fall, Umstände außerhalb ihrer Person zu finden, die für das »Versagen« verantwortlich gemacht werden können. Es darf natürlich nicht außer Acht gelassen werden, dass die Gewinner durch ihr provozierendes Verhalten die Situation weiter verschärfen.

Zusammenfassend kann gesagt werden, dass bei den Kindern die Frustrationsschwelle sehr niedrig liegt und die Kommunikationsfähigkeit, vor allem aber die Kommunikationswilligkeit, nur dürftig entwickelt ist. Der häusliche elektronische Spielpartner nimmt dies nicht wahr. Seinem Programm entsprechend verteilt er Plus- und Minuspunkte und bestimmt danach Sieg oder Niederlage. Er reagiert weder auf Gefühlsausbrüche noch erwartet er Erklärungen irgendwelcher Art. Man kann ihn in gewissen Grenzen manipulieren oder einfach abschalten. Alles geschieht ohne Sanktionen. Das ist natürlich viel angenehmer als sich der Kritik reaktionsfähiger Wesen auszusetzen.

Was man beim Einsatz von Lernspielen bedenken sollte

Die kritischen Anmerkungen zielen nicht darauf ab, Lehrerinnen vom Einsatz von Lernspielen im Unterricht abzuschrecken. Sie sollen nur dazu beitragen, Misserfolge nach Möglichkeit auszuschalten. Damit das Spielen wirklich Spaß macht und von Lernerfolg begleitet wird, ist im

Vorfeld einiges zu bedenken. Die Spiele müssen auf ihre Eignung überprüft werden, wobei die Probleme der Schüler(innen) nicht aus dem Blick geraten dürfen. Die Einführung und die Spielpraxis im Unterricht müssen die Defizite der Schüler(innen) berücksichtigen und auffangen.

Wer spielt, möchte gewinnen. Das ist ein wichtiger Teil seiner Motivation. Damit leistungsstarke Kinder dabei nicht von vornherein die besseren Chancen haben, ist es für den Spielablauf wichtig, den Zufall einzubauen (z.B. durch Benutzen von Würfeln oder Kreiseln, durch Blindziehen von Karten ...). Das ermöglicht den Schülern auch, die Wahl ihres Spielpartners nicht nur an dessen Leistungsfähigkeit auszurichten. Obwohl in reinen Glücksspielen die Gewinnchancen gleichmäßig auf alle Spieler verteilt sind, sind sie als Lernspiele nicht optimal. Wenn Verlieren und Gewinnen ausschließlich vom Zufall abhängen, fehlt die Möglichkeit für die Spieler, selbst handelnd einzugreifen, um den Spielverlauf zu den eigenen Gunsten zu verändern. Das macht das Spiel nicht nur interessant und spannend, es regt auch an, gefundene »Tricks« zu systematisieren, um eine Gewinnstrategie herauszufinden. Davon profitiert nicht nur der Schüler, der die Gedanken entwickelt, sondern auch sein leistungsschwächerer Partner, der sich vorteilhafte Spielzüge merkt und in seinem Spiel verwertet bzw. versucht herauszufinden, warum die »Tricks« funktionieren.

Im Zusammenhang mit dem Gewinnen sind auch Wettkampfspiele im Mathematikunterricht zu sehen. Es gibt sie in den verschiedensten Varianten (z.B. Rechenkönig). Sie werden von leistungsstarken Schülern freudig begrüßt und vehement gefordert. Leistungsschwache und langsame Schüler scheiden früh aus oder bleiben am Ende als »Versager« übrig. Sie sind der ständigen Diffamierung ausgesetzt. Auch wenn in Gruppen oder Paaren gegeneinander gespielt wird, sind sie nirgends als Mitspieler willkommen. Bei den ständigen Gewinnern wachsen Selbstgefälligkeit und Angeberei.

Die Spielregeln müssen einerseits kurz, einprägsam und auch für schwache Schüler(innen) lesbar und verständlich sein. Man muss das Spiel damit durchführen können, ohne ständig auf die Regeln zu schielen. Andererseits sollen die Regeln die Spieler anregen, sie zu variieren und zu erweitern. Ausbaufähige Spielregeln gewährleisten, dass das Spiel dem Alter und der Leistungsfähigkeit der Spieler angepasst werden kann und dass es über einen längeren Zeitraum hinweg eine Herausforderung für alle Kinder darstellt.

Der Begriff »Spielplan« ist so wenig eindeutig definierbar wie der Begriff »Spiel«. Es kann sich ebenso um ein einfaches Quadratgitter, auf dem Spielsteine oder Karten abgelegt oder verschoben werden, wie um einen mit Bildern bis ins Detail ausgestalteten Plan für ein Würfelspiel handeln. Allgemeine Qualitätsmerkmale lassen sich kaum angeben, wenn man von einigen »technischen« Merkmalen absieht. Dass Grafik und Farbgebung kindgemäß und ansprechend sein müssen, dass die Größe den Kinderhänden und dem zu Verfügung stehenden Platz angepasst sein muss ... versteht sich von selbst. Eine inhaltliche Bewertung kann nur in engem Zusammenhang mit den Spielregeln und dem mathematischen Inhalt erfolgen. Natürlich sind variabel nutzbare Pläne im Unterricht vorteilhaft. Man sollte aber prüfen, ob sich das »variabel« nicht im Austausch von Aufgabenkärtchen erschöpft.

Weil die Akzeptanz für ein Spiel u. a. von der Spieldauer abhängt, muss sie in die Überlegungen einbezogen werden. Die Konzentrationsfähigkeit der Kinder ist begrenzt, die Unterrichtszeit ebenfalls. Deshalb eignen sich Spiele mit einer Spieldauer von 10 bis 20 Minuten für die Grundschule recht gut. Bei vielen Spielen kann der Gewinner auch vor Spielende ermittelt werden. Sie haben den Vorteil, dass sie sich an die Zeitvorgaben optimal anpassen lassen. Auch extrem langsame Schüler(innen) können sie frustrationsfrei nutzen, weil der Spielstand jeder Zeit ermittelt und der Sieger benannt werden kann. Zur reinen Spielzeit kommen noch die Vorbereitung und das Wegräumen des Spielmaterials. Sie müssen zur Spieldauer hinzugerechnet werden. Beides muss in einem ausgewogenen Verhältnis zueinander stehen.

Da die Mehrzahl der Schüler(innen) nur wenig oder gar keine Spielerfahrung von zu Hause mitbringt, muss die Hinführung behutsam unter der Anleitung der Lehrerin erfolgen. Wichtig dabei ist, dass die Kinder beim Spiel zwar positive Gefühle entwickeln, aber trotzdem nicht der Eindruck entsteht, Spiele dienten der allgemeinen Erheiterung, seien »eine Gaudi«, Rücksichtnahme und Dämpfen der Stimme seien außer Kraft gesetzt. Spielen muss Freude (im Sinne innerer Befriedigung) machen, damit im Spieler eine Art Motivationsschub entsteht, der auf Wiederholung drängt. Günstig ist, wenn sich Spiele sowohl im Klassenverband als auch in der Kleingruppe spielen lassen. Sie können dann nämlich ab und zu gemeinsam durchgeführt werden und gehören außerdem zum Repertoire für die freie Auswahl. Sie bieten der Lehrerin eine gute Gelegenheit, Änderungen im Spielverhalten der Schüler(innen) festzustellen. Ist es auf Grund des benötigten Spielmaterials oder der Spielregeln nicht möglich, ein Spiel für alle gleichzeitig zu erklären, kann die Lehrerin gruppenweise vorgehen. Leistungsfähige Kinder sind nach einer »Anlernphase« ebenfalls bald in der Lage, ihr Wissen nach dem Multiplikatorenprinzip weiterzugeben. Ein Wechsel bei den Multplikatoren ist anzustreben.

Ein weiteres Problem, das in freien Spielphasen öfter auftritt, als es die Lehrerin wahrhaben möchte, muss ebenfalls bedacht und gelöst werden. Während sich beim Spiel im Klassenverband alle Schüler beteiligen müssen, können oder dürfen, fallen z. B. bei der Freiarbeit immer wieder

Schüler auf, die sich so gut wie nie an Partner- oder Gruppenspielen beteiligen. Werden außer Spielen keine Aktivitäten angeboten, sind diese Kinder sehr unsicher, können sich nur schwer für ein Spiel entscheiden und finden kaum Spielpartner. Die Begründungen («Ich habe keine Lust.«, »Ich rechne lieber.«, »Ich muss zuerst noch … fertig machen.«) sind eher Schutzbehauptungen als Tatsachen. Für die Lehrerin ist es sehr schwierig, den wirklichen Grund herauszufinden. Manchmal handelt es sich um extrem schlechte Rechner oder um Schüler, die allgemein Integrationsprobleme in der Klasse haben. Oft sind es aber auch Kinder, die im »normalen Unterricht« ganz unauffällig sind. Sehr leistungsorientierte Kinder haben Angst zu versagen, befürchten, ausgelacht zu werden, oder empfinden das Spiel nicht als ihrer Leistungssteigerung dienlich. Schüchterne Kinder »getrauen« sich nicht, auf andere zuzugehen und sie zum Mitspielen aufzufordern, weil sie sich keine Absage holen wollen. Die Lehrerin muss versuchen, auch diese Kinder ins Spiel einzubinden.

Kinder an das Spiel heranführen

Eine gute Möglichkeit, Kinder ans Spiel heranzuführen ist es, »Rechenspiele« mit ihnen herzustellen. Dabei wird integrativ auf mehrere Lernziele hingearbeitet. Zunächst einigt man sich über den Inhalt. Selbst für nicht sehr übungsbeflissene Schüler(innen) ist es einsichtig, dass man ihn wenigstens einigermaßen beherrschen muss, damit das Spiel keine Fehler enthält. Wenn es um die Spielidee geht, wird die Kreativität der Kinder angesprochen. Das Aufschreiben der Spielregeln macht es nötig, Informationen in möglichst verständlichen Sätzen zu formulieren. Das Basteln selbst geht ebenfalls über das rein Handwerkliche hinaus. Memories sind sowohl von der Spielidee als auch von ihrer Herstellung her am einfachsten. Spielpläne für Würfelspiele sind – wenn es sich nicht um beliebige Parcours mit Rechenkärtchen handeln soll – wesentlich aufwendiger, weil die Aufgaben stimmig in eine Rahmenhandlung eingepasst werden müssen. Hexen, Zauberer oder ein Besuch im Zahlenland sind hilfreich. Da den Schülern die größtmögliche Freiheit bei der Auswahl der Aufgaben, beim Festlegen der Spielregeln und beim Gestalten ihres Spieles eingeräumt wird, ist die Motivation hoch, damit zu spielen. Schließlich möchte man sein Spiel den anderen zeigen und es mit ihnen ausprobieren. Beim Spielen ergibt es sich von selbst, dass Regeln eindeutiger formuliert oder geändert werden müssen. Ein erfreulicher Nebeneffekt tritt ebenfalls auf. Die Kinder gehen mit dem Material, für das sie viel Mühe und Zeit aufgewendet haben, viel sorgsamer um als mit ihren »gekauften« Spielen.

Fazit

Wenden wir uns abschließend noch einmal den anfangs vorgestellten Spielen zu und betrachten sie unter den genannten Gesichtspunkten.

Beim Spiel Nr. 1 handelt es sich auf den ersten Blick um eine recht einfache Übung zur Addition von Einerzahlen im Hunderterraum. Zur Abwechslung drehen wir die Regel um und spielen »Wer sagt zuerst 0?«. Jetzt wird die Subtraktion geübt. Die Erhöhung der Zielzahl und der Summanden bzw. der Subtrahenden steigert den Schwierigkeitsgrad.

Außer der Rechenfertigkeit fördert das Spiel den variablen Umgang mit Zahlen. Die Kinder versuchen nämlich, geschickt zu rechnen, d. h. sie addieren bzw. subtrahieren so, dass der Mitspieler die Zielzahl nicht erreichen kann. Sie probieren dazu alle möglichen Zahlenkombinationen aus und finden dadurch »sichere« Zahlen zum Weiterrechnen. Sie wandeln die Zahlen ab, um festzustellen, ob ihre Idee auch weiter brauchbar ist.

Ohne die Hilfe der Lehrerin gelingt es Grundschülern aber kaum, die Gewinnstrategie umfassend in allgemeingültiger Form zu entschlüsseln und zu formulieren. Eine reizvolle Variante ist das Spielen zu dritt oder zu viert. Dadurch bleibt zwar der Schwierigkeitsgrad unverändert, strategisch geschicktes Vorgehen wird aber anspruchsvoller.

Übrigens kann man auch die Gewinnregel umdrehen: »Wer zuerst 100 sagen muss, verliert!« Dadurch wird am Schwierigkeitsgrad wieder nichts geändert. Die Überlegungen, um eine Gewinnstrategie herauszufinden, beginnen allerdings von vorn.

Spiel 2 ist ebenfalls ein Rechenspiel. Es beschränkt sich nicht auf eine, sondern ermöglicht das Üben aller Grundrechenarten. Die Auswahl der Zahlen erfolgt durch Würfeln. Das verhindert, dass sich die Spieler im Voraus Aufgaben überlegen. Die »Zufallszahlen« müssen im Hinblick auf die erwünschte Ergebniszahl miteinander verknüpft werden. Das fördert bei den Schülern nicht nur sicheres Rechnen, sondern auch die Fähigkeit, Zahlen zielgerichtet zu kombinieren. Das Spiel ist variations- und ausbaufähig. Statt zu würfeln können die Zahlen auch auf Kärtchen oder Deckel (Kronkorken) geschrieben und aus einem Stoffbeutel blind gezogen werden. Auch mit einem Kreisel oder Glücksrad können die Zahlen ermittelt werden. Statt der Würfelaugen stehen dann wie beim Benutzen von Schulwürfeln die Zahlen von 1 bis 9 zur Verfügung.

Bei den Spielen 3 und 4 handelt es sich um Strategiespiele. Sie werden im Unterricht oft ein wenig stiefmütterlich behandelt, weil kein augenfälliger Nutzen erkennbar ist, denn im Mathematikunterricht der Grundschule wird Mathematik häufig auf Rechnen-Können und einige Grundkenntnisse in Geometrie reduziert. Das ist eigentlich bedauerlich, weil es sich um einen Bereich handelt, der in der Regel noch nicht durch Misserfolge negativ besetzt ist. Kinder, die gegen den Mathematikunterricht eher Abneigung empfinden, haben die Möglichkeit, in diesem Bereich Erfolg zu haben. Die Spielregeln der beiden Spiele sind sehr einfach. Man benötigt keinerlei Rechenfertigkeiten, deshalb können auch schlechte Rechner mitspielen. Ihre Gewinnchancen sind kaum geringer als die der guten. Während die Kinder anfangs recht naiv ziehen, d. h. ein Zug ist unmittelbare Reaktion auf den Zug des Mitspielers, versuchen sie, wenn die Spiele häufiger durchgeführt werden, mehrere Züge im Voraus zu bedenken, wobei sie mögliche Züge des Gegners in ihre Überlegungen mit einbeziehen. Sie beginnen Gewinnstrategien zu entwickeln. Davon profitieren nicht nur diejenigen, die sie herausfinden, sondern auch schwächere Kinder. Durch Variieren der Ausgangsposition der Setzsteine oder durch Verändern des Spielplanes entstehen Konstellationen, die neu durchdacht werden müssen.

Zusammenfassend kann gesagt werden, dass sowohl Übungen, die spielerische Elemente aufweisen («lustbetonte Aktivitäten«), als auch Spiele eine außerordentliche Bereicherung des Mathematikunterrichtes darstellen. Sie steigern die Motivation und erhöhen die Lerneffizienz. Während bei Puzzles, Lottospielen, Pyramiden aus Kärtchen oder Deckeln ... auch für die Kinder eindeutig die Übung im Vordergrund steht, die trotz der angenehmen Verpackung nicht immer lustvoll sein muss, bildet beim Spiel das Anwenden den Schwerpunkt. Die Beschäftigung mit mathematischen Inhalten (z. B. das Ausrechnen von Aufgaben, das Erkennen geometrischer Formen ...) sollte im Spiel nicht negativ empfunden werden. Es sollte nie lästig werden. Nur ein Spiel, das dem Spieler mindestens in Grenzen »Können« bescheinigt, lässt Spielfreude entstehen.

Günter Walter

Die »Sachen« des Sachunterrichts ins Spiel bringen – ein Weg zur kindgemäßen Weltbemächtigung

Das Spiel und seine Affinität zum Sachunterricht

Als Einleitung soll ein Beispiel von Otto Scheibner (1871-1964) für sich sprechen (in: Dietrich 1962, S. 34).

Nach Legen, Pressen und Aufkleben der Blütenteile haben die Schülerinnen schon konkrete Vorstellungen über die Storchschnabelblüte gewonnen. Die Frage taucht auf: »Ob wir die Blüte nicht auch einmal spielen könnten?« Die Kinder stutzen, überlegen, finden sich ratlos. »So wie in der Turnstunde!« Bald die Ilse: »Herr Sch., ich weiß es. Da muss erst eine in die Mitte, und das ist der Stempel – und ringsherum die Staubmännerchen – und dann die Blütenblätter.« Da es im Klassenzimmer zu eng ist, geht die Klasse auf den Schulhof. Draußen stellen die Kinder die Blüte spielend dar, korrigieren ihre Haltung und suchen nach dem richtigen und schönsten Arrangement ihrer Darstellung. Sie kennzeichnen ihre Position auf dem Boden und als sie auseinander gehen, haben sie den Grundriss der Blüte mit dem Stempel, den zehn Staubblättern, den fünf Blütenblättern und den fünf Kelchblättern.- Ein darstellendes Spiel mit überraschendem Lerneffekt.

Der Sachunterricht zu Beginn der 70er Jahre hat sich im Zuge der geschlossenen curricularen Konzepte – mit Ausnahme des mehrperspektivischen Unterrichts (MPU) – mit dem Spielen als eine kindgemäße Grundform der Sacherschließung sehr schwer getan. Ullrich und Schiffler wiesen 1976 und noch 1985 auf die damals vorherrschende Trennung von Spielen und Lernen hin, die sie mit ihren Beiträgen zum Spielen im Sachunterricht überwinden wollten. Schiffler (1985, S. 217) gewann den Eindruck, »als sei das »Sachliche« im Verständnis des Sachunterrichts, wie es sich in den Büchern repräsentiert, dem Spielerischen als dem Unsachlichen entgegengesetzt.«

Vor dem Hintergrund der heutigen bildungspolitischen Diskussion um Leistung, Notengebung und offene Lernformen brechen diese Fronten zwischen »sachlichem Lernen« und »unsachlichem Spielen« gerade im

Sachunterricht, in dem Sachlichkeit ein wichtiges Prinzip bedeutet, wieder auf. Deshalb sollen im Folgenden die Bedeutung des Spielens und Wege für ein spielendes Lernen im Sachunterricht an Beispielen verdeutlicht werden. Zur Vertiefung des spieltheoretischen Hintergrunds wird auf entsprechende Beiträge in diesem Band verwiesen.

Von Geburt an lieben es die Kinder, Dinge selbsttätig zu untersuchen, etwas auszuprobieren, zu bauen, zu experimentieren und zu spielen. Explorieren und Spielen sind Urformen des Lebens bei Mensch und Tier mit einer großen Bedeutung für deren Entwicklung und Weltbewältigung. Sie haben ihren Ursprung in der natürlich vorhandenen Neugierde, der Symbolisierungs-, Phantasie- und kreativen Gestaltungskraft des Menschen. Im Sachunterricht sind diese natürlichen Kräfte im Prozess der aktiven Auseinandersetzung mit den Sachverhalten aus der Lebenswelt des Kindes ins Spiel zu bringen. Die Bedeutung des Spiels und seine Affinität zum Sachunterricht kann aus folgenden drei Punkten heraus erschlossen werden:

- Das Spiel und seine Wirkkräfte unterstützen den Bildungsauftrag des Sachunterrichts, die Sachen zu klären und das Kind und sein sozial-, sach- und naturverantwortliches Handeln zu stärken. Es schafft einen Freiraum, in dem das Kind aktiv auf die Sachen einwirkt, sich dieser dabei bemächtigt oder mit kreativer Phantasie spielerisch verändert oder neu erfindet.

- Die zu klärenden Sachen des Sachunterrichts beziehen sich auf die Lebenswelt der Kinder und lassen sich in natürliche, dingliche, aber auch sozial-ethische Inhaltsbereiche einordnen. Dabei wird die Spielkultur der Kinder in unserer Gesellschaft selbst, – durch den permanenten Verlust an Spielräumen und der drastischen Zunahme an Computerspielen wie Game-boy und Tamagotchi –, zur nicht zu unterschätzenden »Sache« des Sachunterrichts.

- Die Sachen des Sachunterrichts anschaulich ins Spiel zu bringen, erfordert eine offene Unterrichtsorganisation mit Freiräumen für ein Gelingen des Spiels. Dabei können die Sachen in unterschiedlicher Art und Weise ins Spiel kommen, und zwar ganz konkret (Objektspiele), ikonisch, symbolisch (Spiele mit Bildern, Zeichen und Sprache) oder in vielfältigen Mischformen. Verschiedene Spiele und Spielformen eröffnen den Kindern in allen Verlaufsphasen Wege für eine Sachbemächtigung der besonderen Art.

(Wald-) Spiele zur Stärkung der Kinder

Im Folgenden soll an Spielvorschlägen zum Thema Wald, die von SCHARMANN (1998) in einer dritten Klasse erprobt wurden, weitere Bedeutungs- und Funktionszusammenhänge des Spielens im Sachunterricht aufgezeigt werden.

Jedes Spielangebot bedarf aus der Sicht der Lehrenden einer differenzierten Analyse. Diese erleichtert die Zu- und Einordnung eines Spiels in die jeweilige Sachstruktur, in den methodischen Verlauf und das Erkennen der im Spiel implizierten Bildungsgehalte. Beim Thema Wald ergeben sich im Blick auf die Sachanalyse u. a. folgende Aspekte:

- Lebensgemeinschaft Wald (Ökosystem), bei dem alle Organismen wie Pflanzen, Tiere und der Mensch ihre Funktion haben.
- Bedeutung des Waldes als Rohstofflieferant und Arbeitsplatz, als Wasserspeicher und Wasserfilter, als Klima- und Bodenverbesserer und als Erholungsraum für den Menschen.
- Gefährdung des Waldes durch Schadstoffbelastungen von Luft und Boden (u. a. Schwefeldioxyd, Stickoxyde, Schwermetalle, Müll), durch Borkenkäfer und Pilze.

Viele Spielvorschläge, die besonders aus dem Bereich der Naturerlebnispädagogik kommen (u. a. CORNELL 1979), bringen auf kreative Weise die genannten Aspekte ins Spiel und eröffnen den Mitspielern Zugänge zu deren Erschließung.

Waldschätze-Tauschmarkt
Spielform: Objektspiel / Such- und Rollenspiel
Sachbezug: Gegenstände aus der Lebensgemeinschaft Wald / Tauschen und Handeln
Material: »Schätze« aus dem Wald (Blätter, Moos, schöne Steine, Fichten- und Tannenzapfen etc.)
Durchführung: Bei einem Lerngang sammelt jedes Kind für sich mehrere kleine »Schätze« in Form verschiedener Materialien. Diese Gegenstände werden zur Gestaltung eines Tauschmarktes verwendet, der im Wald oder aber in der Schule durchgeführt werden kann.

Wald-Spiel-Kiste
Spielform: Objektspiel – Gestalten und Bauen
Sachbezug: Waldwirklichkeit spielerisch rekonstruieren
Durchführung: Vom Lerngang in den Wald und dem Tauschmarkt bleiben viele Gegenstände, u. a. Blätter, Rinde, Zweige, Moos, Früchte, Eicheln, Bucheckern, Kastanien, Tannenzapfen, übrig. Damit dürfen die

Kinder allein oder zu zweit mit Schuhkarton und Deckel eine Waldspielkiste bauen (Abb. 1).

Abb. 1: Wald-Spiel-Kiste

Wald-Fühl-Kasten
Spielform: Objektspiel – Kim-Spiel (Ratespiel durch Gebrauch der Sinne, hier des Tastsinns, wie es Kim, ein irisches Soldatenkind in RUDYARD KIPLINGS gleichnamigen Roman, meisterlich beherrschte)
Sachbezug: Gegenstände des Waldes und seine Gefährdung durch den Menschen
Durchführung: Zwei Schuhkartons für eine Spielstation mit einer von einem Tuch verdeckten Öffnung, durch die man mit der Hand die in der Kiste liegenden Gegenstände tastend erraten kann. Dazwischen können sich auch Dinge befinden, die nicht in den Wald gehören, z. B. Joghurtbecher, Plastikfolie, Metalldeckel etc.
Variation: Zwei Kinder spielen gegeneinander. Sie setzen sich gegenüber. Jedes hat eine Kiste, in die der Spielleiter vorher die gleichen Gegenstände verdeckt hineinlegt.

Baumbestimmungsspiel
(CORNELL 1979, S. 72)
Spielform: Objektspiel – Ratespiel – Wettbewerbsspiel
Sachbezug: Bäume, Büsche und andere Pflanzen des Waldes bestimmen

Anzahl der Spieler: Klassenstärke in zwei Gruppen aufgeteilt
Vorbereitung/Material: Bäume und Büsche erkunden und bestimmen; deren Blätter, eventuell Rinden, Zweige, Samen, Früchte sammeln
Ort: Im Freien oder auch im Klassenzimmer
Durchführung: Die Klasse wird in zwei Gruppen aufgeteilt. Jeder Mitspieler in beiden Gruppen erhält je eine Nummer. Die Pflanzenteile liegen in der Mitte. Der Spielleiter nennt eine Pflanze und eine Zahl. Die zwei Kinder mit der gleichen Nummer in jeder Gruppe laufen zu den Pflanzenteilen und halten das entsprechende hoch. Wem das am schnellsten gelingt, bekommt zwei Punkte.

Wie kommen hier die Sachen ins Spiel? Zunächst sind es reale Gegenstände aus dem Wald und keine symbolischen Repräsentationen. Alle Spiele fordern zum handelnden Umgang mit einem Stück Waldrealität heraus. Trotzdem heben sich die spielerisch konstruierten Spielwirklichkeiten, z.B. Tauschmarkt oder Waldspielkiste, deutlich von der objektiven Wirklichkeit des Waldes ab. Im Spiel liegt »eine andere Wirklichkeit mit anderen Funktionen und Wirkungen: unverbindlicher, offener, freier.« (FRITZ 1991, S. 17)

Die Spiele schaffen den Kindern einen spezifischen Raum, der eine geschützte, sanktionsfreie, eben spielerische Sachauseinandersetzung ermöglicht. Dieser Spielraum gibt den Kindern die Macht zum freien Agieren innerhalb der Spielregeln, zum Verändern und Wiederholen. Genau das ist in anderen Situationen des Alltages oft nicht möglich. Aus einer didaktischen Analyse der »Waldspiele« ergeben sich folgende Bedeutungszusammenhänge und Funktionen des Spiels als Medium des Lernens im Sachunterricht.

- Spiel als Medium zur Motivation und Hinführung an Sach- und Problembereiche (u. a. Waldschätze-Tauschmarkt)
- Spiel als Medium zum Erforschen und Entdecken
- Spiel als Medium des individuellen Lernens mit allen Sinnen (besonders das Kim-Spiel)
- Spiel als Medium zur phantasievollen Verarbeitung von Wirklichkeit und Realerfahrung (Tauschmarkt, Wald-Spiel-Kiste)
- Spiel als Medium zur »Erschließung besonderer Erlebniswerte am Inhalt« (SCHIFFLER 1985, S. 229), z. B. Wald als ästhetisches Natur-Erlebnis
- Spiel als Medium der differenzierten Übung und Anwendung
- Spiel als Medium sozialen und sprachlich-begrifflichen Lernens
- Spiel als Medium ganzheitlichen und fächerverbindenden Lernens

Generell fördern Spielhandlungen die im Spiel geforderten körperlich-geistigen Kräfte der Kinder in besonderer Weise. Die Auswirkungen auf Gedächtnisleistungen sind sehr nachhaltig und Versuche zeigten, »dass sich Reproduktionsleistungen sogar verdoppelten, wenn für die Kinder sinnvolle Ziele mit Hilfe aktiver Spielhandlungen vorgegeben wurden.« (KRET 1989, S. 21)

Spiel als Kulturgut, ein Thema im Sachunterricht

Im Sachunterricht und im Spiel der Kinder spiegeln sich die Inhalte unserer Kultur wider. Spiele und Spielsachen sind nach SUTTON-SMITH (1978, S. 119) »formende Elemente unseres kulturellen und sozialen Systems«. Wenn der Sachunterricht seine Orientierungsfunktion für Kinder einlösen und ihnen helfen will, »sich der Welt, in der sie leben, geistig zu bemächtigen« (KÖHNLEIN 1996, S. 49), so wird das Spiel des Kindes als »Königsweg« der Weltbemächtigung angesichts der Spielverhältnisse heutiger Kindheit nicht nur zu einer Bereicherung didaktischen Handelns, sondern auch zu einer kompensatorischen und spielpädagogischen Aufgabe. Wo man an Bildschirmen nur Knöpfe drücken muss, das gekaufte Spielzeug sich automatisch bewegt und das Kind nur zuschaut, wo man kaputte Spielsachen einfach wegwirft und nichts mehr selbst baut, wo sich die Spielräume und Spielzeiten mit Gleichaltrigen und Erwachsenen, u. a. durch zunehmenden Mediengebrauch, immer mehr verengen, da besteht die große Gefahr sehr einseitiger und auch reduzierter Spielerfahrungen der Kinder. Das aber würde sich langfristig auf die Entwicklung des Kindes, besonders auf seine konkreten dinglichen und sozialen Erfahrungen und seine phantasievolle Kreativität verhängnisvoll auswirken.

Nach HACKER (1997, S. 17) ist »eine natürliche Balance zwischen schulischer Lernwelt und außerschulischer Spielwelt«, wie sie in früheren Zeiten noch bestand, nicht mehr gegeben. Durch eine vorbildlich gestaltete Spielpraxis und kritische Auseinandersetzung mit Spielen und Spielsachen, gilt es den Kindern positive Spielerfahrungen zu vermitteln und ihre Freude daran zu erhalten. Ein gutes und gelungenes Spiel zeigt sich u. a. in der aufkommenden Spielfreude und dem Wunsch nach Wiederholung. Viele solcher Spielerlebnisse im direkten Zusammenspiel mit anderen schaffen die Grundlagen für eine stärkere Integration des Spiels in die Freizeitgestaltung der Kinder.

Für alle Inhaltsbereiche des Sachunterrichts aus Natur, Technik und Gesellschaft gilt es, aus dem breiten Angebot (vgl. u. a. KAISER 1996 u. 1998, PETILLON 1997) ansprechende Spiele auszuwählen oder mit den Kindern selbst zu entwickeln und sie didaktisch angemessen ins Spiel zu bringen. Von den immer häufiger auf CD-ROM angebotenen Computerprogrammen (vgl. SCHOELER 1997) sind einige inhaltlich auch für den Sachunterricht von Interesse, z. B. PETER LUSTIGS Löwenzahn (Kallmeyer Verlag). Wie die gleichnamige Fernsehsendung, so greifen die zwei CD-ROMs in kindgemäßer Weise Fragen zu Natur, Technik und Umwelt auf, die mit Rätsel- und Suchspielen ausgestaltet sind. Die weitere Entwicklung dieser Sparte bleibt bei den unbegrenzten Möglichkeiten der neuen Medien abzuwarten. Eines aber ist sicher: die unmittelbare, explorative und spielerische Auseinandersetzung mit den Dingen werden diese virtuellen Spielerfahrungen nicht ersetzen können, obgleich sie wertvolle inhaltliche Anregungen dazu liefern.

Die Sachen planvoll ins Spiel bringen

Spiel ist keine direkte Lernmethode und lässt sich nicht verordnen. Es bedarf »als Freiheit des Kindes« (WALTER 1998) der freien Einwilligung der Mitspielenden. Spielorganisation setzt deshalb das Schaffen von Freiräumen durch offenere Lernformen, wie Wochenplan, Projekt- und Freiarbeit, voraus.

In der Feinplanung von Spielsituationen sind folgenden Kriterien besondere Aufmerksamkeit zu widmen:

- Beachtung der Mitspieler und deren Voraussetzungen, u. a. Spielinteressen und Spielerfahrungen (vgl. FRITZ 1991, S. 143),
- Analyse der Spiele in Bildungsgehalt, Spielform, Inhalt, Verlauf und Regeln,
- Spielvorbereitung, u. a. Material, äußere Bedingungen in Raum und Zeit,
- Aufgaben der Spielleitung, u. a. Spiele selbst initiieren, als freies Angebot z. B. in Lernstationen einbringen, Spielbeobachtung und Spielreflexion, u. a. Spiel- und Sacherfahrungen, Schwierigkeiten.

Im Unterrichtsverlauf des Sachunterrichts ist ein Spielen in allen Phasen möglich:

- In Einstiegssituationen kann das Spiel auf kindgemäße Weise Interessen wecken, Probleme verdeutlichen und Anstöße zum gezielten Nachfragen und Erforschen eines Sachverhaltes geben, u. a. durch Rätsel- und noch unbekannte Brettspiele, Rollen- oder Puppenspiele oder durch erstaunliche Phänomene bei Experimentierspielen.
- In Arbeitsphasen einer Unterrichtseinheit oder eines Projekts können Spiele selbst entwickelt, hergestellt und intensiv gespielt werden, z. B.

Karten- und Brettspiele, Experimentier- und Bauspiele, darstellende Spiele.

- In Phasen der Ergebnissicherung hat sich das Spiel als ein sanktionsfreies Medium der Selbstkontrolle schon immer bewährt, da es den Kindern deutlich zeigt, z.B. in Ratespielen, Brett- und Würfelspielen, was sie über die Spielinhalte gelernt oder noch nicht gelernt haben.

Die Reflexion der Spiele mit den Kindern erhält dabei eine sehr wichtige Bedeutung. Dann erst ist gewährleistet, dass die im Spiel gesammelten Erfahrungen nachgängig aufgearbeitet, geistig durchdrungen und somit leichter von den Kindern in die Wirklichkeit transferiert werden können.

Spielformen im Sachunterricht

Auf eine Darstellung verschiedener Klassifikationsversuche von Spielformen wird an dieser Stelle verzichtet (vgl. WALTER 1993, S. 192). Für den Sachunterricht bedeutsam sind:

- alle Objektspiele, die ein freies Explorieren, Experimentieren, Bauen und Spielen mit »Sachen« des Sachunterrichts ermöglichen,
- alle Regelspiele, ob Solitär- oder Brett- und Interaktionsspiele, und
- alle darstellenden Spiele, als besondere Ausdrucksform des Erlebens und Erfahrens von Wirklichkeit.

Objektspiele

Dieser Gruppe können alle Explorations- und Spielformen zugeordnet werden, die weder Regel- noch darstellende Spiele sind (vgl. WALTER 1993, S. 199). Sie gewinnen für den Sachunterricht, wie bei den obigen Spielen zum Thema Wald deutlich zu erkennen ist, eine besondere Bedeutung. Objektspiele, prozess-, produkt- oder effektbezogen (WALTER 1993, S. 200), bringen Gegenstände und Phänomene, wie Wasser, Luft, Sand, Feuer, Steine, Papier, Bauklötze oder fertige Spielsachen

- beim Explorieren und Experimentieren,
- beim produktorientierten Bauen und Rekonstruieren von Wirklichkeit und
- beim effektvollen Anwenden, z. B. von Jo-Jos oder Magneten,

direkt ins Spiel.

Spielerisches Bauen im Sachunterricht (vgl. u. a. ULLRICH/KLANTE 1994, SCHOELER 1997) stellt ein hervorragendes Medium zur Erschließung und Rekonstruktion vieler Wirklichkeitsbereiche dar, z. B. aus dem

- naturwissenschaftlich-technischen Bereich,
  u. a. Bau von Schiffen, Flugzeugen, Fahrzeugen, Brücken, Wind- und Wasserrädern oder Heißluftballons, Einrichten von Aquarien und Terrarien,
- sozialwissenschaftlichen Bereich,
  u. a. Bau von historischen Modellen, z. B. Burgen und Gegenstände aus der Ritterzeit; Bau von geographischen Modellen (im Sandkasten), einer Wetterstation oder Bauernhäusern verschiedenster Art; Bau von Modellen aus der Alltagswelt, z. B. Krankenhaus, Arztpraxis, Zahnarztlabor, Zirkus, Zoo, Supermarkt.

»So wie gesellschaftliche Realität eine Konstruktionsleistung darstellt, und so wie die moderne Natur- und Sozialwissenschaft ihren Gegenstand konstruiert und damit (kulturelle) Realität schafft, so erzeugt das Kind eine Realität, in der es sich wohlfühlt und glücklich sein kann.« (OERTER 1993, S. 13)

Damit Prozesse des Bauens und Spielens sich auch spontan entwickeln können, müssen geeignete und für die Kinder immer zugängliche Rohmaterialien, technische Baukästen und Werkzeuge in der Schule präsent sein. Bei Bau- und Spielprozessen gibt es spannende und allein vom Kind gesteuerte Kreisläufe, z.B. vom reinen Spielverhalten über gezieltes Explorieren und Lernen wieder zurück zum Spielverhalten. So kann beim Spielen mit einem selbst gebauten Fallschirm aus Plastikfolie und einer kleinen Legofigur als Fallschirmspringer plötzlich ein Wechsel von der Spiel- in eine gezielte Experimentier- und Lernhaltung eintreten. Das Kind bricht das Spiel ab, weil der Schirm im Vergleich zu anderen viel zu schnell sinkt. Es holt sich Rat und wechselt die am Schirm aufgehängte Spielfigur durch einen leichteren Gegenstand aus. Das Kind erfährt neue Einsichten, die es zur Verbesserung des Flugverhaltens heranzieht. Es hat sich, im Vergleich zur rein spielerischen Verwendung des Fallschirms (Assimilation), an die neuen Erfordernisse angepasst und sein Handeln bzw. den Fallschirm verändert (Akkommodation). Das spielerische Handeln ist zu einem Medium des Lernens geworden, in dem sich im Sinne PIAGETS Assimilations- und Akkommodationsprozesse als zwei Seiten einer Medaille wechselseitig beeinflussen und ergänzen.

Das Experimentieren im Sachunterricht sollte nach SCHREIER (1998, S. 26) nicht nach seiner geschlossenen systematischen Form, sondern nach seinem offenen umgangssprachlichen Gebrauch (»Keine Experimente«) interpretiert werden. Beim spielerischen Experimentieren kommt es besonders auf das subjektive Erleben, Probieren, Untersuchen und Beobachten an (vgl. u. a. PRESS 1977, BECK 1998).

Einige wenige Beispiele zum Phänomen Luft:
Spielen und Experimentieren mit kleinen und großen Seifenblasen (Strohhalme, Ring aus Draht oder Plastik bis zu einem Durchmesser von ca. 20 cm, Seifenlauge)

Abb. 2: Pustespiel mit zwei, drei oder mehr Eierbechern und einem Tischtennisball

Abb. 3: »Hebebühne« aus einer Plastiktüte

Abb. 4: Luftballon in Plastikflasche (mit und ohne Loch) aufblasen

Diese sehr weitreichende Spielform kann ohne Materialien, z.B. Sing- und Hüpfspiele, kooperative Interaktionsspiele, und mit Materialien, wie Geschicklichkeitsspiele, Laufspiele, Karten-, Brett- und Würfelspiele, gespielt werden.

Für das Leben in und außerhalb der Schule ist die Bereitschaft und die Fähigkeit, sich an bestimmte Regeln zu halten, unumgänglich. In den Spielen mit anderen sind Grundschulkinder eher bereit, soziale Spielregeln zu lernen und damit zu elementaren demokratischen Verhaltensweisen auch außerhalb des Spiels zu gelangen. Für den Sachunterricht sind dabei klassische Gesellschaftsspiele, wie Natur-Memory, Verkehrs-Domino, Wald-Bingo, Puzzle, Brett-, Würfel- und Kartenspiele mit den verschiedensten Sachverhalten, immer geeignete Grundformen spielerischen Handelns, die den Kindern bekannt sind und die Sachen des Sachunterrichts sehr gut ins Spiel bringen können.

Bei einer Schulgarten-Rallye mit Grundschulkindern und Studierenden haben sich folgende Spiele bewährt:

Spinnennetz
Eine ca. 30-40 Meter lange Schnur wird spinnennetzartig zwischen zwei Bäume gespannt. Die oberste Schnur sollte die Größe der Kinder kaum überschreiten. Aufgabe ist es für eine Gruppe von vier bis acht Kindern durch ein Loch im Spinnennetz zu schlüpfen, ohne die Schnur zu berühren. Ein Loch darf dabei nur einmal benutzt werden. Wenn ein Kind durchgeschlüpft ist, dürfen sich alle gegenseitig helfen, z. B. Hochheben und »Durchreichen«. Ein Geschicklichkeitsspiel, das sehr viel Kooperation verlangt.

Schau genau hin (Kim-Spiel)
Gegenstände aus dem Garten und zur Gartenarbeit werden in einer Kiste 15 Sekunden gezeigt. Die Kinder müssen sich die Gegenstände einprägen und aus dem Gedächtnis aufschreiben.
oder: ein oder mehrere Gegenstände werden entfernt; was fehlt?
oder: einige Gegenstände passen nicht zum Thema Garten; welche?

Wasserwettlauf (Bewegungs- und Geschicklichkeitsspiel)
Wasser ist für Mensch, Tier und Pflanze sehr kostbar. Welche Gruppe transportiert einen halben Liter Wasser mit einer Schöpfkelle von einem Eimer in einen zehn Meter entfernten Messbecher? Wer hat am wenigsten dabei verschüttet?

PH-Gartenspiel (Würfelspiel mit Aufgaben- und Ereignisfeldern)
Auf einer Spielfläche werden Figuren vom Start ins Ziel gespielt. Auf den

L = Leiterfeldern und U = Umleitungsfeldern gibt es selbst verfasste Ereignis- und Fragekarten, die den weiteren Verlauf bestimmen.
Solche Spielpläne finden sich auch im Angebot der einschlägigen Spielverlage, Fachbücher und in Fachzeitschriften für verschiedene Inhalte des Sachunterrichts, z. B.

- Der Natur auf der Spur – Ein Naturlehrpfad voller Quizfragen (Ravensburger)
- Jahreskreisspiel (McNeill 1991, S. 25)
- Kennst du dich mit Hunden aus? (Rommelspacher 1994, S. 17)
- Mit den Schwalben nach Afrika (Kalusche 1996, S. 31)
- Ägyptenspiel (Seidenfuss 1998, S. 44)
- Schulwegspiel zur Verkehrserziehung (Warwitz 1994, S. 214)

Unter Anleitung sind die Kinder selbst zur Herstellung solcher Brettspiele fähig und damit aktiver in die Mitgestaltung von Spiel- und Lernstationen einbezogen als das üblicherweise beim Aufbau von »Lernzirkeln« der Fall ist.

Bei der Spielherstellung (vgl. Leifermann 1992) können Ereignis- und Fragefelder in Anlehnung an das Spiel Activity aus abwechslungsreichen Aufgabenstellungen, wie Zeichnen, Kneten, Pantomime, Erklärungen oder Wissensfragen, bestehen. Die beigelegten Spielkarten eignen sich auch als Info-Karten, die den Spielinhalt, z. B. Verkehrsregeln, Wettererscheinungen, Tiere oder Pflanzen, gezielt ansprechen.

Darstellende Spiele

Darstellende Spielformen, wie szenisches Spiel, Rollenspiel, Planspiel, Figuren- und Schattenspiel, Puppenspiel, Pantomime, Scharade, Theaterspielprojekte oder Ausdrucksspiele aus dem Erleben (Jeux dramatiques nach Frei), sind ebenfalls anspruchsvolle Möglichkeiten der Realitätserschließung und -bemächtigung. In der Spielform der Jeux dramatiques verkleiden sich die Kinder mit Tüchern und spielen ihre Rollen in aller Stille, ohne Sprache und, außer den Mitspielern, ohne Publikum zum parallelen Vorlesen einer Geschichte, z. B. von Bimbo, einem ausgesetzten Hund (van der Straeten 1998);
Darstellen von Wirklichkeit erfordert bei all diesen Spielen eine besondere Beachtung der realen Verhältnisse, die mit Witz und Humor, Phantasie und Improvisation durch Gestik, Mimik mit oder ohne Sprache ins Spiel kommen. Solche Spiele eröffnen den Kindern die Chance, sich in Personen, Sachverhalte, Probleme, Lebenssituationen aus Vergangenheit, Gegenwart und Zukunft hineinzudenken und spielerisch auszugestalten, z. B.

- Leben bei den alten Ägyptern (Seidenfuss 1998)
- Die Zeitmaschine (Seidel 1991, S. 29)
- Fernsehsendungen spielerisch aufarbeiten (Jud-Krepper 1994)

Die Sachen des Sachunterrichts in vielfältigen Formen ins Spiel bringen, eröffnet dem Kind Wege, die Welt mit Spaß und Freude assimilierend zu erfahren und sich dabei akkommodierend zu verändern. Das sind natürliche und altbewährte Wege für eine »neue Lernkultur«, auf denen alle nur gewinnen können.

Literatur

Beck, G.: Wasser. Beobachtungen – Experimente – Bilder. In: Die Grundschulzeitschrift, H. 117/1998

Cornell, J.: Mit Kindern die Natur erleben. Mühlheim a.d.R. 1979

Frei, H.: Jeux dramatiques mit Kindern. – Ausdrucksspiel aus dem Erleben. Bern o. J.

Fritz, J.: Theorie und Pädagogik des Spiels. München 1991

Hacker, H.: Lebensbereiche und Erfahrung. In: Jürgens, E. u. a. (Hrsg.): Die Grundschule. Baltmannsweiler 1997, S. 5-37

Jud-Krepper, H.: Szenisches Spiel und Fernsehen. Aufarbeiten von TV-Wirkungen in der Grundschule. In: Die Unterrichtspraxis. Beilage zum Heft Bildung u. Wissenschaft, GEW Baden-Württemberg, H. 8/1994, S. 57-60

Kaiser, A.: Praxisbuch handelnder Sachunterricht. Bd. 1 u. 2, Baltmannsweiler 1996 u. 1998

Kalusche, D.: Vögel und andere fliegende Tiere. In: Sache – Wort – Zahl, H. 5/1996, S. 23-33

Köhnlein, W.: Leitende Prinzipien und Curriculum des Sachunterrichts. In: Glumpler, E./Wittkowske, St. (Hrsg.): Sachunterricht heute. Bad Heilbrunn 1996, S. 46-76

Kret, E.: Spielend Lernen. Linz 1989

Leifermann, K.: Ein Lernspiel selbst hergestellt. In: Praxis Grundschule, H. 2/1992, S. 22-26

McNeill, B.: Rund um's Jahr. In: Praxis Grundschule, H. 6/1991, S. 25-34

Oerter, R.: Psychologie des Spiels. Ein handlungstheoretischer Ansatz. München 1993

Petillon, H.: Von Adlerauge bis Zauberbaum. 1 000 Spiele für die Grundschule. Landau 1997

Press, H. J.: Spiel – das Wissen schafft. Ravensburg 1977

Rommelspacher, M.: Kennst du dich mit Hunden aus? In: Praxis Grundschule, H. 6/1994, S. 17-18

Scharmann, I.: Spiele und Spielmaterialien zur Unterrichteinheit Wald im Heimat- und Sachunterricht der Grundschule. Unveröffentlichte wissenschaftliche Hausarbeit. Heidelberg 1998

Scheibner, O.: Wie wir uns spielend den Blütengrundriss erarbeiten. In: Dietrich, Th. (Hrsg.): Unterrichtsbeispiele von Herbart bis zur Gegenwart. Bad Heilbrunn 1962, S. 34-38

Schiffler, H.: Das Spiel im Sachunterricht. In: Ziechmann, J.: Konkrete Didaktik des Sachunterrichts. Braunschweig 1985, S. 216-239

Schoeler, U.: Bauen. Aspekte eines lernfeldübergreifenden Themas. / Computer im Sachunterricht – kritische Sichtung ausgewählter Programmangebote. In: Meier, R./Unglaube, H./Faust-Siehl, G. (Hrsg.): Sachunterricht in der Grundschule. Frankfurt, Arbeitskreis Grundschule 1997, S. 237-268/S. 290-307

Schreier, H.: Die Idee der Welterkundung. Experimente im Sachunterricht. In: Grundschule, H. 10/1998, S. 26-27

Seidel, G.: Theaterspielprojekte u. a.: Die Zeitmaschine. In: Praxis Grundschule, H. 1/1991, S. 29

Seidenfuss, M.: Wie lebten die alten Ägypter? In: Sache – Wort – Zahl, H. 14/1998, S. 38-47

Sutton-Smith, B.: Die Dialektik des Spiels. Schorndorf 1978

Ullrich, H.: Bauen, Konstruieren, Experimentieren. Spiele im naturwissenschaftlich-technischen Sachunterricht. In: Die Grundschule, H. 1/1976, S. 12-19

Ullrich, H./Klante, D.: Technik im Unterricht der Primarstufe. Villingen-Schwenningen 1994

van der Straeten, G.: Jeux dramatiques – Möglichkeiten einer spielerischen Wirklichkeitserschließung. Unveröffentlichte wissenschaftliche Hausarbeit. Heidelberg 1998

Walter, G.: Spiel und Spielpraxis in der Grundschule. Donauwörth 1993

Walter, G.: Spiel als Freiheit des Kindes. Implikationen für den Lebens- und Lernraum Grundschule. In: Strittmatter-Haubold, V./Hacker, Th. (Hrsg.): Das Ende der Erziehung? Lehren und Lernen für das nächste Jahrtausend. Weinheim 1998, S. 143-160

Warwitz, S.: Verkehrserziehung vom Kinde aus. Baltmannsweiler 1994

Christina Müller / Ralph Petzold

Spielen und Bewegen

Spiel ist ein allgemeines Lebensphänomen (vgl. Dietrich 1987, 341) und ebenso wie Bewegung ein anthropologisches Grundbedürfnis des Kindes (des Menschen überhaupt) und für dessen Entwicklung unerlässlich. Bewegung wird nachfolgend im Verständnis von Grupe (1982, 75) als Erfahrungsorgan und Gestaltungsinstrument des Menschen verwendet. Bewegung, Leistung als gelungene Handlung und Spiel stehen in einem engen Beziehungszusammenhang (vgl. Hecker 1996, 115). Deshalb widmet sich dieser Beitrag der Verbindung von Spielen und Bewegen als typische Tätigkeiten des Kindes. Gleichzeitig geben wir erste Erfahrungen aus unserem Projekt »Bewegte Grundschule« weiter, das seit 1996 an Versuchsschulen in Sachsen und Rheinland-Pfalz erprobt wird.

In der sportpädagogischen Literatur wird Spielen als individuelle Handlung verstanden, in der das Grundphänomen Spiel konkret realisiert wird und sich von anderen grundlegenden Verhaltensweisen, wie Kämpfen, Gestalten, Üben (vgl. Dietrich 1987, 342) bzw. von weiteren Vollzugsformen des Sports, wie Erkunden, Üben, Trainieren und Wettkämpfen (vgl. Scherler 1983, 121) unterscheidet. Vergleicht man verschiedene Definitionen des Spielens, so kann man zusammenfassend konstatieren, dass Spielen bereits Bekanntes voraussetzt, das in unterschiedlichen Varianten angewendet und gestaltet werden kann und dadurch neue, unbekannte Dimensionen erschließt, woraus die Lust am Spielen erwächst (vgl. die Ausführungen von Petillon in diesem Band). Damit ergeben sich fließende Übergänge zwischen dem Spielen als dem Variieren mit Bekanntem und dem Erkunden als dem Ausprobieren des Unbekannten.

Die Bedeutung der Verbindung von Spiel- und Bewegungshandlungen für die kognitive, emotionale, soziale und motorisch-körperliche Entwicklung sowie für die Ausbildung des Selbstkonzeptes sehen wir vor allem unter folgenden Aspekten:

- Spiel- und Bewegungssituationen bieten vielfältige Handlungsgelegenheiten für primäre Erfahrungen, die Kinder »unmittelbar durch und mit ihren Bewegungen und mit und über ihren Körper machen« (Grupe 1992, 27).
- Das Spielen ist, insbesondere in der Verbindung mit dem Ausleben des Bewegungsbedürfnisses, durch Kriterien wie Spaß, Freude, Vergnügen gekennzeichnet und kann das Gefühl erfüllter Gegenwart vermitteln.

- Spielerische Bewegungshandlungen können zu einem für die emotionale Entwicklung nachhaltigen »Flow-Erleben« führen, worunter Csikszentmihalyi (1992, 73-101) das völlige Aufgehen in einer Tätigkeit, die Verschmelzung von Handlung und Bewusstsein, die Polarisierung der Aufmerksamkeit auf das Tun, den Ausschluss negativer Gedanken und Gefühle, eine Art Selbstvergessenheit und das vollständige Vertrauen in die eigenen Fähigkeiten versteht.
- Spiel- und Bewegungsaktivitäten können für Schülergruppen vielfältige soziale Lernmöglichkeiten sein, bei denen die Wechselseitigkeit und Aufeinanderbezogenheit von Geben und Nehmen ausgewogen realisiert werden können: Soziale Kontakte werden aufgenommen und angenommen, soziale Vereinbarungen müssen getroffen und akzeptiert werden, das Einbringen eigener Ideen ist ebenso erforderlich wie das aktive und freiwillige Einordnen. In vielen spielerischen Bewegungshandlungen wirken Kinder in Gruppen oder Partnerschaften zusammen, wobei das gegenseitige Einfühlen die Grundlage für gelungene »Bewegungs-Interaktionen« ist.
- Spielen in Verbindung mit Bewegen (besonders an frischer Luft) unterstützt die Gesundheit der Kinder (Vermeiden von »Haltungskonstanz«, Stärkung des Immunsystems, Abbau von Anspannungen u. a.).
- Bewegungshandlungen im kindlichen Spiel können einen bedeutenden Einfluss auf das Selbstkonzept haben, da gerade im Grundschulalter körperliche Fähigkeiten und motorisches Können im eigenen Spiegelbild und für den sozialen Status in der Gruppe entscheidende Faktoren sind.

Die Realisierung der Verbindung von Spiel- und Bewegungshandlungen wird in der Schule traditionell dem Fach Sport zugeschrieben. Bei der hier nur kurz skizzierten Bedeutung, die Spielen und Bewegen für die Entwicklung haben, ist u. E. eine solche Einengung nicht gerechtfertigt. Will man die Grundschule diesbezüglich wirklich neu gestalten, erscheinen uns zwei Richtungen bedeutungsvoll:

1. Eine enge Verbindung finden Spielen und Bewegen in einer umfassenden Bewegungserziehung. Hierunter verstehen wir eine in allen Fächern zu konkretisierende, die Lernbereiche übergreifende und den außerunterrichtlichen Bereich umfassende Aufgabe der Grundschule.
2. Im Sportunterricht als dem traditionellen Fach der engen Verbindung von Spiel- und Bewegungshandlungen sollte eine weite Sicht auf das Spielen erfolgen.

Zu diesen beiden Schwerpunkten wollen wir nachfolgend unsere Vorstellungen konkretisieren.

Spielen in einer umfassenden Bewegungserziehung

Die Hauptzielstellung der Bewegungserziehung ist nach unserer Auffassung die Befähigung der Kinder zur individuellen Handlungskompetenz, die darauf gerichtet ist, durch Bewegung die Umwelt zu erfahren und zu gestalten. Daraus leiten sich folgende Teilziele ab:

- ➢ Förderung der sinnlichen Wahrnehmung,
- ➢ stärkere Einbeziehung des kinästhetischen Analysators (»Bewegungssinn«) beim kognitiven Lernen,
- ➢ Herausbildung von Sozial- und Selbstkompetenz,
- ➢ Erhöhung der Sensibilität für den eigenen Körper und Verstärkung emotionalen Erlebens,
- ➢ Schulung der Koordination,
- ➢ Verbesserung der Körperhaltung,
- ➢ Förderung der Bewegungssicherheit,
- ➢ Sensibilisierung für kulturelle Werte.

Außerdem ist darauf hinzuarbeiten, die Spielmöglichkeiten der Kinder außerhalb der Unterrichtszeit zu verändern, beispielsweise durch die konsequente Gestaltung der Schule als ein Bewegungsraum, der genügend Anreize bietet, »bewegte Spiele« auch in die außerschulische Lebenswelt mitzunehmen.

Nach inhaltlich-organisatorischen Gesichtspunkten sowie nach spezifischen Schwerpunktsetzungen lassen sich folgende Bereiche der umfassenden Bewegungserziehung benennen:

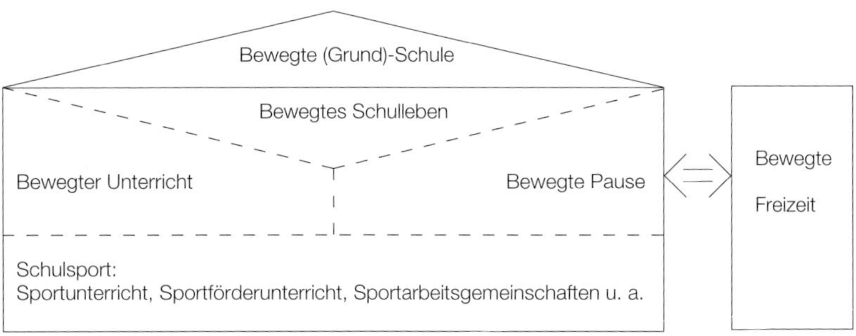

Bewegtes Lernen Dynamisches Sitzen	Spiel-und Sportfeste Spiel-und Sport-nachmittage	Schulhofspiele Schulhausspiele	Familiensport Vereinssport
Auflockerungsminuten Entspannungsphasen Tägliche Bewegungszeit Individuelle Bewegungszeit Projekte	Wandertage Klassenfahrten Hortsport	»Offene« Turnhalle Gestaltete Bewegungsräume	individuelle Nutzung von Bewegungsräumen

Bereiche der Bewegungserziehung

Ausgewählte Teilbereiche wollen wir folgend darstellen und durch Beispiele veranschaulichen, wobei methodische Hinweise weitgehend ausgeblendet bleiben müssen.

Bewegter Unterricht: Bewegtes Lernen

Durch Bewegungshandlungen wird ein zusätzlicher Informationszugang über den »Bewegungssinn« geschaffen. Außerdem lässt sich auch durch Bewegungen bereits mit geringen Intensitäten eine bessere Sauerstoffversorgung des Gehirns erreichen. Dadurch wird vermutlich auch die Informationsverarbeitung optimiert.

»Bewegte« Spielformen heben den traditionellen »Sitzunterricht« auf und können dazu beitragen Monotonie in Aneignungs- und Übungsphasen zu vermeiden und dadurch die Lernmotivation sowie die Lernfreude zu erhöhen.

An den folgenden Spielformen aus dem Mathematikunterricht (vgl. MÜLLER 1998) wollen wir dies verdeutlichen:

Rettungsinsel
(Addieren und Subtrahieren bis 20)
Auf dem Schulhof werden mit Ziffern versehene »Rettungsinseln« aufgemalt. Alle Kinder »fahren in Booten über das Meer«. Der Spielleiter nennt eine Aufgabe, z. B.: »14 + 3«. Die Kinder versuchen, mit wenigstens einem Körperteil die »Rettungsinsel« der Lösung (hier: »17«) zu berühren.

Autorennen
(Mess- und Zählwert vergleichen)
Jeweils vier Kinder finden sich zu einer Gruppe zusammen. Zwei Schüler einer Gruppe stehen mit Spielzeugautos, die an einem 2 m langen Strick gebunden sind, nebeneinander. Sie wickeln auf ein Signal die Schnur um den Stift und ziehen damit die Autos über eine Ziellinie. Dabei zählen sie die Sekunden. Die beiden anderen der Gruppe zählen die Sekunden bzw. messen die benötigte Zeit. Zum Abschluss werden Mess- und Zählwert verglichen.

Streichholzwerfen
(Einführung Dezimeter)
Etwa fünf Schüler bilden eine Gruppe. Mit Klebeband kennzeichnen sie auf dem Boden die Länge von einem Meter und unterteilen diesen in Dezimeterzonen. Mit Streichhölzern werfen die Kinder in die Zone zwischen 5 dm und 6 dm usw.

Die Kinder sollen lernen, spiel- und bewegungsaktive Pausen gemeinsam selbstbestimmt zu gestalten. Die Ausbildung sozialer Kompetenzen ist dabei besonders wichtig, z.B. Kontakt zu anderen aufnehmen, Gruppen bilden, sich beraten, Regeln gemeinsam vereinbaren und anerkennen, Aufgaben und Rollen übernehmen, sich aufeinander einstellen und sich rücksichtsvoll verhalten, Spielkonflikte angemessen lösen, Spielideen weitergeben. Die Kinder müssen sich für die Spielgeräte verantwortlich fühlen. Sie sollen durch die Spiele aber auch die Möglichkeit erhalten, in spielerischer Form ihre Kräfte zu messen. Als eine weitere Zielstellung wird die Wiederbelebung einer vielerorts beinah vergessenen Spielkultur angestrebt.

Damit die Spielformen von den Kindern angenommen werden, sind nach unseren Erfahrungen folgende inhaltliche Auswahlkriterien von Bedeutung:

- Der Gedanke des Miteinanders sollte überwiegen.
- Die Spiele müssen in Kleingruppen (2 – 6 Schüler) spielbar sein.
- Es sollen keine oder nur wenige Spielgeräte benötigt werden.
- Die Spielregeln müssen in kurzer Zeit abzusprechen und der Spielgedanke leicht zu erfassen sein.
- Die Spiele sollten variabel gestaltbar sein und zu neuen Ideen anregen.
- »Alte Kinderspiele« dürfen wieder entdeckt werden.
- Die Spiele müssen vielen Mitspielern gleichzeitig Bewegung ermöglichen.

Pausenspiele im Klassenzimmer (vgl. Volkmer u. a. 1996)

Zimmerbasketball
Drei oder vier Spieler versuchen mit einem Korken in einen Kasten, Korb o.a. zu treffen.

Fang den Ball
Jeder Mitspieler benötigt einen Joghurtbecher und einen kleinen Ball (Tischtennisbälle o.ä.). Der Ball wird in die Luft geworfen und mit dem Becher wieder aufgefangen. Es kann auch paarweise gespielt werden.

Jonglieren mit Tüchern
Mit Papiertaschentüchern, leichten Tüchern oder kleinen Bällen wird das Jonglieren allein oder paarweise versucht.

Beispiele für Pausenspiele im Schulhaus

Pfennig werfen
Zwei Meter von einer Wand entfernt wird eine Linie markiert. Ein Pfennig/ein Knopf wird so an die Wand geworfen, dass dieser so nah wie möglich an der Wand liegen bleibt. Als Variante kann eine kleine Gruppe von Spielern auch feststellen, wieviele Pfennige/Knöpfe in einem nah an der Wand aufgestellten Pappteller landen.

Weitere Spielformen
Zielwerfen (z. B. mit einem Knüllpapierball), Kegeln, Klettballspiel, Jonglieren, Hüpfen mit dem Hüpfball, Zuspielen mit dem Ballfangspiel, Gummihopse, Jo-Jo u. a.

Beispiele für Schulhofspiele (vgl. PETZOLD 1994)

Klammerhasche
Die Kinder stecken sich ein oder mehrere Wäscheklammern an die Bekleidung und versuchen sich diese gegenseitig abzuziehen.

Nippen
Die Kinder versuchen ihre Murmeln in eine etwa 3 m entfernte kleine Mulde zu rollen.

Seildurchlauf
Zwei Sprungseile werden verknotet und dieses lange Seil wird von zwei Kindern geschwungen. Die Mitspieler laufen unter dem ständig schwingenden Seil hindurch.

Ballprobe
Mit verschiedensten Zusatzaufgaben (drehen, klatschen u. ä.) wird ein Ball gegen eine Wand geworfen und wieder gefangen.

Sprungball
Zwei Spieler rollen sich einen Ball zu. Ein drittes Kind steht in der Mitte und muss versuchen, den Ball ohne Berührung zu überspringen.

Jurtenkreis
Etwa 6 Spieler bilden mit fester Handfassung einen Kreis, wobei abwechselnd ein Kind nach innen bzw. nach außen schaut. Langsam lehnen sich alle in die Richtung, in die jeder schaut.

Schulleben: Eltern-Kind-Spielstunden

Ein wesentliches Ziel dieser Veranstaltungen ist es, durch gemeinsame Bewegungsangebote für Kinder und Eltern eine pädagogische Kontinuität zwischen Elternhaus und Schule herzustellen.

Spielformen unterstützen die Freude an gemeinsamen Bewegungsaktivitäten. Das Spielen in einem solchen Rahmen ermöglicht ein verändertes Rollenverhalten, da die Eltern (und Lehrer) zum Mitspieler werden und bei entsprechender Spielauswahl nicht immer den Kindern überlegen sein müssen. Außerdem werden Transfereffekte auf das Familienleben erhofft.

- »Nonsense-Spiele«: Streichholzweitwurf, Watteweitpusten, Kirschkernspucken, Medizinballgrätschwurf (Ball rückwärts durch die gegrätschten Beine werfen), Dreisprung rückwärts u. a. (vgl. KWAST/RÜGER und JACKWERTH/RÜGER o.J.);
- Geschicklichkeitsspiele: Pedalofahren, Zielwerfen (z. B. in Eierpappen), Kegeln, Dosenwerfen;
- »Alte Spiele«: Reifentreiben, Ballprobe, Stelzenlauf, Sackhüpfen, Murmelspiele, Reifenzwirbeln, Zublinzeln, Eierlaufen;
- Freizeitspiele: Frisbee, Boccia, Speckbrett-Tennis, Indiaca, Klettball;
- Spiele für Familienfeiern: Ringe werfen, Bierdeckelzielwurf u. a.

Schulleben: Wandertage und Klassenfahrten

Wandertage und Klassenfahrten an sich, Bewegungssituationen innerhalb dieser Veranstaltungen im Besonderen, haben einen speziellen Erlebniswert durch die Verbindung von Bewegungs-, Natur- und Gemeinschaftserlebnissen.

Auf spielerische Weise können sich die Kinder die Natur erschließen. Bei Konstruktionsspielen oder z. B. bei der »Schatzsuche« kann das Kind »So-tun-als-ob« es ein Baumeister bzw. ein Detektiv wäre. Die besondere Wertigkeit des Spielens in der Natur liegt vor allem in der durch den Zeitrahmen gegebenen Möglichkeit sich ausdauernd und verweilend auf eine Spielsituation einzulassen. Dadurch erhöht sich die Wahrscheinlichkeit, dass sich Lust auf Mitmachen und engagiertes Handeln entwickeln.

Die nachfolgenden Spielvorschläge erfordern die verantwortungsvolle und kritische Prüfung der jeweiligen Bedingungen. Die Sicherheit der Schüler, die Witterung, der Schutz der Umwelt u. a. stellen wesentliche Auswahlkriterien dar.

Mit Naturmaterialien spielen

Bau- und Konstruktionsspiele

- eine Hütte bauen,
- einen Bach anstauen,
- Boote aus Baumrinde im Bach/Teich schwimmen lassen,

- eine Furt bauen und darüber balancieren,
- Schneemänner/Schneeplastiken/Schneehütten bauen,
- Sandburgen bauen.

Wurfspiele

- mit Tannenzapfen, kleinen Steinen oder Speeren (lange Stöcke) auf Ziele werfen (Baumstämme o. ä.),
- flache Steine so auf das Wasser werfen, dass sie einige Sprünge ausführen,
- Tannenzapfen/Kastanien hochwerfen und von unten mit einem Stock möglichst weit oder in ein Ziel schlagen (Schlagball).

Aus dem Sportunterricht bekannte kleine Spiele und Spielformen modifiziert anwenden

Haschespiele

Durch die Beschaffenheit des Geländes (Mulden und Senken, Bäume und Äste) erhöhen sich bei Haschespielen im Freien die Anforderungen an die Spieler. Dabei sind unbedingt klare Vereinbarungen über die Spielfeldgrenzen zu treffen.

Treffball

Die Spieler zweier Mannschaften werfen solange mit Naturmaterialien (Kastanien, Tannenzapfen, kurze Stöckchen u. ä.) auf 3-5 m entfernte Ziele (in den Boden gesteckte Äste oder Baumrinde), bis alle Zielgegenstände am Boden liegen. Aus Sicherheitsgründen sollte nur von einer Seite geworfen werden, wobei die jeweils erreichte Zeit beider Gruppen verglichen wird.

Wettwanderball

Die in Reihe stehenden Spieler zweier Mannschaften versuchen, so schnell wie möglich einen Gegenstand (Äste, Laub, Tannenzapfen, Kastanien, Rindenstücke) von vorn nach hinten zu geben. Variationen ergeben sich durch den Wechsel von Aufgabenstellungen, was wie in welche Richtung übergeben wird. Außerdem lassen sich für den Ersten bzw. Letzten der Reihe auch festgelegte Laufwege im Gelände einbeziehen.

Gegebenheiten des Geländes zum Spielen nutzen

- Über festliegende Baumstämme balancieren, aneinander vorbeigehen,
- Gräben/Bäche überspringen,
- ein Hindernis (Hecke o. a.) überspringen,
- auf Anhöhen klettern,
- einen Abhang hinunterlaufen,
- an einem Hang rodeln.

Den Kuckuck suchen
In einem begrenzten Waldgebiet versteckt sich ein Spieler und ahmt von Zeit zu Zeit den Ruf des Kuckucks nach. Die übrigen Spieler suchen den »Kuckuck«. Wer ihn findet, darf sich als nächstes verstecken (vgl. DÖBLER/DÖBLER 1989, S. 370).

Schatzsuche
An einer markierten Strecke (Sägespäne, Stöcke, Zapfen etc.) werden Tafeln mit Aufgaben verteilt, deren Lösungen zum Versteck der »Schatzkiste« führen.

Die Erfahrungen zeigen, dass durch solche spielerischen Formen auch »Wandermuffel« begeistert und voller Eifer größere Entfernungen im Wald zurücklegen.

Spielen im Sportunterricht

Das Fundament für eine umfassende Bewegungserziehung sehen wir nach wie vor in einem fachgerechten Schulsport mit seinem Kern: dem Sportunterricht.

Bewegungsspiele prägen zweifelsfrei das Bild des Sportunterrichtes in der Grundschule. Auf die Vielzahl kleiner Spiele wird hier nicht weiter eingegangen, da umfangreiche Literatur zur Verfügung steht. Den »Klassiker« stellen dabei sicher die »Kleinen Spiele« von DÖBLER/DÖBLER dar. Viele dieser Spiele begeistern die Kinder heute ebenso wie zu unserer Kindheit. Erinnert sei an Spiele wie »Völkerball«, »Ball über die Leine« oder Haschespiele und Staffeln.

Wir möchten aber auf Folgendes hinweisen. Oftmals entsprechen diese Spiele der Vollzugsform Wettkämpfen weit mehr als dem Spielen. Wenn darunter wie eingangs erläutert das Variieren von Bekanntem zu verstehen ist, dann erhält das Spielen im Sportunterricht eine wesentliche Erweiterung und pädagogische Bereicherung. Diese weite Sicht sollte bei Diskussionen um das Spielen in der Grundschule mehr Beachtung finden und könnte den Sportunterricht über die traditionellen kleinen Spiele hinaus bereichern, so z. B.:

- aus den vorhandenen Turngeräten sich eine »Höhle bauen« oder einen »Abenteuerspielplatz« gestalten und darauf spielen;
- unterschiedliche Tiere aus dem Zoo nachahmen (oder auch Sportler, Berufe);
- sich nach Musik bewegen, z. B. als Roboter, als Fahrzeuge;
- kleine »Kunststücke« an Klettergerüsten auf dem Spielplatz ausführen;

- aus Pappkartons Türme u. a. bauen;
- einen Wasserball als Gruppe möglichst lange in der Luft halten;
- Spiele verändern, so dass sie in Kleingruppen in der Freizeit (»vor der Haustür«) gespielt werden können;
- Tücher/Bälle jonglieren;
- Zirkus spielen;
- Spiele aus »Omas Zeiten« miteinander spielen (Kreiseln, Ballprobe, Himmel und Hölle, Reifen treiben u. a.).

Spielen in diesem weiten Verständnis verlangt für die Realisierung Offenheit, Freiwilligkeit und Wechsel zwischen Spannungserzeugung und -lösung (vgl. Ehni 1985, 25). Der Pädagoge sollte zum Spielen und zum Verändern anregen, Aufgaben stellen, Hilfe geben und möglichst auch einmal mitspielen. Die Regeln sind gemeinsam abzusprechen.

Auf diese Weise kann auch im Sportunterricht der Grundschule ganz im Sinne der Argumentation von Petillon (vgl. die Ausführungen in diesem Band) dazu beigetragen werden, dass die Kinder beim Spielen neue Wege ausprobieren, mit originellen Lösungen experimentieren und sich mit großer Freude auf Neues einlassen.

Literatur

Csikszentmihalyi, M.: Flow – Das Geheimnis des Glücks. Stuttgart 1992

Dietrich, K.: Spiel. In: Eberspächer, H. (Hrsg.): Handlexikon Sportwissenschaft. Reinbek 1987, S. 341-351

Döbler, E./Döbler, H.: Kleine Spiele. Berlin 1989

Ehni, H.: Spiel und Sport mit Kindern – ein Wissensangebot. Reinbek 1985

Grupe, O.: Bewegung, Spiel und Leistung im Sport. Schorndorf 1982

Grupe, O.: Zur Bedeutung von Körper- , Bewegungs- und Spiel-Erfahrungen für die kindliche Entwicklung. In: Altenberger, H./Maurer, F. (Hrsg.) Kindliche Welterfahrungen in Spiel und Bewegung. Bad Heilbrunn 1992, S. 9-38

Hecker, G.: Sportpädagogik. Frankfurt 1996

Jackwerth, Chr./Rüger, E.: Die Nonsense-Olympiade Nr. 2. Lichtenau o. J.

Kwast, D./Rüger, E.: Die Nonsense-Olympiade Nr. 1. Lichtenau o. J.

Müller, Chr. (Hrsg.): Bewegtes Lernen in den Klassen 1 – IV. Sankt Augustin 1998

Müller, Chr.: Bewegte Grundschule. Aspekte einer Didaktik der fächerübergreifenden Bewegungserziehung. Sankt Augustin 1999

Petzold, R. u. a.: Schulhofspiele. Bautzen 1994

Scherler, K.: Spielen. In: Digel, H. (Hrsg.): Lehren im Sport. Reinbek 1983

Volkmer, M. u. a.: Pausenspiele im Klassenzimmer. Leipzig 1996

Fredrik Vahle

Spiel – Bewegung – Lied
Zwei Beispiele

Kinder wollen spielen, wollen intensiv erleben, wollen berühren und in Berührung kommen, wollen sich bewegen, Wege ausprobieren. Spielerische Aktivität schließt all das mit ein. Welche Lust und Freude das macht, können wir schon bei den Tierkindern beobachten, bei kleinen Schafen, Hunden, Katzen.

Vor Jahren beobachtete ich einmal ein junges Wiesel. Es ist mir noch heute unvergesslich, welch ein Feuerwerk an akrobatischer spielerischer Aktivität sich da vor meinen erstaunten Augen abspielte. Spielen hat etwas mit Lebensfreude und Lebendigkeit zu tun, es ist, als würden dabei Organe, Muskeln, Nerven, Gedanken und Gefühle ein Fest feiern. Kein Wunder, dass Kinder am liebsten ihr ganzes Leben lang spielen würden. Die Tiere kommen ihnen dabei zu Hilfe: Mit Hilfe der spielerisch ergriffenen Tierrollen wird sich das Kind seiner eigenen Beweglichkeit, seiner eigenen Gefühle bewusst. Das Kind übt sein Menschsein, indem es Tiere spielt.

»Die sensomotorischen Aktivitäten der Kinder sind archaische Formen des Körperbewusstseins, und es ist, als würden diese ursprünglichen Lebensfomen sich im freien Spiel der Kinder ihren Weg bahnen. [...] Kinder auf der ganzen Welt spielen heute noch als rituelle Spiele die gleichen Konfigurationen von Bewegungen, die am Ursprung der Menschheit die Grundlage der Entwicklung des Selbstbewusstseins, des sozialen Bewusstseins und des Weltbewusstseins bildeten. Diese Bewegungskonfigurationen sind als solche nicht ererbt, sie müssen in jedem Kind als die operationalen Möglichkeiten seiner Mernschwerdung in voller individueller und sozialer Bewusstheit neu entstehen« (*Verden-Zöller/Maturana 1994, S. 144/138)*.

Rhythmusgefühl, Auspendeln des Gleichgewichts, Bewegung und Bewusstheit sind Grundelemente des freien Spiels der Kinder. Kinder werden jedoch in eine Welt hineingeboren, in der dafür wenig Raum ist. Es muss alles sehr schnell gehen und sehr schnell Wirkung zeigen, auch schon bei den ganz Kleinen. Kinder brauchen für ihre Spielaktivitäten Zeit, Raum, Material, aber auch Anregungen, Impulse, Orientierung von uns Erwachsenen. In welchem Maße uns solche Impulse gelingen, hängt weitgehend davon ab, inwieweit wir den Kontakt zum Spielerischen noch nicht verloren haben. Das Spielerische ist eine kreative Produktivkraft,

Der kleine König

R.:
Das ist der kleine König,
der freut sich gar nicht wenig,
wenn er aus seinen Träumen schwebt
und ausprobiert, was alles geht.

Er schüttelt sich wie'n nasser Hund
und rüttelt sich ganz schnell.
Er schüttelt seine Sorgen ab,
wie Tropfen aus dem Fell.
R.
Und dann fängt er zu brabbeln an,
ein Kauderwelsch, was er nur kann.
Er brabbelt kreuz und quer und gern,
als wär er von 'nem andern Stern.
R.
Horch, horch, ist das die Geisterbahn?
Die bösen Geister rücken an!
Zack, peng den Ellenbogen hin,
das trifft die Geister unterm Kinn.
Uäh, uäh, uäh, uäh,
Uäh, uäh, uäh, uäh!
R.
Von vorne gehn sie auf ihn zu,
der kleine König wird Kung Fu.
Nach links und pau, nach rechts und pau,
trifft er die Geister ganz genau.
R.
Die Wut fährt in die Beine rein,
er kämpft und wehrt sich ganz allein.
Nach rechts ein Tritt, nach links ein Tritt,
die bösen Geister kriegen was mit.
8x: Tssa!
R.
Die Geister sind auf und davon,
der kleine König wird King Kong.
Auf seine stolze Siegerbrust,
da trommelt er sich voller Lust.
Uaaah!
R.
R. 2:
Das ist der kleine König,
der freut sich gar nicht wenig,
und wenn er nicht mehr weiter kann,
fängt er nochmal von vorne an.

Dann dreht er sich im Kreise um,
wird immer schneller, fällt nicht um,
schnell wie der Wind, der weht,
der den Propeller dreht.
R. 2

Hokus pokus fidibus

R.:
Hokus pokus fidibus,
der Zauberer hat Hexenschuss,
doch seine Frau die Zauberin,
die kriegt das wieder hin.

Sie legt die Hände auf sein' Kopf,
das tut dem Zaubrer gut.
Die Hände von der Zauberin
sind wie ein warmer Hut.
R.
Sie legt die Hände auf die Ohrn,
jetzt kann der Zaubrer lauschen.
Er hört in ihren Händen drin
ein Grummeln und ein Rauschen.
R.
Sie streichelt ihm die Schultern sanft,
da solln ihm Flügel wachsen.
Dann braucht er nicht mehr so viel gehn,
hat keine müden Haxen.
R.
Sie drückt mit ihren Daumen sacht
die Wirbelsäule runter,
ganz langsam bis zur Hüfte geht's,
das macht den Zaubrer munter.
R.
Sie knetet ihm die Hüften durch,
von hinten bis zum Bauch.
Der Hexenschuss ist schon fast weg,
jawoll, das soll er auch!
R.
Sie steichelt ihm die Füße warm
und drückt sie fest und sacht -
der Hexenschuss ist weg, da steht
der Zaubrer auf und lacht.

R.:
Der Zaubrer und die Zauberin,
die reichen sich die Hände
und drehen sich im Kreis herum,
da fliegen alle Wände.

die in den unterschiedlichsten Situationen zu neuen Ergebnissen führen kann. Spielerischer Umgang kann einem Gespräch eine neue, produktive Wendung geben, kann die Verspannung einer Situation auflösen, kann neue, intensivere Wahrnehmungsweisen eröffnen, kann aus fremdbestimmtem Leben eigenes Er-leben machen. Das erfordert Fingerspitzengefühl und Spürsinn und ein ständiges Auspendeln zwischen langweiliger Reizlosigkeit und aktionistischer Überprogrammierung. Fehlt der Spürsinn, kann das Spielerische ins Aufgesetzte und nur Regressive abgleiten. Es kann Flucht vor den Problemen bedeuten, von denen es zunächst einmal so scheint, als ließen sie sich gar nicht spielerisch angehen.

Daran dachte ich zunächst, als ich aufgefordert wurde, einiges zu meinen eigenen Spiel- und Bewegungsliedern zu schreiben. An der unterschiedlichen Resonanz der Kinder merke ich immer wieder, ob ich ihnen mit diesen Spielliedern einen Raum zum Erleben gebe oder ob ich dem übergroßen Lernangebot einfach nur ein weiteres hinzufüge. In diesem Sinne können meine Spielvorschläge als halbstrukturierte Übungen verstanden werden. Es kommt mir von vornherein auf den Dialog mit den Kindern an. Der läuft nicht nur über verbale Kanäle; ich spüre und sehe auch, welche Energien von den Kindern ausgehen, was sich in ihren Körpern ausdrückt, welche Formen der Beweglichkeit beobachtbar sind, wie Körper und Stimme sich in die Situation einbringen. Erst wenn ich mir hiervon ein Bild machen kann, kann ich auch entscheiden, welches Spiellied, welcher Impuls von mir jetzt ausgehen kann. Ich habe hier keinen Plan, kein Programm, ledigliche Bausteine, Erfahrung und Neugier auf das, was auf mich zukommt. Schon die Art und Weise, wie ich mich bewege, wie ich auf die Kinder zugehe bzw. auch auf die Kinder eingehe, hat dabei eine Wirkung.

Von hier ausgehend möchte ich zwei unterschiedliche Spiel- und Bewegungslieder vorstellen. Eins, bei dem sich die Kinder »auspowern« können, das starke, expressive Bewegungen und auch einen Umgang mit aggressiven Bewegungen und Impulsen bestimmte Bewegungsabläufe und -rituale eingebunden zulässt. Es handelt sich zunächst um das Lied vom kleinen König (siehe Kasten).

Das ist der kleine König,
der freut sich gar nicht wenig,
wenn er aus seinen Träumen schwebt
und ausprobiert, was alles geht.

Er schüttelt sich wie'n nasser Hund
und rüttelt sich ganz schnell.
Er schüttelt seine Sorgen ab,
wie Tropfen aus dem Fell.

»Der kleine König« (Übungsfolge)

Ich habe das Lied ursprünglich geschrieben, um Jungen in eine Spiel- und Bewegungsgruppe zu locken, zu der bis dahin nur Mädchen erschienen waren. In diesem Lied werden nämlich auf spielerische Weise Bewegungsfiguren aus fernöstlichen Kampfkünsten praktiziert. Später habe ich dann gemerkt, dass dieses Lied auch für Mädchen sehr wichtig war, denn es geht u. a. auch darum, seinen eigenen Standpunkt zu behaupten, d. h. einen festen Stand zu bekommen, Angriffe abzuwehren und mit aggressiven Energien umzugehen. Zum Glück hat das Lied dann auch Jungen wie Mädchen fast in gleicher Weise Spaß gemacht. Es handelt von einem kleinen König, der morgens aus seinen Träumen aufwacht und dann alles mögliche ausprobiert.

Er schüttelt sich wie'n nasser Hund ➢ sich schütteln
und rüttelt sich ganz schnell.

Zunächst fängt er an, sich zu schütteln. Das Schütteln ist etwas, womit ich Verspannungen durch- und abschütteln kann, und oft zeigt sich, dass durch das körperliche Durchschütteln auch eine psychische Wirkung erzielt wird; bis zu einem gewissen Grade kann ich mich so von dem, was mich bedrückt, freischütteln. Je mehr das Kind Spaß an der Bewegung findet, je mehr es sich dem eigenen Schütteln überlässt und nicht nur im instrumentellen Sinne seine Glieder schüttelt, desto größer wird die Wirkung sein. Tiere können hier als Anregung dienen: Wer einmal beobachtet hat, wie sich ein Hund schüttelt, kann sehen, wie das Schütteln des ganzen Körper erfassen kann. Auch wir können alles schütteln, auch das Gesicht, die Haare, Schultern, Bauch und Gesäß können mitgeschüttelt werden.

In einem Schüttelvers bzw. in anagrammatischen Wortspielen sind es die Buchstaben, hier sind es die Körper- und Gliedmaßen, die durcheinandergeschüttelt werden. Es entsteht so etwas wie ein körperliches Chaos, in dem sich Verspannungen lösen können und aus dem das Kind dann entspannt aufatmen kann. Das Ende dieser Aktivität wird durch einen Kehrreim angezeigt, in dem der kleine König die Arme hebt, sich selber eine Krone aufsetzt und die nächste Handlung beginnt.

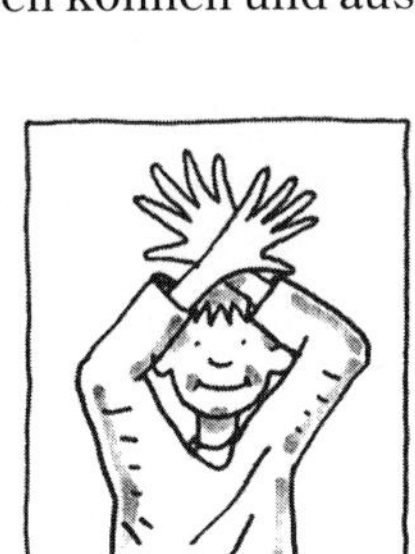

Und dann fängt er zu brabbeln an, ➢ brabbeln
ein Kauderwelsch, was er nur kann.

Er fängt an zu brabbeln, d. h. er schüttelt seine Sprache durch, er regrediert in einen vorsprachlichen Zustand, wobei dies nicht zwangsläufig eine Regression sein muss, sondern auch in den transsprachlichen, meditativ-religiösen Bereich überleiten kann. Erinnert sei in diesem Zusammenhang an die Glossolalie des Pfingstfestes in der Bibel (die Jünger redeten in Zungen, die niemand verstand) und an die Lehre des islamischen Sufi-Mystikers Gibbar, dessen Weg darin bestand, dass er brabbelte und allen seinen Anhängern empfahl, dasselbe zu tun mit dem Hinweis, nur wenn man sich aus den Konventionen der Sprache und den durch sie geschaffenen Konventionen entfernen würde, könne man sich Gott nähern.

Auch für uns Erwachsene ist also ein Sich-Einlassen auf ein scheinbar nur regressives Kinderbrabbeln durchaus von Bedeutung. Jedes Kind hat sein eigenes Brabbeln, es werden darin unvermutete Laute und Sprache aufklingen.

Zack, peng den Ellenbogen hin, ➢ mit dem Ellenbogen kämpfen
das trifft die Geister unterm Kinn.

In der nächsten Strophe tauchen böse Geister auf, gegen die sich der kleine König auf unterschiedliche Weise zur Wehr setzt. Zunächst einmal versucht er, ihnen mit seinen Ellenbogen Kinnhaken zu versetzen. Dabei kommt es darauf an, dass das Kind sein Gleichgewicht behält und auch in die Richtung schaut, in der sich der Ellenbogen bewegt. Es sollte sich also nicht blindlings wehren, sondern sich seines Standpunktes und seiner Beweglichkeit bewusst werden.

... der kleine König wird Kung Fu. ➢ boxen
Nach links und pau, nach rechts und pau ...

In der darauffolgenden Strophe kommen die Geister von vorne, der kleine König wird zu Kung Fu. Hier geht es darum, dass das Kind spielerisch lernt, aus einer bestimmten Körperprogrammierung herauszukommen; das bedeutet, mit links auch etwas zu tun, was es sonst nur mit rechts tut und umgekehrt. Der kleine König schützt sich zunächst mit dem linken Arm, schlägt mit dem rechten Arm zu, und er schützt sich dann mit dem rechten Arm, schlägt mit dem linken Arm zu. Er muss sehen, dass er mit seiner Energie nicht verschwenderisch umgeht, d. h. die Faust sollte nur in dem Moment, in dem zugeschlagen wird, angespannt und hart werden, um sich dann wieder zu entspannen. Boxen kann also ein spielerisch-rituelles Moment enthalten, und das wird durch den Wechsel von links nach rechts und umgekehrt und die damit verbundenen psychischen Wirkungen erzielt. Die Standfestigkeit und die Energie, mit der der Faustschlag ausgeführt werden kann, kann durch das Becken, das beim Schlag nach vorne geht, verstärkt werden. Wird das Becken zurückgezogen, verliert man leicht das Gleichgewicht.

Die Wut fährt in die Beine rein … ➢ treten
Nach rechts ein Tritt, nach links ein Tritt …

Nun geht die kämpferische Energie in die Beine; der kleine König fängt an, um sich zu treten. Das Zutreten kann eine menschenverachtende und brutale Form des Angriffs darstellen, aber auch eine solche aggressive Handlung lässt sich im Ritual transformieren. D. h. der kleine König tritt, um seine eigene Beweglichkeit zu zeigen. Er muss sein Gleichgewicht bewahren, und je beweglicher er ist, desto eher wird es ihm gelingen, sich durch die Tritte in alle Richtungen zu schützen. Das Treten sollte dabei so leicht sein, als wollte er einen Turnschuh abschütteln. Nachdem der kleine König mit dem Bein zugestoßen hat, sollte es noch ein wenig gebogen sein, er ist gleich wieder bereit, zuzutreten. Wenn er nur austreten würde, hätte er seine Energie vergeudet, aber wenn er sie aussendet und dann zurückholt, benutzt er sie und verliert sie nicht.

Auf seine stolze Siegerbrust, ➢ auf die Brust trommeln
da trommelt er sich voller Lust.

So gelingt es ihm endlich, die bösen Geister in die Flucht zu schlagen, und der kleine König trommelt sich in Gorilla-Manier auf die Brust und stößt einen Siegesschrei aus. Er freut sich also zunächst tierisch, erdverbunden.

Wenn ich Kinder frage, welche Art von Affen sie gerne spielen würden, steht der Gorilla häufig an erster Stelle. Er repräsentiert urwüchsige, erdverbundene Kraft, und genau die sollte der kleine König in diesem Moment spüren. Aus dieser Kraft kann er dann auch leicht und beschwingt sein, was in der letzten Strophe ausagiert wird, indem er seine Arme hebt und anfängt, sich im Kreis zu drehen. Das ist etwas, was Kinder von sich aus gerne tun, und zwar bis zum Umfallen. Sie versetzen sich dabei selber in einen Zustand, in dem sie spielerisch und lustbetont ihre Kontolle verlieren, sich fallen lassen können und auf der Erde wieder zu sich kommen und aufatmen können. Wir Erwachsene haben vor solchen Zuständen oft Angst, weil wir denken, Selbstkontrolle wäre alles und man müsse sich selbst zu jeder Zeit im Griff haben. Wenn uns das in Fleisch und Blut übergegangen ist, wird uns bei einer solchen Übung schnell schwindelig, weil wir Angst haben vor Trance und Außer-sich-Sein, wir haben Angst davor, unser mühsam aufgebautes Ich nicht wiederfinden zu können. Dem entsprechend ließen jene Formen von Trance, die man auch als »Walzerseligkeit« bezeichnet, diesen Tanz für manche Leute suspekt erscheinen, so wie im spirituell-religiösen Bereich den Drehtanz der Sufi-Derwische.

Der Zauberer hat Hexenschuß (Übungsfolge)

Beim nächsten Lied, »Hokus pokus fidibus«, geht es um Berühren und Berührtwerden. Ein »heikles« Thema nicht nur für Erwachsene, auch für Kinder. Jeder Mensch hat seine eigene Berührungsgeschichte hinter sich, eine Geschichte aus Berührtwerden und Selbst-Berühren. Aufgrund dieser Geschichte existieren von vornherein unterschiedliche Einstellungen zur Thematik dieses Liedes. Es wird Kinder geben, denen es sehr leicht fällt, Berühren und Berührtwerden in eine spielerische Partnerübung einzubringen, aber viele Kinder haben auch negative Berühungserfahrungen gemacht, und zwar in Situationen, wo ihnen bestimmte Berührungen aufgezwungen wurden, die ihren kindlichen Gefühlen nicht gemäß waren (das Wort »Missbrauch«, das so etwas bezeichnet, scheint mir seinerseits verdächtig, denn gibt es so etwas wie einen richtigen Gebrauch?). Das gilt im sexuellen Bereich, aber auch in allen anderen Bereichen, in denen die Kinder sich in etwas hineingedrängt fühlen, das sie eigentlich nicht wollen. Daraus resultieren Berührungsangst und Distanzgefühle, der Versuch, sich ständig und immer zu schützen, was zu entsprechenden Verhärtungen und Anspannungen führt. Deshalb sehnen sich viele Kinder und auch Erwachsene gerade nach Berührung, und zwar im körperlichen, im psychischen und im sprachlichen Bereich. Ich kann mit meinen Händen, aber auch mit meinen Worten eine aggressive, aber auch eine freundschaftliche Berührung bewirken. Um eine solche Art freundschaftlicher, brüderlicher bzw. schwesterlicher Berührung geht es in dem vorliegenden Spiellied. Es geht nicht um Selbstbehauptung und Durchsetzung, sondern um Sensibilität, um Spürsinn und taktilen Austausch. Damit dies eingeleitet werden kann, ist es in der Regel sinnvoll, den Kindern zunächst einmal die Möglichkeit zur spielerischen Selbstberührung zu geben. Zu diesem Zweck erzähle ich zunächst die in dem Lied behandelte Geschichte.

Da ist nämlich ein Zauberer, der bezeichnenderweise Hexenschuss hat. Seine Frau, die Zauberin, heilt ihn mit ihren Händen, und sie holt sich mit diesen Händen himmlische Energien, indem sie die Arme zum Himmel streckt und die Hände schüttelt. Dann rubbelt sie die Energie zwischen ihren Knien warm, macht den Backentest, prüft also mit ihren Wangen, ob die Hände warm sind, denn der Zauberer ist ein Skeptiker, der nicht alles glaubt. Dann legt sie die Hände auf den Kopf des Zauberers, sie legt die Hände auf seine Ohren, sie massiert ihm die Schultern, sie geht mit den Daumen an den Seiten des Rückgrats hinunter, sie massiert ihm die Hüften und schließlich die Füße. All das können die Kinder beim Erzählen der Handlung des Liedes zunächst einmal an sich selber ausführen. Sie merken, wie es ist, selber zu berühren und berührt zu werden, und zwar an der eigenen Person. Es ist wichtig, dass die Kinder lernen, sich selbst wohlwollend und liebevoll zu berühren, um dies weitergeben zu können und die Gewissheit zu erlangen, dass dies eine Form von bereichernder Interaktion sein kann; erst aufgrund von spielerischer Erfahrung in der Selbstberührung kann dann auch eine andere Person auf gute Weise berührt werden.

Dazu suchen sich die Kinder dann einen Partner bzw. eine Partnerin und sprechen sich ab, wer von ihnen der Zauberer und wer die Zauberin ist. Der Zauberer setzt sich dann auf den Boden bzw. auf einen Stuhl, und die Zauberin beginnt im heilsamen Zaubergang um den Zauberer herumzugehen. Dieser heilsame Zaubergang ist ein Ballengang, d. h. die Zauberin berührt, wie beim Rückwärtsgehen, wie beim Treppensteigen oder beim Schleichen zunächst mit dem Ballen fühlend den Boden und senkt dann erst die Ferse ab. D. h., dass sie mit der Erde Kontakt hält, die Erde mit den Füßen fühlt, so also mit dem ganzen Körper am Heilungsprozess beteiligt ist. Die Handbewegungen verstärken diesen heilsamen Ballengang durch begleitende Gesten. Auf diese Weise kommt von unten her, also von den Füßen, Fühlsamkeit und gute Kontaktfähigkeit im ganzen Körper zum Ausdruck.

Sie legt die Hände auf sein' Kopf ....

Die Zauberin legt dann ihre Hände auf den »Allerwertesten« des Zauberers, und das ist sein Kopf.

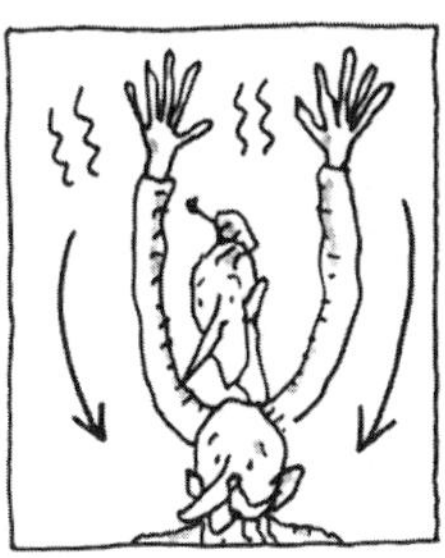

Sie legt die Hände auf sein' Kopf,
das tut dem Zaubrer gut.
Die Hände von der Zauberin
sind wie ein warmer Hut.

Vorher fragt sie den Zauberer jedoch, ob sie die Hände auf seinen Kopf legen darf. Es ist wichtig, dies verbal zu klären, manche Kinder haben negative Erfahrungen mit Kopfbewegungen gemacht, werden entsprechend vorsichtig sein. Entsprechend kann man aber auch mit einem anderen, weniger besetzten Körperteil anfangen, z. B. mit den Schultern. Man kann auch die Hände über den Kopf halten bzw. der Zauberer kann selbst zeigen, wie er die Hände auf seinen Kopf gelegt haben möchte. Manchmal sage ich Kindern auch, sie sollen erst mal zusehen, und wenn sie Lust haben, nachträglich in das Spiel einsteigen.

Liegen die Hände auf dem Kopf des Zauberers, kann er sich äußern, wie er diese Bewegung empfindet, ist sie gut so, könnten die Hände etwas fester sein oder könnten sie etwas gelockert werden. Es kommt wirklich darauf an, dass der Zauberer selbst aktiv dazu beiträgt, dass sich die heilsame Wirkung der Hände entfalten kann. Wenn die Zauberin das eine Weile gemacht hat, wird der Refrain des Liedes gesungen und die Zauberin geht im Zaubergang um den Zauberer herum und legt dann schließlich die Hände auf seine Ohren.

Sie legt die Hände auf die Ohrn ...

Der Zauberer wird bei muschelförmig geformten Händen ein Rauschen hören, etwas, was die zuschauenden Kinder auch bei sich selbst erzeugen können.

Sie streichelt ihm die Schultern sanft ...

Als nächstes streichelt die Zauberin Schultern und Rücken des Zauberers, bzw. sie massiert ihn leicht oder entsprechend energisch, je nachdem. Der Spielleiter sollte hier auch unbedingt jeweils gestische Anleitungen geben und darauf achten, wie die einzelnen Kinder die Handlung des Liedes im Spiel umsetzen. Kinder sind oft so in aggressiven Berührungsweisen oder in völliger Berührungsangst und Distanz gefangen, dass es schwierig ist, hier eine Mitte zu finden bzw. fühlsame Phantasie überhaupt erst zu wecken.

Sie drückt mit ihren Daumen sacht
die Wirbelsäule runter ...

Danach gehen die Daumen der Zeigefinger langsam neben der Wirbelsäule des Zauberers nach unten und landen schließlich in der Taillengegend, ein Körperbereich, in dem sehr oft große Spannungen konzentriert sind und bei dem es schwer ist, sich dort berühren zu lassen.

Sie knetet ihm die Hüften durch ...

Auch hier kommt es darauf an, zunächst nur zu berühren, sanft zu beginnen und einen Spürsinn dafür zu entwickeln, was möglich ist. Dazu ist es notwendig, dass die Kinder in diesem Spiel auch lernen, langsam zu werden und langsam zu spüren, denn nur in langsamen Bewegungen ist das Spüren überhaupt nur möglich und lernbar. Oft ist es so, dass bei den Kindern an dieser Stelle ein großes Gelächter und Gekicher und manchmal auch Geschrei losgeht, d. h., viele angestaute Spannungen kommen jetzt auch verbal zum Ausdruck, und hier scheint es mir wiederum sinnvoll zu sein, die Kinder zu bitten, sich zunächst einmal selbst zu berühren und zu schauen, ob sie dann auch so kitzlig sind. Solche vorgeschalteten Schritte sind notwendig, damit das Ganze überhaupt in einen Prozess gehen kann.

Sie streichelt ihm die Füße warm
und drückt sie fest und sacht ...

Zum Schluss kommen die Füße dran, und das ist ein Kapitel für sich. Vielen Kindern fällt nämlich bei Füßen nur »Stinkefüße« ein. Dass die Füße hochsensible Tastorgane sind, die mit unseren inneren Organen in einer sehr intensiven Verbindung stehen, man also über die Füße Zugang zum ganzen Körper bekommt, das sind Einsichten, die Kindern, aber auch vielen Erwachsenen verständlicherweise noch fremd sind. Aber jeder, der schon einmal in den Genuss einer Fußreflexzonenmassage gekommen ist, weiß, wie wohltuend eine solche Behandlung der Füße sein kann. In einem Ferienlager oder zu Hause wird man das auch entsprechend praktizieren können, d. h. dass man sich Schuhe und Strümpfe auszieht und sich die Füße massieren lässt, vielleicht sich sogar vorher gegenseitig die Füße wäscht (im Aramäischen bezeichnet das Wort »Fuß« dasselbe wie das Wort »Mensch«, und Jesus wusste, was er tat, indem er den Jüngern die Füße wusch; das war ein Reinigungsprozess körperlicher und psychischer Art für den ganzen Menschen). Wenn ich das Lied in Schulklassen spiele, reicht es auch, wenn die Kinder durch ihre Schuhe hinduch den Druck ihrer Hände spüren lassen. Auch so kann schon pfleglich mit den Füßen umgegangen werden, und die Kinder spüren auch, welche Rolle die Schuhe für sie spielen, in welcher Weise sie durch die Schuhe noch den Boden berühren können und auch von Händen berührt werden können. Selbst die einzelnen Zehen können auf diese Weise erfasst werden. Ich rede dann vom kleinen Zeh, vom Ringzeh, vom Mittelzeh, vom Zeigezeh und vom Daumenzeh. Über den Fuß wird so der ganze Mensch aktiviert und das bewirkt letztlich die Entspannung und Heilung des Zauberers, der am Schluss aufsteht, sich bei der

Zauberin bedankt, ihr davon erzählt, wie es war, schließlich dann mit ihr fröhlich wird; an dieser Stelle fangen die Kinder meist von selbst an zu tanzen.

Die beiden vorgestellten Lieder haben sich bisher in unterschiedlichen Altersgruppen bewährt, ich spiele sie jedoch auch mit Erwachsenen und habe manchmal den Eindruck, dass sie hier auf ganz besondere Weise wirksam sind. Gerade in meinen Fortbildungsworkshops setzte ich diese Lieder immer wieder ein, und ich merke bzw. nehme erstaunt wahr, dass durch solche einfachen Lieder und Spiele auch Erwachsene wieder lebendig und sinnenfroh werden können, weil sie etwas erfahren, das im Umgang mit *Erwachsenen* oft fehlt. Sie sind erstaunt, dass mit so einfachen Mitteln etwas bewirkt werden kann, was man so gar nicht erwartet hat: Ein Erwachen, ein Lebendigwerden wie ein Kind in guten Händen. In diesem Sinne wecken die Lieder nicht nur die Kinder, sondern auch das innere Kind in uns, wobei ich denke, dass das innere Kind nicht tief in uns schlummert bzw. ein bloß psychisches Konstrukt ist, sondern auch in der Art, wie wir uns bewegen, wie wir sprechen und singen wiederentdeckt bzw. wiederaktiviert werden kann. Dabei ist eine spielerische Einstellung notwendig, die wir von Kindern lernen können, die wir aber auch an uns selbst erfahren und entdecken können und die wir dann auch gegen allen Programmierungszwang weitergeben können. HUGO KÜKELHAUS (1994) sagt, dass Kinder in der Schule vor allen Dingen lernen sollten, als Erwachsene Kinder zu bleiben. Die Erfahrungen, die ich bisher mit einigen neuen Liedern gemacht habe, können in diesem Sinne eine Brücke schlagen.

Literatur

KÜKELHAUS, H.: Dennoch heute. Zürich 1994

VAHLE, F.: Hupp Tsching Pau. Das Bewegungsliederbuch. Weinheim/Basel 1996

VERDEN-ZÖLLER, G./MATURANA, R.: Liebe und Spiel. Heidelberg 1994

Manfred Polzin

Ästhetische Erziehung und Spiel

»Vier Kinder im Alter zwischen sieben und neun Jahren hatten selbstständig eine ›Löwendressur‹ geprobt und wollten diese nun uns Erwachsenen zeigen. Sie begannen mit dem Betreten des Bühnenraums durch einen imaginären Vorhang, dann verbeugten sie sich, und es folgten einige Kunststücke: die Löwen machten Rollen, sprangen durch einen Reifen usw. Doch es dauerte nicht lange, da verloren die jungen ›Löwen‹ das Bewusstsein dafür, dass es sich um eine Aufführung handelte: sie gingen der Dompteuse durch, indem sie mehr und mehr ihre Löwenrolle ausfüllten und vergaßen schließlich darüber ihr Publikum. Die Darbietung wich dem selbstvergessenen Spiel, und wir Zuschauer zogen uns vorläufig aus dem ›Löwenkäfig‹ zurück. Als ich einige Zeit später nach den Kindern sah, stellte ich fest, dass sie immer noch große Freude an diesem Spiel hatten, dass sie immer noch ›gefährliche Löwen‹ waren« (Giese 1998, S. 7).

»Integrierte Ästhetische Erziehung kombiniert Kunst/Musik/Sport als Fächer der Allgemeinbildung und bezieht sich auf Spiel und Sprache als zusammenfassende und vermittelnde Ausdrucks- und Verhaltensformen (Verbindung der Disziplinen)« (Matthies 1992, S. 107).

Aus einem für das Zeigen konzipierten und eingeübten Spiel (einem Spiel »für etwas«) wird ein selbstvergessenes Spiel, ein Spiel »an sich«, ein Spiel »für sich«. Beides ist im Verständnis des Ästhetischen enthalten, das dem Konzept der integrierten Ästhetischen Erziehung zugrunde liegt. Es ist ein Verständnis, das auf die Ursprungsbedeutung der *aisthesis* zurückgeht; die damit bezeichnete umfassende sinnliche Wahrnehmung, die die sinnlich-leibliche Erkenntnis und Weltaneignung z. B. im und durch Spiel als gleichwertige Erkenntnisform neben der logisch-rationalen betont. Gefühlskräfte und Verstandeskräfte sind in allen diesen Prozessen untrennbar, in ihrer Betonung allerdings in unterschiedlichem Maße ausgeprägt, wie es im Übergang von der Löwendressur zum selbstvergessenen Löwenspiel sichtbar wird.

»Jedes Spiel ist Abweichung vom Bisherigen. Es ist der Gegenbegriff zu den Wiederholungszwängen der Identität und zu ihrer Kopistenmoral. Solange das Spiel spielt, weicht es sogar von der Regel, durch die es definiert ist, ab. ›Die Metaphysik des Spiels‹, so Rudolf zur Lippe, ›ist das Schummeln.‹ Das Spiel oszilliert gewissermaßen um seine Regel, es darf ihr nicht zu nahe kommen und es darf sich nicht zu weit von ihr entfernen. Das Spiel ist immer in Bewegung – wie die Stange des Seiltänzers. Wenn der Seiltänzer in seiner idealen Position verharrte, würde er sofort fallen.

Spiel kommt von spellam und bedeutet Abstand, Zwischenraum. In der Handwerkersprache ist diese Spur noch gegenwärtig. Die Schublade muss Spiel haben. Wenn sie so gut passt, dass kein Abstand mehr bleibt, dann klemmt sie. Eine perfektionsversessene Kultur kann mit Zwischenräumen nichts anfangen, denn pulsierende Zwischenräume tauchen immerzu anderswo auf. Zwischenräume sind unzuverlässig« (Kahl 1995, S. 72).

Gerne hätte ich Rudolf zur Lippe und seine Metaphysik des Spiels – das lustvolle Schummeln – beim Verfassen dieses Beitrags wörtlich genommen. Die Einordnung dieses Beitrags in das Kapitel »Lernen durch Spielen« gefiel mir nicht, weil für mich Spiel und Ästhetische Erziehung mehr ist. Also: Wie schummeln, ohne das Spiel(-buch) zu verderben? Ich tue es, indem ich über die Lernabsicht die Intentionalität, den Zukunftsbezug hinausgehe und zusätzlich in die Gegenwärtigkeit des Spiels zurückkehre.

Das Spielen – und besonders das Spielen »an sich« – muss in der Grundschule einen größeren Raum erhalten, zum organisierten und angeleiteten/angeregten Lernen hinzutreten, es ergänzen, es begleiten, es vertiefen, es zeitweise vergessen machen in der Selbstvergessenheit des Spiels, weil es auch noch für Grundschulkinder konstitutiv für ihr Leben und Lernen ist: Spiel und Phantasie als Formen der Erkenntnistätigkeit, als eine kreative Form von Weltaneignung (vgl. Duncker 1995, S. 4/5). Die Wichtigkeit des Spielens in der Schule wird heute immer mehr anerkannt. Aber es ist ratsam, sich die Praxis in den Schulen genau anzusehen. Mehr Spielen in der Schule bedeutet noch nicht automatisch mehr Spielen im Sinne der Kinder. Was kann das Spielen und das Spielen »an sich« bedeuten? Was ist Spielen im Sinne der Kinder? In dieser Hinsicht ist zu fragen:

- Warum wird gespielt? Welchem Zweck dient das in der Schule jeweils zugelassene/angeregte/geforderte Spiel?
- Was wird gespielt? Welche Inhalte haben die Spiele? Wer hat sie ausgewählt (die Lehrer, die Kinder)? Nach welchen Kriterien?
- Wie wird gespielt? Wer bestimmt den Ablauf des Spiels? Wie ist es mit der Selbstbestimmung und der Selbstständigkeit der Kinder?

Spielen in der Schule muss überlegt sein, überlegt im Hinblick auf die Zwecke, die Inhalte und die Anleitung, aber auch im Hinblick auf das jeweils angemessene Verhältnis zu Raum, Zeit und Atmosphäre. Eine einseitige Schwerpunktsetzung auf didaktische Spiele – die häufig zu beobachten ist – birgt Gefahren in sich. Demgegenüber ist zu fordern, dass das Spielen »an sich« – gegenwartsbezogen, lustvoll, zweckfrei, in Muße stattfindend – auch in der Schule seinen Raum erhält.

Mir geht es um Spielen in *allen* geeigneten Räumen und *allen* geeigneten Situationen schulischen Lebens, im Unterricht, in den Pausen auf dem Schulhof, im Schullandheim, ... Gerade in der Grundschule und gerade in einer Zeit gesamtgesellschaftlicher Entwicklungstendenzen zur Verzweckung des Spiels (Betonung kompensatorischer Funktionen, Kommerzialisierung, Vormarsch konkurrenz- und wettkampforientierter Spiele) muss anderen Erfahrungsmöglichkeiten mit je eigener Entscheidung durch die Kinder Raum gegeben werden. Die Räume für sich sinnvoll zu nutzen (zweckfrei, gegenwartsbezogen, lustvoll, in Muße) muss Kindern heute oft erst beigebracht werden. Wir (EMMENECKER/POLZIN 1993, S. 22-25) schlagen dazu eine Stufung vor, die nicht vorrangig im Sinne einer zwangsläufigen Aufeinanderfolge zu interpretieren ist, sondern im Sinne einer Differenzierung und einer Aufeinanderbezogenheit unterschiedlicher Orientierungen des Spielens und seiner schulischen Möglichkeiten:

Spielen zulassen

Das heißt, den gegenwärtigen Spielbedürfnissen der Kinder Raum geben durch eine Atmosphäre verständnisvollen Lassens. Das kann nur funktionieren, wenn Regeln gemeinsam mit den Kindern vereinbart werden und auf ihre Einhaltung geachtet wird (z. B. niemanden stören).

Spielen unterrichten

Das heißt zuallererst: Spiele erleben und Spiele erlernen, dann aber auch: das Spielen erlernen, um es selbstständig und selbst organisieren zu können:

- im Klassenraum, in der Sporthalle und auf dem Schulhof,
- im Sportunterricht und in fächerübergreifenden Projekten.

Daher:

- Kinder ihre Freizeitspiele mitbringen und vorstellen lassen,
- Spiel als eine auch in der Schule geschätzte und lustvolle Tätigkeit erleben lassen,
- Spiel- und Bewegungsräume mit den Kindern entdecken, erkunden, erweitern und neu schaffen ...

Spielen begleiten

Das heißt, spielenden Gruppen (nur wenn nötig) bei spielinternen Problemen helfen, sie bei Störungen von außen (durch andere Kinder) schützen und Spielgeräte und -materialien zur Verfügung stellen in allen Räumen und zu allen Zeiten, in denen selbst organisiert gespielt werden kann …

Spiel- und Bewegungsräume erweitern

In den bisher genannten Orientierungen des Spiels ist bereits das Schaffen, das Eröffnen und das Erweitern von Spiel- und Bewegungsräumen enthalten – im Sinne einer Nutzung des Vorhandenen und einer Erweiterung der Spielfähigkeit der Kinder. Dieses sind die für uns wesentlichen Schritte. Eine Erweiterung der Spiel- und Bewegungsräume durch Schulhofgestaltung sollte sich nicht vorrangig an kostenintensiven Umbaumaßnahmen orientieren, sondern z.B.

- aus Unterrichtsprojekten hervorgehen und vor allem
- die Kinder in Planungen und Umsetzungen einbeziehen.

Bei einer solchen Vorgehensweise sind tiefgehende und langanhaltende Wirkungen auf das Spielverhalten der Kinder eher wahrscheinlich. Hier sind zweckfreies *und* zweckgebundenes Spiel möglich und gehen ineinander über. Lehrer und Lehrerinnen müssen oft erst lernen, zweckfreies Spiel, Muße, lustvolles Nichts-Tun der Kinder zuzulassen, es (trotz oder gerade wegen pädagogischer Ausbildung und Ambitionen) »auszuhalten«, es als (nicht nur im Leben von Kindern) *zeitweise* notwendiges und sinnvolles Verhalten wertzuschätzen. Im Verhältnis zwischen zweckfreiem und zweckgebundenem Spiel in der Schule ist das richtige Maß gefragt. Hierfür kann es keine allgemeingültige, sondern nur eine kind- und situationsbezogene Anordnung geben für eine Spieldidaktik, »die aus einer gründlichen Bedingungsanalyse der Lernvoraussetzungen der Schüler und der spätkapitalistischen Verformungen der Spielpraxis unserer Gesellschaft heraus die (m.E. *nicht*, M.P.) unvermeidliche und deshalb grundsätzlich positive ›Verzweckung‹ des Spielens in der Schule reflektiert« (MEYER 1987, S. 344).

Praxis des Spiels

Das sich polar entwickelnde Spiel der Löwen leitete diesen Beitrag ein: das vorbereitete und gezeigte Spiel der Löwendressur wandelte sich in ein selbstvergessenes Spiel von Löwenkindern. Der ursprüngliche Sinn des Löwenspiels war den Löwenkindern im Spiel verlorengegangen. Die Gegenwärtigkeit des lustvollen Spiels hatte sie eingefangen und war in den Vordergrund getreten; sekundäre Spielgewinne wie beim Spiel wirklicher Löwenkinder (im Spiel, spielerisch spielend für das Leben lernen) nicht ausgeschlossen. Der eine Pol bezeichnet eher die Hingabe an das Spiel, an das Ausleben der eigenen Bedürfnisse im Spiel; der andere Pol bezeichnet eher das spielerische Erkunden des Möglichen, das in Ausdrucks- und Gestaltungsformen übergehen kann: das gezeigte Spiel. Im ersten Fall spielen die Kinder nicht die Löwenkinder; in ihrer Vorstellung *sind* sie die Löwenkinder. Im zweiten Fall wird Vorbereitetes gezeigt; auch das gelingt dann am besten, ist dann authentisch, wenn das Spiel des »Als-ob« in »Fleisch und Blut« übergeht, wenn die Kinder die dressierten Löwen nicht spielen sondern sie *sind*.

Diese Polarität des Spiels ist für mich unverzichtbar, auch in der Theorie und Praxis der Ästhetischen Erziehung, die in der Reihe der »Beiträge zur Reform der Grundschule« als Konzept einer Integration der Fächer Kunst, Musik und Sport (Integratives und Fachliches miteinander vereinend) ihren Niederschlag gefunden hat: Ästhetische Erziehung (Band 69), Bewegung, Spiel und Sport (Band 85), Kunst (Band 99) und Musik (Band 102). Auf diese und weitere Publikationen will ich mich mit meinen Praxisbeispielen zu Spiel und Ästhetischer Erziehung beziehen als Anregung zu eigener kreativer und phantasievoller Spieltätigkeit.

Fühlen – Wahrnehmen – Bewegen – Denken im Spiel (Polzin 1998)

»Der Sinn dieser Spielesammlung ist das Spielen! Das Spielen als ein vielschichtiger Prozess des ständigen Auslotens und Ausspielens von Möglichkeiten und als ein unaufhörliches Suchen und Versuchen der Verständigung mit Mitspielern und Mitspielerinnen. Sie selbst, die Spielenden, sind für mich die ihr Spiel bestimmenden Subjekte; darauf sollten das Spielen Anleitende bzw. Initiierende (z. B. Lehrerinnen und Lehrer) hinarbeiten. Gelingendes Spiel ist gekennzeichnet durch das Gefühl der Spielenden, zu dieser Gruppe zu gehören, sich dann wohlzufühlen, von den anderen geachtet zu werden, und durch die gemeinsame Freude im und am Spiel. Spielverderber, Ausscheiden als Grundprinzip, Auslachen haben hier keinen Platz – stattdessen: gemeinsames Lachen« (S. 9/10).

Eines der Anliegen war es, die Spiele in dieser Sammlung auf ihre Kernidee zu reduzieren, gedacht als Aufforderung an die Spielgruppen, mit der Spielidee zu spielen, zu eigenen Vereinbarungen und Formungen zu finden, ganz im Sinne von Roger Caillois, der in seinem lesenswerten Buch über »Die Spiele und die Menschen« die beiden Pole »paidia« und »ludus« unterscheidet, zwischen denen das Spiel sich abspielt:

- *»paidia«* – das gemeinsame Prinzip des Vergnügens, der freien Improvisation und der unbekümmerten Lebensfreude, eine gewisse unkontrollierte Phantasie – Lärm, Bewegung, unbändiges Gelächter,

- »*ludus*« – ein wachsendes Bedürfnis, die anarchische Natur willkürlichen, gebieterischen und absichtlich hemmenden Konventionen zu unterwerfen, also eine zunehmende Verregelung.

Die folgenden vier Kategorien, nach denen die Sammlung gegliedert ist, sind allen Spielen eigen; hier verweisen sie auf mögliche (subjektiv bestimmte) Spannungsbögen im jeweiligen Spiel.

Fühlen/Empfinden
Spiele, bei denen die Spielatmosphäre (individuell und gruppenbezogen) im Vordergrund steht, die durch Kennenlernen, Sich-Berühren, Etwas-miteinander-Tun entwickelt und gestaltet werden soll; hier sind auch Spiele beschrieben, die ohne eine vertrauensvolle Gruppenatmosphäre, ein emotionales Wohlbefinden nicht gelingen können …

Wahrnehmen
Spiele, bei denen die bewusste, aufmerksame Anwendung der Sinne (als sinnliche Wahrnehmung von Außenreizen und Selbstwahrnehmung) im Vordergrund steht (sehen, hören, tasten, schmecken, riechen, aber auch z. B. Gleichgewicht, Raum- und Bewegungswahrnehmung, Temperatur, Vibration, Druck …

Bewegen
Spiele, bei denen vor allem die Bewegung die Spiel-Spannung bestimmt, sei es durch Bewegungen im Sinne von Fortbewegung (Ortsveränderung) eines Körpers bzw. von Teilen eines Körpers im Raum, seien es Bewegungen als Mittel des Ausdrucks (z. B. Darstellungsspiele); über Bewegungen können Gefühle als innere Bewegungen zum Ausdruck gebracht werden …

Denken/Problemlösen
Spiele, bei denen es um Lösungen geht, um das Lösen von Problemen, von Fragestellungen, von Denkaufgaben; bei ihnen steht das gemeinsame (manchmal auch einsame) Suchen nach Lösungen im Vordergrund, der spannende Prozess des Entwerfens und Überprüfens von Lösungsstrategien, der vor allem dann als lustvoll und spannend empfunden wird, wenn er frei ist von der Angst vor Blamage« (Polzin 1998, S. 15-17).

Lyrik für Kinder – gestalten und aneignen (Forytta/Hanke 1989)

Der Titel vermittelt die Absicht, das Spielerische als sinnlich-leibliche Erkenntnisform (sich verlieren in den durch das Gedicht ausgelösten Imaginationen – das gezeigte Spiel des Gedichts) wird an vielen Gedichten »durchgespielt«.

Drei Beispiele zur Anregung:

Kleine Turnübung
Aufgezwackt und hingeschmotzt
angezickt und abgestotzt
jetzt die Kipfe auf die Bliesen
langsam butzen, tapfen, schniesen
dreimal schwupf dich
knitz dich
lüpf
siehstewoll – da flatzt der Büpf.

HANS ADOLF HALBEY

»Sie!!!«
Durch unsere Gegend spazierte
die Landschaft mit Tritten verzierte
ein Saurier, hoch und dick,
wie eine Fabrik.

Mir blieb die Spucke weg:
Solch ein Vieh!
Doch als er mir
durch die Radieschen
marschierte,
da rief ich: »Sie!!!«

JOSEF GUGGENMOS

Für
Das Leben ist zum Leben da
für: Picknick im Himalaya
für: eine Katze zum Schnurren bringen
für: Fortbewegung auf eigenen Schwingen
für: einen duftenden Pfirsich küssen
für: wollen wollen statt müssen müssen

JÜRGEN SPOHN

Ästhetische Erziehung in der Grundschule. Integration der Fächer Kunst/Musik/Sport (MATTHIES/POLZIN/SCHMITT 1987)

Ausführungen zur Begründung des Lernbereichs Ästhetische Erziehung und zum Beitrag der Fächer folgt die Dokumentation einer fächerintegrierenden Praxis. Aus dem Ausbildungsprojekt mit dem Titel »Phantasie und Praxis« werden fünf Unterrichtseinheiten von Studierenden vorgestellt, in denen *Maskenbau* und *Maskenspiel* eine zentrale Rolle spielen:
- Wir reisen auf anderen Planeten
- Frosch und Maus
- Hexen-Walpurgisnacht
- Kinder spielen Tiere
- Trommeln – Masken – tanzen

Das Spiel entfaltet im Rahmen von Projektthemen seine Möglichkeiten.

Bewegung, Spiel und Sport in der Grundschule (Polzin 1992)

Auch im Hinblick auf Bewegungsspiele (Kleine Spiele, Sportspiele) muss es heißen: zuerst kommt die Vielfalt des Spiels, dann die Entwicklung hin zu Regelspielen, die in international kodifizierte Sportspiele münden (können).

Bewegung ist ein integraler Bestandteil der Ästhetischen Erziehung und des Spiels; das soll an einem Beispiel aus dem Buch visuell veranschaulicht werden:

Menschen-Schattenspiel, das Spiel mit dem menschlichen, mit dem eigenen Schatten

Kunst in der Grundschule. Fachliche und fächerintegrierende ästhetische Erziehung (Duderstadt 1996)

Die Gliederung des Buches:
Fundamente – Auf dem Weg … zur Integration – Horizonte.

Ich beschränke mich zunächst auf zwei Lesehinweise zum Thema Spiel und Ästhetische Erziehung:

Ursula Menck: Spielerischer Kunstunterricht. Tagebuch einer Entdeckungsreise und Barbara Weller: Wozu das Theater? Improvisation und Bildende Kunst. »Wirkliches tun, Spontaneität und Spiel sind drei wesentliche Aspekte der Improvisation und wirken in ihr zusammen« (S. 191). »›Das Eindringen(wollen) in die Welt‹ ist der Ausgangspunkt. Es ist geistig und körperlich. Es geht einher mit sinnlicher Wahrnehmung, Zuwendung und Kommunikation. Hierauf beruht die Improvisation und, wie mir scheint, überhaupt jeder künstlerische Prozess. Es ist die gemeinsame Wurzel aller Künste. Und ›im Prinzip‹ bringt jeder Mensch dieses Bestreben als wesentliche Voraussetzung mit – auch wenn es durch Umstände und Erziehung mehr oder minder eingeschränkt wurde.

Darüber hinaus enthält die Improvisation alle wesentlichen Elemente des ›kindlichen Spiels‹: Spontaneität, Absichtslosigkeit und Unvoreingenommenheit, Hingabe, Üben durch wirkliches Tun und ›Spaß an der Freud‹« (S. 192).

Hinzu kommt allerdings noch ein weiterer wesentlicher Aspekt der Improvisation, der sie vom kindlichen Spiel oder vom spielerischen Tun des Kindes unterscheidet, nämlich die künstlerische Form. Die Improvisation ist eine Darstellung, eine Verwandlung der Wirklichkeit und nicht die Wirklichkeit selbst. Ich stelle meine Wahrnehmung der Wirklichkeit, die auf meinen bisherigen Erfahrungen und Eindrücken beruht auf einer anderen Ebene, auf einer fiktiven imaginären Ebene dar. Ich bringe sie in einer bestimmten verwandelten Form zum Ausdruck. Auch wenn diese

Form spontan, intuitiv und ungeplant entsteht, ist es eine künstlerische Form, ein Abbild der Wirklichkeit. Im Schaffen dieser Form liegt das kreative Element der Improvisation.

Musik in der Grundschule (Polzin/Schneider/Steffen-Wittek 1998)

Der erste Beitrag widmet sich dem spielerischen In-Szene-Setzen von Bildern, dem Nach-Empfinden im Nach-Gestalten: Musik – Bewegung – (Titel) Bilder.

Weitere Anregungen zu Spiel und Ästhetischer Erziehung:
- Höhlenforschung im Musikunterricht
- Piraten auf Entdeckungsreise
- Klassenraum – Bewegungsraum? Vielfältige Nutzungsmöglichkeiten von Klassenräumen für Bewegung, Spiel, Tanz, Darstellung.

Spiel und Übung gehören zur Ästhetischen Erziehung. Auf den Wert des Spiels und auf die Grenzen spielenden Lernens im Hinblick auf ein angestrebtes Können weist schon Otto Friedrich Bollnow hin, wenn er in seinem Buch »Vom Geist des Übens. Eine Rückbesinnung auf elementare didaktische Erfahrungen« schreibt (1987, S. 40):

»Einüben im Spiel hat eine Grenze; denn auch bei noch so lange fortgesetztem Spiel ergibt sich nicht mit Notwendigkeit das erstrebte sichere Können. Wenn das Spiel gelingen soll, darf man es nicht unterbrechen. Man kann es, wenn es seinen Sinn erfüllen soll, nur als ganzes wiederholen. Darum muss man auch über nicht recht gelingende Einzelleistungen hinwegspielen … Wenn man diese Gefahr (der sich einschleifenden Fehler, M.P.) vermeiden will, muss man den durchgehenden Gesamtverlauf des Spiels unterbrechen, sich der aus dem übergreifenden Gesamtzusammenhang herausgerissenen und als solche sinnlosen Einzelleistung zuwenden und diese so lange wiederholen, bis sie wirklich ›gekonnt‹ ist. Das ist der Übergang zur Übung im eigentlichen Sinn. Dieser Übergang ist immer schmerzlich, denn das unbefangene Aufgehen im Spiel ist damit abgebrochen. Es ist eine ganz neue Situation eingetreten, in der dann gleich ursprünglich die Übung und der Unterricht einsetzen.«

Vor diesem Hintergrund kann das eingangs beschriebene Spiel der Löwen noch einmal neu betrachtet werden.

Literatur

Bollnow, O. F.: Vom Geist des Übens. Eine Rückbesinnung auf elementare didaktische Erfahrungen. Oberwil 1987

CAILLOIS, R.: Die Spiele und die Menschen. Frankfurt; Berlin; Wien 1982
DUDERSTADT, M. (Hrsg.): Kunst in der Grundschule. Frankfurt a.M. 1996
DUNCKER, L.: Spiel und Phantasie. Eine kreative Form von Weltaneignung. In: Spielzeit. Spielräume in der Schulwirklichkeit. Friedrich Jahresheft XIII/ 1995, S. 4/5
EMMENECKER, I./POLZIN, M.: Kinderspiele in der Grundschule. In: Die Grundschulzeitschrift. 70, 1993, S. 22-25
FORYTTA, C./HANKE, E. (Hrsg.): Lyrik für Kinder – gestalten und aneignen. Frankfurt 1989
GIESE, S.: Selbst-bildende Prozesse in den Bewegungskünsten. Bremen 1998 (unveröffentl. Examensarbeit)
KAHL, R.: Müde Wasser. In: Pädagogik. 1995, S. 72
MATTHIES, K.: Integrierte Ästhetische Erziehung. In: POLZIN, M. 1992 (a.a.O.), S. 104-114
MATTHIES, K./POLZIN, M./SCHMITT, R. (Hrsg.): Ästhetische Erziehung in der Grundschule. Frankfurt 1987
MEYER, H.: Unterrichtsmethoden II: Praxisband. Frankfurt 1987
POLZIN, M. (Hrsg.): Bewegung, Spiel und Sport in der Grundschule. Frankfurt 1992
POLZIN, M.: Fühlen – Wahrnehmen – Bewegen – Denken im Spiel. Seelze 1998
POLZIN, M./SCHNEIDER, R./STEFFEN-WITTEK, M. (Hrsg.): Musik in der Grundschule. Frankfurt 1998

HERBERT GÜNTHER

Spielen im Förderunterricht

»Tatsächlich ist die spontane Fähigkeit und die Lust des Kindes zu spielen der wichtigste Posten in der pädagogischen Rechnung« (ANDREAS FLITNER).

In diesem Zitat wird die pädagogische Bedeutsamkeit des Spielens für die menschliche und schulische Entwicklung des Grundschulkindes herausgestellt. Wenn wir diese These von FLITNER übernehmen, so müssen wir alle pädagogischen Bemühungen unterstützen, die das Spielen der Kinder in der Schule für die Entfaltung der kindlichen Kräfte und Fähigkeiten stärker berücksichtigen.

WER HAT OLES TEDDY GEKLAUT?

Ein Hörkrimi

Geräusche

(1) Geräusche des Ausziehens – Schritte (barfuß) im Zimmer – Öffnen und Schließen der Zimmertür

(2) Öffnen der Tür – Knipsen des Schalters – Schritte in Schuhen – Öffnen und Schließen einer Schranktür und Schublade – Schritte in Schuhen – Knipsen des Schalters – Schließen der Tür

(3) Brummgeräusch des Teddys – Dumpfes Herunterfallen des Teddys – Schleifgeräusche – Kurzes Miauen

(4) Öffnen der Tür – Knipsen des Schalters – Schritte in Schuhen – Geräusche des Bettenmachens – Schritte in Schuhen

(5) Schritte (barfuß) ins Zimmer. Ole: »Nanu, wo ist denn mein Teddy

Geschichte

(1) Ole will gerade zu Bett gehen. Als er sich ausgezogen hat, geht er noch ins Badezimmer.

(2) Anja, Oles größere Schwester, kommt in sein Zimmer. Sie sucht ein Bilderbuch, das sie ihm gestern geliehen hatte, findet es aber nicht und geht hinaus. Dabei schaltet sie in Oles Zimmer das Licht aus.

(3) Jetzt ist es dunkel in Oles Zimmer. Ist da noch jemand?

(4) Jetzt kommt die Mutter und macht Oles Bett zum Schlafen zurecht. Sie geht dann wieder in die Küche.

(5) Ole sieht gleich, als er wieder in sein Zimmer kommt, dass sein Teddy weg ist. Ohne seinen Teddy kann Ole nicht einschlafen. Wer hat Oles Teddy geklaut ?

Bilder
Zu diesem Hörkrimi gibt es dann auch noch fünf Bilder (vgl. SEIDEL 1981, S. 533).

Zunächst sollen die Kinder nur die Geräusche in dieser Sequenz hören, evtl. mehrfach abhören, und danach Vermutungen anstellen, was sie hören und wer möglicherweise der Täter ist. Die einzelnen Sequenzen können anschließend in Sätzen versprachlicht, als Geschichte erzählt, pantomimisch dargestellt und im Rahmen des freien bzw. angeleiteten Schreibens verschriftet werden (vgl. GÜNTHER 1999).

Die Kinder können im Förderunterricht solche Hörspiele selbst herstellen und mit dem Kassettenrekorder aufnehmen. Wie bei einem richtigen Krimi soll der »Täter« auch gefasst werden. Mit solchen und ähnlichen Hörkrimis, aber auch mit Geräuschgeschichten aus dem Alltag, wie z. B. Händewaschen, Zähneputzen oder Telefonieren, soll die Hör- und Sprecherziehung im Förderunterricht stärker berücksichtigt werden (vgl. GÜNTHER 1997). Die Hörerziehung leistet einen wesentlichen Beitrag zur Sprach- und Sprecherziehung und kann als Einstieg in den Schriftspracherwerb genutzt werden.

Im Förderunterricht hat es die Lehrerin in der Regel mit Kindern zu tun, die viele Misserfolgserlebnisse erfahren, Leistungsversagen erleben und meist in ihrer Persönlichkeit beeinträchtigt sind. Diese Kinder sind oft ängstlich, nervös, zappeln auf ihren Stühlen, sind unaufmerksam und langweilen sich, so dass die Lehrerin manchmal die Nerven verliert und aus der Haut fährt. Meist liegen die Förderstunden am Ende des Vormittags und wenig leistungsmotivierte Kinder sind auch noch ermüdet. Was ist da zu tun?

Eine Antwort ist das Spiel bzw. das Spielen im Förderunterricht – das klingt zum einen wie etwas Gegensätzliches, zum anderen wie etwas Selbstverständliches. An dieser traditionellen Dualität scheiden sich zuweilen die pädagogischen Geister. Allein schon die Tatsache, dass man immer wieder das Spielen in der Schule in Frage stellt, muss uns nachdenklich stimmen.

Im Folgenden möchte ich die anthropologische Bedeutung des Spielens im Fördererunterricht herausarbeiten, und dabei die spielerische Komponente als erfrischend für den Förderunterricht betrachten. Aus dem breiten Spektrum der Spielmöglichkeiten sollen einige Spiele zum feinmotorisch-darstellenden, musikalisch-stimmlichen, sprachlich-auditiven und melodisch-rhythmischen Bereich vorgestellt werden.

Zum Begriff Förderunterricht

Der Begriff der Förderung hat in den letzten Jahren – nicht zuletzt auch wegen der Dominanz entsprechender Terminologie in den KMK-Empfehlungen aus dem Jahre 1994 – andere Begriffe wie Bildung und Erziehung zurückgedrängt (vgl. BENKMANN 1998). Der inflationäre Gebrauch des Begriffs selbst, die überstrapazierte und teilweise unglückliche Verwendung ähnlicher Begriffe wie Förderbedarf, Förderressourcen, Förderlehrer, Förderschule, Förderunterricht und Förderpädagogik schaffen zusätzliche Probleme, auf die hier nicht näher eingegangen werden kann. Wichtig ist aber, dass der Förderbegriff eine Vorstellung produziert, die das Kind im Unterricht eher in eine mehr passive Rolle drängt.

Was verstehen wir hier unter Fördern? Der Gesetzgeber beauftragt die Schule – hier die Grundschule – alle Kinder im Rahmen ihrer Kräfte und Fähigkeiten bestmöglich zu fördern. Dabei ist jeder Unterricht *Förder-Unterricht*. Fördern wird hier nicht verstanden als eine individuelle Fördermaßnahme, sondern Fördern in der Grundschule kann nur in Abstimmung mit sozialem Lernen erfolgen. Die Schülerinnen und Schüler sollen im Unterricht mit anderen Kindern gemeinsam gefördert werden. Als ein Prinzip heutiger Unterrichtsgestaltung wird die Schülerorientierung genannt; dabei gewinnen Unterrichtsformen wie Freiarbeit, offener Unterricht oder Projektarbeit immer mehr an Bedeutung. Schülerorientierung bedeutet einerseits das Anknüpfen an vorhandene Erfahrungen und Wissen, andererseits aber auch die Orientierung an den spezifisch-individuellen Förderbedürfnissen des Kindes. In der heutigen Schulpraxis unterscheiden wir zwei Organisationsformen der Förderung: interne und externe Fördermaßnahmen (vgl. DRÖGE 1998). Interner Förderunterricht wird im regulären Klassenunterricht im Sinne der inneren Differenzierung durchgeführt und ist auf jeden Fall gegenüber dem externen Förderunterricht vorzuziehen. Der interne Förderunterricht bietet den Vorteil, dass er Ausgliederungstendenzen schwacher Schüler gegenüber entgegenwirkt und auf Lernschwächen direkt eingehen kann. Externer Förderunterricht im Sinne der äußeren Differenzierung wird für eine Fördergruppe – meist 8 – 15 Kinder – außerhalb des Klassenverbandes als Förderstunde für Kinder mit Lernstörungen, Rechenschwächen Lese-Rechtschreibschwierigkeiten oder Wahrnehmungsschwächen angeboten. Dieser externe Förderunterricht muss sehr eng mit dem regulären Klassenunterricht verzahnt sein, er sollte ein voraus- und nacharbeitender Förderunterricht sein. Ideal ist die Lösung, wenn der Klassenlehrer gleichzeitig auch Förderlehrer ist, damit er gezielt auf die individuellen Schwächen und Stärken seiner »Schützlinge« eingehen kann. Die Förderstunden sollten angst- und stressfrei sein. Ein wohltuendes Klima ist insbesondere für Kinder wichtig, die Probleme mit einem negativen Selbstkonzept haben (vgl. Burk 1994). Schulschwache Kinder fühlen sich oft als Versager und produzieren als sich selbst erfüllende Prophezeiung immer weitere Fehler. Bei fehlendem Selbstwertgefühl steigen die emotionalen Blockaden an. Der Abbau von Misserfolgsängsten ist daher eine grundlegende Aufgabe des Förderunterrichts. Durch attraktive didaktische Spielangebote können wir den Kindern im Förderunterricht das abnehmen, was sie belastet und ihnen Angst bereitet. Das Spielen macht den Förderunterricht erst zu einem lustbetonten, aktivitätsanregenden, entspannten, intrinsisch motivierten und angenehmen pädagogischen Feld, in dem sich Kinder wohlfühlen. Für eine Reihe von Inhalten und Gegenständen ist genau diese Art des Lernens außerordentlich effektiv und sinnvoll. Entdecken wir doch gerade für den Förderunterricht wieder spielerische Formen des Lernens!

Spielen im Förderunterricht

Der Begriff Spielen umfasst einen sehr breiten Bereich von recht unterschiedlichen Tätigkeiten, angefangen vom angeborenen Spiel des Säuglings mit seinen Fingern oder der Rassel über das Kneten, Malen oder Bauen des Kleinkindes bis hin zu Rollenspielen, Kreisspielen und den verschiedenen Ballspielen, Glücksspielen, Computer- und Videospielen der Grundschüler. Doch nicht alle Spiele sind geeignet, die Kinder in ihrer Entwicklung zu fördern. Die Bedeutung des Spiels für die Entwicklung des Kindes kann aus sozialisationstheoretischer, lerntheoretisch-didaktischer und pädagogisch-anthropologischer Perspektive begründet werden. Was das Spielen im Förderunterricht angeht, nennt Naegele (1997) fünf wichtige Funktionen:

(1) Das Spiel bedeutet für das Kind die natürlichste Form der Auseinandersetzung mit der personalen und sachlichen Umwelt. Das Spiel fördert das Selbstbewusstsein und erschließt die Umwelt, es ist die natürliche Form kindlichen Lernens.

(2) Das Spiel der Kinder eignet sich bestens, durch gezielte Beobachtung die unterschiedlichen Fähigkeiten und Fertigkeiten der Kinder ein- und abschätzen zu lernen. Das Spiel wird somit zu einem wichtigen diagnostischen Instrumentarium innerhalb des Förderunterrichts.

(3) Nicht wenige Grundschulkinder haben Defizite an vorschulischen Spielerfahrungen, sie haben begrenzte soziale Kontakte im außerschulischen Bereich und einen erhöhten rezeptiven Medienkonsum.

Gerade solche Mängel können im Förderunterricht durch ausgesuchte Spielangebote ausgeglichen werden.

(4) Manche Kinder haben im sprachlichen Bereich Probleme. Das Spiel bietet günstige Voraussetzungen, das sprachliche Lernen und die kindliche Kommunikation hinsichtlich Wortschatz, Artikulation und Satzbau zu fördern.

(5) Misserfolgsorientierte und durch Versagenserlebnisse geprägte Kinder haben oft emotionale und soziale Schwierigkeiten. Sie brauchen veränderte Erfahrungen, um die negativen Einstellungen zu Unterricht und Schule abzubauen und wieder Freude am Lernen zu bekommen. Solche Erfahrungen können über das Spielen bereitgestellt werden.

Im Förderunterricht stehen daher zunächst emotional-soziale Lernprozesse im Mittelpunkt, d.h. die Kinder sollen in angstfreier Atmosphäre und entspannter Kooperation untereinander wieder Spaß am Lernen bekommen.

Eine Zusammenführung von Spielen und Lernen kann jedoch nur eintreten, wenn im Unterricht die Prinzipien der Handlungsorientierung und Offenheit didaktisch-methodisch berücksichtigt werden. Wenn der Förderunterricht in der Grundschule nicht nur spezielle Lernprozesse, sondern fundamentale Fähigkeiten der Kinder fördern will, dann drängen sich ihm die Spiele regelrecht auf. Wir können beim Spiel in der Schule insgesamt drei große Gruppen unterscheiden: spontane Spiele, didaktische Spiele und therapeutische Spiele. Letztere sollten nur von speziell ausgebildeten Fachpädagogen und Psychologen eingesetzt werden. Während das freie und spontane Spiel in der Grundschule zu kurz kommt, nimmt der Anteil der didaktischen Spiele zu (vgl. Riemann 1995).

Im Folgenden möchte ich aus dem breiten Spektrum der zur Verfügung stehenden Spiele einige vorstellen, die zum einen in der praktischen Arbeit vernachlässigt werden und zum anderen einen hohen Grad an Offenheit, Phantasie und Kreativität ermöglichen: Bewegungsspiele, Stimmspiele, Hörspiele, Hand- und Fingerspiele, Pantomimespiele, Schattenspiele, Hör- und Sprachspiele (vgl. Petillon 1997). Diese Spiele fördern die Motivationsbereitschaft und das schulische Engagement der Kinder, die Grob- und Feinmotorik, die Beweglichkeit und Koordination der Augen, das differenzierte Hören und artikulierte Sprechen als wesentliche Voraussetzungen für den schulischen Erfolg im Anfangsunterricht der Grundschule. Im Rahmen des Förderunterrichts sollen daher alle Möglichkeiten des Spiels, die sinnvolle motivierende Hör-, Sprech-, Lese- und Schreibanlässe bieten, genutzt werden. Hierzu einige Beispiele:

Kinder brauchen Bewegung, um sich auf ihre Welt einzustellen und sich mit ihr auseinanderzusetzen. Bewegung eröffnet dem Kind den Zugang zur Welt, sie ist das Medium, durch das es sich die Welt erschließt, sie erfasst und begreift (vgl. ZIMMER 1996). Bewegung darf daher im Förderunterricht nicht fehlen und erhält somit einen übergeordneten Stellenwert. Daher sollte der Grundschullehrer kleine Sing- und Bewegungsspiele für den Förderunterricht bereithalten, wie z. B. »Der Muschelmann«, »Zwei Musikanten«, »Bi-ba-butze« oder der »Klabautermann« (vgl. BÖHLE/KÄHLER 1985). Ich möchte hier auf die in der Praxis wenig eingesetzten kooperativen Bewegungsspiele verweisen, bei denen es vor allem um die Förderung des Gruppenverhaltens und Mannschaftsgeistes geht (vgl. MEYERHOLZ 1996).

Spots in Movement
Dieses Spiel lässt sich in vielen Variationsmöglichkeiten durchspielen. Zu einer entsprechenden Musik gehen, laufen oder hüpfen die Kinder durch den Klassenraum. Wenn die Spielleiterin die Musik unterbricht, gibt sie den Kindern unterschiedlichste Bewegungsaufgaben, die entweder allein oder in Kleingruppen gelöst werden können:

- Suche andere Kinder, die die gleiche Schuhfarbe haben!
- Finde Kinder, deren Namen den gleichen Anfangsbuchstaben haben wie dein Name!
- Verteilt euch so, dass in allen vier Ecken des Raumes möglichst viele Kinder sind!
- Alle Kinder, die ein rotes Kleidungsstück tragen, machen sich ganz klein!

Als Raumorientierungs- und Reaktionsspiel zwischen gleichmäßig verteilten Stühlen im Raum, macht dieses Spiel besonderen Spaß.

- Setzt euch schnell auf einen Stuhl. Merkt euch diesen Platz, denn dieser Stuhl hat die Nummer 1!
- Setzt euch schnell auf einen anderen Stuhl, das ist die Nummer 2!
- Setzt euch schnell auf einen dritten Stuhl, das ist die Nummer 3!

Sind diese Positionen klar bestimmt, so ruft die Spielleiterin nach den einzelnen Musikstops nur noch die Zahlen auf.

Man kann dieses Spiel noch phantasievoller gestalten, wenn man die einzelnen Positionen in eine Reise zu Personen oder in verschiedene Länder umwandelt. Nr. 1 ist dann zu Hause, Nr. 2 bei Tante Erna und Nr. 3 bei Onkel Klaus. Weitere Beispiele finden sich bei MÜLLER/PETZOLD in diesem Band.

Fingerspiele

Die Hand ist mit der Gesamtpersönlichkeit des Menschen sehr eng verbunden. Wir sprechen daher auch vom homo faber, d. h. dem Menschen als »Hand-Werker«. Zahlreiche neuere Befunde weisen darauf hin, dass schulschwache und beeinträchtigte Kinder gerade in der Feinmotorik (Gebrauch der Hände und Finger sowie der Auge-Hand-Koordination) und im sprachlich-kommunikativen Bereich (Hände als Kommunikationsmittel) erhebliche Entwicklungsdefizite aufweisen. Viele Kinder haben vom ersten Schultag an Schwierigkeiten mit dem für das Malen und Schreiben so wichtigen »Pfötchengriff«. Daher scheint es notwendig, gerade im Förderunterricht die Hände und vor allem die Finger zu schulen und differenziert einzusetzen. Diese Spiele dienen der präventiven und kompensatorischen Förderung gleichermaßen und sind enorm wichtig für die Feinmotorik, Sprach- und Sprechentwicklung und Wahrnehmung des Körperschemas.
Die Vielfalt der Fingerspielformen bietet viele Möglichkeiten; hier möchte ich aber nur das gebundene und freie Fingerspiel erwähnen (vgl. SEIDEL 1979). Beim *gebundenen* Fingerspiel bleibt der Schüler an seinem Platz sitzen, und das Geschehen läuft auf dem Tisch nach einem Sprechvers ab.

»Kommt ein Bär,
der tritt schwer,
läuft eine Maus,
die will nach Haus,
hüpft ein Floh,
und der macht – so!«

Zunächst werden die ersten beiden Zeilen laut gesprochen. Die Kinder machen Vorschläge, wie der Bärentritt gespielt werden kann: z.B. mit den flachen Händen über den Tisch tapsen. Danach werden die beiden nächsten Zeilen gesprochen. Wie läuft die Maus über den Tisch? Die Finger einer Hand laufen schnell über den Tisch. Jetzt die beiden letzten Zeilen: eine Hand hüpft im Rhythmus des Verses über den Tisch. Jetzt kommt der Gag: er lässt seinen »Floh« zu einem Schüler hüpfen und zwickt ihn in den Arm. Der Gezwickte darf das Spiel fortsetzen.

Diese Spiele reichen von einfachen Kribbel-Krabbelversen, Berührungsspielen und Abzählversen bis hin zu den Spielen, wo die Hände am Körper oder miteinander Theater spielen.

Beim *freien* Fingerspiel entfällt die Vorgabe des Verses oder Reimes. Eine Abwandlung und Variante des freien Fingerspiels ist das Fingertheater. Fingertheater bedeutet, dass jeder Finger eine eigene Rolle spielt, in der die Fingerspitzen mit Fingerfarben bemalt sind oder Gesichter und Hütchen tragen. Gespielt werden dann kleine Geschichten oder Ereignisse aus dem Schulalltag der Kinder. So spielt man sich sozusagen zusammen: Tischnachbarn, Schüler und Lehrer. Eine weitere Variante dieser Art von Spielen ist das Fingerpuppenspiel. Die Fingerpuppen werden z.B. aus Papierröllchen, Käseschachteln oder Kaffeedosen hergestellt. Danach erhalten die Fingerpuppen Namen, sie begrüßen sich und sprechen über den Alltag.

Schattenspiele

Das Spiel mit Licht und Schatten besitzt für die Kinder eine große Faszination und enthält magische Elemente, da der Schatten selbst unangreifbar und körperlos ist. In der Grundschule bereitet jedoch das Menschenschattenspiel noch Schwierigkeiten. Deshalb greift man im Förderunterricht auf das einfache Figurenschattenspiel zurück, das sich besonders für das Spielen von Märchen eignet. Die Faszination des Schattens kommt der Mystik von Märchen entgegen. Zum einen werden Phantasie und Kreativität der Kinder angeregt, zum anderen werden die Kinder intensiv sprachlich gefördert. Dieses Spielvorhaben eignet sich besonders gut, um die Kinder an die Projektarbeit heranzuführen (vgl. SEIDEL 1982).

Schattenrätsel
Wir machen ein Ratespiel: Die Fördergruppe sitzt vor dem Tageslichtprojektor. Ein Kind tritt hinter den Projektor und legt einen Gegenstand aus seinem Schulranzen auf die Projektorfläche. Der Projektor wird kurz angeschaltet. Der Schatten des Gegenstandes wird vergrößert an die Wand projiziert. Der Projektor wird wieder abgeschaltet und alle dürfen raten, was auf dem Projektor liegt. Wer den Gegenstand erraten hat, darf einen weiteren Gegenstand auf den Projektor legen.

Puppen-Parade
Die Kinder schneiden sich aus einem vorgefertigten Bogen mit verschiedenen vorgezeichneten Puppen eine Schattenpuppe aus, mit der sie spielen möchten. Alle Kinder führen nun ihre Schattenpuppen am unteren Rand des Projektors entlang, während gleichzeitig eine entsprechende Musik erklingt. Dabei wird gleichzeitig die Schattenwirkung der Puppe überprüft. Kann sie sich verbeugen, umdrehen, bewegen usw. ?

Nach dieser Vorübung spielen alle Paare kurze Schattenpuppendialoge wie z.B. die Begrüßung am Morgen usw. Das Spiel kann jetzt erweitert werden und mehrere Puppen spielen eine kleine Geschichte oder einen aktuellen Streit auf dem Schulweg. Die Sequenzen werden versprachlicht, mit dem Kassettenrekorder aufgenommen und wieder abgehört.

Pantomimische Spielereien

Das Wort Pantomime stammt aus dem Griechischen und bedeutet so viel wie »alles nachahmend«. Der Mensch besitzt die Fähigkeit, sich mit seinem Körper verständlich zu machen, d. h. zu kommunizieren über Mimik und Gestik. Das pantomimische Spiel eignet sich nun insbesondere im Rahmen des Förderunterrichts, um Hemmungen abzubauen und Selbstsicherheit zu erwerben. Kinder haben außerdem sehr viel Spaß an der spielerischen Pantomime, wobei zwischen Tätigkeits-, Stimmungs- und Handlungspantomime unterschieden wird (vgl. NICKEL 1993). Die Kinder sollen durch sogenannte Einstiegsspiele an die Pantomime herangeführt werden, wobei kein perfektes Spiel erwartet werden darf. Es sollte mit Spielszenen gearbeitet werden, die die natürliche Ausdrucksfähigkeit des Kindes in Verbindung mit seiner natürlichen Umwelt ansprechen. Beim pantomimischen Spiel übt das Kind insbesondere seine visuelle und kinästhetische Wahrnehmungsfähigkeit, indem es seine Eindrücke in pantomimischen Präsentationen anderen mitteilt.

Pantomimische Kette
Bei diesem Spiel verlassen drei Kinder der Fördergruppe den Raum. In der Gruppe einigt man sich auf eine kurze pantomimische Handlung wie z.B. Klaus putzt die Zähne. Der erste Spieler wird hereingerufen und ein Mitschüler spielt ihm jetzt die Handlung möglichst genau vor – mit dem Hinweis, dass er dem nächsten Schüler, der hereingerufen wird, die Szene ebenfalls vorspielen soll. Bei diesem Spiel darf nicht gesprochen werden.

Hör-Panto
Bei diesem Spiel sitzen die Spieler im Sitzkreis um den Kassettenrekorder und lauschen folgenden Geräuschen: »Schritte – eine Tür geht auf und zu – Schritte – Wasser rauscht – einseifen der Hände – abwaschen mit Wasser – Wasserhahn zudrehen – Hände kräftig schütteln – mit dem Handtuch abtrocknen – Handtuch wieder aufhängen – Schritte – Tür geht wieder auf und zu – Schritte«. Die Kinder sollen nun die Handlung erraten und anschließend pantomimisch darstellen. Jetzt wird von einem Schüler pantomimisch eine andere Handlung dargestellt, z. B. Toni putzt die Zähne. Die Mitschüler der Fördergruppe sollen die Handlung erraten und die notwendigen Geräusche dazu aufnehmen. Anschließend werden Pantomime und Geräusche synchronisiert.

Stimmspiele

Tag für Tag gebrauchen wir unsere Stimme zum Sprechen und Singen; dabei bedienen wir uns bestimmten sprachlichen Zeichen, einem bestimmten sprachlichen Rhythmus mit je individuellen klanglichen und melodischen Anteilen. Nur wenn alle Elemente richtig angeordnet sind, können wir dem Sprechen und Singen Bedeutung und Sinn entnehmen. Diese Fähigkeit ist nicht angeboren, sondern muss im Umgang mit der sprechenden und singenden Umwelt erworben werden. Lange bevor das Kind die Bedeutung von Worten erkennt, versteht es den Klang der Stimme. Es versteht sehr schnell, wann die Mutter fröhlich oder traurig ist. Da gerade schulschwache Kinder erhebliche Defizite in diesen Bereichen haben, lohnt es sich, entsprechende Spiele im Förderunterricht einzuplanen. Diese Spiele fördern nicht nur die musikalischen und stimmlichen Fähigkeiten, sondern auch die Aufmerksamkeit, Konzentration und die Entspannung (vgl. MEIERKORD 1998; AMRHEIN 1993).

Klangspiele
Alle Kinder sitzen mit gutem Blickkontakt auf dem Boden im Kreis. Die Lehrerin wirft einen Klang – wie ein Spielzeug – in den Kreis, z. B. »dubbdubbdubb« – »oooooh« – »eieiei« – oder ein Schnalzen mit der Zunge usw. Alle nehmen diesen Klang auf und spielen damit, indem sie in Höhe, Tiefe, Länge, Tempo, Klangfarbe und Lautstärke variieren. Im weiteren Verlauf sollen sich die Kinder nun die Klänge zuspielen, d.h. es soll ein kommunikatives Spiel entstehen, indem sie sich mit den »Klängen« ansprechen. Dieser spielerische Umgang mit der eigenen Stimme tut den Kindern gut und alle haben viel zu lachen. Dabei können neben den Klängen auch Mimik, Gestik, Gebärden und Bewegungen in das Spiel einbezogen werden. Die Klänge können auch durch den Kreis wandern, wobei sie gleich bleiben oder sich verändern können: Jeder hält den Klang so lange bei sich, wie sein Atem reicht oder der Klang ist bei einem laut, beim nächsten leise bzw. hoch, tief usw.

Rhythmus-Spiel
Die Kinder schlagen Nägel in eine Leiste oder ein Brett. Nach kurzer Zeit entwickeln sie einen bestimmten Schlagrhythmus. Dieser Rhythmus wird nun musikalisch genutzt. Die Kinder sollen nun beim Einschlagen der Nägel auf den entstehenden Klang bewusst hinhören. Das Anfertigen einer Aufnahme mit dem Kassettenrekorder ist sinnvoll. Folgender Ablauf ist möglich: Ein Kind beginnt mit dem Einschlagen der Nägel, die anderen Kinder setzen mit dem Hämmern nach und nach ein. Wenn alle Kinder beschäftigt sind, hören sie in der gleichen Reihenfolge wieder auf.

Diese Übung kann auch auf klingende Stäbe übertragen werden. Schließlich ist auch eine Kombination von Nägelhämmern und Klangstäben möglich.

Hör-/Sprechspiele

Pädagoginnen und Pädagogen berichten nicht selten, dass die Schülerinnen und Schüler im Unterricht nicht immer aufmerksam und konzentriert zuhören können. »Man muss Peter alles dreimal sagen, erst wenn man böse wird, dann will er«, »Einmal hört Marc zu, das andere Mal wieder nicht…« oder »Tim lässt sich durch jedes Nebengeräusch leicht ablenken«, so einige Klagen betroffener Lehrerinnen und Lehrer.

Die auditive Wahrnehmung und artikulierte Aussprache sind grundlegende Voraussetzungen für den Erwerb der Laut- und Schriftsprache. Insbesondere der Schriftspracherwerb ist eine analytische Tätigkeit, in der gegliedert und zugeordnet wird. Sprachanalytische Übungen zur Förderung der auditiven Durchgliederungsfähigkeit unterstützen das Lesen- und Schreibenlernen. Das Kind muss bestimmte Laute aus einem Klangkomplex heraushören, isolieren und wieder Buchstaben zuordnen können. Daher unterstützen Hör-/Sprachspiele das analytische Tun auf allen Ebenen der Sprache: der Laute, der Buchstaben, der Wörter, der Bedeutung sowie des Satz- und Textzusammenhangs. Dazu einige Beispiele (vgl. Petillon 1997):

Hörspaziergang
Die Kinder müssen das Aufnehmen und Abspielen mit dem Kassettenrekorder technisch beherrschen. Ein oder zwei Schülerinnen der Fördergruppe gehen nun in der Pause auf den Schulhof, in den Wald, an eine verkehrsreiche Straße, in ein Geschäft oder auf den nahegelegenen Kinderspielplatz und nehmen dort für zwei oder drei Minuten alle Geräusche auf. Die Geräusche werden nun im Förderunterricht mehrfach ohne Kommentar vorgespielt. Die Schülerinnen und Schüler sollen nun die einzelnen Geräusche identifizieren und versprachlichen. Möglicherweise können verschiedene Sätze gebildet und eine kleine Geschichte aufgenommen werden.

Hörrätsel
Zwei Kinder der Fördergruppe besuchen einen Ort (Lehrerzimmer, Geschäft, Post, Fußballplatz usw.), der nur durch Geräusche, Stimmen, Interviews oder Kommentare vorgestellt wird. Am Anfang sollte es schwierig sein, die Lösung zu finden; erst im Verlauf des Rätsels soll das Finden der Lösung durch eindeutigere Hinweise erleichtert werden.

Stimmenchaos

Ein Schüler der Förderguppe geht vor die Tür. An die verbleibenden Kinder wird je ein Wort »verteilt«, die gemeinsam einen vollständigen Satz ergeben. Wenn das Kind nun in den Förderunterricht zurückkommt, sprechen alle Kinder gleichzeitig. Alle Kinder sprechen aber immer nur »ihr« Wort. Das ratende Kind muss nun versuchen, den Satz herauszubekommen. Dieses Spiel fördert insbesondere die Fähigkeit der auditiven Figur-Grund-Wahrnehmung.

Kettengeschichte

Die Lehrerin bzw. der Lehrer spricht im Förderunterricht einen Satz auf die Tonkassette: »Heute machen wir eine schöne Fahrt«. Eine Schülerin spricht anschließend einen zweiten Satz auf das Band: »Wir fahren mit dem Schiff nach Köln«. Die jeweils folgende Schülerin hört aber immer nur den letzten Satz und soll einen weiteren Satz sprechen. Wenn alle Schülerinnen und Schüler der Fördergruppe ihren Satz gesprochen haben, wird die Geschichte noch einmal abgehört. Satzkonstruktionsfehler und/oder falsche Anschlusssätze werden korrigiert.

Erzählwerkstatt

Die Kinder sitzen im Kreis und in der Mitte liegen verschiedene Gegenstände zur Auswahl: ein Schlüssel, ein Apfel, ein Buch, ein Fußball, ein Pulli usw. Jedes Kind darf sich einen Gegenstand aussuchen. Nun beginnt ein Kind eine Geschichte um den ausgesuchten Gegenstand zu erzählen; es darf auch eine erfundene Geschichte sein: »Es war einmal ein kleines Kind, das eines Tages einen großen Schlüssel fand. Das ist bestimmt ein Zauberschlüssel. Vielleicht von einer großen Schatztruhe. Ich werde mich aufmachen, die Schatztruhe zu suchen, dachte das Kind und machte sich auf den Weg.« Irgendwann hört das Kind mit der Geschichte auf und gibt an ein weiteres Kind weiter. Dieses Kind erzählt nun die Geschichte weiter und versucht dabei seinen Gegenstand einzubauen. Die anderen Kinder der Förderguppe dürfen Hilfestellungen geben (vgl. PETILLON 1997).

Namenspiel

Ein Schüler schreibt auf einen Karton oder an die Tafel z. B. den Vokal »a«. Jedes Kind der Fördergruppe sagt nun laut seinen Namen. Ist ein »a« in dem Vornamen enthalten, so schreibt das Kind seinen Namen an die Tafel. Als Variation des Spiels können nun verschiedene Vokale oder Konsonanten ausgewählt werden. Dieses Spiel eignet sich besonders für die ersten Wochen in der Schule. Laute und die entsprechenden Buchstaben werden hier verstärkt in das Hör- bzw. Blickfeld des Schulanfängers gerückt.

Berufe-Raten
Hierzu können u.a. die in den sechziger und siebziger Jahren bekanntgewordenen Fernsehsendungen als Orientierung herangezogen werden: Die Montagsmaler, Dalli-Dalli, Heiteres Berufe-Raten oder Am laufenden Band. Das Berufe-Raten kann als heiteres Ratespiel im Förderunterricht folgendermaßen gespielt werden: Ein Schüler denkt sich einen Beruf aus und stellt pantomimisch typische Tätigkeiten dar. Auf Fragen der Fördergruppe darf er nur mit »Ja« oder »Nein« antworten. Um den Beruf zu erraten, muss der Schüler bestimmte Fragestrategien einsetzen.

Rippeltippel
Die Kinder sitzen im Kreis. Jedes Kind bekommt ein Nummernschild, welches gut für die anderen Mitspieler sichtbar sein sollte. Im Spiel wird nun jeder als »Rippeltippel Nr. 1«, »Rippeltippel Nr. 2« usw. angesprochen. Jetzt muss sich jedes Kind seine Nummer gut merken. Wer sich verspricht oder eine Antwort verpasst, bekommt einen Kreidepunkt – also einen »Rippel« – auf die Nase, die Wange oder das Kinn. Der erste Spieler beginnt: »Rippel-tippel Nr. 1 ohne Tippel ruft Rippeltippel Nr. 5 ohne Tippel«. In dieser Weise geht das Spiel so lange weiter, bis sich jemand verspricht und somit einen »Tippel« bekommt. Jetzt ändert sich die Sprechweise folgendermaßen: »Rippeltippel Nr. 6 mit einem Tippel ruft Rippeltippel Nr. 4 mit zwei Tippeln«. Das Spiel kann jederzeit abgebrochen werden. Es muss am Schluss keine Verlierer oder Sieger geben. Dieses Spiel fördert in hohem Maße das aufmerksame Zuhören und artikulierte Sprechen (vgl. PETILLON 1997, S. 498).

Abschließende Bemerkungen

Die Aufgabe des Förderunterrichts besteht darin, die schwächeren Kinder mit ihren spezifischen Förderbedürfnissen in einer angenehmen und stressfreien Atmosphäre adäquat zu fördern, d.h. sie in ihrer Lernentwicklung »weiter nach vorne zu bringen«. Zunächst sollten die motivationalen (Spaß am Lernen) und emotionalen Lernprozesse (Abbau von Ängsten) gefördert werden. Dieser Prozess des Vorwärtsbringens der Schülerinnen und Schüler im Förderunterricht wird durch die verschiedenen Formen des Spiels unterstützt und vermittelt gleichzeitig Lockerheit und zunehmende Selbstsicherheit im Umgang mit den unterschiedlichsten Lerngegenständen. Somit erfahren die Kinder intensiv, dass ihnen im »offenen« Förderunterricht geholfen wird, sie erleben etwas Positives und gehen gerne in einen »spielenden Förderunterricht«.

Literatur

AMRHEIN, F.: Musik mit der Stimme. In: Grundschule 9/1993, S. 17-19

BENKMANN, R.: Soziale Konstruktion gravierender Lernschwierigkeiten und sonderpädagogische Förderung. In: Zeitschrift für Heilpädagogik 11, 1998, S. 402-409

BÖHLE, I./KÄHLER, U.: »Der Muschelmann« Ein Sing- und Bewegungsspiel. In: Grundschule 3, 1985, S. 26-28

BURK, K.: Fördern-Förderunterricht-Förderkonzept: Brauchen wir ein neues Förder-Verständnis? In: Arbeitskreis aktuell: Mitteilungen des Grundschulverbandes 1994

DRÖGE, R.: Fördermaßnahmen im Mathematikunterricht. In: Grundschule 3, 1998, S. 30-31

FLITNER, A.: Spielen – Lernen, Praxis und Deutung des Kinderspiels. München 1973

GÜNTHER, H.: Die Bedeutung der auditiven Wahrnehmung für das Lesen- und Schreibenlernen im Anfangsunterricht in der Grundschule. In: Sache –Wort – Zahl 11, 1997, S. 33-42

GÜNTHER, H.: Ein erlebnisorientierter Ansatz – lern- und sprachbehinderte Schülerinnen und Schüler hören, sprechen und schreiben. In: HEGELE, I. (Hrsg.): Lernziel: Texte schreiben, überarbeiten und gestalten. Unterrichtsbeispiele aus der Grundschule. Weinheim 1999

HECKT, D. H./SANDFUCHS, U. (Hrsg.): Grundschule von A bis Z. Braunschweig 1993

MEIERKORD, U.: Musikalische Spiele zur Stärkung des Selbstkonzepts. In: Grundschule 1, 1998, S. 9-11

MEYERHOLZ, U.: Bewegungsspiele mit Musik. In: Grundschule 10, 1996, S. 44-45

NAEGELE, I. M.: Spiele und Spielen mit LRS-Schülerinnen und Schülern. In: NAEGELE, I. M./VALTIN, R. (Hrsg.): LRS in den Klassen 1-10. Band 1. Weinheim 1997

NICKEL, F.U.: Pantomimisches Spiel mit Kindern. In: Grundschule 11, 1993, S. 27-29

PETILLON, H.: Von Adlerauge bis Zauberbaum. 1000 Spiele für die Grundschule. Landau 1997

RIEMANN, S.: Märchen und Spiel. In: Grundschule 12/1995, S. 17-19

SEIDEL, G.: Morgen wird gespielt … Fingerspiele als Figurenspiele. In: Grundschule 9, 1979, S. 398-405

SEIDEL, G.: Hörspiele für Schulanfänger. In: Grundschule 12, 1981, S. 531-533

SEIDEL, G.: Schattenspiele mit dem Arbeitsprojektor. In: Grundschule 14, 1982, S. 115-117

ZIMMER, R.: Den Körper als Verbündeten gewinnen. In: Grundschule 10, 1996, S. 9-10

4

Hinweise zur Gestaltung einer spielfreundlichen Grundschule

Thomas Trautmann

»... aber macht nicht so laut dabei ...« Zur Rolle von Lehrerinnen und Lehrern im Spielprozess

Als wir im Rahmen einer Untersuchung (Trautmann 1997, S. 264) zur Spielakzeptanz bei Lehrerinnen viele Unterrichtsstunden beobachteten, brachte eine Studentin das Gesehene auf einen einfachen Nenner. Sie sagte: »Eigentlich reagieren die Kinder mit zwei entgegengesetzten Verhaltensweisen auf die Ankündigung des Spielens im Unterricht. Kommt eine Lehrerin mit der Bemerkung, dass wir nun spielen wollen an, so heißt es entweder jeaaaa oder oooach«.

Diese sich inzwischen hundertfach bestätigte Beobachtung trifft den Kern jeder Überlegung zum Spielen in der Schule. Worin besteht die Kunst, Kinder für das Spiel in der Schule zu begeistern oder zu vergrämen? Und welche Möglichkeiten, aber auch Grenzen eröffnen sich für Lehrerinnen in diesem Prozess?

Die Rolle von Lehrerinnen und Lehrern in Spielprozessen

Spielen Kinder im Unterricht, sind Lehrende nur noch bedingt Lehrerinnen. Spielen Kinder und Erwachsene gemeinsam, sind alle Beteiligten zunächst Spielpartner. Sie sind sowohl Teilnehmer am Spielprozess, sind in den Spielabschnitten aufeinander angewiesen und kontrollieren einander in der Regelhaftigkeit. Eine Schwierigkeit (für Lehrerinnen) ist dabei, dass Grundschulkinder diese zwei Ebenen – der Lehrer als Spielpartner und Pädagoge – voneinander trennen können. In verschiedenen Spielabläufen mag das gar nicht auffallen. Ein anderes Mal jedoch wird diese Doppelfunktion ganz deutlich.

Drei Kinder und die Lehrerin sitzen um einen Tisch und würfeln. Uwe bekommt ewig keine Sechs, um aus der »Ecke« zu kommen. Die Lehrerin tröstet Uwe und will ihm eine Sechs »zusprechen«. Das lehnen die Kinder ab. Die Lehrerin entgegnet nach ein paar Runden – Uwe hat es immer noch nicht geschafft, zu einer Sechs zu kommen: »Kinder, ich bestimme jetzt als Lehrerin, dass Uwe eben eine 6 gewürfelt hat«. Die Kinder sind perplex. Uwe selbst stammelt: »Will ich nicht ...« und legt den Spielstein zur Seite. Das Spiel kommt nicht mehr in Gang.

Das Beispiel ist trefflich auszuwerten. Gewiss hatte die Kollegin Argumente für ihr Handeln. Dennoch scheint mir, dass sie die Situation nicht richtig einschätzte. Uwe »quälte« sich zwar mit seinem Würfelpech, jedoch ist auch darin ein Lustfaktor (es kann auch ein Aggressionsfaktor sein!) verborgen. Den wollte sich der Junge sowie die ganze Spielrunde offenkundig nicht per Direktive nehmen lassen.

Mitunter kommt es im Spiel auch zu »Ausrutschern« im sozialen Bereich. Die Kinder spielen »Pantomimische Kette« und haben den Auftrag, ihren Vordermann zu beobachten und dessen Bewegungen maßvoll übertreibend nachzumachen. Onur läuft dabei seiner Lehrerin über die Füße und sagt beiläufig: »Pass doch besser auf«. Sofort beendet die Lehrerin das Spiel, erklärt der Klasse den Grund und verzichtet, trotz Onurs Aussage, er hätte »es zu sich gesagt«, lange Zeit auf das Spielen im Unterricht.

Als Spielleiterin und/oder mitspielende Lehrerin wird von uns selbstverständlich auch ein anderes Rollenverständnis erwartet. Auch dies lässt manche Kollegin zaudern, sich dem Abenteuer Unterrichtsspiel zu stellen.

Aus dem eben Gesagten sind unschwer einige Rollen zu ersehen, die Lehrerinnen im Prozess des Spielens ausfüllen. Lehrkräfte sind Mitspieler, Beobachter, Schiedsrichter, auch Spielzerstörer, Spielerzeuger und Kommentator. Diese Funktionen sollen kurz bedacht werden.

Lehrerin

Lehrerinnen, welche Methodenvielfalt praktizieren und deren didaktisches Instrumentarium breit gefächert ist, stehen dem Spiel als originärem Element grundschulischen Unterrichts aufgeschlossen gegenüber (TRAUTMANN 1997). Dabei ist zu unterstreichen, dass jene Lehrerinnen nicht ausschließlich der didaktischen Strukturierung ihres Schulvormittags frönen, sondern bemüht sind, Lehr-Lerneinheiten auf die unterschiedlichen Bedürfnisse der Kinder ihrer Klasse zuzuschneiden. Das bedeutet das Zur-Verfügung-Stellen von Angeboten unterschiedlicher angeleiteter und freier Spielphasen und -möglichkeiten als bewusster Strukturmerkmale des Tages. Diese helfen, unterschiedliche Lern- und Bewegungsbedürfnisse sinnhaft zu verquicken. Gleichzeitig können Lehrerinnen ihr eigenes Selbstverständnis als Spielleiterin und/oder Mitspielerin didaktisch stets neu bestimmen.

Andererseits sind Lehrerinnen dafür verantwortlich, dass die notwendigen Rahmenbedingungen für Lern- und Arbeitsprozesse gewahrt bleiben. Insofern ist die in der Überschrift fixierte Forderung, beim Spiel »nicht so laut« zu sein, durchaus nachvollziehbar, wenn andere Kinder einer anderen Beschäftigung nachgehen.

Drittens schließlich kann keine Kollegin per Dekret zum Spiel »gezwungen« werden. Nicht jede/r ist selbst so spielfähig, dass ohne weiteres eine Klasse davon angesteckt werden kann. Nicht zuletzt erhält das Spiel in der Schule mitunter einen schlechten Ruf, weil der Bildungswert des Spiels verkannt und das kindliche Tun simpel als Klamauk, Ringelpietz oder *Tollerei* abqualifiziert wird. Kinder an das Spiel freigeben (SPANHEL) heißt daher auch, sie in kleinen Schritten spielfähig zu machen und zu halten. Dies können und müssen Lehrerinnen leisten, um den Kindern Erfahrungen in den sozialen Grundqualifikationen zu ermöglichen, die sich aus dem Zusammenspiel ergeben.

Mitspielerin

Im Spiel dominiert vielfach der Inhalt über das Ergebnis. Ich stehe diesem Punkt skeptisch gegenüber, gerade bei Konstrukions- und/oder einigen Brett-, Karten- oder Strategiespielen. Jedoch hat der Spielinhalt immer seinen eigenen Reiz. Und genau diese scheinbar fehlende Ergebnisorientierung scheint ein erstes Hindernis für Lehrerinnen zu sein, mitzuspielen: »Es kommt doch eh nichts raus bei der Spielerei ...«. Es liegt auch an der Person der Lehrerin, sich in die neue Rolle der Mitspielerin zu fügen. Kompetenzen abzugeben scheint ein sehr selten zu beobachtendes Phänomen zu sein. Andererseits sprechen Lehrerinnen, die sich darauf einlassen, einfach nur Mitglied einer spielenden Gruppe zu sein, von neuen Erfahrungshorizonten. Auch der nächste Aspekt ist oft zu beobachten.

Die Lehrerin spielt mit den Kindern ihrer ersten Klasse das Spiel »Versteinern«. Dieses wurde am Schulbeginn angeboten und kaum variiert. Die Kollegin spielt eifrig mit und überlässt ihren Kindern völlig die Initiative. Zunächst waren die Kinder vom Spiel und dem Mittun der Lehrerin fasziniert. Später spielten die Kinder routiniert mit. Kurze Zeit darauf wurde der Lehrerin zuliebe gespielt »...wenn die das so gern mag ... (Katharina)«. Inzwischen, am Ende der Klasse 1, versuchen die Kinder, das Spiel zu torpedieren. Die Lehrerin hat die Gruppe »totgespielt«. Trotz eifrigen Mitspiels wurde versäumt, Varianten und neue Spiele anzubieten.

Eine letzte Anmerkung zum Mitspiel der Lehrerinnen bezieht sich auf die Tatsache, dass Kinder sehr schnell wahrnehmen, ob Spiele – oder das, was ihnen als Spiel angeboten wird – lediglich umformulierte Lernaufträge sind. Dies ist für sie nicht problematisch, wenn wichtige Merkmale der Tätigkeit Spielen, etwa Spaß, Ungewissheit, Freiheit und Imagination enthalten sind. Wenn sich mitspielende Lehrerinnen dann noch so weit zurücknehmen, dass die spielenden Kinder *mit* und nicht *durch* die Lehrenden zu ihren Resultaten kommen, ist die gemeinsame Sache nicht Anspruch, sondern Wirklichkeit geworden.

Beobachterin

Ziel und Sinn vieler Spiele im Unterricht ist es, die Kinder zusammen auf unterschiedliche Arten kommunizieren zu lassen. Ob dies untereinander, d.h. miteinander oder gegeneinander geschieht, ist von vielen Faktoren abhängig. Die entstehenden Spiel- und Gruppenkonstellationen versetzen Lehrerinnen jedoch zunehmend in die Lage, zielgerichtet wahrzunehmen. Angemerkt sei, dass erfahrene Kolleg/innen dies auch in Mitspielphasen tun.

Wie steht es um aktuelle Umgangsformen und wie sind diese zu sichern, zu verändern? Wie steht es um die Akzeptanz, den Respekt untereinander, wer setzt sich durch, wer hat Schwierigkeiten, sich auszudrücken? Diese sozialen Abstimmungen geschehen in bestimmter Vielfalt und sie geschehen *permanent* (TRAUTMANN 1996). Indikator dafür ist das Spiel selbst. Während sich Kinder in vielfältigen Aktivitätsbezügen eher maskiert geben, wird das kindliche Selbst in Spielphasen stets unvermittelt echt »durchschlagen«. Die Beobachtung des kindlichen Spiels muss daher essentieller Bestandteil des gesamten Beobachtungsrepertoires sein. Die bewusste Wahrnehmung spielerischer Vollzüge und deren Regulation durch die Beteiligten zwischen Gewinnen und Verlieren, Helfen und Geholfenwerden, Führen und Leitenlassen ist für eine prinzipielle pädagogische Einschätzung unverzichtbar.

Untrennbar mit dem Vermögen, langfristig beobachten zu können, steht die Qualifikation zu diagnostischem Vermögen. Im Spiel kann eine glückliche Kombination von Beobachtung, Evaluation und Diagnostik der Lehrerin durchaus Kindern rasche und unerwartete Hilfe bringen.

Von Schulbeginn an wird in einer Klasse 1 gespielt. Sehr beliebt ist derzeit das Spiel »Stille Post«. Die Lehrerin setzt es zur Förderung der auditiven Wahrnehmung und des lautreinen Sprechens ein. Den Kindern macht es Freude, eine Botschaft zu empfangen und weiterzusenden. Geht die »stille Post« rechts herum, kommt das Wort prächtig an. Linksdrehend jedoch kommt es stets zu einer fehlerhaften Übermittlung. Nachdem die Lehrerin dies beobachtet hatte, ging sie den Ursachen konsequent nach, bis sie feststellte, dass es an einem Jungen lag, der offenbar immer die Fehler produzierte. Im Laufe längerer Untersuchungen wurde bei dem Jungen ein Hörfehler festgestellt, der bis dato niemand aufgefallen war.

Schiedsrichterin

Da mitspielende Lehrerinnen ihr Pädagogen-Ich nie ganz verleugnen können (und sollten), kann es immer wieder zu massiven Spielstörungen kommen. Ein Effekt: Im Spiel auftretende Meinungsverschiedenheiten werden nicht selten durch das keinen Widerspruch duldende Machtwort der mitspielenden Lehrerin gelöst. Dies ist jedoch vielfach eine Scheinlösung. Problematisch erscheint mir dabei der Verlust der inneren Motivation bei den Kindern, wenn die Lehrerin im Spiel ständig belehrt. Das Spiel zerfällt. Kinder müssen lernen, Konflikte zu Ende zu führen und zu lösen. Soll Spiel sich nicht auflösen, müssen Meinungsverschiedenheiten mit Abkommen, Vereinbarungen oder anderen Arrangements beigelegt werden. Dies mit Argumenten zu tun, zwingt die Spielkonstellation auf. Worte der Lehrerin schaffen Klärung. Diese kann jedoch u. U. nur kurzfristig sein, da die Kinder dadurch nicht lernen, sich selbst zu regeln. Damit wird einer wichtigen Phase der Selbsterziehung der Boden genommen. Andererseits werden sich Kinder relativ unproblematisch den Worten der Schiedsrichterin beugen, da sie als fast uneingeschränkte Autorität eine »Macht« ist.

Spielzerstörerin

Die Klasse lernt an unterschiedlichen Stationen. Drei Kinder puzzeln Buchstabenbilder. Oliver will sich dazu gesellen. Die Kinder machen bereitwillig Platz. Die Lehrerin verordnet dem Jungen jedoch einen anderen Platz »Olliver, du störst ja eh nur andere Kinder, setz dich mal an einen freien Tisch ...«

Ohne darüber zu urteilen, ob das Puzzlen eine Spiel- oder Lernhandlung ist – durch ihren disziplinarisch gefärbten Kommentar hat es die Lehrerin verstanden, ein interpersonales Management der Kinder zu verhindern. Dies ist jedoch nur ein Aspekt spielzerstörerischen Verhaltens. Fehlt den Kindern in der Palette ihrer vielfältigen produktiven Tätigkeiten die des Spielens, so werden sie es zu kompensieren wissen. Ist der Unterricht mangels interessanter didaktischer Arrangements dazu noch »langweilig«, suchen sich viele Kinder Spielerei-Nischen, die bei Entdeckung natürlich schnell blockiert werden. Doch auch bei der Favorisierung von Spielsequenzen im Unterricht kann es dazu kommen, dass Lehrerinnen Spielideen oder -vollzüge wissentlich und unwissentlich zerstören. Das kann bei der Aufstellung von Regeln beginnen.

Als erste Spielregel in der Klasse 1 gilt: »Wir unterhalten uns nicht beim Spielen». Dass damit das Spiel an sich schon ausgeschlossen ist, scheint der Lehrerin unerheblich. Die Lehrerin selbst wählt »verantwortliche Kinder« für die Spielgruppen aus. Die erste Gruppe legt Puzzle. Die Lehrerin kommt vorbei, es wird noch ruhiger, als es eh schon war. Wenn Kinder disputieren, werden sie gemahnt. Wenn Kinder neue Wege probieren, werden sie gestoppt: »Macht das so, wie ihr es gelernt habt.« Allein schon die flüsternde Anregung eines neuen Spielweges durch ein Kind der Gruppe veranlasst einige Kinder, sofort zur Lehrerin zu laufen und diese Veränderungen »anzuzeigen». Darauf stoppt die Kollegin das Spiel generell.

Spielerzeugerin

Es ist kein Geheimnis, dass erfolgreiche Lehrerinnen aus einem Pool von Spielideen schöpfen. Dabei stellt man fest, dass sie diese direkt auf Bedürfnisse ihrer Klasse zuschneiden. Sie »erzeugen« also ein Spiel, welches die Kindergruppe in dieser Zeit besonders anregt. Dies können Varianten eines alten Kinderspiels sein oder genau auf einzelne Kinder zugeschnittene Förderkonzepte, die spielerisch eingekleidet werden.

Das von der Lehrerin vorgestellte Spiel »Gegenstände-Raten» eröffnet den Kindern langsam, aber stetig die Erkenntnis, dass man etwas zielgerichtet erfragen kann. Aus einer großen Kiste mit vielen Bildern, auf denen Gegenstände gezeigt werden, darf ein Kind sich einen Gegenstand heraussuchen und muss ihn sich merken. Danach wird es reihum befragt. Bei Ja darf das Fragekind weiterfragen, bei Nein fragt das nächste Kind. Die Lehrerin entwickelt aus dieser Form viele unterschiedliche

Spielanlässe, die alle auf den Kompetenzerwerb im Fragen abgestimmt sind.

Kommentatorin

Spiel gestattet Ausdrucksfähigkeit auf vielen Kanälen. Diese kommunikative Bandbreite bedeutet für alle Kinder, die ja innerhalb der Deutungsmuster von Gesprächs-, Gestik- und mimischen Signalen noch Lernende sind, ständig neue Erfahrungsbereiche. Dass diese untereinander besprochen werden müssen, scheint einleuchtend. Das Gespräch über vorangegangene Interaktionen – die Metakommunikation – ist, folgt man Hans HIELSCHER (1998), unverzichtbar für die Klärung mehrdimensionaler, das heißt »undurchsichtiger« sozialer Situationen. Für Lehrerinnen sind diese Strukturen der Metakommunikation jedoch zunächst störend. Sie sind mit Geräusch verbunden. Folgende Äußerungen mögen dies illustrieren und auf die Bewältigung der Situation hinweisen.

- »Ich kann wirklich nicht mehr mir euch spielen, wenn ihr euch hinterher nicht wieder ruhig verhalten könnt …«
- »Oh, ja, da spiele ich schon einmal mit euch und das ist dann der Dank dafür. Ihr schwatzt und schwatzt und kommt einfach nicht mehr zur Ruhe …«

Spiel und die im Spiel praktizierte Metakommunikation braucht Zeit und ein entspanntes Feld. Der Fortgang von Spielen muss nicht mit dem von der Lehrerin geplanten Verlauf übereinstimmen. Oft geschieht das Kommentieren von Spielsituationen aus der Unfähigkeit heraus, sich zurückzunehmen und dem Spiel seinen Lauf zu lassen.

Fazit

Im Spiel lernen Kinder zunächst einmal *spielen*, betont A. FLITNER (1986). Selbstverständlich ist darin vieles eingebettet, was dem Kinde nutzt und dem Werke frommt (F. FRÖBEL). Spielen im Unterricht bringt Mehrarbeit für Lehrerinnen, verändert ihre Rolle, verlangt planerisches Geschick und Langmut. Doch der Ertrag kann sich sehen lassen. Sich auf das Spielen in der Schule einzulassen kostet auch Kraft. Die Tätigkeitsspanne der Lehrenden – von der Moderation bis zum Mitspiel – wird harten Prüfungen unterzogen. Doch die Ergebnisse versöhnen mit allen Mühen. Eine dem Spiel sehr zugetane, ältere Kollegin brachte es auf den Punkt, als sie nach dem Geheimnis ihrer spielpädagogischen Arbeit in der Klasse befragt wurde: »Man muss einmal mehr aufstehen als hinfallen.«

Literatur

FLITNER, A.: Spielen – Lernen. Praxis und Deutung des Kinderspiels. 8. Aufl. München/Zürich 1986

HIELSCHER, H. (Hrsg.): Du und ich – ihr und wir. Konkrete Arbeitshilfen für die soziale Erziehung. Heinsberg 1998

TRAUTMANN, T.: Spiel und Schule – Hund und Katze? In: Deutsche Lehrerzeitung. Berlin 40(1993)13., S. 4-5

TRAUTMANN, T.: Miteinander spielen. Lichtenau 1996

TRAUTMANN, T.: Spielreflexion und Spielakzeptanz bei Thüringer Grundschullehrerinnen. In: DREWS, U.; DURDEL, A. (Red.): Grundlegung von Bildung in der Grundschule von heute. Potsdam 1997 (Potsdamer Studien zur Grundschulforschung Heft 20)

Karin Mansel-Ballier

Spielen im rhythmisierten Schulalltag

Ein Spiel aus meiner Schulzeit ist mir bis heute gegenwärtig geblieben. Wir haben es in den Pausen und in der Freizeit am Nachmittag gespielt. Es heißt:

»25 Bauernmädchen suchen einen Mann«.

Eine ungerade Anzahl von Kindern steht verstreut im Raum und singt den genannten Text. Bei »…und suchen einen Mann« müssen sich alle schnell einen Partner suchen. Um das übriggebliebene Kind stellen sich die Paare, zeigen mit Fingern darauf und singen schadenfroh:

Da steht sie nun und hat kein' Mann und ärgert sich zu Tode.
Ein andermal, pass' besser auf, da gibt's 'ne neue Mode.

Dieses Spiel übte eine große Faszination auf uns aus, so dass wir es immer wiederholten. Inzwischen ist es für mich fragwürdig geworden. Ich kann mich gut an die Gefühle erinnern, die mich bewegten, wenn mich das »Schicksal der Ausgegrenzten« traf. Wenn ich heute einen rhythmisierten Schulmorgen beginnen möchte, fallen mir ganz andere Spiele ein. Eines ist für alle Beteiligten immer besonders eindrucksvoll: »Der gordische Knoten« bzw. »Knäuel entwirren« (vgl. Petillon 1997 S. 73):

Die Spieler gehen mit geschlossenen Augen im Raum herum. Dabei läuft eine beruhigende Musik. Nach einiger Zeit unterbricht der Spielleiter die Musik. Alle Spieler müssen nun zwei andere Mitspieler in ihrer Nähe anfassen.

Das so entstandene Knäuel soll durch »Unter den Armpaaren durchschlüpfen« oder durch »Darübersteigen« wieder entwirrt werden. Während dieser Tätigkeit können sich die Spieler beraten und Strategien ausprobieren. Wenn sich das Knäuel zu einem Kreis auflöst, ist die Aufgabe gelungen. Die Freude ist groß, wenn sich alle an die Regel gehalten und nicht an den Händen losgelassen haben. Die Entwirrung des »Knotens« gelingt allerdings nicht immer. Es können auch zwei Kreise entstehen. Dieses Spiel eignet sich gut nach einer offenen, individuellen Anfangsphase. Die Schüler/innen sammeln sich, um als Lerngruppe ein Zusammengehörigkeitsgefühl zu entwickeln, das z. B. im anschließenden Morgenkreis erforderlich ist.

Rhythmisierung ist Bewegung zwischen Gegensätzen

Das oben genannte Beispiel zeigt, wie rhythmische Elemente miteinander verknüpft werden können:

> An eine offene freie Unterrichtsphase schließt sich eine geschlossene Unterrichtsform organisch an (Offener Anfang – Morgenkreis).
> Nach Tätigkeiten in Einzelaktionen folgen Aktivitäten in der Großgruppe.

Das Medium, mit dem der Wechsel eingeleitet und vollzogen wird, ist ein kooperatives Spiel. So oder ähnlich könnte ein Schulmorgen in der vollen Halbtagsschule beginnen. In entspannter Atmosphäre vollziehen die Kinder den Wechsel von zu Hause zur Schule hin. Die Gestaltung eines Schulmorgens beginnt also nicht erst mit dem »offiziellen« Unterricht. Rhythmisieren in der Schule heißt: Die Erkenntnisse aus der Forschung über das »Eingebundensein des Menschen im großen Biorhythmus« und über »die rhythmische Organisation des Menschen«, wie Rosslenbroich (1984) sie beschreibt, sinnvoll auf die »Organisation Schule« zu übertragen. Die Rhythmusforschung (Hellbrügge 1994) bei Kindern zeigt, dass der sich entwickelnde Organismus im Laufe der Kindheit von rhythmischen Vorgängen stark abhängig ist. Entsprechend verläuft auch die Leistungskurve. So ist z. B. die Rechengeschwindigkeit bei Kindern zwischen 9 Uhr und 12 Uhr am höchsten, die Merkfähigkeit des Kurzzeitgedächtnisses besser gegen 9 Uhr als nachmittags. Mit Heimann (1994) können wir sagen, dass Aufmerksamkeit und Gedächtnisfähigkeit sich mit dem Gewichts- und Längenwachstum bei Schulkindern ständig ändern.

Der rhythmischen Gestaltung des kindlichen Lebens kommt also hohe Bedeutung zu (Schad 1994). Daraus ergeben sich Konsequenzen für kurz- und langfristige Zeitabläufe, d. h. für die überschaubare Organisation des Schulmorgens (Stundenplan). In diesem Sinne bedeutet Rhythmisierung die Synchronisation der geforderten Leistung mit den natürlich vorhandenen Rhythmen der Leistungsfähigkeit, im Interesse von Schüler/innen und Lehrer/innen.

Die rhythmische Gestaltung der Gegensätze von Ruhe und Bewegung, Konzentration und Ausgelassenheit, Selbstständigkeit und Geborgenheit in der Gruppe, Freiheit und Bindung, Gemeinschaft und Alleinsein, Anspannung und Entspannung ist der Beitrag der Schule zur »Wiederaneignung der Zeit«, wie sie ZOLL (1992) versteht.

Spielen in der Schule?

Jede Jahrgangsstufe hat ein Kontingent an Unterrichtszeit zur Verfügung, das in der Stundentafel und im Lehrplan festgelegt ist. Die verbreitete bange Frage: »Wie soll bei der zu »behandelnden Stofffülle« Zeit gewonnen werden, um genügend Spielanteile in den »verplanten Unterrichtsvormittag« einzubauen?«, ist noch immer unüberhörbar. Dazu möchte ich Folgendes bemerken: Spielen und Arbeiten sind keine Gegensätze, sondern Bestandteile des ganzheitlich-kindlichen Lernens.

Das Einzelfächerdenken sollte mehr zugunsten eines themenzentrierten Unterrichts aufgegeben werden, der fächerübergreifendes lebendiges Lernen ermöglicht. Es geht um einen anderen Umgang mit der zur Verfügung stehenden Zeit.

So wie das Kind im Kindergarten sich in spielerischer Auseinandersetzung seine Umwelt erschließt, so kann es sich in der Grundschule durch ausgewogene Lern- und Spielphasen Fertigkeiten erwerben, die weit über die kognitive Vermittlung von Sachinhalten hinausreichen. Wenn Lehrerinnen davon überzeugt sind, dass neben dem Erwerb von kognitiven Inhalten die Anbahnung von methodischen, sozialen, kommunikativen und personalen Kompetenzen unabdingbar sind, dann wird es ihnen leichter fallen, den Kindern am Schulvormittag die Freiräume bereitzustellen, die notwendig sind, um die genannten Fertigkeiten einzuüben (vgl. Leitlinien für die Arbeit in der Grundschule von Rheinland-Pfalz 1984, S.5).

Alle meine Erfahrungen haben gezeigt, dass das Einplanen von freien wie von gebundenen Spielphasen eine freudvolle und entspannte Atmosphäre schafft, die Kinder zu neuem Lernen motiviert, Konzentration und Ausdauer fördert, für Entspannung bei sozialen Konflikten sorgt, die Kommunikation in der Gruppe positiv beeinflusst, Phantasie und Kreativität anregt, viele Bewegungsanreize schafft und oft selbstständiges Lernen ermöglicht. Die Lern- und Spielphasen sind dabei häufig so verzahnt, dass sie organisch ineinander übergehen. Diese Lern-Spiel-Phasen oder Spiel-Lern-Phasen sind in jedem Schuljahr und an jedem Unterrichtsinhalt orientiert möglich. Die Kinder können eigene Erfahrung sammeln, statt belehrt zu werden. Weil ihre Spielbedürfnisse berücksichtigt sind, setzen sie sich motiviert mit den gestellten Aufgaben auseinander. Der Gestaltungsrahmen der vollen Halbtagsschule mit seinen unterschiedlichen Zeitblöcken und seinen festen Ritualen (Offener Anfang, Morgenkreis, gemeinsames Frühstück, gestaltete Spielpausen, Stilleübungen, eingestreute Bewegungszeiten, Tagesabschluss, Wochenabschluss) erleichtert die Planung von kindgemäßem rhythmisiertem Lernen und Spielen.

Beispiele von Tagesplänen einer ersten und einer vierten Klasse in der GHS Rothenfeldschule Waldmohr

Erste Klasse zum Thema »Apfeltag«

Zeit	Freitag, 05. Oktober 1996
7.45 – 8.15	offener Anfang mit Gleitzeit, spielen, lesen, basteln, erzählen. Von 8.05 Uhr an müssen alle Kinder anwesend sein.
8.15	Morgenkreis: Erzählrunde, Vorstellen interessanter Arbeiten aus dem offenen Anfang, von zu Hause usw. Gemeinsames Lied: *In einem kleinen Apfel ...* Tagesüberblick: »Apfeltag«, Buchstabe A, a.
8.30 – 9.30	Äpfel mit allen Sinnen erfassen: meditativer Einstieg, riechen, schmecken, fühlen, essen.
9.30 – 10.00	Rechnen im Zahlenraum 10 (10 Apfelkerne in 5 Kammern).
10.00 – 10.35	Gemeinsames Frühstück. Wir essen unser Apfelmus. Anschließend Spielpause auf dem Hof für alle Klassen von 1-10 (Ausleihe von Spielgeräten).
10.35 – 11.15	Stilleübung *Vom Apfelmännchen*, Buchstabe A, a: ertasten, kneten, nachspuren, ausschneiden, schreiben (Stationen).
11.15 – 11.25	Spielpause auf dem Hof.
11.25 – 11.50	zum Thema: Malen mit Wasserfarben, A-Wörtercollage (aus Illustrierten ausschneiden), Würfelspiel *Apfelbaum* (Einzel-, Partner- oder Gruppenarbeit nach freier Wahl).
11.50 – 12.10	Schlusskreis: Ergebnisse vorstellen, Abschied.

Vierte Klasse zum Thema »Rund um's Mittelalter«

Zeit	Phasen	Inhalte
7.45 – 8.30	Offener Anfang mit gleitendem Übergang; um 8.05 Uhr müssen alle Schüler/innen anwesend sein.	Die Kinder treffen bis 8.05 nacheinander ein: spielen, bauen, lesen, erzählen, beenden Arbeiten vom Vortag, arbeiten an eigenen freien Experimenten, Karteienarbeit, Wochenplan usw.
8.30 – 10.00	Morgenkreis: Besprechung des Tagesablaufes Werkstattarbeit: kurze gemeinsame Besprechung über den Stand der geleisteten Arbeiten, Klärung von Fragen, Fortsetzung der Aufgaben, … Sozialformen: Einzel-, Partner- und Gruppenarbeit.	Signal: Mittelalterliche Musik – Ende der Eingangsphase Spiel: »Erzählende Hände« => Sammlung der Lerngruppe Mittelalterwerkstatt: Teil eines fächerübergreifenden Arbeitsplanes basierend auf dem historischen Lernbereich des Sachunterrichts. Integriert sind D, M, BTW, Musik und Sport. Dauer: ~ 4 Wochen, täglich im ersten Lernblock. Pflicht- und Küraufgaben werden eingetragen und kontrolliert.
10.00 – 10.35	gemeinsames Frühstück 15 Min. gestaltete Spielpause 20 Min. Zwei »Spielechefs« leihen die z. T. von Eltern selbst hergestellten Spielgeräte aus.	Ritual: gemeinsamer Vers, dabei fassen sich alle in der Tischgruppe an. Gedeckte Tische, zwei »Teechefs» kochen Tee. Das Frühstück bringen die Kinder von zu Hause mit. In größeren Abständen bereitet die Klasse selbst ein Frühstücksbuffet zu.
10.35 – 11.20	Integrierter Fremdsprachenunterricht: Französisch (hier gegeben von einer Fachlehrerin).	Frei improvisierte Rollenspiele zum Thema »Peter ist krank«. Inhalt: Peter fühlt sich schlecht. Die Mutter bringt ihn ins Bett. Sie ruft den Doktor an. Er kommt und untersucht Peter.
11.20 – 11.50	Tägliche Bewegungszeit Mathematiklehrgang	Bewegungsspiel im Kreis »Pferderennen«. Einführung ins schriftliche Multiplizieren mit zweistelligen Zahlen.
11.50 – 12.00	Spielpause	Spielgeräte: Stelzen, Bälle, Murmeln, Springseile, Reifen, Gummibänder.
12.00 – 12.40	Freies Lesen und Schreiben	Bücher aus der Klassenbücherei, Zeit zum Geschichtenschreiben.

12.40 – 13.00	Schlusskreis	Präsentation von Tagesergebnissen, Reflexion.
	Wochenendritual »Fernsehen Kunterbunt»	Jedes Kind kann nach Anmeldung eigene Beiträge durch einen selbstgebastelten Bildschirm vortragen (z. B. Witze)

Die geplanten Zeitabschnitte sind nicht absolut festgesetzt. Sie können verkürzt oder verlängert werden. Nach Bedarf lassen sich Bewegungs- oder Konzentrationsspiele einfügen.

Freies Spielen, Rollenspiele, Lernspiele, Konstruktions-, Entspannungs- und Konzentrationspiele in den Schuljahren 1 – 4

Unter Spielen verstehen wir zunächst eine Tätigkeit, die um ihrer selbst willen stattfindet und die auf kein bestimmtes Ziel ausgerichtet ist. Spielen macht Spaß, weil nicht vordergründig die Wissensvermittlung steht. Es wird lustvoll betrieben und artet selten in Stress und Druck aus. Im bewertungsfreien Raum können sich die Kinder schöpferisch entfalten (vgl. PETILLON in diesem Band).

Wenn Sandra morgens in die Schule kommt, hat sie außer ihrer Schultasche stets einen ebenso großen Koffer dabei. Er enthält wichtige persönliche Dinge, die sie in den Freispielzeiten benötigt oder im Morgenkreis vorstellen will. Für mich stehen Schultasche und Koffer symbolisch für die Einheit von Lernen und Spielen.

Pflastermalen im Hof, Spiele mit Seilen und Stelzenlaufen sind in allen Klassen beliebt über die ganze Grundschulzeit hin. Wir nutzen möglichst oft das angrenzende Gelände. Baumhäuserbauen, Versteckspielen, Schaukeln und Rutschen lösen den Bewegungsstau vor allem der Erst- und Zweitklässler. Auch im Klassenraum sind Bewegungszeiten gut durchführbar. Nach einiger Übung sind die Tische und Stühle schnell weggeschoben und bieten genug Freifläche. Ob mit großem Tuch für alle (»Wir reisen mit dem Ballon in ferne Länder«) oder mit kleinen Tüchern (»Wir sind Blumen auf der Frühlingswiese«), wichtig sind die Anregungen zur Spielidee. Eine Spielekartei, die wir mit eigenen »Erfindungen« ergänzen,

steht griffbereit im Regal. Verkleiden und Schminken sind nicht nur zur Faschingszeit gefragt. Die Verkleidungskiste hat einen festen Platz im Klassenzimmer. Sie wird zu Rollenspielen, zum Theaterspiel und in Freispielzeiten über alle Schuljahre hinweg gut genützt.

Um Spielen zu ermöglichen, sollte der Klassenraum lern- und spielgerecht eingerichtet sein: frei zugängliche Spielmaterialien, eine Spielecke, Regale oder Fächer im Schrank für vorgefertigtes und selbst erstelltes Material..., der Phantasie sind keine Grenzen gesetzt. Dann muss genügend Spielzeit gegeben werden. Während des offenen Anfangs (manche Klassen haben auch den offenen Schluss) bieten sich gute Spielmöglichkeiten. In offene Unterrichtsphasen lassen sich Spielformen integrieren (z. B. enthält der Wochenplan in Pflicht und Kür Spielaufgaben). Bei allen Sachthemen entwickeln sich bei uns Spielanteile. Manchmal werden sie von mir angeregt und die Kinder gestalten sie aus. Oft fangen sie ohne Aufforderung an zu spielen. Sie handeln und machen dabei Erfahrungen ohne Anleitung; sie lernen durch Versuch und Irrtum.

Wichtig ist, dass im Wochenzyklus feste Spielzeiten verankert sind, damit auch die langsameren Kinder Gelegenheit zum Spielen haben.

Während der Freispielzeit gab es eine Gruppe von Kindern (2. Schj.), die immer wieder Handpuppen holten und mit ihnen die verschiedensten Rollenspiele spielten. Als ein Kind im Morgenkreis von einem Marionettentheaterbesuch berichtete, entstand die Idee, in einer kleinen Gruppe Marionetten zu basteln. Es brach ein richtiges Bastelfieber aus. Mit den

Marionetten spielten die Kinder immer wieder kleine Stücke, überlegten sich Szenen, übten sie und trugen sie von Zeit zu Zeit vor. Dabei entstanden kleine Drehbücher. Im Freien Schreiben wurden Geschichten aufgeschrieben und gesammelt. Das ist ein Beispiel dafür, wie sich aus einem ursprünglich freien Spiel ein zielgerichtetes Spiel mit den verschiedensten Fragen für andere Lerninhalte entwickelt hat.

Eine Aufgabe der Werkstattarbeit zum Thema »Mittelalter« (4. Schj.) beschäftigte sich mit dem Grundriss für Burgen. Daraufhin holte sich eine Gruppe den Bauklotzeimer, der seit dem 1. Schj. genutzt wird. Sie baute in tagelanger, intensiver Arbeit eine riesige Burganlage mit allen Merkmalen einer mittelalterlichen Burg.

Nach der Lektüre der Ganzschrift »Jakob ist kein armer Vogel« (3. Schj.) gestaltete eine Gruppe (meist 3 – 4 Kinder) eine Vogelinsel für Albatrosse. Sie holten sich das Material aus dem umliegenden Gelände. Sie schnitzten, bauten Klippen, arbeiteten mit Ton und bemalten Albatrosse, formten Sand- und Steinstrände und fluteten schließlich die Insel. Zur gleichen Zeit schrieb eine Schülerin ein Folgestück zur Lektüre und übte in Pausen und Freispielzeiten mit mehreren Kindern das selbst verfasste Stück ein. Die erfolgreiche Aufführung in der Klasse löste einen »Theaterspiel-Boom« aus.

Auch hier regte ein Sachthema ein Spiel an, das wiederum eine Vielzahl von neuen Aktivitäten auslöste. Alle Einzelgebiete des Deutschunterrichts wurden berührt: Ob Wortschatzerweiterung, Lesen, Schriftliches Gestalten, Sprachüben oder Rechtschreibung, die Kinder waren geradezu erpicht darauf, gute Geschichten zu verfassen. Wir haben die Geschichten gesammelt, in einer Lesung vorgestellt, als Buch verkauft und davon einen Jugendherbergsaufenthalt teilfinanziert. Beim Thema »Strom« beleuchteten die Kinder den selbst gebauten Fernseher, entwickelten elektrische Geschicklichkeitsspiele, bauten Häuser mit Beleuchtung und Roboter. Das Thema »Stabilität und Gleichgewicht« löste eine »Brückenbauwelle« aus. Die Kinder bezogen unseren Verkehrsteppich in ihre Spiele mit ein und simulier-

ten die kompliziertesten Verkehrssituationen. Die Ballade »Der Handschuh« von Friedrich Schiller, ein »Kürangebot», verführte die Klasse auf Grund ihres dramatischen Inhaltes zu solch intensivem Theaterspiel, dass am Ende fast alle Kinder den langen Text auswendig konnten, ohne dass ein Lernauftrag gegeben worden wäre.

Vom ersten Schultag an gibt es kaum ein Thema, das nicht zu den verschiedenartigsten Spielen führen könnte. Andererseits lösen viele freie Spiele der Kinder Fragestellungen aus, die echten Lernbedürfnissen entsprechen.

Warum sind Spielphasen so erfolgreich? Die Kinder können ohne Zwang ihre Spielpartner wählen. Sie müssen nicht zu einem bestimmten Ergebnis kommen. Sie entscheiden sich frei für eine Tätigkeit, für die Dauer der Tätigkeit und für das Spielmaterial. Dies alles sind Komponenten, die die Kinder hoch motivieren. Die Ergebnisse ihrer »Spielzeiten« liegen meist über unseren Erwartungen. Das gilt auch für vorgefertigte Lernspiele.

Ich bin immer wieder neu überrascht und begeistert, wenn ich beobachte, zu welchen Leistungen die Kinder im Spiel fähig sind, wie sie alle ihre individuellen Stärken entwickeln, wie viele Kompetenzen im Spiel gefördert und eingeübt werden, welch starkes soziales Klima sich in einer spielenden Klasse aufbaut und mit welcher Bereitwilligkeit sich die Kinder nach ausgewogenen Spielphasen anderen, rein kognitiv geprägten Aufgaben zuwenden.

Literatur

Heimann, R.: Der Rhythmus und seine Bedeutung für die Heilpädagogik. In: Rosslenbroich, B. (Hrsg.): Die rhythmische Organisation des Menschen. Stuttgart 1994

Hellbrügge, T.: Zeitliche Strukturen in der kindlichen Entwicklung. In: Rosslenbroich, B. (Hrsg.): Die rhythmische Organisation des Menschen. Stuttgart 1994

Petillon, H.: Von Adlerauge bis Zauberbaum. 1000 Spiele für die Grundschule. Landau 1997

Schad, W.: Erziehung ist Kunst. In: Rosslenbroich, B. (Hrsg.): Die rhythmische Organisation des Menschen. Stuttgart 1994

Zoll, R.: Krise der Zeiterfahrung. In: Priebe, H. (Hrsg.): Blickpunkt Grundschule. Donauwörth 1992

Birgit Halfmann / Olaf Geib

Spielräume in der Schule

Nachdem in den letzten Jahrzehnten die Bedeutung und der Stellenwert von Spiel und Spielen in der Schule zugenommen hat, scheint dieser Entwicklung ein großes Hindernis in Form von Platzmangel gegenüberzustehen.

Wenn Lehrerinnen und Lehrer auf die Möglichkeiten des Spielens in der Schule angesprochen werden, äußern sie sich nicht selten folgendermaßen:

«In meinem Klassenzimmer ist ja kaum Platz für einen Stuhlkreis. Wie sollen die Kinder denn da noch den Platz zum Spielen haben?« – »Eine Spielecke? Hört sich ja nicht übel an, würd' ich gerne machen. Aber es reicht bei uns ja gerade mal so für eine Leseecke.« – »Die Kinder bräuchten schon mehr Platz zum Spielen, aber bei uns ist das leider nicht möglich.«

Es wäre sicherlich unangemessen, solche Äußerungen als völlig unzutreffend abzutun. In Klassenräumen ist ungenutzter Platz tatsächlich nur sehr selten zu finden. Deshalb gilt es zu klären, ob durch geeignete Konzeptionen mehr Spielraum geschaffen werden kann.

Ziel unserer Überlegungen ist es nicht, eine Gebrauchsanweisung zum Einrichten von »idealen« Spielecken vorzustellen oder einen Katalog der geeignetsten Spiele für die Schule zu unterbreiten. Es kommt uns vielmehr darauf an, Mut zu machen und Anregungen zu bieten, die eigenen räumlichen Gegebenheiten zu überdenken. So können eigene Ideen mit dem Ziel, neue Spielräume zu schaffen, entwickelt werden.

Dabei sollen unterschiedliche Möglichkeiten veranschaulicht werden, die es gestatten, in der Schule mehr Spielraum für Kinder bereitzustellen. Die von uns genannten Spiele und Ideen sind als Beispiele zu sehen und stellen eine zufällige Auswahl aus einer Fülle von Variationsmöglichkeiten dar, die sich im »spielerischen Umgang« mit gegebenen Rahmenbedingungen ergeben können. Ferner sollen einige kritische Aspekte thematisiert werden, die in diesem Zusammenhang auftauchen und Hinweise auf mögliche Grenzen der Realisierbarkeit liefern können.

Der Begriff »Spielraum«

»Spielraum« in der Schule verweist der Begriff zunächst auf unterschiedliche Bedeutungsebenen:

- Räumlicher Aspekt: Gemeint ist dabei der konkrete Raum, der zum Spielen zur Verfügung steht.
- Zeitlicher Aspekt: Spielraum bedeutet hierbei nicht-verplante Zeit.
- Sozialer Aspekt: In diesem Zusammenhang verweist der Begriff auf den Freiraum, den man sich und anderen einräumt.

Wenn auch die Frage nach Spielraum im übertragenen Sinn durchaus in diesen Zusammenhang passt, so steht er hier eher im wörtlichen Sinne im Mittelpunkt.

Spielraum im wörtlichen Sinne verweist auf Fragen wie:

- Wo sind Räume, in denen Spielen möglich und erlaubt ist und wie sind sie ausgestattet?
- Wie kann verfügbarer Raum zum Spielen genutzt werden?
- Wie kann Spielraum neu geschaffen werden?

Rahmenbedingungen berücksichtigen

Wenn es darum geht, dem Spiel in der Schule weiteren Raum zu verschaffen, dann sind neben den allgemeinen Rahmenbedingungen auch diejenigen in die Überlegungen mit einzubeziehen, die mehr oder weniger direkt zum Bedingungsspektrum des Spiels gehören. Analog zum Lernen können auch für das Spiel in der Schule Faktoren aufgezeigt werden, die Einfluss auf Spielkonzeptionen und deren Verwirklichung ausüben.

Je nach Größe der Schule ist der Aufwand unterschiedlich, der zur Koordination und zum Erstellen einer Gesamtkonzeption nötig ist. Auch die Lage der Schule und das jeweilige Einzugsgebiet spielen eine Rolle. Sicherlich sehen die Spielmöglichkeiten mancher Schulen in Stadtzentren mit wenig Außenbereich anders aus als in Schulen, die über ein großes Freigelände verfügen. Auch die architektonischen Verhältnisse gehören zum Bedingungsspektrum des Spiels (Schulhof / Sportanlagen / Art des Gebäudes etc.). Auf eine freundliche Raumgestaltung und günstige klimatische Bedingungen ist zu achten, denn sie wirken sich auf spielerische Aktivitäten ebenso förderlich aus wie auf das Lerngeschehen. Auch akustische Gegebenheiten von Räumen sind zu beachten. Räume mit guter Akustik eignen sich z. B. besonders gut für Rollenspiele und Theateraufführungen. Weiter haben auch zeitliche Aspekte Einfluss auf das Spielen in der Schule, so dass es sinnvoll ist, Stundenplan, Fächerfolge und Leistungsrhythmus der Schülerinnen und Schüler mitzubedenken. Nicht zuletzt spielen auch die Größe und Zusammensetzung der Klassen sowie Art und Dauer der Sozialbeziehungen (sowohl untereinander als zum Lehrpersonal) eine maßgebliche Rolle bei der Verwirklichung von Spielkonzeptionen.

Mag das jeweilige Bedingungsspektrum auf der einen Seite die Grenzen der Realisierbarkeit von Spielen in der Schule aufzeigen, so ist andererseits darin auch die Chance und der Ausgangspunkt für eine Veränderung zu mehr »Spielraum« unter Berücksichtigung der Gegebenheiten der jeweiligen Schulstrukturen zu sehen.

Absprachen treffen

Bei der Erweiterung von Spielräumen für Kinder in der Schule geht es immer auch um das Einverständnis und die Mitwirkung aller Beteiligten. Absprachen im Kollegium sind selbstverständlich und notwendig. Es hat wenig Sinn, eine Konzeption im Alleingang durchzusetzen, die dann zum Streitthema wird. Was die Gestaltung des Klassenraums betrifft, so haben jeder Lehrer und jede Lehrerin im Rahmen ihrer pädagogischen Freiheit eine gewisse Autonomie und können in eigener Verantwortlichkeit viele Möglichkeiten des Spiels schaffen. Darüber hinaus ist eine Kooperation jedoch erforderlich und zugleich chancenreich. Es besteht die Möglichkeit, dass Ideen von anderen Klassen aufgegriffen oder gemeinsam mit ihnen entwickelt werden. Kommunikation und eine ausgewogene »Informationspolitik« sind somit wichtige Voraussetzungen für die Planung und die erfolgreiche Durchführung von gemeinschaftlichen Aktivitäten.

Ein Raumkonzept entsteht

Eine einfache Möglichkeit, sich einen groben Überblick über die Gegebenheiten an der jeweiligen Schule zu verschaffen, kann in einem Rundgang durch die Räumlichkeiten oder einer Schulbegehung bestehen. Die folgenden Anregungen zur Konzepterstellung sollen unterschiedliche Möglichkeiten aufzeigen, die vom Klassenraum über Flure und Sportstätten bis hin zum Schulhof reichen.

Möglichkeiten im Klassenraum

Empfehlenswert ist es, bei einem solchen Rundgang im eigenen Klassenzimmer zu beginnen. Das Klassenzimmer, welches als multifunktionaler Raum für eine Vielzahl von Aktivitäten genutzt wird, ist in seiner Gestaltung möglichst variabel zu halten. Es ist ratsam, so wenig Einrichtungsgegenstände wie möglich fest zu installieren. So kann der Klassenraum entsprechend den jeweils geplanten Aktivitäten verändert werden, womit auch dem Spiel erweiterte Möglichkeiten eingeräumt werden können.

Da stehen Tische und Stühle, da gibt es Schränke, vielleicht sind schon einige »Ekken« oder »Inseln« eingerichtet. In ausreichend großen Schulsälen wird sich vielleicht noch ein Platz finden, den man dauerhaft als Spielecke einrichten kann. Dort muss nicht unbedingt ein Tisch stehen. Viele Spiele lassen sich an den Tischen, an denen die Kinder gewöhnlich sitzen, spielen. In der Spielecke könnte eine weiche Unterlage am Boden liegen, auf der die Kinder sitzend spielen können. Hat man im Klassenzimmer keinen Platz für eine eigene »Spiele-Insel«, so kann ein Spieleteppich, den man ohne großen Zeitaufwand hinlegen und wieder aufrollen kann, in Spielzeiten verwendet werden.

Es gibt viele Spiele, die nur wenig Platz zum Spielen und zum Aufbewahren benötigen (Knobelspiele, Kartenspiele, Würfelspiele etc.). Auf das Einhalten von Ordnungsregeln durch die Kinder sollte dabei ebenfalls geachtet werden.

Kreisspiele erfordern gewöhnlich nicht mehr Raum als der Sitzkreis, für den in vielen Klassen Platz vorhanden ist. Sollte mehr Bewegungsfreiheit nötig sein, so lassen sich Tische und Bänke – bei entsprechender Routine der Kinder – in wenigen Minuten so an die Seite rücken, dass Raum für ein entsprechendes Spiel bereitsteht. Darüber hinaus gibt es auch Spiele, bei denen es sehr anregend sein kann, Tische und Stühle mit ins Spiel einzubeziehen. Durch phantasiereiche Veränderungen können aus Tischen und Stühlen etwa Eisenbahnabteile, Sessellifte, Höhlen werden. So wird sich in jedem Klassenzimmer in unterschiedlicher Weise Platz zum Spielen finden.

Die nächste Station bei einem Rundgang durchs Schulhaus könnten die Flure sein. Teilweise wird dieser Bereich bereits mit einbezogen, d. h. es stehen Tische und Stühle vor den Klassenzimmern. In Spielphasen können auch diese Örtlichkeiten genutzt werden.

Vielleicht ist auf den Fluren auch noch Platz, um szenische Räume zu gestalten. Durch entsprechende Requisiten und durch Stoffe, die von den Kindern bemalt und an den Wänden befestigt werden, können Spielbühnen geschaffen werden (etwa mit wechselnden Motiven zu den Themen »Märchen«, »Abenteuer«, »Meer«, »Zirkus« usw.). Dort können die Kinder – z. B. in Pausen bei schlechter Witterung oder anderen Gelegenheiten – kleine szenische Spiele erfinden oder nachspielen. Besonders schöne Beispiele können Anlass sein, andere Kinder zum Zuschauen einzuladen. Wahrscheinlich wird man zunächst Bedenken haben, Kindern auf Fluren Spielgelegenheiten einzuräumen. Schließlich gilt es hier, wegen der Lautstärke, der Aufsicht und der Sicherheitserfordernisse (Freihalten der Fluchtwege) besondere Vorkehrungen zu treffen. Aber vielleicht ist ein solche Idee für die eine oder andere Schule mit geeigneten Gegebenheiten realisierbar (z. B. etwa dort, wo Fluren und Treppenhäuser Zwischentüren haben, so dass andere Klassen nicht gestört werden).

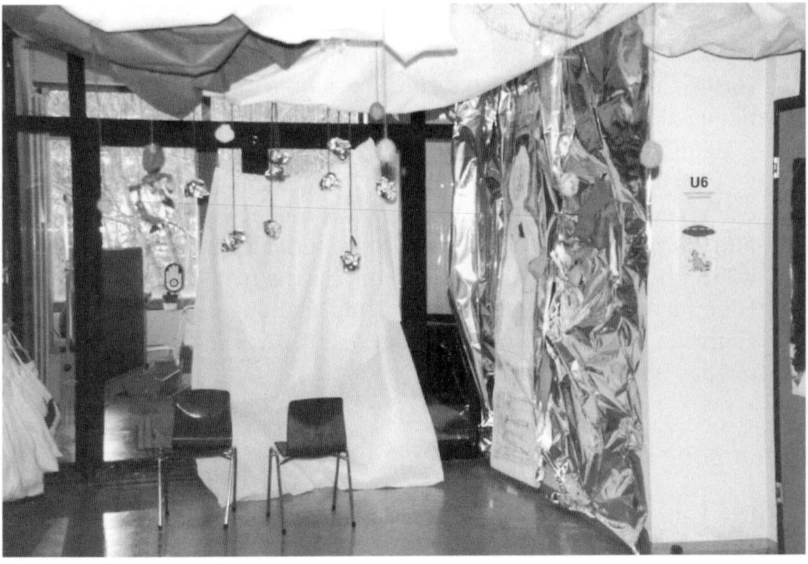

Möglichkeiten in der Sporthalle und auf dem Sportgelände

Auch Sporthallen und Sportanlagen sind selbstverständlich Räume, die sich zum Spielen eignen. Hier ist viel Platz und die Lautstärke spielt kaum eine Rolle. Sowohl im regulären Sportunterricht als auch bei anderen Gelegenheiten können Sportstätten zu Spielstätten werden. Diese sind für Bewegungsspiele besonders geeignet, von denen es eine Vielzahl gibt (vgl. MÜLLER/PETZOLD in diesem Band). Bei geeigneter Witterung können diese Örtlichkeiten für Spiele im Freien genutzt werden.

Möglichkeiten im Schulhof

Und schließlich gibt es in jeder Schule einen Schulhof. Dies ist der Platz, der ausdrücklich als Spielraum definiert ist und von den Kindern in den Pausen zum Spielen genutzt wird. Es empfiehlt sich in mehrfacher Hinsicht darüber nachzudenken, ob die Gestaltungsmöglichkeiten bereits ausgeschöpft sind, und es lohnt sich, attraktive Spielmöglichkeiten zu schaffen, u.a. auch deshalb, da der Schulhof vielerorts auch nachmittags zugänglich ist und von den Kindern auch in der Freizeit genutzt werden kann. Spielkisten mit verschiedenen Spielgeräten (Softbälle, Hüpfseile, u.v.a.m.) können im Ausgangsbereich zum Hof oder in den einzelnen Klassen bereitgestellt werden.

Wenn es darum geht, im Schulhof vielfältigere Spielangebote zu schaffen, werden immer wieder die gleichen Bedenken und Einwände geäußert. Man befürchtet, dass die Auflösung von großen asphaltierten Flächen in kleinere Spielzonen die Aufsichtsregelung erschwert und vielfältigere Bewegungsmöglichkeiten das Unfallrisiko erhöhen. Dies lässt sich aufgrund von Erfahrungsberichten und anhand der Unfallstatistiken jedoch eindeutig widerlegen.

Häufig hört man Klagen über Streitereien, aggressives und gewalttätiges Verhalten auf den Schulhöfen. Nicht selten wird dann versucht, mit einer Verschärfung der Ordnungsmaßnahmen Abhilfe zu schaffen. Dies führt dazu, dass nur bewegungsarme Verhaltensweisen erwünscht sind, während die bewegungsintensiven Spielaktivitäten verboten werden. Hier gilt es zu überlegen, ob eine Umgestaltung des Schulhofs nicht eine sinnvolle Alternative sein kann, aggressives Verhalten durch Möglichkeiten des Spiels abzubauen.

Beteiligung der Kinder

Die Lebenswelt der Kinder ernst nehmen heißt auch, sie entsprechend aufzugreifen. Wenn man unter den Aspekten der Identifikation und Partizipation die Schülerinnen und Schüler an der Auswahl von Spielen beteiligt, so ergeben sich vielfältige Möglichkeiten, gemeinsam der Frage nach geeigneten Spielen nachzugehen. Kinder sind durchaus in der Lage, eigene Qualitätsmaßstäbe unter der Anleitung von Erwachsenen zu entwickeln. Eine Beteiligung der Kinder bei der »Raumfrage« erscheint dabei besonders sinnvoll. Wie oben bereits aufgezeigt, können sich die Lehrerinnen bei einem Rundgang durch das Schulgebäude zunächst selbst die Frage stellen: Wo ist Platz, der zum Spielen genutzt werden kann? Nach einer solchen »Raumanalyse« empfiehlt es sich, die Kreativität der Kinder bei der Ideenfindung einzubeziehen. So kann man die Schülerinnen und Schüler zu einer »phantastischen Reise durch das Schulhaus« einladen. Bei einem solchen Unternehmen sind zunächst alle Ideen willkommen. In einem nächsten Schritt werden die Vorschläge auf ihre mögliche Verwirklichbarkeit überprüft.

Wenn es um das Thema »Wo kann in unserer Schule mehr Spielraum geschaffen werden?« geht, sind Kinder ganz eifrig bei der Sache. Fragt man sie nach ihren Ideen und Wünschen, sind nach unseren Erfahrungen auch Grundschüler kompetente Mitplaner, die nicht einfach gedankenlos ihre Wünsche äußern, sondern in der Lage sind, ausgehend von den gegebenen Räumlichkeiten realisierbare Ideen zu entwickeln. Bei einem unserer Rundgänge durch die Schule wurden etwa von Kindern der 3. Klasse die Sicherheitsvorschriften mitbedacht, ohne dass wir sie vorab daran erinnert hätten. Selbstverständlich äußern Kinder auch einmal schwer zu realisierende Vorschläge, wie etwa eine Rutschbahn als Ersatz fürs Treppensteigen oder ein Karussell für den Schulhof. Aber das sollte erlaubt sein, wenn es um das Sammeln kreativer Ideen geht, und es bedeutet nicht, dass die gleichen Schüler nicht in der Lage wären, ihre eigenen Vorschläge kritisch zu prüfen und das Machbare zu erkennen.

Einer der großen Vorteile der Partizipation von Kindern beim Erschließen und Gestalten von Spielräumen scheint uns auch die Tatsache zu sein, dass Kinder mit dem, was sie mitgeplant und mitgestaltet haben, sorgsamer umgehen, als sie das gewöhnlich vielleicht tun. Gerade wenn es um das Thema »Spiele in Schulhöfen« geht, werden ja oft Bedenken laut, dass Spielgeräte oft nur kurze Zeit unbeschädigt bleiben bzw. dass alles so stabil sein muss, dass es möglichst nicht mutwillig zerstört werden kann. Diese Bedenken gilt es ernst zu nehmen, und die Erfahrung zeigt, dass vielerorts tatsächlich gute Ideen und gemeinsame Arbeitsleistungen einem »Vandalismus« zum Opfer fielen. Solche Vorkommnisse können bisweilen jegliches Engagement zunichte machen. Deshalb sehen wir in der Beteiligung der Kinder eine Chance, Wertschätzung gegenüber Spielgegenständen zu entwickeln und Verantwortung zu übernehmen, die über die »Spielwelt« hinausgehen kann.

Zusammenwirken mit den Eltern

Die Einbeziehung der Eltern versteht sich gewissermaßen von selbst, wenn es um das Thema »Spiele« geht. Zum einen kann ein Informationsaustausch über die Spielgewohnheiten der Kinder aufschlussreich sein. Desweiteren können Eltern in vielfacher Weise an der Gestaltung von Spielräumen beteiligt werden. Ein Schulfest unter dem Motto »Gemeinsam spielen« könnte ein Anfang sein, dass Lehrer, Eltern und Kinder nach weiteren Möglichkeiten des Spiels suchen.

An vielen Schulen gibt es bemalte Spielflächen. Zum Teil wurden die Entwürfe von den Kindern selbst entwickelt und realisiert. Das Bemalen des Schulhofs kann auch ein interessanter Anlass für ein Zusammenwirken von Kindern, Eltern und Lehrern sein. Wie wäre es mit einem gemeinsamen Maltag mit Kinder, Eltern und Lehrern, an dem die Arbeiten so aufgeteilt sind, dass alle entsprechend ihren Fähigkeiten mitwirken können? Ein solches Projekt, bei denen in gemeinsamer Aktion ein ansprechendes Werk entsteht, stärkt das Zusammengehörigkeitsgefühl und ermöglicht es allen Beteiligten, Schule einmal nicht-alltäglich zu erleben. Da die Bemalung durch die Witterung mit der Zeit verblasst, kann ein solches Malfest – welch ein Glück! – immer wieder stattfinden.

Schlussgedanken

Es geht darum, Spielraum zu schaffen, in denen Kinder ihre vielfältigen Fähigkeiten entfalten können. Mit Phantasie und Kreativität lassen sich Gestaltungs- und Variationsideen finden, die sich in die je eigene Umgebung einbinden lassen. Hat man sich erst einmal dazu entschlossen, Ideen in die Tat umzusetzen, finden sich meist auch Lösungswege, auftauchende Hindernisse gemeinsam zu überwinden.

Ursula Forster

Eltern für das Spiel gewinnen

Spielvorschlag

Spielketten helfen einer noch spielunerfahrenen Gruppe, richtig in Fahrt zu kommen. Am Anfang gingen die Spielimpulse und die Anleitungen eher von mir aus, dann übernahmen auch hier die Kinder bzw. die Eltern selbst mehr und mehr die Regie. Eine bewährte Spielkette, die sich in vielfältigen Variationen als ausbaufähig erwies, ist die folgende:

1. »Zoofütterung«: Die Spieler werden in verschiedene Tiere verwandelt, die sie pantomimisch und mit den typischen Lauten darstellen.Ein Kind wird Zoowächter(-in), der/die Tiere füttert. Manchmal führen die Tiere ihm/ihr als eine kleine Belohnung ein Kunststück vor.

2. »Fliegenfang«: Im Lande Liliput ist eine Fliegenplage ausgebrochen. Die Spielleitung wirft einen kleinen Ball (Fliege) einem Spieler zu, der die Fliege fangen muss. Bei jeder gefangenen Fliege darf er zu den bereits vorhandenen eine dazu zählen. Die Hände müssen so verschränkt sein, als wären Fliegen darin. Wer zuerst fünf Fliegen gefan-

gen hat, wird »kaiserlicher Fliegenfänger«. Öffnet ein Spieler bei der Täuschung die Hände, fliegen die Fliegen natürlich weg.

3. »Affentheater«: Der »Oberaffe« beginnt mit einer lustigen Bewegung, die sofort alle anderen nachahmen. Im Gänsemarsch laufend, wechseln die »Oberaffen«.

4. »Urwaldspektakel«: Die Tierpaare der »Arche Noah« üben ein Geräusch ein: Zischen, Pfeifen, Bellen, Surren, Jammern, Grunzen. Auf ein Kommando versuchen es alle gemeinsam und lassen sich als Tierorchester dirigieren.

Elternarbeit – ein Fallbeispiel mit Wiederholungscharakter

Im folgenden Beitrag soll den »acht Rollen von Eltern« (Krichbaum 1998, S. 3), Eltern als Mitwirkende, Helfer, Sponsoren und Organisatoren, Partner, Gegner, Hilfslehrer, Kunden, Egoisten, Eltern als immer Abwesende, eine neunte Rolle hinzugefügt werden: Eltern als Spielpartner.

Angefangen hat das Elternprojekt mit einem Missverständnis. Im Rahmen einer schulinternen Fortbildung war eine Arbeitsgemeinschaft für Lehrerinnen, Lehrer und die Pädagogische Fachkraft vorgesehen, an der interessierte Eltern sowie Erzieherinnen der benachbarten Kindergärten teilnehmen konnten.

Gekommen waren neben den Erstklasslehrerinnen und den Erzieherinnen fast alle Eltern mit den Kindern, die in diesem Jahr in die Lern- und Spielschulklasse eingeschult wurden. Die Stühle des Lehrerzimmers, in dem die Fortbildung stattfinden sollte, waren von Erwachsenen besetzt, von Vätern, Müttern, die fast alle ein Kind auf dem Schoß hatten. Mit einem solch heterogenen und großen Teilnehmerkreis hatte ich als Referentin, die sich eher auf eine Fortbildungsveranstaltung als auf einen Spielenachmittag eingestellt hatte, nicht gerechnet. Wie kann es gelingen, Eltern für das Spiel zu gewinnen?

In unserem Fall war es so, dass sich die Eltern zunächst dafür interessierten, wie ihre Kinder in der Schule lernen und spielen. Sie selbst ließen sich gerne an eigene Spiele von früher erinnern und wollten auch neue Spiele kennenlernen. Mit einigen Kindern sammelte ich im Klassenraum Utensilien ein, die anschließend Gegenstand eines Kimspiels waren:

Bausteine, Bauernhofteile aus der Bauecke, Prinzessin und Kasper von der Puppenbühne, Rechenspiel, Murmeln, Perlenschnur, Schwamm, Schneckenhaus, Leselotto, »Little Professor», Feuerwehrauto, Schachfiguren und einiges mehr aus den frei zugänglichen Regalen, die das Angebot für offene Unterrichtsformen enthalten.

Alle spielgeeigneten Gegenstände wurden mitten auf dem Tisch unter einem Tuch ausgebreitet. Tastend wurden die Dinge von den Anwesenden in der Runde erraten und dazu gesagt, wie man damit spielen kann. Auf diese Weise eingestimmt, kamen weitere Spielvorschläge von den versammelten Spieleexperten wie von selbst:

»Ich sehe etwas, was du nicht siehst …«, »Schlappe hat den Hut verloren …«, »Stadt, Land, Fluss …«, Abzählreime, wie »Ich und du, Müllers Kuh …«, »Ene, mene Miste, es rappelt in der Kiste …«, »Schwarze Magie …« u. a.

Hier waren Erwachsene und Kinder gleichstarke Spielpartner, die offensichtlich den Spaß, den sie miteinander haben konnten, genossen. Themen, die angeschnitten wurden, wie ›Spielewandel im Laufe der Generationen‹, ›veränderte Spielumwelten früher und heute‹, ›Spielgewohnheiten in der Familie‹, gaben so viel Gesprächsstoff, der die laufenden Spielaktionen zunehmend erschwerte, so dass es für einen Wechsel im Programm Zeit wurde.

Der Situation entsprechend wurde an dem Eltern-Kind-Nachmittag die Inhalt einer Kiste mit Spielen (Würfel-, Memory-, Geschicklichkeits-, Strategie-, Denkspiele) verschiedener Verlage auf die Klassenräume verteilt. Erwachsene und Kinder besuchten in gemischten Gruppen die Spielstationen, sie sprachen sich ab, wer die Spielleitung übernahm, erarbeiteten gemeinsam die zum Teil kniffligen Spielregeln, entschieden sich schließlich für einen Spielvorschlag aus dem vorhandenen Angebot und spielten einen Probelauf.

Im Anschluss daran wurde in getrennten Gruppen weitergearbeitet: die Kinder trafen sich in der Turnhalle, während die Eltern ihre Erfahrungen gemeinsam mit der AG-Leiterin nach folgendem Vorgehen auswerteten:

- Kurzbeschreibung der Spielauswahl
- Erfahrungsberichte aus den Spielgruppen
- Beurteilung der Spielangebote

Folgende Kriterien fanden die Eltern besonders wichtig:

- Wie verständlich ist die Spielbeschreibung?
- Entspricht der Schwierigkeitsgrad des Spiels den Spielfähigkeiten aller Mitspielerinnen und Mitspieler?
- Ist das Spiel so aufgebaut, dass eher Einzelinteressen zum Erfolg führen, oder müssen sich die Spielenden kooperativ verhalten, um zum Ziel zu gelangen?
- Welche Variationsmöglichkeiten bieten die Spielregeln, erlauben sie gegebenfalls die Anpassung an die jeweilige Spielfähigkeit?

Ergebnisse aus der Abschlussrunde

Neben den überaus positiven Reaktionen auf die Spielaktivitäten, wurde in der Abschlussrunde insbesondere angesprochen, dass den Eltern nun der Zusammenhang von Lernen und Spielen in der Grundschule viel klarer sei.

Hervorgehoben wurde:

- das hohe Anspruchsniveau an die Spielfähigkeit der Kinder (mehrere Erwachsene hatten sich zuvor mit einem Spiel ab 12 Jahren befasst und sahen sich nicht in der Lage, durch die Spielregeln »durchzusteigen»);
- die veränderten Rollen Erwachsener und Kinder. Betont wurde, dass sich die Erwachsenen häufig den Kindern gegenüber unterlegen fühlten, soweit es Reaktionsvermögen, Wahrnehmung, Konzentration und Gedächtnisleistungen betraf;
- die Einfühlsamkeit der Kinder in Verständnisschwierigkeiten bei der Entschlüsselung von Spielbeschreibungen. »Man müsste Spielanleitungen von Kindern formulieren lassen», lautete die Erkenntnis.

Elternarbeit in der Schule kann dazu beitragen, dass

- die Erwachsenen ihre eigene Spielfreude wiederentdecken und sich als erwünschte Mitspieler in Erwachsenen-Kind-Gruppen erfahren;
- sie Lerneffekte im Spiel und nicht nur in den sogenannten »Lernspielen» erkennen;
- Zusammenhänge von Spiel und sozialem Lernen nachvollziehbar werden
- und Eltern somit der Schule ihrer Kinder näher stehen.

Die positive Resonanz der Eltern hat dies bestätigt.

Der Eltern-Kind-Spielnachmittag endete in einem Schlusskreis im Schulhof mit einem Spiel: Ein Gegenstand wandert durch die Hände hinter dem Rücken der Spieler, die im geschlossenen Kreis stehen. Eine Spielerin im Innenkreis rät (Wahrnehmen der Mimik), wo sich der Gegenstand gerade befindet.

In diesem Fall war der Gegenstand ein Schlüssel, der interpretiert wurde als Türöffner für weitere Spielaktionen.

...und wie es auch noch gehen könnte

»Workshop Spiel»

Der Türöffner hatte geholfen. Weitere Spielaktionen folgten. Durch die Initiative eines Elternvertreters bildete sich ein Vorbereitungsteam, das die vorhandenen Ideen sammelte und daraus ein mehrteiliges Nachmittagsprogramm gestaltete.

Ein Element darin waren Erinnerungen der Eltern an eigene Spielerfahrungen:

- Wo haben wir früher gespielt?
- Haben wir eher alleine oder mit andern gespielt?
- Welche Handlungen hatten unsere Spiele?
- Was brauchten wir dafür bzw. wie schafften wir Ersatz für fehlendes Spielzeug?
- Wie reagierten Erwachsene auf unser Spiel?

Der Austausch in der Gruppe weckte längst versunkene Erinnerungen und förderte die folgende Einsicht: *Kinder brauchen verständnisvolle Begleiter, die ihre Spielräume wahren, die sie in der Wahl der Spielmittel unterstützen und die sie zur Entwicklung ihres Ideenreichtums anregen.*

Unter der Anleitung eines Vaters als Spielleiter wurden Interaktionsspiele ausprobiert, wie sie in der Erwachsenenbildung zur Förderung von Teamarbeit und Kooperation eingesetzt werden.

Anregungen und Situationen: »Nicht nur zum Kuchenbacken ...«

Eltern, Lehrerinnen und Lehrer sind aus schulischer Sicht gleichwertige Partner in bezug auf Erziehung und schulische Bildung; daraus folgt:

- *Elternarbeit ist keine Belehrungsarbeit.*
- Vertrauen zwischen Schule und Elternhaus kann sich nur in einer

Atmosphäre des gegenseitigen Akzeptierens entwickeln.

- Insbesondere die Eltern von Schulanfängern und Schulanfängerinnen haben ein hohes Interesse an einer Zusammenarbeit mit der Schule.
- Regelmäßige Informationen auf verschiedenen Ebenen fördern den Informationsfluss zwischen Schule und Elternhaus und umgekehrt.

Elternarbeit ist da erfolgreich, wo sich Eltern in ihrem Interesse für die Schule ernst genommen fühlen, wo das, was beispielsweise am Elternabend geschieht, etwas mit dem zu tun hat, was die Kinder am Vormittag in der Schule erfahren.

Dazu ein weiteres Beispiel:

Eine Lehrerin bittet die Eltern in den Klassenraum, der noch Spuren von der Arbeit am Vormittag zeigt. Hier finden sie eine sogenannte »Mittelalter – Werkstatt« aus dem Sachunterricht. Während die Erwachsenen nach einer Einführung der Lehrerin die verschiedenen Stationen besuchen und die Aufgabenstellungen bearbeiten, verstehen sie besser, was sie sonst nur aus den Informationen durch die Schule oder aus den Erzählungen ihrer Kinder kennen. Eltern sind durch die praktische Erfahrung eher motiviert, sich bei der Herstellung von Lernmaterialien zu beteiligen.

Weitere Formen der Elternarbeit – Anregungen und Situationen

Elternbriefe, regelmäßige Elterngespräche, persönliche Sprechstunde, Elternnachmittage, -abende und -tage sind verbreitete Formen der Elternarbeit. Insbesondere zum Schulanfang erleichtern gemeinsame Spielnachmittage für Eltern, Kinder und Lehrkräfte das Kennenlernen. Gleichzeitig überwinden Eltern so eher die Distanz zur Schule, die sie möglicherweise von der eigenen Schulzeit her beibehalten haben.

Elternmitarbeit im Unterricht

Eltern kommen *auch als Experten* in die Schule: die Floristin bindet mit Kindern einen Adventskranz, der Küchenchef eines Restaurants stellt mit Kindern Nudeln her, der Förster macht einen

Erkundungsgang im Wald. Eltern können neben dem Angebot solcher »highlights« im Schulalltag gelegentlich im Rahmen von Projekten, aber auch regelmäßig, zum Beispiel im Rahmen einer Arbeitsgemeinschaft oder in Lesestunden, mitarbeiten.

Beispiel: »Literaturcafé«
In einem zwei Wochen dauernden Projekt zum Thema »Bücher« wurde in einer Klasse gelesen, geschrieben, Bibliothek und Druckerei besucht sowie ein Autor eingeladen. Das Literaturcafé wurde von zwei Müttern betreut. Hier gab es Tee und einen Literatensessel sowie einen Schaukelstuhl. Täglich kamen Eltern vorbei, um zuzuschauen und auch mitzumachen bzw. um als Ansprechpartner die Arbeit an den Stationen zu unterstützen und Besuche an außerschulische Orte zu begleiten.

Beispiel: Schulpartnerschaften
Eltern unterstützen einen Klassenlehrer intensiv dabei, Schulpartnerschaften in Europa zu gründen und zu unterhalten. Sie schreiben Briefe, telefonieren mit Kontaktpersonen, beherbergen Austauschschülerinnen/Austauschschüler bzw. begleiten Reisen zu den Partnerschulen. So knüpft sich ein Netz von einer Grundschulklasse eines westpfälzischen Dorfes in französische, spanische, englische, estländische, littauische Schulen und Gemeinden.

Beispiel: Eltern-Kind-Wochenende
An einem gemeinsam verbrachten Wochenende lernen sich Eltern, Kinder und die Lehrerin außerhalb der Schule von ihren »anderen Seiten« kennen. Dies trägt zum gegenseitigen Verständnis und zur Akzeptanz sowohl der Eltern untereinander als auch zwischen der Lehrerin und den Eltern bei.

Literatur

KRICHBAUM, G.: Die acht Rollen von Eltern. 1998

Rosemarie Portmann

Spielstörungen
Wenn Kinder nicht spielen, wie sie sollen

Endlich können die Kinder in einem »offenen Anfang« spielend in den Schultag gleiten. Sogar Spielmaterial konnte angeschafft werden: Bausteine, Tiere, Autos, Puppen, Puzzles und Gesellschaftsspiele. Trotzdem wissen viele Kinder nicht, was sie mit sich anfangen sollen. Sie laufen herum, beginnen zu rangeln. Sie bauen keine Häuser, sondern Pistolen …

Nach einer langen Arbeitsphase schlägt die Lehrerin ein Spiel vor, dem alle zustimmen. Fünf von der Lehrerin ausgewählte Kinder stellen sich vor die Klasse. Die anderen legen den Kopf auf den Tisch und schließen die Augen. Die fünf gehen leise durch den Raum und berühren jeweils ein Kind mit der Hand. Die »Berührten« müssen erraten, wer sie berührt hat. Wer richtig geraten hat, darf die Rolle tauschen.Obgleich alle das Spiel wollten, gibt es schnell Streit. Einige berühren sich immer gegenseitig. Andere kommen gar nicht dran. Sie werden immer stiller oder beschweren sich lautstark. Ein Junge lässt die Augen offen und teilt immer schon vorher mit, wer wen berührt hat …

Es ist »Spielstunde«: Die Kinder können mitbestimmen, was gespielt wird. Ein Kind sagt dennoch bei jedem Spiel: »Nein, ich mag nicht« oder macht trotz guten Zuredens einfach nicht mit …

Endlich Pause. Schnell bilden sich gleichgeschlechtliche Gruppen. Mädchen kichern miteinander oder spielen Gummitwist. Dazwischen kicken Jungen mit einem Softball. Einer ist besonders wild. Er reißt das Spiel an sich, rempelt andere Kinder an, bis eins hinfällt und weint …

Solche und ähnliche Situationen sind allen Lehrerinnen und Lehrern bekannt. Sie bemühen sich darum, in der Schule Spielmöglichkeiten zu schaffen, und sind dann oft enttäuscht über das Spielverhalten der Kinder. Lehrerinnen und Lehrer erwarten von ihren Schülerinnen und Schülern, dass sie ihre Spielangebote mit Freude annehmen, gerne und mit Ausdauer spielen.

Erwachsene erwarten, dass Kinder »schön« spielen

Wie die meisten Erwachsenen orientieren auch Lehrerinnen und Lehrer ihre Erwartungen an den erwachsenen Vorstellungen vom Spielen als beglückende Beschäftigung für die Kinder und vom »richtigen« Verhalten beim Spielen. Dazu gehören ein freundliches Miteinanderumgehen und ein »geordneter« Spielablauf. Dabei kann das, was Erwachsene als chaotisch oder aggressiv empfinden, für Kinder durchaus lustig und »cool« sein. Spaß, Vergnügen, Fröhlichkeit, Leichtigkeit und Harmonie sind die Stimmungs- und Gefühlslagen, die das Spielen begleiten sollen. Natürlich gehören zum Spielen Sieg und Niederlage. Aber verlieren ist ja nicht so schlimm, es ist ja alles nur ein Spiel. Erwachsene vergessen, dass der Wettkampf auch im Spiel auf Dauer nur für die lustig ist, die gewinnen.

Bestimmte Verhaltensweisen definieren Lehrkräfte aus ihrer Sicht als »Spielstörungen« – genau wie jede andere Form von Verhaltensauffälligkeit auch. Hinter dem Nicht-Spielen oder Falsch-Spielen von Kindern, die ihren Spielerwartungen nicht entsprechen, die ihre Spielangebote nicht annehmen oder schnell die Geduld verlieren, die verstummen oder »aufdrehen«, die nicht mitspielen oder immer das Spiel bestimmen wollen, vermuten sie im allgemeinen eine individuelle Fehlentwicklung, eine »Störung« des jeweiligen Kindes.

Lehrerinnen und Lehrer erliegen wie die meisten Erwachsenen der Vorstellung, das Kind spiele aus einem natürlichen Antrieb und man brauche diese Anlage nur mit ein wenig Freiraum und Spielzeug zu fördern, dann entfalte sie sich schon von selbst. Sie sehen das Spiel als das Harmonische, Heitere und Liebenswürdige an und idealisieren es damit im Sinne einer heilen und harmonischen Kinderwelt.

Spielfähigkeit entwickelt sich nicht von selbst

Spielen ist zwar ein Grundphänomen menschlichen Lebens, es entwickelt sich aber dennoch nicht automatisch. »Spielfähigkeit« ist nicht etwas, was jedes Kind (mehr oder weniger) hat.

Das Spielen ist gesellschaftlich vermittelt. In unterschiedlichen Kulturen hat es unterschiedliche Bedeutung und wird unterschiedlich gefördert. Die »Spielfähigkeit« oder besser das »Spielverhalten« ist abhängig von den jeweiligen Sozialisationsbedingungen. Kinder lernen spielen in ihrer wechselseitigen Beziehung zu ihrem sozialen Umfeld. Die wichtigsten Faktoren sind hierbei das Erziehungsverhalten der Eltern, die soziale und materielle Lage der Familie und ihre Bildungssituation, die Einflüsse anderer Kinder und die Einflüsse institutioneller Erziehung. Die jeweilige Ausprägung dieser Faktoren führt bei den Kindern zu spezifischen Denk- und Verhaltensdispositionen, die sich wiederum auf das Spielverhalten auswirken. Das Spielverhalten wird dadurch aber auch ganz unmittelbar beeinflusst. Einengende Wohnverhältnisse, geringe oder überflutende Spielmöglichkeiten und -anreize, ausufernder Medienkonsum, zeitliche Einschränkungen durch »Arbeiten« oder »Lernen«, überzogene Leistungserwartungen, starke Konkurrenzorientierung und anderes mehr beeinträchtigen das Spielverhalten. Die Kinder kommen also schon mit höchst unterschiedlichen Spielerfahrungen und Spielfähigkeiten in die Schule.

Auffälliges Spielverhalten ist kein Defizit der Kinder

In jeder Klasse gibt es Kinder, die »nicht richtig« mitspielen. Sie stehen herum, schauen einmal hier zu, versuchen einmal dort sich zu beteiligen. Keines der Materialien, kein Spielzeug fesselt ihre Aufmerksamkeit lange genug, um ein Spiel zu ermöglichen. Sehr oft stören sie andere Kinder, nehmen ihnen Sachen weg, werden aggressiv. Anderen gelingt es gar nicht erst, »ins Spiel zu kommen«. Sie wagen es nicht, neue Möglichkeiten zu entdecken, oder haben Hemmungen, sich einem Spiel auszuliefern. Diese Beobachtungen, die BENITA DAUBLEBSKY (1973) bereits vor mehr als 25 Jahren beschrieben hat, könnten genauso gut erst heute gemacht worden sein.

Solch erwartungswidriges und dadurch auffälliges Spielverhalten ist nicht primär als individuelles Problem des jeweiligen Kindes zu erklären. Es ist Ausdruck von Disharmonien innerhalb der verschiedenen Interaktionsgegebenheiten, die für das kindliche Spielverhalten maßgeblich sind. Auffälliges Spielverhalten sollte aber für Lehrerinnen und Lehrer in jedem Fall Hinweischarakter haben, genauso wie andere Auffälligkeiten kindlicher Verhaltens- und Erlebnisweisen. Die Frage ist dabei nicht: Welche Störung hat das Kind? Die Frage ist: Welche Bedingungen liegen vor, die das auffällige Verhalten für das Kind notwendig machen, was will das Kind mit diesem Verhalten erreichen?

Spielstörungen sind Hinweise auf vielfältige Ursachen

»Nicht richtig mitspielen« kann sehr vieles bedeuten. Was wirklich dahinter steckt, kann immer nur im Einzelfall bei genauer Kenntnis der Situation geklärt werden. Die einfachste Erklärung ist: Das Kind hat einfach keine Lust und möchte im Augenblick lieber etwas anderes tun. Oft haben Kinder aber auch nicht gelernt, freundlich mit anderen Kindern umzugehen, sich gegenseitig zuzuhören, aufeinander Rücksicht zu nehmen, sich zu verstehen und sich mitzuteilen. Dagegen haben die meisten gelernt, in Konkurrenz zueinander zu stehen und andere auszustechen. Kinder werden von klein an »auf Erfolg« programmiert.

Häufige Spielverweigerungen sollten stets als mögliche Hinweise auf Ängste und Unsicherheiten des Kindes überprüft werden. Das Kind möchte sich vielleicht nicht dem Risiko, ein ihm noch unbekanntes Spiel zu wagen, aussetzen. Vielleicht verbindet es auch bereits mit diesem Spiel oder mit Spielen überhaupt Misserfolgs-Erfahrungen. Es weiß vielleicht schon, dass ihm »dieses« Spiel nicht liegt oder dass es für Spielen überhaupt zu langsam, zu ungeschickt oder zu »dumm« ist, dass es eigentlich nur verlieren kann oder dass sich die anderen regelmäßig auf seine Kosten lustig machen. Manche Kinder haben weniger Angst vor einem Spiel als Angst vor einem bestimmten Kind oder bestimmten Kindern, denen sie sich unterlegen fühlen bzw. mit denen sie bereits unangenehme Spielerlebnisse hatten. Auch Kinder, die im Unterricht immer mitmachen, immer im Mittelpunkt stehen, immer »Erste« sein wollen, verweigern häufig aus Angst vor Misserfolg das Spielen, das sie nicht – wie ihre Lernleistung – kontrollieren können. Denn jedes Spiel, auch das bekannte, schafft mit jeder Spielrunde neue, unbekannte Situationen (vgl. DAUBLEBSKY 1973).

Manchmal ist auch das Geschlecht der Gruppenmitglieder ausschlaggebend für die Spielverweigerung. Mädchen und Jungen lernen immer noch unterschiedlich spielen und wollen nicht immer miteinander spielen. Die Jungen sind den Mädchen oft zu wild, die Mädchen den Jungen zu vorsichtig oder zu »zickig«. Besonders bei Spielen, in denen Paare gebildet werden müssen oder Körperkontakt erforderlich ist, spielen einzelne Mädchen oder Jungen oft lieber gar nicht mit, anstatt mit einem Kind des anderen Geschlechts zusammen zu spielen.

Die meisten Spielstörungen werden durch Beziehungsstörungen verursacht

Die Ursachen für die meisten Spielstörungen sind Beziehungsstörungen, die sich in Angst, Unsicherheit, Unruhe, Aggression äußern können. Solche Zusammenhänge können z. B. sein:

- Kinder, die aus Familien kommen, wo das Spielen eigentlich als unnütz und unproduktiv angesehen wird und eigentlich nur Arbeit zählt, können kaum spielen lernen bzw. sich nicht mit Begeisterung dem Spiel hingeben.
- Kinder aus einem anregungsarmen Elternhaus haben oft Mühe, zum Spiel, insbesondere zum selbständigen Spiel zu finden. Manche ver-

harren in der abhängigen Rolle und trauen sich stets nur Hilfsdienste zu. (Und in jeder Klasse sind Kinder, die das nur zu gerne ausnutzen und die »Herrschaftsrolle« übernehmen!)

- Kinder, die nur gelernt haben, in Konkurrenz zueinander zu stehen, die gelernt haben, dass nur »Leistung« zählt, müssen auch im Spiel immer im Mittelpunkt stehen und können nur schlecht verlieren.

- Kinder, die in der Familie sehr stark kontrolliert werden, haben Mühe, sich auf Neues, Unbekanntes einzulassen. Die ständige Anwesenheit oder das unmittelbare Eingreifen eines Erwachsenen wirken sich so aus, dass Kinder nicht mitspielen oder überhaupt nicht mehr spielen. Bei mehreren Spielangeboten können sie sich nicht entscheiden und fangen deshalb vielleicht gar nicht erst an zu spielen.

- Kinder, die durch häufige Kritik verunsichert werden, die nie sicher sein können, was von ihnen erwartet wird und ob sie den Erwartungen genügen, spielen ebenfalls oft nicht richtig mit. Vielleicht können sie das Risiko, zu verlieren, nicht eingehen. Vielleicht bleiben sie stumm, weil sie die Erfahrung gemacht haben, dass ihre Äußerungen doch nicht berücksichtigt werden oder immer nur verkehrt sind. Vielleicht drehen sie aber auch auf und »überspielen« alle, um ihren Wert immer wieder zu beweisen.

- Kinder, die nie mit Muße spielen konnten, die ständig mit neuen – auch medialen – Reizen überflutet und mit Spielzeug überschüttet werden, können sich schwer auf ein – selbst relativ kurzes – Spiel, auf ein bestimmtes Spielzeug einlassen. Sie sind unausgeglichen, durch jede Kleinigkeit ablenkbar, halten es aber auch nicht aus, dass andere konzentriert spielen.

- Kinder, die um Zuwendung und Anerkennung kämpfen müssen, vielleicht keine stabilen Bezugspersonen hatten oder haben, haben besonders große Ansprüche hinsichtlich Kontakt und Besitz und reagieren auch beim Spielen oft aggressiv gegen jede potientielle Konkurrenz.

Die Aufzählung ließe sich fortsetzen. Welche Ursachen für welches Verhalten maßgeblich sind, muss in jedem Einzelfall sorgfältig abgewogen werden. Das gelingt leichter, wenn Lehrerinnen und Lehrer sich dabei gegenseitig kollegial beraten. Da Spielverhalten weitgehend im Elternhaus grundgelegt wird, ist auch die Einbeziehung der Eltern unerlässlich.

Spielfähigkeit wird durch Spielen gefördert

Kinder, die nicht so spielen wie sie sollen, lernen das »richtige« Spielen nicht dadurch, dass sie vom Spielen ausgeschlossen werden oder dass das Spielen in der Klasse prinzipiell eingeschränkt wird. Spielen lernen Kinder durch Spielen. Es muss allerdings das richtige Angebot in einer spielunterstützenden Atmosphäre sein.

Damit alle Kinder einer Klasse zum Spielen finden, brauchen sie eine auf Ermutigung ausgerichtete Situation, in der sie Vertrauen fassen und ihre positiven Kräfte entfalten können. Sie brauchen Geduld und Zeit und eine sensible Unterstützung durch Lehrerin oder Lehrer. Die Spielangebote dürfen nicht an den Vorstellungen der Erwachsenen, sondern sollten an den Befürfnissen der Kinder orientiert sein. Das Angebot an Spielvorschlägen in der Literatur ist so vielfältig, dass sich für jede Situation die geeignete Spielidee und das geeignete Material finden lassen. Zunächst ist es wichtig, das Gruppenklima in der Klasse zu fördern. Spiele mit Wettkampfcharakter sind dafür nicht geeignet. Besonders Spiele im Kreis, bei denen keine Spezialfähigkeiten verlangt und keine Konkurrenzsituationen aufgebaut werden, können alle miteinander in Beziehung bringen und allen Freude und Entspannung vermitteln. Es gibt zahlreiche Spiele, die auch mit Gruppen in Klassenstärke gespielt werden können (siehe hierzu z. B. Portmann/Schneider 1996, Portmann 1995, 1998).

Kein Kind darf zum Spielen gezwungen werden. Einem Kind, das nicht mitspielen möchte, sollte aber keine andere Beschäftigung angeboten werden. Es darf dem Spielen zuschauen. Die meisten Kinder nähern sich nach und nach von selbst und fangen irgendwann an, sich am Spiel zu beteiligen. »Gut zureden« hilft dabei im allgemeinen nicht, »gar nichts sagen« kann zu wenig sein. Lehrerin und Lehrer müssen ein Gespür dafür entwickeln, wann und mit welchen Worten sie ein Kind sanft zum Mitmachen bewegen können und wann nicht. Oft hilft allein die körperliche Nähe: Lehrerin oder Lehrer setzen sich neben das Kind und unterstützen es durch Berührung. Diese Rolle sollte nach und nach von einer Mitschülerin oder einem Mitschüler, zu denen das Kind Vertrauen hat, übernommen werden.

Kinder, die immer die Hauptrolle spielen wollen, dürfen nicht dadurch bei Laune gehalten werden, dass ihnen um des lieben Friedens willen nachgegeben wird. Ebenso wie die verstummten und gehemmten Kinder brauchen auch sie eine Spielatmosphäre, in der sie Vertrauen gewinnen können, in sich selbst und die anderen. Sie müssen im Spiel immer wieder die Erfahrung machen können, wieviel Genuss und Spaß eine gemeinsame Aktivität bringen kann, bei der es nicht um Sieg oder Niederlage geht und niemand Angst haben muss, nicht »dranzukommen«. Bei manchen dieser Kinder kann es Wunder wirken, wenn sie Verantwortung übertragen bekommen, wenn sie z. B. dafür verantwortlich sind, dass andere Kinder nicht »überspielt« werden.

Kinder, die in einer großen Gruppe nicht spielen können, müssen Gelegenheit bekommen, erst einmal »klein« anzufangen. Ein Junge, der sein Bedürfnis nach Kontakt mit anderen Kindern nur aggressiv äußern konnte und dadurch in jeder Hofpause für Ärger sorgte, »durfte« für einige Zeit in den Pausen im Klassenraum bleiben. Er konnte dort mit einem Mitschüler spielen, der sich dazu freiwillig bereit erklärte. Nach und nach nahm das aggressive Verhalten des Jungen ab. Er lernte schließlich auch, in größeren Gruppen zu spielen.

Kinder, die kein Körperbewusstsein entwickeln konnten, die die Wirkung ihrer Körperkräfte nicht einschätzen, Berührungen nicht zulassen können, brauchen Spiele, in denen sie ihren Körper in klar strukturierten Situationen ausprobieren können. Den ungestümen Kindern tun z. B. »ritualisierte Kampfspiele« gut, den berührungsängstlichen »Vertrauensspaziergänge« oder sanfte Streichelspiele.

Für Kinder, die mit einem großen Spielangebot überfordert sind, sollte das Angebot eingeschränkt werden. Sie lernen vielleicht erst einmal, aus zwei Spielen eines auszuwählen, das aber dann zu Ende zu spielen. Spielen in der Schule ist im übrigen prinzipiell keine Frage der Materialfülle. Weniger Spielmaterial, dafür aber wohlüberlegt eingesetzt, ist oftmals mehr.

Kinder, die besonders unruhig und abgelenkt sind, müssen nicht erst ruhig werden, damit sie mitspielen dürfen. Sie brauchen Spiele, in denen sie ihre Bewegungsbedürfnisse einbringen können. Spiele, bei denen Bewegung und Aktivität zum Spielablauf gehören, können zum Abbau von Spannungen und Unruhe führen.

Kinder, in deren Familie Spielen als Zeitverschwendung angesehen wird und die immer »arbeiten« müssen, kann Spielen z. B. als »Hausaufgabe« aufgegeben werden. Den Kindern wird ein Spiel, z. B. ein Puzzle oder ein einfaches Gesellschaftsspiel, mit nach Hause gegeben. Im Wochenplan – oder im Hausaufgabenheft – wird das Spielen als Pflichtaufgabe eingetragen, so dass die Eltern es ernst nehmen und zulassen müssen.

Spielen ist nicht kinderleicht

Viele Spielstörungen sind im übrigen hausgemacht. Kein Kind muss immer Lust zum Spielen haben und schon gar nicht zu Spielen, die andere ihm vorschlagen, und mit Kindern, die es nicht mag oder mit denen es vielleicht schon schlechte Spielerfahrungen gemacht hat. Dass »Freiheit« – auch die Freiheit, sich dafür oder dagegen zu entscheiden – ein wesentliches Kennzeichen des Spiels ist, wird allzu oft vernachlässigt.

Spielen ist nicht kinderleicht, sondern muss gut vorbereitet sein. Jedes Spiel – auch das »Freie Spiel« – braucht Regeln und Normen. Diese müssen vor Spielbeginn geklärt und von allen verstanden und akzeptiert werden – sonst kann kein Spiel gelingen. Natürlich kann man Spielregeln verändern – aber nicht während des Spiels. Wenn Lehrerinnen oder Lehrer Spiele spielen lassen, deren Spielablauf nicht klar ist, sind Spielstörungen vorprogrammiert.

Spielen braucht Zeit und Muße. Wenn beim Spielen gehetzt werden muss, Spiele wegen falsch kalkulierter Zeit abgebrochen oder Versprechungen wie »Ihr kommt alle dran« nicht eingehalten werden, ist nicht nur das aktuelle Spiel gestört. Kommt so etwas häufiger vor, können Kinder prinzipiell die Lust verlieren, sich aufs Spielen einzulassen.

Beim Spielen in der Schule kann noch eine besondere Störung hinzukommen: Auch Lehrerinnen und Lehrer sind nicht immer frei davon, das Spielen eigentlich als »Spielerei« abzuwehren. Lehrerinnen und Lehrer, die es mit der Spielförderung ernst meinen, müssen aber eine positive Einstellung zum Spielen haben und selbst mit Vergnügen spielen.

Literatur

Daublebsky, B.: Spielen in der Schule. Stuttgart 1973
Portmann, R.: Spiele zum Umgang mit Aggressionen. München 1995
Portmann, R.: Spiele, die stark machen. München 1998
Portmann, R./Schneider, E.: Spiele zur Entspannung und Konzentration. München 1996

Hinweise zur Literatur, Spielesammlungen

Zum Thema Spielen in der Grundschule findet sich ein großes, nicht leicht zu überschauendes Angebot an Fachliteratur. In diesem Kapitel werden in Anlehnung an die Beiträge dieses Bandes einige Bücher genannt, die geeignet erscheinen, einzelne Themen zu vertiefen und/oder Anregungen für die spielpädagogische Praxis zu vermitteln. Zum Schluss werden empfehlenswerte Spielkarteien vorgestellt.

Grundlagen

Interessieren Sie sich für theoretisch ausgerichtete Grundlagenliteratur zum Spiel und seinem Einsatz in der Schule? Dann sind folgende Werke zu empfehlen:

EINSIEDLER, W.: Das Spiel der Kinder. Zur Pädagogik und Psychologie des Kinderspiels. Bad Heilbrunn 1999, 3. Aufl.

KLUGE, N.: Spielen und Erfahren. Der Zusammenhang von Spielerlebnis und Lernprozeß. Bad Heilbrunn 1981

WALTER, G.: Spiel und Spielpraxis in der Grundschule. Donauwörth 1993

Erfahrungsvielfalt durch das Spiel

Suchen Sie Anregungen und Spielesammlungen zu spielpädagogischen Möglichkeiten in den verschiedensten Bereichen Ihres Schulalltags? Dann finden Sie wertvolle Hinweise in folgenden Büchern:

➢ *Freispiel*

LORENZEN, G.: Das Freispiel in der Grundschule. München 1996

➢ *Interaktionsspiele*

GUDJONS, H.: Spielbuch Interaktionserziehung. 185 Spiele und Übungen zum Gruppentraining in Schule, Jugendarbeit und Erwachsenenbildung. Bad Heilbrunn 1995, 6. Aufl.

PORTMANN, R.: Spiele zum Umgang mit Aggressionen. München 1997, 3. Aufl.

VOPEL, K. W.: Interaktionsspiele für Kinder. Teil 1 bis 4. Hamburg 1991, 5. Aufl.

➢ *Rollenspiele, pantomimische, szenische Spiele, Theater*

BRUNNER, R./KROPF, W.: In der Schule spielen. Spielideen für die Grundschule. München 1990, 3. Aufl.

GOTHOT, M. H.: Tanz – Theater – Spiel mit Kindern. Donauwörth 1993

LENZEN, K.-D.: Theater macht Schule. Schule macht Theater. Werkstattberichte, Theorie und praktische Hinweise. Beiträge zur Reform der Grundschule (Band 81). Frankfurt 1990

PFISTER, G./VALTIN, R. (Hrsg.): MädchenStärken. Beiträge zur Reform der Grundschule (Band 90). Frankfurt 1993

➢ *Spiele zur Entspannung, Stille und Konzentration*

FAUST-SIEHL, G./BAUER, E.-M./BAUR, W./WALLASCHEK, U.: Mit Kindern Stille entdecken. Bausteine zur Veränderung der Schule. Frankfurt 1995, 5. Aufl.

PORTMANN, R./SCHNEIDER, E.: Spiele zur Entspannung und Konzentration. München 1994, 7. Aufl.

VOPEL, K. W.: Kinder ohne Streß. Band 1 bis 5. Salzhausen 1994

Lernen durch Spielen: Bereicherung des Unterrichts

Suchen Sie Spiele für die Gestaltung eines lernintensiven, abwechslungsreichen Unterrichts in den verschiedenen Lernbereichen? Dann finden Sie Anregungen

➢ *für alle Lernbereiche:*

PETILLON, H.: Von Adlerauge bis Zauberbaum. 1000 Spiele für die Grundschule. Eine Spielesammlung. Landau 1997

➢ *zum Sprachunterricht:*

BELKE, G./GECK, M.: Rumpelfax. Singen, Spielen, Üben im Grammatikunterricht für deutsche und ausländische Kinder. Mit zwölf Liedern zu zehn grammatischen Schwerpunkten. Berlin 1996

REGELEIN, S.: Lernspiele im Deutschunterricht. Neue Lernspiele für die Grundschule. München 1990, 3. Aufl.

➢ *zur Fremdsprachenarbeit:*

LÖFFLER, R./KUNTZE, W.-M.: Spiele im Englischunterricht 2. Lernspiele, darstellende Spiele, Interaktionsspiele. Weinheim 1983, 2. Aufl.

WISSEBACH-WAGNER, H./KÜHN, O./LEONI, U./PELZ, M.: Viens voir. Spielesammlung für den Anfangsunterricht. Frankfurt 1986

➢ *zum interkulturellen Lernen:*

GLONNEGGER, E.: Das Spiele-Buch. Brett- und Legespiele aus aller Welt. Ravensburg 1988

ULICH, M./OBERHUEMER, P./REIDELHUBER, A. (Hrsg.): Der Fuchs geht um … auch anderswo. Ein multikulturelles Spiel- und Arbeitsbuch. Weinheim 1987

➢ *zum Mathematikunterricht:*

BARTL, A./BARTL, M.: Spiele im Mathematikunterricht der Grundschule. Donauwörth 1993, 2. Aufl.

KRAMPE, J./MITTELMANN, R.: Spielen im Mathematikunterricht. 250 Rechenspiele im Überblick und Tips zum Selbermachen von Spielen. Heinsberg 1987

REGELEIN, S.: Lernspiele im Mathematikunterricht. Neue Lernspiele für die Grundschule. München 1992, 3. Aufl.

➢ *zum Sachunterricht:*

BECKER, R./KLEIN, K.: Sachunterricht be-greifen. Experimente und Studien für den Sachunterricht in der Primarstufe, Band 1. Baltmannsweiler 1998

BRANDT, P./THIESEN, P.: Umwelt spielend entdecken. Ein Arbeitsbuch für Kindergarten, Hort und Grundschule. Weinheim; Basel 1991

CORNELL, J.: Mit Kindern die Natur erleben. Mülheim an der Ruhr 1991

➢ *zum »bewegten Spielen«:*

KRENZER, R./EDELKÖTTER, L.: Du, ich geh' einfach auf dich zu. Drensteinfurt 1990, 5. Aufl.

TRAUTWEIN, G.: Alte Kreisspiele – neu entdeckt. Leier-, Sing- und Tanzspiele für Kinder. Freiburg 1993

VAHLE, F.: Das Anne Kaffeekanne-Liederbuch. Lieder zum Singen, Spielen und Tanzen, sowie neue Märchen- und Weihnachtslieder. Dortmund 1988, 7. Aufl.

➢ *zur ästhetischen Erziehung:*

DUDERSTADT, M. (Hrsg.): Kunst in der Grundschule. Beiträge zur Reform der Grundschule (Band 99). Frankfurt 1996

POLZIN, M. (Hrsg.): Bewegung, Spiel und Sport in der Grundschule. Beiträge zur Reform der Grundschule (Band 85). Frankfurt 1992

POLZIN, M.: Fühlen – Wahrnehmen – Bewegen – Denken im Spiel. Seelze 1998

POLZIN, M./SCHNEIDER, M./STEFFEN-WITTEK, M. (Hrsg.): Musik in der Grundschule. Beiträge zur Reform der Grundschule (Band 102). Frankfurt 1998

➢ *zum Förderunterricht:*
BREUER, H./WEUFFEN, M.: Lernschwierigkeiten am Schulanfang. Weinheim 1998
LAUSTER, U.: Legastheniespiele 1. Spielerische Förderung bei Lese-Rechtschreibschwäche. München 1998, 3. Aufl.
LAUSTER, U.: Legastheniespiele 2. Praktische Hilfe bei Lese-Rechtschreibschwäche. München 1998, 4. Aufl.

Spielkarteien

BAER, U./BERKER, P./BÖSEKE, H. u. a.: Remscheider Spielkartei. 24 thematische Spielketten mit über 200 Spielen zum sozialen Lernen. Münster 1997, 3. Aufl.
Die Remscheider Spielkartei besteht aus über 200 Spielen zum sozialen Lernen, die 24 Themenbereichen zugeteilt sind. Als Themen sind beispielsweise zu nennen: Ausdruck und Eindruck (Spiele zur Verbesserung der Ausdrucksfähigkeit), Clique und Konflikte (Spiele zur Klärung von Gruppenkonflikten), Helfen (gegenseitige Hilfe in der Gruppe üben), Ich und Du (Interaktions- und Kommunikationsspiele), Meditation (ruhige Spiele zum Entspannen und Träumen). Pro Themenbereich sind acht bzw. neun Spiele vorhanden; diese sind nach ihrem Schwierigkeitsgrad geordnet, so dass sie als Spielkette – von einfacheren zu komplexeren Spielen hin – durchgeführt werden können.

BAUM, H./BÜCKEN, H./STURZ, S.: Grundschul-Spielkartei. Über 200 Spiele und Spielformen. Münster 1995, 2. Aufl.
Die Spielkartei ist in neun Rubriken aufgeteilt, die sich in einzelne thematische Abschnitte gliedern. Es finden sich Spiele zu den verschiedensten Anlässen im Grundschulalltag:
- *Kennenlernspiele; Spiele zum Vertrautmachen des Schulgeländes, Spiele mit Eltern.*
- *Spiele zum Tagesanfang, Tagesende; Spiele für Geburtstage; Rituale bei Unruhe.*
- *Entspannungsspiele; Spiele auf demSchulhof; Spiele für Vertretungsstunden.*
- *Spiele zur Schulung der Sinne; Konzentrationsspiele; Spiele zum sozialen Lernen.*
- *Spiele bei der Einschulung; Spiele zu verschiedenen Festen im Jahreskreis.*
- *Spiele mit Musik; Tanzspiele; Rollenspiele; Wald- und Geländespiele; Spiele im Wasser.*

Breucker-Rubin, A./Rubin, D./Werdeker, M. u. a.: UmweltSpielkartei. Münster o. J.
Die UmweltSpielkartei umfasst 188 Spiele und Gestaltungsideen zum Thema »Umwelt«. In 24 Themengebieten werden Kinder auf ihre Umgebung aufmerksam gemacht und es eröffnet sich ihnen auf spielerische Art ein Zugang zur Natur. Folgende Bereiche werden u.a. angeboten: Blumen, Erde, Feld und Wiese, Instrumente aus Müll, Licht und Schatten, Sand und Wasser, Tiere, Wetter. Die Spiele können in der Grundschule im Rahmen der Umwelterziehung eingesetzt werden. Zusätzlich enthält die Spielkartei Hinweise zu ihrer Benutzung sowie Informationen über weitere Literatur zum Thema Umwelt. Die Spiele richten sich an Kinder ab drei Jahre, Jugendliche und Erwachsene; sie lassen sich hinsichtlich der geforderten Gruppengrößen in einer Grundschulklasse gut durchführen.

Fritz, J.: Mainzer Spielkartei. Mainz 1991, 4. Aufl.
Die Mainzer Spielkartei besteht aus 255 Spielen, die nach Spielformen geordnet sind: Kennenlernspiele, Bewegungsspiele, Sprech-, Schreib- und Malspiele, Darstellungsspiele, Selbsterfahrungsspiele, Kooperationsspiele, Wahrnehmungs- und Denkspiele. Jede Karteikarte enthält neben der Beschreibung des Spiels zusätzlich noch mögliche Variationen des Spielablaufs. Illustrationen verdeutlichen die Spielsituation. Auf jeder Karte findet sich eine Zeile, in die der Spielleiter seine Erfahrungen mit dem jeweiligen Spiel notieren kann. Die Spiele sind in kleineren, mittleren oder größeren Räumen bzw. im Freien durchzuführen. Die Spiele sind für Kinder, Jugendliche und Erwachsene konzipiert.

Jokisch, W.: Steiner Spielkartei. Elemente zur Entfaltung von Kreativität, Spiel und schöpferischer Arbeit in Gruppen. Münster 1996, 5. Aufl.
Die Steiner Spielkartei beinhaltet 159 Spiele, die nach ihrer Spielform in sieben Rubriken gegliedert sind: Kennenlern- und Einstiegsspiele, Wahrnehmungs- und Beobachtungsspiele, Kommunikations- und Kooperationsspiele, Phantasie-, Ausdrucks- und Gestaltungsspiele und darstellende Spiele, Geschicklichkeits-, Konzentrations- und Wettkampfspiele, Bewegungs- und Tanzspiele und gruppendynamische Übungen. Die Spielesammlung ist in Buchform erhältlich. Möchte man sich eine Spielkartei anlegen, so können die einzelnen Buchseiten herausgetrennt und auseinandergeschnitten werden, so dass einzelne Karten in DIN A 6-Format entstehen. Fast alle Spiele sind für den Einsatz in einer Grundschulklasse geeignet.

Kelber, M. (Hrsg.): Schwalbacher Spielkartei. Mainz 1998, 19. Aufl.
Die Spiele der Schwalbacher Spielkartei sind in sieben Kategorien aufgeteilt, die sich hinsichtlich ihrer gruppenpädagogischen Konstellationen un-

terscheiden: (1) Alle tun das Gleiche – gleichzeitig. – Alle tun das Gleiche – nacheinander. (2) Einer oder mehrere der Gruppe gegenüber. (3) Gruppen oder Paare im Wettstreit gegeneinander. (4) Zwei oder mehrere Spieler im Wettbewerb vor der Gruppe. (5) Einer fordert Gegenspieler aus dem Kreis. (6) Einer gegen ihm unbekannten Partner. (7) Einer oder mehrere Eingeweihte dem Kreis gegenüber. Insgesamt besteht die Spielkartei aus 314 Spielen. Ein Beiheft beinhaltet u.a. eine Einteilung der Spiele nach Verwendungsmöglichkeiten, z.B. eine Einteilung nach dem Alter der Spieler, nach Gruppengrößen, Spielort, Ausmaß an Bewegung.

MÜLLER, C. (Hrsg.): Bewegtes Lernen in Klasse 1 – 4. Didaktisch-methodisches Anleitungsmaterial für die Fächer Mathematik, Deutsch und Sachunterricht. Sankt Augustin 1998
Jede dieser Spielkarteien besteht aus »bewegten Spielen« für die Fächer Mathematik, Deutsch und Sachunterricht. Jedes Fach ist in einzelne Themenbereiche gegliedert, die eine unterschiedliche Anzahl von Spielen enthalten. Insgesamt enthält die Spielkartei für die erste bis vierte Klasse 409 Spiele. Einleitend finden sich zu jedem Schuljahr Anmerkungen über bewegtes Lernen für die jeweilige Altersgruppe. Über die Spielbeschreibung hinaus gibt jede Karteikarte Hinweise über Spielort, Material und eventuell auch über Spielvarianten. Der überwiegende Teil der Spiele findet im Klassenraum statt. Einige Spiele können im Schulhaus, auf dem Schulhof bzw. Schulgelände, in der Sporthalle oder der Umgebung der Schule durchgeführt werden.

Autorinnen und Autoren

Barbara Brandt, Tennelbachstraße 19, 65193 Wiesbaden

Dr. Gerlind Belke, Husterstraße 24, 58093 Hagen

Prof. Dr. Wolfgang Einsiedler, Bayernstraße 30, 91126 Schwabach

Doris Flor, Neustadter Straße 19 c, 76829 Landau

Ursula Forster, Untere Pfeifermühle 3, 67685 Weilerbach

Olaf Geib, Sonnenberg 32, 67657 Kaiserslautern

Prof. Dr. Edith Glumpler, Baroper Straße 310a, 44227 Dortmund

Prof. Dr. Herbert Gudjons, Heidbergwinkel 4a, 24558 Heustedt-Ulzburg

Dr. Herbert Günther, Tannenweg 4, 66265 Holz

Birgit Halfmann, Tulpenstraße 14, 67691 Hochspeyer

Prof. Dr. Irmintraud Hegele, Ahornstraße 5, 76829 Landau

Prof. Dr. Norbert Kluge, Am Neuberg 23, 76829 Landau

Prof. Dr. Lothar Krappmann, Lützelsteiner Weg 43, 14195 Berlin

Dr. Hermann Laux, Karl-Neuberger-Straße 2a, 76863 Herxheim

Gisela Lorenzen, Gänslerweg 11, 82041 Oberhaching

Markus Maier, Harthäuserstraße 8c, 67354 Römerberg

Karin Mansel-Ballier, Im Dunkeltälchen 18, 67663 Kaiserslautern

Angela Müller, Waldstraße 7, 66625 Nohfelden-Bosen

Prof. Dr. Christina Müller, Gartenheimallee 2, 01277 Dresden

Prof. Dr. Gertrud Pfister, Gertraudstraße 10, 14165 Berlin

Prof. Dr. Hanns Petillon, Adolf-Kessler-Straße 48, 76829 Landau

Ralph Petzold, Weißtroper Straße 6, 01445 Radebeul

Prof. Dr. Manfred Polzin, Mommsenstraße 26, 28211 Bremen

Rosemarie Portmann, Am Großen Garten 8, 65207 Wiesbaden

Dr. Thomas Trautmann, Klosterweg 7, 99817 Eisenach

Prof. Dr. Fredrik Vahle, Wingertstraße 10, 35457 Lollar

Prof. Dr. Renate Valtin, Winklerstraße 22, 14193 Berlin

Uta Wallaschek, Ödenburg 1, 72071 Tübingen

Dr. Günther Walter, Hans-Kupka-Platz 3, 68549 Ilvesheim

Ute Winter, Ringstraße 4, 64572 Büttelborn

Erika Zenker-Schweinstetter, Dirmsteiner Straße 1, 67227 Frankenthal